Les Caraïbes

Découpage géographique spécifique aux compagnies de croisières:

- Antilles occidentales
- Antilles orientales
- Antilles méridionales
- Port d'embarquement

Hamilton
BERMUDES (R.-U.)
N
OCÉAN ATLANTIQUE
BAHAMAS
Eleuthera
Cat Island
Exumas
Long Island
Crooked Island
Mayaguana
Acklins Island
Great Inagua
ÎLES TURKS ET CAICOS (R.-U.)
Holguín
Guantánamo
Santiago de Cuba
HAÏTI
Port-au-Prince
Puerto Plata
RÉPUBLIQUE DOMINICAINE
Santo Domingo
San Juan
PUERTO RICO (É.-U.)
ÎLES VIERGES
(R.-U.)
(É.-U.)
ANGUILLA (R.-U.)
SAINT-MARTIN (FRANCE)
SINT MAARTEN (PAYS-BAS)
SAINT-BARTHÉLEMY (FRANCE)
Barbuda
ANTIGUA-ET-BARBUDA
Antigua
Basseterre
SAINT-KITTS-ET-NEVIS
GUADELOUPE (FRANCE)
Pointe-à-Pitre
MONTSERRAT (R.-U.)
DOMINIQUE
Roseau
MARTINIQUE (FRANCE)
Fort-de-France
Mer des Caraïbes
Castries
SAINTE-LUCIE
BARBADE
Bridgetown
SAINT-VINCENT-ET-LES-GRENADINES
Saint-Vincent
Kingstown
GRENADE
St. George's
CURAÇAO
BONAIRE
ARUBA
(PAYS-BAS)
Isla Margarita (Venezuela)
TRINITÉ-ET-TOBAGO
Barranquilla
Cartagena
Barcelona
Cúcuta
VENEZUELA
COLOMBIE
Medellín

Croisières dans les Caraïbes

2e édition

Dans l'honnêteté mordante du sel, la mer révèle ses secrets à ceux qui savent écouter.

Sandra Benítez

ULYSSE

Le plaisir de mieux voyager

- Le *Carnival Triumph* de la compagnie Carnival fait escale dans le port jamaïquain d'Ocho Rios. (page 28)
© Carnival Cruises

- Le Online@Celebrity Lounge du *Century*, pour boire un verre tout en surfant sur Internet. (page 40)
© Celebrity Cruises Inc

- Symbole du vieux San Juan, à Puerto Rico, le Fuerte San Felipe del Morro, érigé par les Espagnols entre 1540 et 1783, se dresse majestueusement sur la pointe nord-ouest de la ville. (page 239)
© iStockphoto.com/Mach New Media

▲ Un des paquebots les plus célèbres du monde, le *Queen Mary 2* de la compagnie Cunard, vogue sur la mer des Caraïbes. (page 56)
© Cunard Line

◄ Le Royal Court Theatre du *Queen Mary 2* est la plus grande salle de spectacle du paquebot avec ses 1 094 places.
© Cunard Line

▼ La plongée sous-marine demeure une activité très prisée au Honduras, qui offre des fonds marins sans pareils à découvrir. (page 185)
© Dreamstime.com / Dennis Sabo

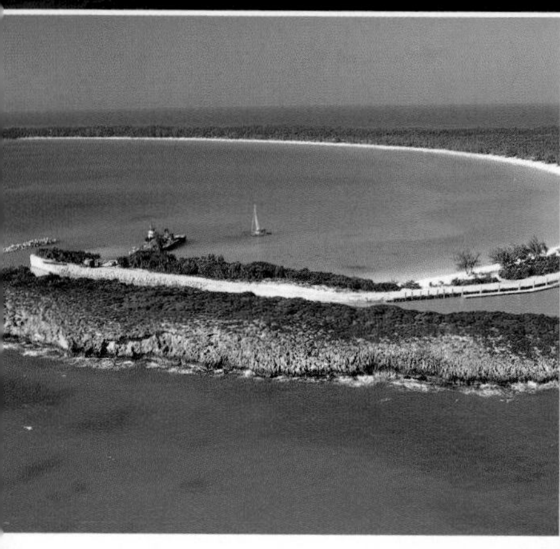

▲ L'*Eurodam* fait partie de la classe Signature de Holland America Line. (page 66)
© Holland America Line

▲ La compagnie Holland America Line a fait l'acquisition en 1997 de l'île privée de Half Moon Cay, dans l'archipel des Bahamas, pour la somme de 19,5 millions de dollars américains.
© Holland America Line

▶ Le *Grand Princess* de la compagnie Princess Cruises navigue tout près de Sint Maarten. (page 85)
© Photo courtesy of Princess Cruises

▲ Le *Sovereign of the Seas* de Royal Caribbean International fait escale dans un port antillais paradisiaque. (page 93)
© Royal Caribbean Images

◀ La salle de spectacle du *Sovereign of the Seas* où musiciens, danseurs et chanteurs se produisent au grand plaisir des passagers.
© Royal Caribbean Images

▼ L'île de St. Thomas abrite la capitale des îles Vierges américaines, Charlotte Amalie, qui est un des ports les plus importants de la mer des Caraïbes et une escale incontournable des croisiéristes. (page 198)
© Dreamstime.com / George Burba

Le pont supérieur du *Norwegian Gem* avec sa piste de jogging qui l'entoure. (page 78)
© Copyright 2005 NCL Corporation Ltd.

Essayez le Freestyle Cruising dans l'un des restaurants du *Norwegian Gem*. Ici, le restaurant de tapas.
© Copyright 2005 NCL Corporation Ltd.

Une vue sur la mer des Caraïbes et l'océan Atlantique à Saint-Kitts-et-Nevis. (page 265)
© Dreamstime.com / Lidian Neeleman

▲ Le *MSC Lirica* de la compagnie MSC dispose de suites avec balcons, garnies d'un grand lit et dotées d'une baignoire et d'un vivoir avec canapé-lit, fauteuil d'invité, table à café et bureau. (page 74)

▲ Avec ses deux piscines où vous pourrez vous rafraîchir à loisir, le pont supérieur du *MSC Lirica* appelle à la détente.

Fidèle aux Caraïbes, le *Costa Fortuna* de Costa arbore des murales en trompe-l'œil, un décor rococo et des couleurs chatoyantes. (page 48)
© Costa Cruises

À bord du *Costa Fortuna*, vous aurez droit à une cuisine italienne dans une ambiance des plus romantiques.
© Costa Cruises

Port colombien sur la mer des Caraïbes, Cartagena est considérée comme une des plus belles villes d'Amérique du Sud et possède un héritage historique et architectural indéniable. (page 148)
© iStockphoto.com/Alison Cornford-Matheson

▲ Petit paradis caché de la compagnie Disney, l'île privée de Castaway Cay, aux Bahamas, offre une escale exclusive aux croisiéristes qui montent à bord d'un paquebot de la flotte de Disney. (page 61)
© Castaway Cay/Disney

◀ L'immense navire *Disney Magic*, avec ses deux cheminées dont une fausse qui abrite un «club de jeunes», rappelle l'âge d'or des anciens paquebots transatlantiques.
© Disney Magic/Disney

▼ Le terminal de croisières de Port Canaveral, en Floride. (page 164)
© Disney

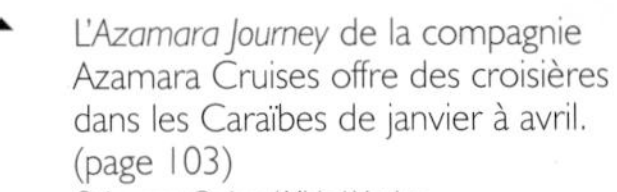

▲ L'*Azamara Journey* de la compagnie Azamara Cruises offre des croisières dans les Caraïbes de janvier à avril. (page 103)
© Azamara Cruises / Michel Verdure

▶ Au restaurant Prime C de l'*Azamara Journey*, vous aurez droit à un tour du monde gastronomique.
© Azamara Cruises / Michel Verdure

▼ La Grenade abrite un magnifique port en forme de fer à cheval: le Carénage, un bon point de départ pour découvrir sa capitale, Saint George's. (page 176)
© iStockphoto.com/ Holger Wulschlaeger

▲ La compagnie Crystal... le nec plus ultra des croisières. (page 52)
© Crystal Cruises

◀ Les «Penthouses» du *Crystal Symphony* disposent d'une véranda qui invite à la contemplation.
© Crystal Cruises

▼ Le Sky Bar, situé sur le pont supérieur du *Seabourn Legend*. (page 110)
© Seabourn Cruise Line

La cité portuaire maya de Tulum était encore un centre cérémoniel actif quand les Espagnols arrivèrent au Mexique au XVIe siècle. (page 222)
© Dreamstime.com / Rick Harding

Le *Silver Shadow* et le *Silver Cloud* de la compagnie Silversea offrent des croisières saisonnières dans les Antilles d'octobre à avril. (page 110)
© Silversea

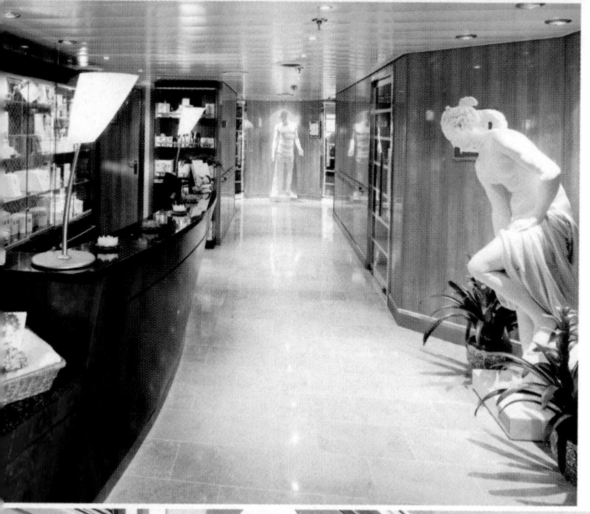

▲ Regent Seven Seas est nommée meilleure compagnie de croisières de luxe depuis de nombreuses années par le *Porthole Cruise Magazine*. (page 103)
© Regent Seven Seas

◄ Au spa du *Seven Seas Navigator* de Regent, on offre des soins Carita qui sont très recherchés par les croisiéristes.
© Regent Seven Seas

▼ Cette rue pavée, bordée de charmantes maisons coloniales aux tons pastel, révèle une architecture caribéenne unique.
© iStockphoto.com / Mach New Media

▲ Grand salon lumineux au décor raffiné et doublé d'un bar, The Lounge est le principal lieu de rendez-vous à bord du *Wind Surf*. (page 103)
© Windstar Cruises

▶ Voilier racé et léger, le *Wind Surf* de la compagnie Windstar fait régulièrement des croisières dans les Caraïbes.
© Windstar Cruises

▼ Au Costa Rica, les fumerolles et les coulées de lave impressionnent les nombreux visiteurs du volcan Arenal qui l'observent chaque année. (page 152)
© iStockphoto.com

Sommaire

Liste des encadrés

Liste des cartes

Mise à jour, recherche et rédaction de la 2e édition: Annie Gilbert; **Mise à jour, recherche et rédaction de l'édition originale :** Élodie Luquet; **Collaboration à la recherche et à la rédaction de l'édition originale:** Caroline Beneteau, Hélène Biron, Martin Fontaine, Éric Lauzon; **Éditeur adjoint:** Pierre Ledoux; **Correcteur:** Pierre Daveluy; **Infographistes:** Marie-France Denis, Isabelle Lalonde, Philippe Thomas; **Cartographe:** Pascal Biet; **Photographies:** *Page couverture* © JUPITERIMAGES/ Creatas / Alamy; *Page de garde* Plage des Bermudes, © Dreamstime.com / Todd Taulman; Pont supérieur d'un navire, © Azamara Cruises; *Photographies des navires* © Carnival, © Celebrity Cruises, © Costa, © Crystal, © Cunard, © Disney, © Holland America, © MSC, © Norwegian Cruise Line, © Princess, © Royal Caribbean International, © Azamara Cruises, © Regent Seven Seas, © Windstar, © The Yachts of Seabourn, © Silversea

Les avis des spécialistes ont été rédigés par les services croisières de Voyages CAA-Québec.

Cet ouvrage a été réalisé sous la direction d'Olivier Gougeon.

Remerciements
Un grand merci à Nicole Coulombe, Sean Flynn, Michèle Lebel, Chantale Maltais, Lise Rioux et Lynne St-Jean pour leurs conseils et leur aide.

Les Guides de voyage Ulysse reconnaissent l'aide financière du gouvernement du Canada par l'entremise du Programme d'aide au développement de l'industrie de l'édition (PADIÉ) pour leurs activités d'édition.

Les Guides de voyage Ulysse tiennent également à remercier le gouvernement du Québec – Programme de crédit d'impôt pour l'édition de livres – Gestion SODEC.

Catalogage avant publication de Bibliothèque et Archives nationales du Québec et Bibliothèque et Archives Canada

Vedette principale au titre :
Croisières dans les Caraïbes
2e éd.
Comprend un index.
ISBN 978-2-89464-849-0
1. Caraïbes (Région) - Guides. 2. Croisières - Caraïbes (Région) - Guides.

F2165.C76 2008 917.2904'53 C2008-940532-3

Bibliothèque et Archives nationales du Québec
Dépôt légal – Quatrième trimestre 2008
ISBN 978-2-89464-849-0
Imprimé au Canada

Introduction

Antigua, Saint-Kitts, Sint Maarten ou Curaçao? Ces noms aux consonances étranges ne vous disent peut-être rien et pourtant ils cachent des îlots paradisiaques en plein cœur des Caraïbes. En feuilletant les catalogues aux photos de carte postale des compagnies offrant des croisières en mer, vous aurez sans doute envie de décrocher votre téléphone ou de tapoter sur votre clavier afin de réserver immédiatement la croisière de vos rêves. Oui, mais attention! Toutes les croisières ne se valent pas. D'où l'idée de ce guide qui vous conduira à travers les méandres d'informations publiées chaque année par les nombreuses compagnies de croisière.

Le guide Ulysse *Croisières dans les Caraïbes* est une synthèse des renseignements dont vous aurez besoin au moment de choisir votre croisière, ainsi qu'un outil utile à prendre avec soi à bord. Les principales compagnies desservant les Caraïbes y sont d'abord décrites. Leur flotte y est passée en revue, de même que les caractéristiques des différents paquebots et les types de programmes s'adressant aux croisiéristes à bord. Divertissements, restauration, excursions en mer ou faits inusités vous y attendent, pour avoir un aperçu global de la compagnie avec laquelle vous voyagerez sous le soleil antillais.

Le chapitre suivant présente les différents ports d'escale et d'embarquement des compagnies décrites, des incontournables îles Vierges américaines aux géants du trafic maritime que sont Port Canaveral ou New York, en passant par les Bahamas et les îles privées des populaires Disney, Holland America et Princess. Plutôt que nous contenter d'énumérer les excursions organisées par les compagnies de croisières, limitées généralement aux ports d'escale où les paquebots ont accosté, nous avons ici essayé de donner un plus large aperçu de ces îles idylliques, décrivant des destinations, villages, plages ou hameaux moins courus mais tout aussi attirants, et incitant ainsi les voyageurs à personnaliser davantage leur découverte de ces eaux paradisiaques. Vous aurez ainsi plaisir à laisser derrière vous les hordes de touristes prenant d'assaut les plages à proximité desquelles ont mouillé les paquebots, pour explorer l'île qui vous a tant fait rêver.

Nous envions déjà votre escapade sous le soleil des Caraïbes.

Bon vent!

Itinéraires

Après le coût de votre billet, les escales desservies par les compagnies seront sans doute l'un des facteurs déterminants dans votre choix de croisière. Le langage des aficionados croisiéristes, professionnels et autres spécialistes du voyage peut parfois sembler opaque aux non-initiés. En effet, on est traditionnellement familiarisé avec les termes de «Petites Antilles», qui rassemblent le chapelet d'îles formant un arc de cercle en mer des Caraïbes et à l'extrémité duquel on trouve Anguilla au nord et Sainte-Lucie au sud; de «Grandes Antilles», soit les plus gros «cailloux» de la mer des Caraïbes: Cuba, au large de laquelle se trouvent les îles Cayman, la Jamaïque, Puerto Rico et l'île d'Hispaniola, divisée entre Haïti et la République dominicaine; d'«Antilles du Sud», qui sont constituées de Saint-Vincent-et-les-Grenadines, de Grenade et des îles situées au large des côtes vénézuéliennes, soit Trinité-et-Tobago, Margarita et les îles Sous-le-Vent des Antilles néerlandaises (Aruba, Bonaire, Curaçao).

Or, les compagnies de croisières usent, en anglais, d'appellations différentes et respectent généralement un découpage géographique plus vague. Afin de vous aider à décrypter l'information contenue dans leurs catalogues de vente, on reprend dans ce guide la nomenclature qu'elles utilisent, et l'on parlera ainsi le plus souvent des «**Antilles occidentales**» (Western Caribbean) – formées grossièrement de la Jamaïque et des îles bordant le Mexique et une partie de l'Amérique centrale –, des «**Antilles orientales**» (Eastern Caribbean) – incluant Puerto Rico et l'arc des Petites Antilles – et enfin des «**Antilles méridionales**» (Southern Caribbean), qui, elles,

Les croisières: une industrie florissante

Depuis 25 ans, l'industrie des croisières croît en moyenne de 8,2% par année. En 2007, le nombre de croisiéristes a atteint 12 millions et on s'attend à ce que ce nombre double d'ici quelques années.

Une autre donnée qui réjouira les conglomérats maritimes est l'arrivée à la retraite de milliers de baby-boomers, une clientèle fidèle qui forme déjà le gros des croisiéristes dans les Caraïbes. Les perspectives sont donc plutôt réjouissantes pour Carnival et Royal Caribbean, les deux compagnies mères qui dominent actuellement le marché et qui illustrent bien ce phénomène de concentration qui touche l'industrie depuis la fin des années 1990. La première possède une avance incontestable sur ses concurrentes puisqu'elle est déjà détentrice d'une dizaine de filiales parmi lesquelles on compte des géants de l'industrie tels que Princess, Holland America et Costa.

Autre illustration de la concentration de ce secteur, l'Amérique du Nord génère en moyenne plus de 90% des revenus de cette industrie. Le nombre de croisiéristes y atteignait 12 millions en 2007, et 80% d'entre eux entamaient leur croisière au départ d'un port américain. La Floride remporte la palme chaque année, puisque environ la moitié des embarquements se font dans un de ses ports (Miami, Fort Lauderdale, Port Canaveral, Tampa).

Sources:
Industrie de la croisière – Agriculture et Agroalimentaire Canada
L'Actualité.com

bordent les côtes du Venezuela et de la Colombie. Nous laissons de côté les croisières qui longent le canal de Panamá, pour explorer la Riviera mexicaine.

Les **ports d'embarquement et de débarquement** – généralement les mêmes – sont le plus souvent situés en Floride: Miami, Fort Lauderdale, Tampa ou Port Canaveral sont devenus les points de départ des principales routes caribéennes. New York est également un port d'embarquement très populaire. On observe toutefois une nouvelle tendance: les paquebots mouillent en effet de plus en plus dans des ports secondaires, moins encombrés. Citons entre autres San Juan (Puerto Rico), Bridgetown (Barbade), Charleston (Caroline du Sud), La Nouvelle-Orléans (Louisiane) et Galveston (Texas). Le pictogramme servira à identifier les ports d'embarquement et de débarquement, certains pouvant également constituer de simples escales en fonction des itinéraires suivis et de la compagnie avec laquelle les passagers naviguent. C'est notamment le cas de San Juan, à Puerto Rico. Les ports d'escale sont identifiés par le pictogramme .

Compagnies

Beaucoup de facteurs entrent en jeu dans le choix d'une compagnie de croisières, tels que les itinéraires suivis en mer, les destinations desservies et le temps passé sur place. Une croisière est une bonne introduction au voyage. En effet, si elles ne permettent pas nécessairement de visiter un pays ou une région de façon approfondie, les escales étant généralement très courtes, elles n'en constituent pas moins un mode de transport idéal pour parcourir les Caraïbes et ses îlots paradisiaques en un temps record.

■ À chacun sa croisière

En apparence, toutes les compagnies de croisières se valent en termes d'installations dites classiques: casino, cybercafé, bibliothèque, piscine, spa, etc. Ce seront davantage l'agencement de ces espaces mais surtout l'ambiance à bord qui vous aideront à déterminer le type de voyage qui vous convient. Identifiez donc en premier lieu votre style de vie: il sera votre guide pour choisir la croisière de vos rêves.

Vous êtes trentenaire et partez avec un groupe d'amis en vacances; c'est votre première croisière, vous avez envie de convivialité et de profiter de toutes les occasions de divertissement à bord? Dans ce cas, vous opterez sans doute pour Carnival, Royal Caribbean ou Norwegian Cruise Line (NCL), des compagnies qui sentent bon les vacances et qui sont un peu les spécialistes de l'*entertainment* en mer.

Si le confort est pour vous une condition *sine qua non* pour réussir vos vacances, vous prêterez davantage attention aux cabines, au rapport passagers-équipage, aux dimensions des aires communes et aux installations et services à bord. Holland America est un grand classique en la matière, possédant les cabines les

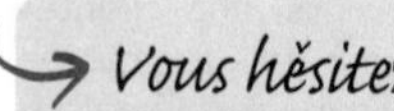

Visitez le site web de World's Leading Cruise Lines (www.worldsleadingcruiselines.com), où, après avoir répondu à seulement quelques questions, il vous sera possible de savoir quelle compagnie de croisières parmi Carnival, Costa, Cunard, Holland, Princess et Seabourn conviendra le mieux à vos besoins.

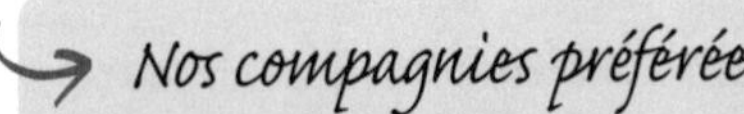

Luxe: Silversea, Seabourn
Détente: Carnival, Royal Caribbean
Repas: Celebrity
Cabines: Holland America
Divertissements: Norwegian Cruise Line
Familles: Royal Caribbean, Disney
Retraités: Holland America
Nouveaux croisiéristes: Royal Caribbean, Carnival

plus spacieuses de sa catégorie. Quant à Celebrity, on la recommande chaleureusement pour la qualité de la nourriture servie dans ses différents restaurants.

Si vous souhaitez vivre une expérience unique, profiter d'un service ultra-personnalisé, d'une cuisine gastronomique, ou encore faire le tour des Caraïbes en naviguant sur une flotte racée, vous monterez à bord des *nec plus ultra* des croisières, soit les paquebots, voiliers et yachts des compagnies de luxe Crystal, Windstar et Seabourn.

La croisière s'affirme aujourd'hui comme un mode de voyage de plus en plus familial. Nombre de compagnies réaménagent leur programme d'activités en mer pour attirer cette clientèle. La reine en la matière est Disney, ses paquebots étant conçus spécifiquement pour les jeunes croisiéristes, véritables maîtres à bord de ces résurgences du bateau du Capitaine Crochet.

Croisière active ou relaxante, instructive ou divertissante, le marché des croisières en mer s'est donc beaucoup diversifié. Il offre aujourd'hui un large éventail d'activités, depuis l'initiation à la plongée sous-marine jusqu'à la détente sur une chaise longue dans un solarium, en passant par les conférences sur la navigation aux cours d'italien, les dégustations de vin, les ventes aux enchères, les soirées cabaret et les séances de cinéma.

■ Style

Étroitement lié au style de vie des passagers, et donc à l'ambiance en mer, le style des compagnies s'affiche de plus en plus nettement et permet de faire son choix parmi une série d'offres plus alléchantes les unes que les autres. Voici donc de nouveaux critères qui vous aideront à «faire votre marché» parmi la grande variété de «produits» offerts chez les voyagistes.

La plupart des professionnels classent les compagnies de croisières en trois catégories: **Contemporain**, **Premium** et **Luxe**. Dernièrement, Celebrity et Royal Caribbean ont décidé d'ajouter une nouvelle catégorie, soit **Grand Luxe**, afin de surclasser les compagnies Seabourn et Silversea, qui étaient dans Luxe mais faisaient définitivement partie d'une classe à part. Nous avons décidé d'utiliser ce nouveau classement afin d'accentuer les différences entre les diverses compagnies.

Les compagnies de la catégorie **Contemporain** sont les plus accessibles, financièrement et en termes de visibilité; ce sont en effet celles qui sont les plus couramment représentées par les professionnels du voyage en mer. Les plus connues sont Carnival

Les principales compagnies de croisières desservant les Caraïbes, classées par catégories

Contemporain

Carnival Cruise Lines
www.carnival.com
Costa Cruises
www.costacruises.com
Disney Cruise Line
www.disneycruise.com
MSC Cruises
www.msccruises.com
Norwegian Cruise Line
www.ncl.com
Royal Caribbean International
www.royalcaribbean.com

Premium

Celebrity Cruises
www.celebritycruises.com
Crystal Cruises
www.crystalcruises.com
Cunard
www.cunard.com
Holland America Line
www.hollandamerica.com
Princess Cruises
www.princess.com

Luxe

Azamara Cruises
www.azamaracruises.com
Regent Seven Seas Cruises
www.rssc.com
Windstar Cruises
www.windstarcruises.com

Grand Luxe

Seabourn Cruise Line
www.seabourn.com
Silversea Cruises
www.silversea.com

et Royal Caribbean: les deux géants des croisières s'adressent à tous les types de passagers, tels que familles, groupes, célibataires ou jeunes retraités. Elles offrent des croisières animées, la flotte de Royal Caribbean comportant des navires modernes. Elles attirent en apparence de nombreux trentenaires, mais les cinquantenaires forment en réalité le gros de leurs passagers. Les croisiéristes amateurs apprécieront ces compagnies qui ont contribué à démocratiser ce mode de voyage.

Dans cette classe figurent également la familiale Disney et la scandinave Norwegian Cruise Line, de même que les italiennes Costa et MSC, qui mélangent le soleil des Caraïbes au style méditerranéen. Costa possède toutefois une expertise plus solide que MSC, une jeune compagnie qui, au dire des professionnels, doit encore faire ses gammes.

Vient ensuite la catégorie **Premium**, juste milieu entre la décontraction et le luxe. Un service rigoureux, des divertissements à bord plus posés, généralement qualifiés d'*enrichment program* – vous vous instruirez! –, et des installations habituellement plus spacieuses. L'espace est en effet considéré comme un luxe en mer. Chez Cunard, mais surtout chez Crystal, on joue très bien la carte du haut de gamme. Ces deux compagnies peuvent d'ailleurs être alternativement classées dans les catégories Premium et Luxe. Citons également Princess, Holland America et Celebrity, toutes trois qualifiées de «valeurs sûres» par les spécialistes.

Puis la catégorie **Luxe**. Elle comprend des navires qui offrent du luxe accessible au commun des mortels. On y retrouve Regent Seven Seas ainsi que Azamara Cruises, qui transportent leurs passagers à bord de navires imposants mais de petit tonnage, et Windstar, qui joue plutôt la carte du voilier. Ces trois compagnies offrent des services de qualité, que ce soit pour les repas, l'hébergement ou les activités offertes sur place. D'ailleurs, les croisières de catégorie Luxe sont plus animées et l'ambiance en est plus décontractée que celles de la catégorie Grand Luxe.

Enfin la catégorie **Grand Luxe** comprend les compagnies Seabourn et Silversea. Le service est digne des plus luxueux hôtels de la planète, la cuisine est la plus raffinée jamais servie en mer, et les cabines – pardon, les suites! – sont immensément spacieuses. Ces deux compagnies visent en général une clientèle plus âgée et plus fortunée, habituée des croisières en mer – et donc extrêmement exigeante – et dont le style de vie privilégie la relaxation plutôt que le divertissement.

■ Taille des navires

La taille des paquebots est un autre critère à prendre en compte dans votre course au plus beau voyage en mer. Petit, moyen ou gros tonnage? Là encore, tout dépend de votre style de vie et du type de voyage que vous souhaitez entreprendre.

Les habitués, les fines lames des croisières, ceux qui ont leurs entrées sur plusieurs navires, auront une préférence pour les paquebots de petit ou moyen tonnage, de 5 000 à 70 000 tonnes. Le service y est en effet plus personnalisé – vous serez surpris de constater, dès l'embarquement, que certains membres de l'équipage connaissent votre nom –, et c'est là l'un des principaux arguments en faveur de ce type de navire. Le second argument est d'ordre plus pratique: quoi de plus agréable en effet que de débarquer directement dans le centre-ville de l'île abordée sans avoir à passer par

La course au plus grand paquebot du monde

Queen Mary 2, *Freedom of the Seas*, *Liberty of the Seas* ... Que vous soyez novice ou croisiériste averti, ces noms vous disent forcément quelque chose. Ces mastodontes des mers entrent en effet dans la catégorie des plus grands paquebots du monde. Le *Queen Mary 2*, construit par les Chantiers de l'Atlantique à Saint-Nazaire (France), a fait la une de l'actualité du voyage en 2004 en remportant la palme du géant des mers, avec ses 151 400 tonnes. C'était sans compter l'appétit carnassier de Royal Caribbean, l'un des leaders des croisières dans les Caraïbes, qui a lancé en 2006 son *Freedom of the Seas*. Au menu: piscine à vagues, gigantesque mur d'escalade, patinoire, bref, que du sensationnel pour un total de 160 000 tonnes. Alors que son jumeau, le *Liberty of the Seas*, est d'ores et déjà en projet, les projets Genesis 1 et 2 de la compagnie surpasseront toutes les attentes en matière de surdimensionné. On prévoit donc une recrudescence des gros tonnages en mer, des navires dépassant les 200 000 tonnes. «Impressionnant! Époustouflant!», s'exclameront certains. «Totalement surréaliste!», crieront les voyagistes et autres professionnels des croisières en songeant aux interminables queues qui attendent les passagers lorsque les bateaux aborderont dans de minuscules îles perdues dans les Caraïbes.

Vous avez dit «tonnage»?

La taille du navire est généralement indiquée en *gross registered tonnage*. Cette mesure est souvent confondue avec le poids du navire. Dans le langage nautique, une tonne n'est pas une mesure de poids, mais une mesure d'espace. Sur tous les navires, plus le tonnage est élevé, plus l'espace intérieur est grand. Donc, plus d'espace pour manger, boire et s'amuser!

les traditionnels transbordeurs? Grâce à la petite taille du navire, vous serez en outre susceptible de visiter davantage de ports exotiques que la moyenne des paquebots de gros tonnage naviguant en mer des Caraïbes. Si donc votre priorité est la découverte d'îles paradisiaques, désertées par les foules de touristes qui envahissent leurs ports chaque année, repérez les petites flottes.

Les novices, ceux qui n'ont pas encore eu la chance de tester ce mode de voyage et qui sont encore un peu réticents (sans oublier les croisiéristes claustrophobes), choisiront les flottes les plus importantes, celles qui, comme Royal Caribbean, rassemblent les plus gros navires (90 000 tonnes et plus). Ils goûteront le plaisir de se perdre et de naviguer à bord d'une véritable ville sur l'eau et ne rompront pas de manière trop brutale avec leurs vieilles habitudes de continentaux. Leur seconde motivation réside dans l'accès à une foule de divertissements à bord: l'ennui reste en effet la première inquiétude de ces passagers fraîchement embarqués. Si vous entrez dans cette catégorie, fuyez donc les cabines intérieures et investissez une partie de votre budget dans une cabine extérieure, avec balcon de préférence, afin d'éviter de vous sentir enfermé dans la coque du mastodonte qui vous transporte dans les Caraïbes.

■ *Nota bene*

Comme l'indique le titre de ce livre, pour les compagnies de croisières et les itinéraires suivis, seuls les paquebots desservant les Caraïbes ont été décrits. Nous avons également limité nos renseignements pratiques aux paquebots les plus représentatifs de chacune de leur classe, nombre d'entre eux ayant parfois été conçus à l'identique.

Au cours de votre lecture, vous noterez peut-être quelques variantes concernant les détails pratiques annotés dans les tableaux synoptiques de la présentation des paquebots: ils dépendent en effet de la mise à jour des informations qu'en font les compagnies.

Enfin, les ports d'escale desservis par chaque compagnie sont mentionnés à titre indicatif. Nous avons préféré cibler les régions plutôt que les îles (Antilles méridionales, occidentales ou orientales), car les itinéraires de croisière varient très fréquemment.

Bien préparer son voyage

■ Agences

De plus en plus d'agences de voyages ont des croisières à leur catalogue, ce mode de voyage s'étant considérablement popularisé au fil des années. Le taux de satisfaction de la clientèle est en outre l'un des plus élevés en matière de voyage organisé. Par contre, cela ne signifie pas que ces agences soient **spécialisées** dans les croisières. Les voyageurs qui souhaitent obtenir des conseils plus approfondis s'adresseront aux spécialistes. Préférez les agences qui représentent plusieurs compagnies à celles qui ne vendent qu'un seul type de croisière – les croisières organisées par Royal Caribbean sont, il est vrai, extrêmement populaires, et certaines agences se concentrent donc essentiellement sur cette compagnie.

Voici quelques agences qui sauront bien vous orienter:

Au Québec

Agences spécialisées

CentredeCroisières
☎800-361-7447
www.croisiere.ca

Croisières pour Tous
☎866-680-2221
www.croisierespourtous.com

Voyages CAA-Québec / services croisières
www.caaquebec.com/voyage

Voyage Vasco
☎888-628-2726
www.voyagevasco.com

En France

Centrales de réservation spécialisées

AAR Croisière
☎0 800 94 10 94
www.aarcroisiere.com

AB Croisière.Com
☎0 800 66 64 45
www.abcroisiere.com

Caraïbes Croisière Réservation
☎0 805 40 55 40
www.caraibescroisieresreservation.com

Croisière Net.com
☎0 800 94 10 94
www.croisierenet.com

■ Assurance

Nous vous recommandons fortement de contracter une assurance au moment de l'achat de votre croisière. Habituellement, chaque compagnie possède ses propres forfaits, que l'on réserve au moment de l'achat du billet. Nous vous conseillons cependant de souscrire à une assurance d'une compagnie canadienne. Préférez les assurances multirisques couvrant la perte de bagages, l'annulation, les soins médicaux et le rapatriement.

■ Climat

Les tempêtes tropicales et les ouragans aux noms poétiques mais terriblement ravageurs sont fréquents dans les Antilles. Les prévisions météorologiques seront donc un facteur déterminant dans le choix de la période au cours de laquelle vous voyagerez.

La «saison des ouragans» s'étire de juin à novembre. Si vous partez en été, assurez-vous donc de consulter régulièrement météo et bulletins d'alerte régionaux.

En dehors de ces quelques remarques, le climat reste l'atout incontournable des Caraïbes. Les Îles attendent les voyageurs en mal de chaleur et de soleil. Petites et Grandes Antilles sont familières des 30°C à l'ombre, et ce, de décembre à mai, mois de haute saison touristique qui coïncident avec la saison sèche. Proche de l'équateur, l'arc des Petites Antilles bénéficie en outre de faibles écarts de température, le volume des précipitations étant variable.

Environnement Canada
www.ec.gc.ca

Météo France
www.meteofrance.com

MétéoMédia
www.meteomedia.com

National Oceanic and Atmospheric Association (NOAA)
www.noaa.gov

■ Coût

Difficile de répondre à la question délicate du prix d'une croisière, tout simplement parce que ce dernier varie énormément. En feuilletant les brochures des voyagistes ou en naviguant sur Internet, vous constaterez que l'échelle de prix fait le grand écart; vous pourrez ainsi très bien dénicher la petite croisière de quatre jours dans les Bahamas à 300$US, comme la luxueuse croisière de deux semaines dans les «Antilles méridionales» à bord d'un yacht, au prix de 6 000$US. Le coût de ce type de voyage dépend à la fois des itinéraires, de la classe du paquebot, du moment de l'achat, de la compagnie de croisières, de la cabine choisie et bien sûr de la durée du voyage. Il varie également en fonction des périodes au cours desquelles les croisières ont lieu: vous bénéficierez sans doute de tarifs réduits en octobre, en novembre, au début du mois de décembre et en janvier, mais attendez-vous peut-être à naviguer sur une mer houleuse.

Le test est bien connu: demandez à une dizaine de passagers occupant le même type de cabine que vous combien ils ont eu à débourser pour leur croisière, vous obtiendrez sans doute 10 prix différents! Même en termes de luxe, rien ne présage des tarifs astronomiques. Ainsi chez Cunard, considéré comme du «Premium de luxe» en langage de voyagiste, les croisiéristes pourront dénicher autant de réductions qu'en passant par des compagnies de moyenne gamme et acheter un voyage organisé à des prix imbattables.

Il est donc préférable de consulter des agences spécialisées dans les croisières pour avoir une meilleure idée des forfaits et autres rabais proposés par les géants des mers. Malgré tout, naviguer sur Internet, faire partie des programmes de fidélisation des compagnies que vous avez préalablement repérées et être abonné aux lettres d'information qu'elles publient régulièrement restent les meilleures techniques de recherche pour «magasiner» votre croisière.

Sachez qu'à la suite de l'augmentation du prix du carburant, les compagnies de croisières ont commencé à faire payer aux passagers un supplément qui peut atteindre 150$ pour une croisière d'une semaine pour deux personnes.

Tout-compris? Oui mais...

Les croisières sont souvent assimilées à des voyages «tout-compris». Une fois monté à bord, pense-t-on, nul besoin de sortir le moindre billet vert: vous avez réglé votre note avant de partir et pensez jouir de gratuités jusqu'à la fin de votre séjour en mer. Mais attention, vous pourrez être surpris, du moins à bord des navires des catégories Contemporain et Premium. En effet, le prix de votre croisière inclut bien l'ensemble des repas pris à bord, l'accès aux centres de conditionnement physique et les animations orchestrées par l'équipage, mais tous les petits plaisirs que vous vous accorderez sous le soleil des Antilles seront payants: soins au spa, verres de vin pour accompagner votre repas, dîner dans l'un des restaurants spécialisés du bateau, sans oublier les excursions. Certaines compagnies poussent même le vice jusqu'à facturer l'eau en bouteille. C'est pourquoi la plupart des compagnies vous donnent une carte personnelle lorsque vous montez à bord. Vous devrez vous en servir chaque fois que vous voudrez avoir un service ou un produit non inclus dans votre croisière. Mais attention: il est facile d'oublier qu'il s'agit d'une vraie carte de crédit et que vous devrez payer à la fin du voyage pour tout ce que vous aurez consommé en surplus. Cela peut s'avérer un dur retour à la réalité.

Gardez cependant en mémoire que le «tout-compris» reste très relatif. La formule s'applique en réalité surtout aux compagnies de luxe, depuis les alcools servis à table jusqu'aux excursions en mer. Dans le cas des compagnies de catégories Premium et Contemporain, sont généralement inclus dans le prix de votre croisière: les repas servis dans la principale salle à manger du navire, les animations extérieures, l'accès aux salles de conditionnement physique et le transfert jusqu'au port d'escale lorsque le navire mouille au large. Il vous faudra par contre payer de votre poche les repas servis dans des restaurants spécialisés et les boissons alcoolisées – voire même les boissons gazeuses et les eaux minérales en bouteille pour certaines compagnies –, les excursions, l'accès à certaines installations ou activités comme les soins au spa, l'accès Internet, les assurances et les soins médicaux prodigués à bord et les liaisons aériennes pour vous rendre à votre port d'embarquement. Quant aux pourboires, les règles en la matière varient tellement que l'on pourrait presque rédiger un «code du pourboire». Les compagnies de luxe les incluent dans le prix de la croisière, et les autres laissent le plus souvent l'appréciation aux passagers ou encore prélèvent un montant fixe de leur compte de bord.

■ Documentation

Guides, journaux, magazines, sites Internet et brochures des compagnies de croisières et des voyagistes vous aideront à en apprendre davantage sur la croisière que vous vous apprêtez à faire, les destinations desservies, l'itinéraire suivi et le paquebot à bord duquel vous allez monter.

Voici quelques liens utiles pour bien préparer votre périple dans les Caraïbes. Nous vous recommandons en premier lieu de commander les brochures touristiques des compagnies sélectionnées, qui possèdent quantité d'informations sur les navires, les activités à bord, les équipements de cabine et les autres démarches administratives préalables à votre embarquement. Sachez toutefois que ces brochures, et la plupart des liens qui y sont rattachés, sont en anglais. Il vous faudra donc connaître quelques mots d'anglais pour percer les secrets de cette industrie car, en dehors de ce livre, de quelques magazines francophones et des rubriques de voyage de votre quotidien préféré, la langue de Molière n'est pas reine en matière de croisières dans les Caraïbes.

Journaux et magazines

Porthole Cruise Magazine
www.porthole.com

Condé Nast Traveller
www.cntraveller.com

Sites Internet

Professionnels

Cruise Lines International Association (CLIA)
www.cruising.org
Il s'agit du site de la Cruise Lines International Association (CLIA), à laquelle les compagnies de croisières et les principaux regroupements d'agences de voyages canadiennes sont associés.

Cruise Critic
www.cruisecritic.com

World's Leading Cruise Lines
www.worldsleadingcruiselines.com
Association qui regroupe six des plus importantes compagnies de croisières.

Forums

Le Monde des Croisières
www.lemondedescroisieres.com

Autour de la croisière
www.au-tour-de-la-croisiere.com

Cruise @ddicts
www.cruise-addicts.com

Cruise Reviews
www.cruise-reviews.com

■ Passeports et visas

Pour entrer aux États-Unis par avion, les citoyens canadiens ont besoin d'un passeport depuis le 23 janvier 2007. Cependant, et ce, jusqu'au 1er juin 2009, ceux qui y vont par voiture ou par bateau peuvent présenter soit leur passeport ou une pièce d'identité avec photo émise par un gouvernement (par exemple, un permis de conduire) et un certificat de naissance ou une carte de citoyenneté.

Les résidants d'une trentaine de pays dont la France, la Belgique et la Suisse, en voyage de tourisme ou d'affaires, n'ont plus besoin d'être en possession d'un visa pour entrer aux États-Unis à condition de:

- avoir un billet d'avion aller-retour;
- présenter un passeport électronique sauf s'ils possèdent un passeport individuel à lecture optique en cours de validité et émis au plus tard le 25 octobre 2005; à défaut, l'obtention d'un visa sera obligatoire;
- projeter un séjour d'au plus 90 jours (le séjour ne peut être prolongé sur place: le visiteur ne peut changer de statut, accepter un emploi ou étudier);
- présenter des preuves de solvabilité (carte de crédit, chèques de voyage);
- remplir le formulaire de demande d'exemption de visa (formulaire I-94W) remis par la compagnie de transport pendant le vol;
- le visa est toujours nécessaire pour certaines catégories de voyageurs (étudiants ou visa précédemment refusé).

L'ESTA (Electronic System for Travel Authorization) remplacera le formulaire I-94W à partir du 12 janvier 2009. Il s'agira d'un questionnaire, identique à l'I-94W, à remplir impérativement sur Internet avant un déplacement aux États-Unis afin de recevoir une autorisation de voyage. Information sur la procédure: *www.cbp.gov/esta*.

N'hésitez pas à contacter directement la compagnie de croisières avec laquelle vous allez voyager ou l'agence avec qui vous avez fait affaire pour obtenir plus d'information sur les péripéties administratives qui vous attendent avant le départ. Un autre site utile est celui du Département d'État américain, constamment mis à jour *(www.travel.state.gov)*.

■ Préparatifs

En matière d'**habillement**, là encore, tout dépend de la croisière qui vous attend. Le style est décontracté chez Carnival, Royal Caribbean et Norwegian Cruise Line; on emportera donc les shorts, t-shirts et sandales de circonstance. Du côté des compagnies de luxe, de type Seabourn ou Regent Seven Seas, la robe de cocktail et le costume trois pièces seront de mise. On les portera également pour les soirées spéciales organisées à bord des compagnies de moyenne gamme. Vous glisserez donc plusieurs tenues habillées dans votre valise, quelle que soit la compagnie avec laquelle vous voyagez.

Entre ces deux extrêmes, on pourra compléter sa garde-robe par des pantalons légers, en lin ou coton, des chandails pour les soirées plus fraîches, des chaussures de sport pour les excursions organisées sur la terre ferme et les essentiels: lunettes de soleil, maillot de bain, chapeau et crème solaire pour profiter du soleil caribéen tout en évitant les insolations.

N'oubliez pas les petits à-côtés bien utiles tels que le répulsif à moustiques, l'appareil photo et la caméra vidéo, pour que vous ne soyez pas le seul à garder un souvenir impérissable de votre périple en mer des Caraïbes: avis aux collègues de travail et membres de la famille éloignée qui risquent d'entendre parler de Saint-Kitts pendant des mois!

Sachez que quelques compagnies offrent des croisières pour naturistes. Vous n'aurez donc pas le même code vestimentaire et pourrez bénéficier de bagages plus légers.

Côté santé, quelques précautions de base sont de mise. Si aucun vaccin n'est requis pour voyager dans les Caraïbes, on prendra néanmoins la peine de faire un rappel de vaccin antitétanique avant de partir. À bord, boire uniquement de l'eau en bouteille, s'hydrater régulièrement et laver les fruits que l'on consomme au cours des excursions. Il est conseillé également de vous munir de quelques comprimés contre la nausée, pour éviter que la houle ne vous cloue au lit toute la journée! Vous pourrez bien sûr apporter une petite trousse de secours avec vous si nécessaire, surtout lorsque vous partez en randonnée. Cela dit, vous n'allez pas au fin fond de la jungle camerounaise et vous serez particulièrement bien encadré au cours de votre voyage. Rappelez-vous que les paquebots de croisière sont aujourd'hui équipés de centres médicaux et qu'il est toujours possible de consulter un médecin à bord.

À bord

■ Argent comptant

Les frais supplémentaires déboursés à bord (voir «Coût», p 12) ne vous sembleront que très superficiels tant que vous n'aurez pas découvert les dépenses accumulées sur votre carte de crédit lors de votre retour sur la terre ferme. En effet, nul besoin d'argent comptant à bord des paquebots de croisière, car les compagnies fonctionnent le plus souvent avec des porte-monnaie électroniques, soit une carte personnelle (et donc à ne pas perdre!) qui vous est remise à l'embarquement et avec laquelle vous pourrez régler tous vos achats à bord. Tous les débits seront automatiquement portés à votre compte Visa, MasterCard ou American Express à la fin de votre croisière.

En revanche, lors de vos excursions, ayez sur vous de l'argent comptant même si les cartes de crédit sont acceptées presque partout. La plupart des îles desservies dans les Caraïbes acceptent le dollar américain comme monnaie de transaction. Vous mettrez de côté quelques euros si vous faites escale dans les Antilles françaises, en Guadeloupe, en Martinique ou à Saint-Martin.

■ Activités

Le divertissement en mer est devenu un incontournable de toute croisière maritime. Les activités proposées à bord sont multiples et dépendent encore une fois du type de croisière que vous avez sélectionné. Sur pratiquement tous les navires, y compris les yachts et les voiliers de petit tonnage, vous aurez accès à une piscine, un casino, des cafés, des bars, des *lounges*, des salles de spectacle, des spas et des centres de conditionnement physique. Bars à champagne et «marinas rétractables» viennent compléter les installations récréatives sur les navires des flottes les plus luxueuses. D'autres font dans le sensationnel avec patinoires, murs d'escalade, piscines à vagues et autres ingéniosités techniques jamais conçues à bord d'un paquebot de croisière. On trouvera également à bord de certains navires des solariums équipés de toits rétractables, des pistes de jogging circulaires, des mini-terrains de sport permettant de pratiquer volley et basket, des cages de golf pour pratiquer son swing, etc.

Les activités organisées se font plutôt rares à bord des navires de luxe; elles sont par contre légion à bord des flottes de catégories Premium et surtout Contemporain,

Une journée type

Ce matin, vous avez décidé de profiter pleinement de cette croisière que vous préparez depuis des mois. L'embarquement vous a un peu fatigué, mais les paperasseries administratives sont derrière vous: vous apercevez déjà un rayon de soleil derrière le rideau de votre fenêtre. Debout! Il est temps d'attaquer votre première journée en mer.

D'abord, allez à la salle à manger principale du paquebot pour un petit déjeuner copieux. Après une petite promenade sur le pont – voire une petite course matinale sur la piste de jogging circulaire pour les plus sportifs –, repérez la piscine et ses chaises longues qui vous font de l'œil depuis votre arrivée. N'oubliez pas, à 11h, la conférence sur Saint-Kitts qui vous permettra de préparer votre prochaine excursion. Déjà midi?! Vous grignoterez une salade au grill, au bord de la piscine, avant de débarquer sur l'île qui vous a tant fait rêver et que vous explorerez grâce à une excursion organisée.

De retour sur le bateau, vous filerez au spa, non sans avoir attrapé un petit goûter à l'un des comptoirs de restauration rapide que l'on trouve un peu partout à bord. Retour à votre cabine pour mettre une tenue plus habillée pour la soirée. Apéro dans l'un des *lounges* du navire, puis repas italien romantique dans l'un des restaurants spécialisés, enfin la discothèque pour danser jusqu'au bout de la nuit… Qui a dit qu'une croisière était relaxante?!

et elles vont des spectaculaires concours de danse Austin Power aux plus classiques cours de cuisine, de yoga et de golf. Contrairement aux habituels clichés portant sur les croisières, il est difficile de réellement s'ennuyer en mer.

■ Cabines

Extérieure? Intérieure? Avec balcon? Suite? Il existe différents types de cabines à bord des paquebots de croisière, depuis la cabine dite intérieure, standard et sans fenêtre, généralement plus petite que les chambres d'hôtels nord-américains, jusqu'à la suite de luxe, habituellement située sur les ponts supérieurs des navires et dotée d'un balcon privé.

Si vous montez pour la première fois à bord d'un tel navire et redoutez les caprices de la houle, nous vous suggérons d'investir dans une cabine avec balcon. Si par contre, vous comptez passer les trois quarts de votre temps à explorer le paquebot, prêt à tester toutes les installations à bord, dans ce cas une cabine intérieure devrait suffire. Les cabines intérieures tendent à être plus grandes à bord des derniers-nés des flottes qui sillonnent les eaux caribéennes.

La taille des cabines varie énormément entre les plus petites cabines intérieures et les suites de luxe. Or elles sont pour la plupart équipées d'une télévision, d'un coffret de sûreté, d'un téléphone, d'un minibar et d'une salle de bain, avec sèche-cheveux. Les cabines de catégorie supérieure et les suites peuvent être également pourvues d'un salon-salle à manger et de quelques à-côtés utiles tels qu'une prise modem, un lecteur DVD, un réfrigérateur, une baignoire à remous, des peignoirs et des produits pour les soins du corps. Les passagers de ces cabines et suites ont également accès à un service de conciergerie. Sur certains navires, des cabines sont par ailleurs exclusivement conçues pour les familles et peuvent parfois accueillir une dizaine de personnes.

■ Code vestimentaire

L'ensemble des compagnies de croisières perpétuent encore aujourd'hui le respect d'un certain code vestimentaire à bord. On pourra bien sûr alterner entre le décontracté dans la journée – maillot de bain et vêtements de sport seront votre uniforme au cours des excursions ou des journées passées à barboter dans l'eau salée de la piscine – et l'habillé – les repas sont toujours l'occasion de socialiser et de se montrer sous son meilleur jour, qu'il s'agisse d'un *casual diner* ou d'un *formal diner*. Si nombre de compagnies de croisières tentent de libéraliser les mœurs à bord de leur flotte – notamment les formules Fun Ship de Carnival et Freestyle de NCL –, les vieilles habitudes sont difficiles à changer. Porter un short pour aller dîner en soirée dans la salle à manger principale pourra ainsi encore être considéré par certaines compagnies comme un acte de rébellion.

On s'habille toujours en mer, pour dîner du moins, c'est un fait! Ainsi, au cours des «soirées du capitaine», qui ont lieu une fois par semaine environ, une tenue formelle est conseillée. C'est le moment de sortir votre complet ou votre jolie robe de cocktail. Vous avez soupiré en apprenant que certaines soirées à bord étaient habillées, mais vous vous prendrez très facilement au jeu!

■ Enfants

Hormis les navires de luxe et de grand luxe des Windstar, Silversea et autres Seabourn, qui ne cachent pas leur réticence à accueillir à bord les jeunes croisiéristes, clientèle oblige, toutes les compagnies courtisent la clientèle familiale. La plupart des navires de catégories Contemporain et Premium sont équipés de salles de jeu, extérieures et intérieures, et offrent des programmes d'activités spécialement conçues pour les enfants et réparties en différentes classes d'âge. Des cours de dessin aux jeux vidéo, en passant par les chasses aux trésors, les soirées pyjama, les virées en discothèque

Jeune croisiériste deviendra grand

Prenez un préado de 12 ans et embarquez-le à bord du *Disney Magic* pendant sept jours. Vous serez assuré de deux choses: premièrement, il refusera de quitter le paquebot au terme de la croisière, lorsque le navire aux cheminées Mickey accostera à Port Canaveral; deuxièmement, il sera devenu pour toujours un fidèle des croisières, un aficionado qui prendra la mer régulièrement, et ce, tout au long de sa vie. Voilà une théorie qui a de quoi réjouir les plus grands magnats de la finance aux commandes des compagnies de croisières. Celles-ci tendent en effet à développer de plus en plus de programmes et d'activités destinées aux familles: Royal Caribbean et sa formule Adventure Ocean, Carnival et son Camp Carnival, et surtout Disney, véritable plongée au royaume de l'enfance. Tous les projecteurs sont désormais braqués sur cette clientèle familiale qui fera le succès des compagnies de croisières de demain.

et les ateliers de découverte scientifique, les jeunes croisiéristes profitent en continu d'une multitude d'activités récréatives.

La palme d'honneur revient bien sûr aux croisières de Disney, mais des compagnies comme Royal Caribbean possèdent également une réelle expertise en matière de divertissements pour enfants. Les jeunes croisiéristes sont généralement encadrés par des moniteurs triés sur le volet, et les parents des tout-petits peuvent profiter de services de garderie à bord. Il existe néanmoins un âge limite au-dessous duquel les enfants ne sont pas admis à bord; il est variable selon chacune des compagnies.

■ Excursions

Organisées ou pas?

Si les excursions organisées par les compagnies de croisières laissent peu de place à l'improvisation, elles offrent au moins l'avantage d'être déjà planifiées. Elles apportent en outre un élément de sécurité et font intervenir des spécialistes des pays où les navires font escale, des guides accrédités notamment. Or ces excursions sont en moyenne de 5% à 20% plus chères que celles que vous auriez programmées de votre côté.

Les croisiéristes qui partent à l'aventure sont généralement plus expérimentés. Il s'agit de leur seconde ou troisième croisière, et ils ont envie de découvrir d'autres aspects de l'île qu'ils ont déjà explorée par le passé, bref, d'introduire une touche de liberté dans le carcan parfois rigide des activités organisées par les compagnies de croisières.

D'autres encore ne font ni l'un ni l'autre: ils jugent en effet les excursions inutiles dans la mesure où la majorité des paquebots accostent en plein centre-ville, à proximité des principaux attraits, et ne restent dans les ports que quelques heures. Dans tous les cas, assurez-vous de ne pas manquer le départ du bateau!

Réservations à bord ou avant de partir?

Les réservations se font en général une fois que les passagers sont montés à bord, auprès d'un bureau spécialement conçu à cet effet – ou directement de l'écran de télévision installé dans les cabines de certains paquebots! Il est possible, une fois votre croisière réservée, de choisir les excursions auxquelles vous souhaitez participer sur le site Internet de la compagnie de croisières. Ces excursions permettront de découvrir les principaux attraits de l'île au large de laquelle votre paquebot mouillera. Elles peuvent être thématiques, sportives ou culturelles, et sont parfois précédées de conférences données à bord, idéales pour approfondir vos connaissances de la destination en question.

Les passagers les plus avertis, et ceux qui souhaitent sortir du «tout-compris», pianoteront sur Internet à la recherche des meilleures excursions à faire sur leur île de rêve, organisées par des voyagistes locaux spécialisés. Ils pourront aussi louer une voiture à distance pour explorer les lieux à leur façon. Attention toutefois, les navires lèveront l'ancre même si vous n'êtes pas à bord, exception faite des passagers qui font une excursion organisée par la compagnie de croisières.

Un vent de révolution souffle sur les croisières!

Serait-on en train d'assister à la démocratisation de ce mode de voyage? Autrefois réservées à quelques privilégiés, les croisières attirent en effet aujourd'hui des profils de passagers beaucoup plus diversifiés. Il est loin le temps où la salle de bal était un incontournable des voyages en mer et où les places et les restaurants étaient assignés en fonction des cabines occupées. Loin, ou en tout cas sur le point de disparaître – la compagnie Cunard est l'une des rares survivantes de ce genre de pratique. La révolution dans le petit monde des croisières bat son plein! Remercions en premier lieu *La croisière s'amuse* (*The Love Boat*), qui a fortement popularisé ce genre de voyage au petit écran.

L'éclosion de nombreuses compagnies dans les années 1990 et la lutte acharnée qu'elles mènent aujourd'hui pour s'attirer une clientèle de plus en plus familiale (donc de plus en plus nombreuse) à coup de rabais et de promotions spéciales ne sont pas non plus étrangères à ce mouvement. Saluons également celles qui mettent davantage l'accent sur le divertissement en mer: les Fun Ships de Carnival, l'esprit vacances de Norwegian, le monde magique de Disney ou les programmes de Royal Caribbean agissent de concert et imposent un style de croisière infiniment plus décontractée qu'auparavant.

Enfin, tirons notre chapeau au «charter de la mer», la bien-nommée compagnie easyCruise (*www.easycruise.com*). On connaissait easyJet, easyCar, easyBus, easyPizza – incroyable mais vrai! –, voilà qu'easyCruise est en passe de revenir sur le marché caribéen. Présente ponctuellement dans cette zone, cette compagnie pratique des prix quasiment imbattables et propose une façon de voyager beaucoup plus souple que celle offerte par ses concurrents: les croisiéristes peuvent passer une nuit entière dans les ports d'escale, débarquer quand ils le souhaitent et réembarquer dans un autre port après avoir visité la région désirée, à condition toutefois d'avoir passé au moins deux nuits en mer au cours de leur croisière. À surveiller de près!

Et les embouteillages?

Contrairement à ce que l'on pourrait croire, les embarquements et débarquements se font assez facilement dans les Caraïbes. Même si la moyenne est d'environ quatre navires mouillant simultanément dans un port d'escale, chacun transportant environ 2 000 personnes, les embouteillages sont plutôt rares, l'organisation étant le maître mot des compagnies de croisières. Vous n'échapperez pas aux hordes de passagers des autres paquebots de croisières qui se ruent eux aussi sur les boutiques hors taxes des ruelles commerçantes de St. Thomas ou d'ailleurs, mais du moins aurez-vous peut-être l'occasion de les battre au sprint en débarquant!

■ Magasinage

On ne le dit pas assez, mais le magasinage fait partie intégrante d'une croisière en mer, surtout dans les Caraïbes. La raison en est la magique détaxe! Les boutiques hors taxes sont non seulement un incontournable des croisières, mais aussi de ces îlots paradisiaques perdus dans les Antilles. Préparez-vous à être tenté à chaque coin de rue par mille et une pacotilles artisanales ou nombre de produits de marques internationales, et à sortir régulièrement quelques petits billets verts de votre poche. Certaines îles sont passées maîtres en la matière: c'est le cas des îles Vierges américaines, Mecque du shopping dans les Caraïbes. Le gouvernement américain a su y attirer le chaland en augmentant le montant de produits détaxés autorisés, celui-ci étant habituellement fixé, pour les citoyens américains, à 800$US.

■ Restauration

En choisissant de partir en croisière, vous prenez le risque de revenir avec quelques kilos de plus! Vous pourrez en effet manger presque 24 heures sur 24. On comprend maintenant l'utilité des centres de conditionnement physique, terrains de sport et autres pistes de jogging installés à bord!

Les passagers ont plusieurs options pour prendre leurs repas: en plus de la traditionnelle salle à manger principale avec menu à la carte, il y a la salle à manger plus décontractée avec buffet pour le petit déjeuner, le déjeuner et le dîner; les grills et comptoirs de restauration rapide, généralement situés au bord de la piscine; et enfin les restaurants de cuisine créative, spécialisés et plus intimes, où il faudra parfois débourser un supplément d'une vingtaine de dollars.

La majorité des compagnies placent leurs passagers dans les grandes salles à manger et servent les repas à heure fixe, habituellement à 18h30 et à 20h sur les paquebots de catégories Premium et Contemporain. Certaines ont su innover en offrant aux croisiéristes un large éventail de restaurants spécialisés et en aménageant des horaires plus souples, sans places assignées. C'est le cas de Norwegian Cruise Line et de Carnival.

La qualité de la nourriture servie à bord peut faire l'objet d'un débat sans fin. On observe bien sûr quelques tendances – les compagnies de luxe et de grand luxe constituent la crème de la crème en matière de gastronomie, et, chez les compagnies de catégorie Premium, Celebrity s'affirme comme celle qui sert la meilleure cuisine en mer –, mais les avis restent divergents. On admettra toutefois qu'étant donné le nombre de couverts servis chaque soir sur un paquebot de gros tonnage, la cuisine peut être considérée comme tout à fait honorable. Le choix en matière de restauration reste par ailleurs assez large pour contenter tous les passagers.

On apprécie tout particulièrement les restaurants spécialisés, italiens, asiatiques ou «pan-Pacifiques», les buffets thématiques, les comptoirs de restauration rapide (pizzerias, glaciers, cafés-bars) qui permettent à tout moment de grignoter un morceau au bord de la piscine, et enfin les buffets de minuit, que certains navires ont remis au goût du jour et sur lesquels se ruent les noceurs (ou les insomniaques) à la sortie des

L'équipage

L'international n'est pas un vain mot dans l'industrie des croisières. Jetez un coup d'œil sur les équipages des flottes desservant les Caraïbes, et vous comprendrez pourquoi. Les serveurs sont indonésiens et philippins chez Holland America, italiens chez MSC, et Norwegian Cruise Line opère bien sûr sous commandement norvégien. Vous partez dans les Caraïbes? Peut-être, mais il y a de fortes chances que vous reveniez polyglotte!

La mer, plus sécuritaire que la terre ferme?

Malgré le fait que, pour plusieurs, le paquebot de croisière est le moyen le plus sécuritaire de voyager, il reste que, lorsque vous êtes à bord, il est primordial que vous preniez les mêmes précautions que lorsque vous êtes sur la terre ferme. Chaque année, des centaines de femmes se font agresser pendant leur croisière. Dans la majorité des cas, il s'agit d'agressions de nature sexuelle. Voici quelques précautions à prendre afin que ce qui doit s'avérer un voyage mémorable ne tourne pas au cauchemar:

- Ne vous promenez pas avec trop d'argent.
- N'ouvrez pas la porte de votre cabine à des inconnus.
- Soyez accompagnée lorsque vous rentrez tard le soir.
- Si vous voyagez entre amies, restez en groupe.
- Ne faites pas confiance à n'importe qui.
- Faites attention avec qui vous devenez amie, même s'il s'agit d'un membre de l'équipage.
- Évitez les excès d'alcool, souvent reliés aux agressions.

Source: Federal Bureau of Investigation (FBI)

discothèques. Notons également que les compagnies tentent de plus en plus de répondre aux habitudes culinaires de chacun: sur demande préalable, les passagers pourront consommer des plats végétariens, faibles en sel, allégés, etc.

■ Services

Signalons quelques à-côtés qui peuvent se révéler bien utiles au cours de votre croisière: un teinturier et sur certains navires un magasin qui loue des costumes trois pièces si vous souhaitez dîner un soir dans le plus chic restaurant de Saint-Barth; un bureau de change afin de bien préparer vos escapades dans les îles; un salon de beauté; un centre médical; une laverie; un service aux cabines disponible 24 heures sur 24; et des boutiques spécialisées dans le développement de photos. Enfin, les passagères en manque de compagnie pourront faire appel, sur certains navires, à un service de «cavaliers».

■ Télécommunications

Le type d'accès Internet varie d'une compagnie à l'autre et d'un navire à l'autre. Les cybercafés tendent à devenir la norme sur les paquebots; ils sont généralement équipés d'une vingtaine de postes informatiques et sont accessibles en tout temps. Les prises modem dans les chambres, les connections sans fil à Internet sur tout le navire et les adresses de courriel personnalisées au nom de la compagnie avec laquelle on voyage sont beaucoup plus rares. L'ensemble des services de télécommunications, Internet et téléphone, sont payants sur la plupart des paquebots. Le coût des appels téléphoniques et de l'accès Internet à bord est parfois prohibitif, et l'on vous recommande donc fortement d'utiliser les services des cybercafés et des agences de télécommunications dans les ports d'escale. Notez que les réseaux des téléphones cellulaires ne sont généralement pas disponibles en pleine mer.

■ Voyageurs à mobilité réduite

Quelques compagnies ont équipé certains de leurs navires de cabines spécialement conçues pour les personnes à mobilité réduite. C'est notamment le cas de Royal Caribbean, de NCL, de Celebrity et, de plus récemment, MSC. Elles restent toutefois assez peu nombreuses et ne concernent qu'une petite partie de leur flotte.

Quelques infos pratiques

■ L'embarquement

Il faut se présenter environ trois heures avant le départ. Lors de la réservation, des étiquettes de couleur ont été fournies avec les documents d'embarquement; on doit s'assurer qu'elles sont apposées sur chacun des bagages. Un porteur va prendre en charge les bagages avant d'entrer dans le terminal et va les mettre dans des cages qui seront montées à bord du bateau. Le pourboire est de mise pour le porteur. Les bagages seront ensuite livrés à la cabine.

Dans le terminal, lors de l'enregistrement au comptoir, la compagnie remet à chacun des passagers une carte magnétique qui va servir de clé, de pièce d'identité et de carte de crédit à bord du bateau. La majorité des compagnies gardent le passeport et le remettent lors de la dernière escale. Il ne faut pas perdre la carte ni le reçu remis contre le passeport (chaque cabine possède un coffret de sûreté). Il est temps de passer la sécurité et de sourire pour la photo.

■ À bord

L'embarquement terminé, un exercice de sauvetage en mer exigé par les douanes côtières aura lieu. Chaque passager doit prendre un gilet de sauvetage dans sa cabine et aller sur le pont désigné à l'arrière de la porte de la cabine ou sur le gilet de sauvetage dès que les sirènes retentissent.

- Toutes les cabines ont au moins une salle de bain avec douche, un sèche-cheveux, un coffret de sûreté et l'électricité 110 et 220 volts.
- Une serviette de plage est prêtée à chaque passager et déposée dans chaque cabine la veille du débarquement aux escales. On vous demandera de la laisser dans des bacs lors de votre retour au bateau.
- Un service de blanchisserie et une laverie sont disponibles; des sacs sont disponibles dans les cabines.
- Il faut prévoir environ 10$US par jour et par passager pour les pourboires. Certaines compagnies les ajoutent automatiquement au compte du passager, et ils seront débités lors de la facture finale. Il est possible d'en corriger le montant final en se rendant, pour le notifier, à la réception située au centre du bateau (atrium).
- À lire chaque soir, le journal de bord qui est livré dans votre cabine (généralement dans la langue de son choix). Il contient toutes les activités qui auront lieu le lendemain, un rappel des heures d'ouverture des divers restaurants et autres services, ainsi que les excursions proposées à la prochaine escale.
- Pour tout problème, on doit se rendre à la réception situé dans l'atrium, au centre du bateau.

■ Les ports d'escale

Les passagers ayant réservé un tour guidé débarquent en premier en suivant les consignes données lors de la réservation.

Les autres passagers débarquent ensuite.

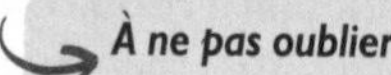

À ne pas oublier:

- La carte magnétique du bateau
- De l'argent ou une carte de crédit
- Une pièce d'identité et la carte d'assurance voyage

Pour rembarquer, il faut avoir en main la carte magnétique du bateau. Si de l'alcool a été acheté, les bouteilles seront le plus souvent confisquées et rendues la veille du débarquement final.

■ Le débarquement final

La veille, on doit préparer les bagages avant minuit et les déposer devant la cabine pour qu'ils soient ramassés durant la nuit. Attention: il faut bien s'assurer de garder tous les vêtements nécessaires pour le débarquement du lendemain.

On doit s'assurer d'avoir bien rempli les documents nécessaires au débarquement.

Dans la nuit, la facture finale sera glissée sous la porte de la cabine. Il faut bien la vérifier avant de quitter le bateau et aller à la réception en cas de problème.

Quelques termes marins

Bâbord (*port hand*): côté situé à gauche de l'axe longitudinale du navire lorsqu'on regarde vers l'avant par opposition à «tribord».

Cabine (*cabin*): espace de couchage indépendant et clos dans les aménagements d'un bateau.

Cap (*cape*): direction dans laquelle l'étrave est alignée par rapport au nord.

Chaloupe de sauvetage (*lifeboat* ou *tender boat*): petit bateau de sauvetage pouvant aussi servir au transport des passagers quand le paquebot ne peut s'amarrer à un quai.

Cuisine (*galley*): cuisine du paquebot.

Hublot (*porthole*): fenêtre ronde d'un navire.

Nœud (*knot*): unité de vitesse, utilisée en navigation maritime ou aérienne, correspondant à un mille marin à l'heure, soit 0,5144 mètre par seconde.

Paquebot (*cruiseliner* ou *passenger liner*): grand navire spécialement aménagé pour le transport des passagers.

Passerelle de commandement (*fore bridge*): cœur du paquebot réservé aux officiers qui contrôlent l'ensemble des fonctions principales du navire.

Passerelle de service (*gangway*): pont piétonnier léger pour embarquement ou débarquement.

Pont (*promenade deck*): ensemble de bordages horizontaux qui divisent les étages.

Poupe (*stern*): arrière du paquebot par opposition à la proue.

Proue (*bow*): avant du paquebot par opposition à la poupe.

Stabilisateur de roulis (*stabilizer fin*): mécanisme servant à éviter ou à amortir le tangage.

Tribord (*starboard hand*): côté situé à droite de l'axe longitudinale du navire lorsqu'on regarde vers l'avant par opposition à «bâbord».

LES DESTINATIONS	Azamara Cruises	Carnival	Celebrity Cruises	Costa	Crystal	Cunard	Disney	Holland America	MSC	NCL	Princess	Regent Seven Seas	Royal Caribbean	Seabourn	Silversea	Windstar
Antigua-et-Barbuda	•	•	•	•	•	•			•	•	•	•	•	•	•	
Aruba		•	•		•	•		•		•	•		•		•	•
Bahamas		•	•				•	•	•	•	•	•	•	•	•	
Barbade	•	•	•	•	•	•		•	•	•	•	•	•	•	•	•
Belize		•			•			•		•		•	•	•	•	
Bermudes	•	•	•	•	•			•		•	•	•	•	•	•	
Bonaire			•		•	•		•			•	•				
Colombie	•		•		•			•	•	•	•	•	•	•	•	•
Costa Rica	•	•	•		•	•		•	•	•	•	•	•	•	•	•
Curaçao			•		•	•		•		•	•	•	•			•
Dominique	•	•	•			•		•		•	•	•	•		•	•
Floride	•	•	•	•	•	•	•	•	•	•	•	•	•	•	•	
Grenade			•			•		•	•	•	•	•		•	•	•
Guadeloupe	•			•				•					•	•	•	•
Honduras		•	•	•				•	•	•	•	•	•			
Îles Cayman		•	•	•	•		•	•	•	•	•	•	•		•	
Îles Turks et Caicos	•	•		•	•			•	•		•	•			•	
Îles Vierges américaines		•	•	•	•	•	•	•	•	•	•	•	•	•	•	•
Îles Vierges britanniques		•	•	•	•	•		•	•	•	•	•	•		•	•
Jamaïque		•	•	•		•		•		•	•		•		•	
Louisiane		•								•			•		•	
Martinique								•	•				•	•	•	
Mexique	•	•	•	•	•		•	•	•	•	•	•	•		•	
New York		•	•		•	•		•	•	•	•		•			
Panamá		•	•					•	•						•	•
Puerto Rico	•	•	•	•		•		•	•	•	•	•	•	•	•	•
République dominicaine		•		•				•		•			•		•	
Saint-Barthélemy	•				•			•			•	•		•	•	•
Sainte-Lucie		•	•	•	•	•		•	•	•	•	•	•	•	•	•
Saint-Martin / Sint Maarten		•	•	•	•	•	•	•	•	•	•	•	•	•	•	•
Saint-Kitts-et-Nevis		•	•	•	•	•	•	•	•	•	•	•	•	•	•	•
Texas		•									•		•			
Venezuela											•		•			

Les compagnies de croisières

© Azamara Cruises / Michel Verdure

Carnival

3655 NW 87th Avenue
Miami, FL 33178-2428
☎*800-227-6482*
www.carnival.com

Pour qui?

Croisiéristes noceurs, groupes d'amis et familles aventurières

Pour quoi?

L'ambiance «Club Med»: un équipage chaleureux, des divertissements en continu et un excellent rapport qualité/prix

La croisière s'amuse

Fun! C'est véritablement le mot d'ordre à bord des croisières organisées par Carnival. Le slogan des Fun Ships, mis en pratique par tous les équipages, a fait le succès de ce géant maritime des loisirs, devenu aujourd'hui la plus importante compagnie de croisières au monde. Ajoutez à cela une flotte impressionnante comprenant une vingtaine de navires, un vaste éventail de destinations desservies, des tarifs généralement plus abordables que ses concurrents, et vous aurez la recette gagnante de Carnival.

Historique

Rien ne prédisait la *success story* de la compagnie Carnival lors de sa création en 1972 par Ted Arison, retraité multimilliardaire d'une entreprise de transport aérien. Le voyage inaugural du premier navire de ce géant maritime, le *Mardi Gras*, connut quelques péripéties: le paquebot s'échoua sur un banc de sable dès son départ, au large des côtes de Miami!

Carnival fit le choix d'investir régulièrement dans la construction de nouveaux paquebots, élargissant sa flotte au fil des ans, le tonnage des navires passant de 46 000 à 70 000, pour atteindre près de 130 000 tonnes d'ici quelques années avec les *Carnival Dream* et *Carnival Magic*. La diversification de cette flotte, divisée en différentes classes de paquebots, et le lancement des concept et slogan des Fun Ships, réussissent à drainer vers les croisières de Carnival des profils de croisiéristes plus diversifiés qu'auparavant, le pari du créateur de la compagnie étant d'emmener en croisière un plus large public. Pari tenu aujourd'hui puisque Carnival est la plus importante compagnie de croisières au monde, transportant plus de trois millions de passagers par an.

Les paquebots

La classe Holiday

Carnival Celebration (47 262 t)

Carnival Holiday (46 052 t)

La classe Fantasy

Carnival Ecstasy (70 367 t)

Carnival Elation (70 367 t)

Carnival Fantasy (70 367 t)

Carnival Fascination (70 367 t)

Carnival Imagination (70 367 t)

Carnival Inspiration (70 367 t)

Carnival Paradise (70 367 t)

Carnival Sensation (70 367 t)

La classe Spirit

Carnival Legend (88 500 t)

Carnival Miracle (88 500 t)

Carnival Pride (88 500 t)

Carnival Spirit (88 500 t)

La classe Destiny

Carnival Destiny (101 353 t)

Carnival Triumph (102 000 t)

Carnival Victory (102 000 t)

La classe Conquest

Carnival Conquest (110 000 t)

Carnival Freedom (110 000 t)

Carnival Glory (110 000 t)

Carnival Liberty (110 000 t)

Carnival Valor (110 000 t)

La classe Splendor

Carnival Splendor (113 300 t)

La compagnie aujourd'hui

Trois éléments distinguent les paquebots de Carnival des autres navires: leur coque de couleur blanche bordée de rouge, leur haute cheminée bleue, blanche et rouge arborant le logo de la compagnie, et enfin les fameuses glissades d'eau qui dominent le pont supérieur des bateaux.

L'imposante flotte de Carnival se compose aujourd'hui de 23 paquebots de petite, moyenne et grande taille, répartis en six classes: Conquest, Destiny, Spirit, Fantasy, Holiday et Splendor. Ces derniers desservent un grand nombre de destinations dans les Caraïbes, mais vont aussi en Alaska, à Hawaii, au Canada, en Nouvelle-Angleterre ou en Europe, et ce, en offrant toujours les prix les plus avantageux du marché.

Plus qu'une compagnie, Carnival est devenue au fil des ans un véritable conglomérat, la Carnival Corporation, prenant des participations dans d'autres compagnies maritimes ou absorbant ses concurrentes, connues pour être elles aussi des géantes des loisirs en mer, telles Cunard, Costa et Holland America Line.

Le portrait des croisiéristes

D'après les statistiques recueillies par Carnival, les croisières du groupe attirent en moyenne 30% de passagers âgés de moins de 35 ans, 40% de passagers âgés de 35 à 55 ans et 30% de passagers âgés de plus de 55 ans. Les profils de métiers et d'âges se mélangent, les fidèles de Carnival ayant en commun le sens de la fête. Les célibataires accourent, voyant en Carnival le nouveau Club Med des mers, et les familles ne désemplissent pas. Quant aux croisiéristes âgés de plus de 55 ans, ils sont généralement attirés par ce melting-pot générationnel. Un regard sur l'habillement à bord, et vous aurez tôt fait de constater que la décontraction prévaut et que le costume trois-pièces n'est pas de mise ici. À noter: les amateurs de grand calme devraient tout de suite se tourner vers d'autres compagnies!

Mentions et distinctions

Carnival est régulièrement saluée par les professionnels, voyagistes ou associations, pour l'organisation de ses croisières, l'efficacité de ses représentants et de ses programmes de réservation. La compagnie a ainsi reçu plusieurs distinctions de l'American Express Travel Service et de la National Association of Cruise-Oriented Agencies (NACOA).

De leur côté, les croisiéristes, avec les magazines spécialisés tels que le *Southern Living Magazine* et le *Porthole Cruise Magazine*, sont généralement séduits par le concept des Fun Ships et récompensent les différentes formules qui ont fait leur succès: le rapport qualité/prix, les programmes de divertissement à bord et l'accent mis sur les familles et les enfants.

Primeur

La flotte de Carnival ne cesse de s'agrandir. En effet, la compagnie a récemment annoncé la construction de deux nouveaux paquebots: le *Carnival Dream*, le plus gros Fun Ship jamais construit par Carnival, un mastodonte de 130 000 tonnes qui

L'avis des spécialistes

Voilà une compagnie qui se distingue par son style «Las Vegas» et son bon rapport qualité/prix. Bien que le décor à bord soit plutôt clinquant sur certains navires, il faut reconnaître que la force principale de Carnival est de vous faire participer à une foule d'activités, toutes plus exaltantes les unes que les autres. Le navire est toujours en fête.

Au cours des dernières années, on note une nette amélioration de la qualité des plats servis à bord. De plus, Carnival attire de plus en plus de francophones à son bord. Quelques documents utiles sont donc disponibles en version française.

entrera en service en octobre 2009, et son jumeau, le *Carnival Magic*, qui devrait être inauguré en juin 2011.

Le saviez-vous?

Carnival a mis en place en 1996 une formule qui a fait sensation et qui continue de porter ombrage aux déploiements marketing de ses concurrentes. «Satisfait ou remboursé», c'est le concept du programme Vacation Guarantee, renouvelé jusqu'en décembre 2008 au moment de mettre sous presse. Non, vous n'êtes pas dans un centre commercial, mais bel et bien à bord de l'un des plus grands paquebots de croisière au monde, et, si vous n'êtes pas satisfait de votre voyage, vous pouvez décider de l'interrompre à tout moment. Les contrats stipulent le remboursement du reste de la croisière ainsi que le paiement d'un billet d'avion pour que vous puissiez regagner votre port d'embarquement. La compagnie se targue de n'avoir eu que peu de réclamations jusqu'à présent.

Expériences culinaires

La décontraction... jusque dans les assiettes! Le *casual dining* est la recette gagnante de Carnival. Les gourmets repasseront car les principales salles de restauration des navires servent une cuisine somme toute basique. D'inspiration nord-américaine, elle peut se révéler inégale, mais le service est toujours amical. Rappelez-vous: vous êtes à bord d'un Fun Ship et il est fort probable que votre repas se transforme en soirée cabaret, avec l'aide de quelques serveurs «apprentis chanteurs»!

À la décontraction s'ajoute la flexibilité: contrairement aux autres compagnies de croisières, les bateaux de Carnival offrent généralement quatre services en soirée (17h45, 18h15, 20h et 20h30). Les restaurants Lido sont un bon exemple de cet esprit décontracté: organisés en buffet, ils proposent généralement plusieurs comptoirs, inspirés des cuisines orientale, américaine ou européenne. *Delis* new-yorkais ou comptoirs à sushis, les passagers peuvent alterner goûts et saveurs à chaque repas.

Les professionnels notent cependant la volonté de Carnival d'améliorer la qualité de la restauration à bord en développant des menus légèrement plus sophistiqués. On connaissait les Supper Clubs, des restaurants plus intimes, accessibles uniquement sur réservation et promettant de recréer l'ambiance typique des restaurants de Manhattan. Les gourmets pourront profiter des menus concoctés par le chef français Georges Blanc, notamment son délicieux suprême de canard de la Vallée d'Hudson.

Divertissements à bord

La plupart des Fun Ships comprennent nombre de lieux de divertissement: discothèques, boîtes de jazz, pianos-bars, casinos, salles de cinéma, bibliothèques et cybercafés. Mais ce qui en fait réellement des Fun Ships, ce sont les activités programmées ou impromptues qui ont lieu à bord: des cours de calypso aux ventes aux enchères d'œuvres d'art, en passant par les leçons de golf ou les spectacles de danse, tout est fait pour divertir les croisiéristes, de jour comme de nuit. La petite touche Carnival? Les *Ice Carving Demonstrations* (sculpture sur glace) en pleine mer des Caraïbes, les *Men's Hairy Chest Contests*, ou comment reconnaître le véritable mâle à son torse velu (devant une assistance médusée), ou les *Austin Power Dance Classes*, pour que les nostalgiques des années 1960 puissent se déhancher sans complexe.

Les sportifs ne sont pas en reste. La flotte de Carnival comprend habituellement plusieurs complexes ou programmes de sport et de relaxation: piscines, sauna, bains à remous, salle de conditionnement physique, terrain de basket et de volley, piste de jogging, tennis de table.

Jeunes croisiéristes

Le programme Camp Carnival, divisé en différentes classes d'âge, de 2 à 17 ans, est reconnu comme l'un des meilleurs programmes de jeux éducatifs et récréatifs pour les enfants à bord des paquebots de croisière. Les jeunes passagers ont accès à une multitude d'installations sportives et récréatives, parmi lesquelles on retrouve des mini-terrains de sport, de vastes aires de jeux remplies de jouets de toute sorte et des salles informatiques pour les mordus d'Internet et de jeux vidéo. Les activités extérieures incluent le ping-pong, le volley, la natation et même des excursions sur la terre ferme, spécialement conçues pour les jeunes croisiéristes. Bref, une quantité d'activités récréatives sont proposées en continu, du matin au soir. Et si vous êtes avec un tout-petit, vous pourrez également faire appel aux services de garde proposés à bord.

Les paquebots

La flotte de Carnival comprend actuellement 23 paquebots auxquels viendront s'ajouter, entre 2009 et 2011, deux nouveaux navires de tonnage important (130 000 tonnes). Six classes permettent de différencier les catégories de paquebots à bord desquels voyagent les croisiéristes. Ces classes offrent en général une même gamme de services, que viennent compléter différents équipements en fonction du tonnage des bateaux.

La classe Holiday, qui affiche le plus petit tonnage de la flotte, comprend les plus anciens navires encore en activité de Carnival: *Holiday* et *Celebration*, respectivement entrés en service en 1985 et 1987. Si vous faites partie de la catégorie des croisiéristes experts, vous bouderez sans doute ces deux paquebots. Vous vous y sentirez en effet plus à l'étroit que sur les derniers navires de la flotte, et vous ne pourrez bénéficier des vastes atriums et des équipements ultramodernes qui caractérisent les plus récents Fun Ships. Mais s'il s'agit de votre première croisière et que vous êtes un adepte de la déco kitsch des années 1980, vous serez peut-être alors séduit par ces deux pièces de collection de la flotte de Carnival.

La classe Fantasy rassemble des paquebots de tonnage moyen (70 367 tonnes): l'*Ecstasy*, l'*Elation**, le *Fantasy*, le *Fascination*, l'*Imagination*, l'*Inspiration*, le *Paradise** et le *Sensation*. Généralement décorés de façon fantaisiste, ces navires ont la réputation d'offrir des croisières fort animées, au cours desquelles les passagers n'ont pas le temps de souffler.

La classe Spirit, composée du *Carnival Legend*, du *Carnival Miracle*, du *Carnival Pride** et du *Carnival Spirit**, présente un tonnage moyen (88 500 tonnes) mais des services et des équipements qui s'apparentent davantage à ceux des géants de la flotte de Carnival. Parmi les à-côtés que l'on ne trouve pas à bord d'un paquebot de la classe Fantasy figurent des cabines dotées de vérandas, un restaurant accessible uniquement sur réservation, et même une chapelle de mariage pour ceux et celles qui souhaitent échanger leurs consentements en mer.

La classe Destiny, quant à elle, comprend le *Carnival Triumph*, le *Carnival Victory* ainsi que le *Carnival Destiny*. Ces trois navires ont un tonnage qui tourne autour de 101 000 tonnes, ce qui les place juste après les plus gros paquebots de la classe Conquest et Splendor. Dans cette classe, l'ajout d'espace permet d'augmenter le nombre de services offerts et d'assurer plus de confort aux passagers. Ce qui devrait rendre le voyage d'autant plus mémorable.

Dans les classes Conquest et Splendor, on retrouve les plus gros paquebots de la flotte (entre 102 000 et 113 300 tonnes). La première comprend certains des paquebots les plus récents, construits entre 2002 et 2007: *Carnival Conquest*, *Carnival Glory*, *Carnival Valor*, *Carnival Liberty* et *Carnival Freedom*. La seconde comprend le *Carnival Splendor*, le dernier-né de Carnival. Dans ces deux classes, tout est surdimensionné, surtout en ce qui concerne le *Carnival Splendor*, si on le compare avec les autres paquebots de Carnival: le nombre de cabines, de pontons, les aires de jeux consacrées aux enfants, les équipages, la capacité d'accueil de passagers, etc. Quant aux cabines, plus grandes que la plupart des cabines de paquebot, la majorité d'entre elles sont des cabines extérieures dotées de balcons.

*Navires ne desservant pas les Caraïbes.

■ La classe Holiday

Navires	*Celebration*	*Holiday*
Voyage inaugural	1987	1985
Tonnage	48 000 tonnes	46 052 tonnes
Longueur	223,3 mètres	221,6 mètres
Largeur	28,2 mètres	28,2 mètres
Vitesse de croisière	21 nœuds	21 nœuds
Ponts	10	9
Ascenseurs	8	8
Passagers	1 486	1 452
Équipage	670	660
Cabines intérieures	290	279
Cabines extérieures	453 dont 10 avec balcon	447 dont 10 avec balcon
Piscines	3	3

Aperçu des itinéraires

Celebration

- Bahamas-Key West – 4/5 jours
- Port d'embarquement: Jacksonville (Floride)
- Saison: toute l'année

Holiday

- Antilles occidentales – 4/5 jours
- Port d'embarquement: Mobile (Alabama)
- Saison: toute l'année

■ La classe Fantasy

Les huit navires faisant partie de cette classe présentent les mêmes caractéristiques, qu'il s'agisse de la taille, de la vitesse de croisière, du nombre de cabines ou des équipages à bord. Seules leurs dates de lancement varient, allant de 1990 pour le *Fantasy*, que nous décrivons ici, à 1998 pour l'*Elation*.

Navire	***Carnival Fantasy***
Voyage inaugural	1990
Tonnage	70 367 tonnes
Longueur	263 mètres
Largeur	31,4 mètres
Vitesse de croisière	21 nœuds
Ponts	10
Ascenseurs	14
Passagers	2 056
Équipage	920
Cabines intérieures	408
Cabines extérieures	620 dont 54 avec balcon
Suites	54
Piscines	3

Aperçu des itinéraires

Ecstasy

- Antilles occidentales – 4/5 jours
- Port d'embarquement: Galveston (Texas)
- Saison: toute l'année

Fantasy

- Antilles occidentales – 4/5 jours
- Port d'embarquement: La Nouvelle-Orléans (Louisiane)
- Saison: toute l'année

Fascination

- Bahamas/Antilles occidentales – 3/4/5 jours
- Port d'embarquement: Miami (Floride)
- Saison: toute l'année

Imagination

- Bahamas et Antilles occidentales – 3/4/5 jours
- Port d'embarquement: Miami (Floride)
- Saison: toute l'année

Inspiration

- Antilles occidentales – 4/5 jours
- Port d'embarquement: Tampa (Floride)
- Saison: toute l'année

Sensation

- Bahamas – 3/4 jours
- Port d'embarquement: Port Canaveral (Floride)
- Saison: toute l'année

■ La classe Spirit

Le *Carnival Legend* possède sensiblement les mêmes caractéristiques que les trois autres navires de sa classe.

Navire	***Carnival Legend***
Voyage inaugural	2002
Tonnage	88 500 tonnes
Longueur	292,6 mètres
Largeur	32,2 mètres
Vitesse de croisière	22 nœuds
Ponts	12
Ascenseurs	15
Passagers	2 124
Équipage	930
Cabines intérieures	213
Cabines extérieures	849 dont 750 avec balcon
Suites	58
Piscines	4

Aperçu des itinéraires

Carnival Miracle

- Antilles orientales, occidentales et méridionales – 8 jours
- Ports d'embarquement: New York (NY), Fort Lauderdale (Floride)

Carnival Legend

- Antilles occidentales – 7 jours
- Port d'embarquement: Tampa (Floride)
- Saison: toute l'année

■ La classe Destiny

Trois navires font partie de cette classe de paquebots: le *Carnival Destiny*, le *Carnival Triumph* et le *Carnival Victory*, ce dernier étant semblable en tout point au *Carnival Triumph*.

Navires	***Carnival Destiny***	***Carnival Triumph***
Voyage inaugural	1996	1999
Tonnage	101 353 tonnes	101 509 tonnes
Longueur	272 mètres	272 mètres
Largeur	35,4 mètres	35,4 mètres
Vitesse de croisière	22,5 nœuds	22,5 nœuds
Ponts	12	13
Ascenseurs	18	18
Passagers	2 642	2 758
Équipage	1 050	1 100
Cabines intérieures	515	530
Cabines extérieures	758 dont 432 avec balcon	853 dont 508 avec balcon
Suites	48	64
Piscines	4	4

Aperçu des itinéraires

Carnival Destiny

- Antilles orientales, occidentales et méridionales – 4/5/6/7 jours
- Ports d'embarquement: Barbade, Miami (Floride), San Juan (Puerto Rico)
- Saison: toute l'année

Carnival Triumph

- Bahamas, Antilles orientales et occidentales – 5/6/7/8 jours
- Ports d'embarquement: Charleston (Caroline du Sud), Miami (Floride), Norfolk (Virginie)
- Saison: toute l'année

Carnival Victory

- Bahamas, Antilles orientales, occidentales et méridionales – 5/6/7 jours
- Ports d'embarquement: Miami (Floride), Charleston (Caroline du Sud), Norfolk (Virginie), Barbade, San Juan (Puerto Rico)
- Saison: toute l'année

■ La classe Conquest

Hormis le *Carnival Valor*, dont la répartition des cabines est différente et qui peut accueillir une vingtaine de passagers supplémentaires, tous les navires de cette classe possèdent les caractéristiques du paquebot éponyme, le *Carnival Conquest*.

Navire	***Carnival Conquest***
Voyage inaugural	2002
Tonnage	110 000 tonnes
Longueur	290,2 mètres
Largeur	35,4 mètres
Vitesse de croisière	22,5 nœuds
Ponts	13
Ascenseurs	18
Passagers	2 974
Équipage	1 160
Cabines intérieures	570
Cabines extérieures	917 dont 556 avec balcon
Suites	52
Piscines	4

Aperçu des itinéraires

Carnival Conquest

- Antilles occidentales – 7 jours
- Port d'embarquement: Galveston (Texas)
- Saison: toute l'année

Carnival Glory

- Antilles orientales et occidentales – 7 jours
- Port d'embarquement: Port Canaveral (Floride)
- Saison: toute l'année

Carnival Liberty

- Antilles orientales et occidentales – 6/7/8 jours
- Port d'embarquement: Fort Lauderdale (Floride)
- Saison: toute l'année

Carnival Valor

- Antilles orientales et occidentales – 7 jours
- Port d'embarquement: Miami (Floride)
- Saison: toute l'année

■ La classe Splendor

Navire	***Carnival Splendor***
Voyage inaugural	2008
Tonnage	113 300 tonnes
Longueur	290 mètres
Largeur	32,2 mètres
Vitesse de croisière	21 nœuds
Ponts	13
Ascenseurs	18
Passagers	3 006
Équipage	1 150
Port d'attache	Fort Lauderdale (Floride)
Cabines intérieures	570
Cabines extérieures	917 dont 556 avec balcon
Suites	52
Piscines	4

Aperçu des itinéraires

- Bahamas, Antilles occidentales – 2/4/7/8 jours
- Port d'embarquement: Fort Lauderdale (Floride)

Celebrity Cruises

1050 Caribbean Way
Miami, FL 33132-2096
☎ *800-647-2251*
www.celebritycruises.com

Pour qui?

Trentenaires (et plus) qui veulent allier décontraction et sophistication

Pour quoi?

Un service irréprochable, des croisières instructives et un vaste éventail de destinations desservies

Une valeur sûre

Si l'on devait noter les différents services proposés à bord des paquebots de Celebrity Cruises, il est fort probable que nous sélectionnerions chaque fois les catégories supérieures de l'échelle proposée. Qu'il s'agisse de la nourriture, des cabines, des divertissements ou des installations, Celebrity semble savoir allier l'élégance des croisières d'antan aux services et distractions d'aujourd'hui. La compagnie ne s'est-elle pas associée au Cirque du Soleil pour animer ses croisières dans les Caraïbes?

Petite sœur de la Royal Caribbean, Celebrity sait se démarquer par des concepts de plus en plus innovants: croisières en Australie et expéditions dans les Galápagos. Côté Caraïbes, elle offre toujours une multitude de destinations et d'escales différentes aux voyageurs.

Les paquebots

La classe Xpeditions

Celebrity Xpedition (2 329 t)

La classe Century

Century (70 606 t)
Galaxy (77 713 t)
Mercury (77 713 t)

La classe Millenium

Constellation (91 000 t)
Infinity (91 000 t)
Millennium (91 000 t)
Summit (91 000 t)

La classe Solstice

*Equinoxe*** (122 000 t)
*Solstice** (122 000 t)

* Voyage inaugural prévu pour décembre 2008

** Voyage inaugural prévu pour l'été 2009

Historique

John D. Chandris, illustre fondateur du groupe grec, se lance dans le transport maritime en 1915, avec l'achat de son premier navire cargo. En 1976, l'entreprise possède la plus importante flotte de paquebots de croisière au monde. Laissant de côté l'ancienne Fantasy Cruises, compagnie petit budget voyageant principalement en Europe, Chandris donne naissance à Celebrity Cruises en 1989 et ne cesse par la suite d'innover afin de se hisser en tête du marché. Son succès fulgurant attire la géante Royal Caribbean, qui rachète la compagnie en 1997.

La compagnie aujourd'hui

On reconnaît les paquebots de Celebrity Cruises à leur coque bleue et blanche et à leur haute cheminée arborant un gigantesque X (correspondant à la lettre grecque *chi*, pour «Chandris»).

La flotte se compose d'un yacht de dimension hors norme et de sept paquebots de différents tonnages (entre 70 600 et 91 000 tonnes), régulièrement en tête des classements réalisés par les magazines de voyage spécialisés.

La compagnie est restée au fil des ans une valeur sûre dans le monde des croisières. Un service irréprochable, l'une des meilleures cuisines servies en mer et un souci constant dans le renouvellement des prestations offertes aux passagers lui permettent de s'imposer comme un incontournable sur le marché nord-américain, et ce, tout en pratiquant des prix jugés raisonnables en regard des services proposés.

Classicisme et modernité résument aujourd'hui l'ambiance à bord des paquebots de Celebrity. Certains diront que la compagnie semble chercher son image de marque car elle est à la fois conservatrice, si l'on en juge aux conférences et aux cours donnés à bord, qui vont des séances de bridge à la dégustation de vins, et innovatrice, comme en témoigne le lancement de la classe Celebrity Xpeditions, avec ses échappées exotiques dans les Galápagos. D'autres affirmeront au contraire qu'elle a trouvé le bon équilibre pour satisfaire une clientèle de plus en plus exigeante et diversifiée.

Le portrait des croisiéristes

Difficile de déterminer le profil type des passagers de Celebrity: les familles, les couples comme les célibataires choisissent ses croisières, la moyenne d'âge des passagers étant néanmoins sensiblement la même sur chaque paquebot, soit entre 35 et 54 ans.

Ce qui les attire? La sophistication des services proposés à bord, le luxe discret des équipements et des installations et l'attention personnalisée de l'équipage, le tout dans un environnement paisible, loin des échappées délirantes de Carnival. Les amateurs de théâtre, d'art, de musées, de sport, de cuisine et même de jardinage trouveront leur place à bord d'un des paquebots de la flotte. N'oublions pas le rapport qualité/prix, un autre des «atouts séduction» de la compagnie.

L'avis des spécialistes

Celebrity, c'est l'élégance à prix abordable. L'ensemble des services offerts est d'un raffinement qui saura vous plaire. Le chef Michel Roux, de renommée internationale, vous propose un menu de grande qualité qui a de quoi satisfaire les fins gourmets ou répondre aux besoins liés à votre régime, si c'est le cas.

La compagnie a aussi pensé à sa clientèle francophone, qui peut se procurer les menus et journaux de bord en français. Finalement, ne manquez pas les soins proposés par l'AquaSpa, l'un des meilleurs spas de l'industrie.

Mentions et distinctions

En 2007, et pour la cinquième année consécutive, Celebrity a dominé le célèbre sondage annuel effectué auprès des lecteurs du magazine *Condé Nast Traveller*, en remportant la mention des Best Cruise Ships in the World. Dans la catégorie des paquebots à fort tonnage, Constellation, Infinity, Summit et Millennium ont respectivement remporté les quatre premières places du classement. Galaxy boucle la boucle avec la huitième place du «Top 10».

Côté cuisine, le restaurant Waterside Inn du consultant maison de Celebrity, le chef Michel Roux, s'est vu décerner trois étoiles pour la 20e année consécutive et a aussi atteint cette année le plus haut rang pour ce qui est de son service et de son design. Michel Roux est à l'origine des menus concoctés à bord et de la formation des chefs recrutés par la compagnie. Il fait en outre une croisière six fois par an en moyenne afin d'évaluer la qualité des plats servis aux passagers. Bref, les gastronomes croisiéristes sont en bonnes mains!

Primeur

Seulement 91 000 tonnes? Les paquebots de la classe Millennium ressembleront bientôt à des pneumatiques à côté des navires de la toute nouvelle classe Solstice. D'ici 2011, quatre nouveaux paquebots de 122 000 tonnes apparaîtront dans cette catégorie. Leur capacité? 2 850 passagers chacun, qui pourront bien sûr profiter de très vastes cabines.

Expériences culinaires

Les salles à manger principales, qui accueillent les passagers pour les trois repas de la journée, offrent des menus élaborés par le chef Michel Roux. On pourra vous proposer des escargots à la bourguignonne comme entrée, suivis d'une crème de champignons et d'un pavé de congre. Une innovation notable: les crus Celebrity, qui figurent en bonne place sur la liste des vins proposés en salle.

Pour une gastronomie plus ingénieuse, celle qui attire les mentions des croisiéristes gourmets, on s'attable aux restaurants des paquebots de la classe Millennium, plus chers mais aussi beaucoup plus intimes. Cinq services sont proposés aux passagers, avec comme toujours, le consultant Michel Roux aux commandes. Voici quelques plats figurant au menu pour vous mettre au parfum: tartare de saumon aux œufs de caille, velouté de homard, agneau en croûte et soufflé au chocolat!

Du côté du *casual dining*, citons les grandes salles à manger proposant des plats très simples comme des pizzas ou du poulet braisé aux passagers qui ont envie de grignoter sur le pouce; l'Outdoor Grill, qui permet de s'offrir un bon hamburger au bord de la piscine; le Sushi Café, pour les amateurs de cuisine asiatique; l'AquaSpa Café, offert uniquement sur les paquebots de la classe Millennium, pour les croisiéristes qui surveillent leur ligne; enfin le Cova Café di Milano, pour les amateurs de cappuccinos et de pâtisseries européennes.

Autres à-côtés gourmands proposés aux passagers: un buffet de minuit pour clôturer la croisière, la soirée *Gourmet Bites*, une sorte de cocktail dînatoire, et enfin l'Elegant Tea, pour un après-midi très *British*, alors que des serveurs en gants blancs traversent les aires communes des paquebots pour offrir aux croisiéristes du thé, des scones et des mini-sandwichs.

Divertissements à bord

Côté divertissements, Celebrity ne fait ni dans le décontracté de Carnival ni dans le sensationnel de Royal Caribbean. On se rapprocherait plutôt des activités proposées par la compagnie haut de gamme Cunard. Au menu: enseignement et découverte. Vous prendrez soin de vous: esprit et corps seront stimulés et chouchoutés tout au long de votre croisière.

Pour les blasés des installations dites classiques des paquebots de croisière, nous passerons sur les «traditionnels» bars, discothèques, *lounges*, cinémas, bibliothèques, galeries marchandes, casinos, golfs, terrains de basket et de volley, piscines, centres de conditionnement physique, salles de ventes aux enchères – vous serez surpris de découvrir de très belles pièces de collection d'art moderne exposées dans les plus récents paquebots de la flotte – ou autres chapelles si l'envie vous prend d'officialiser votre union au large de Saint-Kitts.

Certaines activités ont fait l'image de marque de Celebrity. Au cours de votre croisière, vous pourrez ainsi choisir d'assister à l'une des nombreuses conférences proposées à bord. Si vous préférez assister à un spectacle,

Le saviez-vous?

Une croisière verte? Avec son programme de recyclage des déchets, l'introduction de turbines à propulsion sur les paquebots, réduisant de 80% les émissions de gaz à effet de serre, le financement d'un programme de recherche pour la mise en service d'un traitement des eaux usées à bord et la mise en place d'appareils prototypes sur quatre paquebots, Celebrity se démarque des autres compagnies en multipliant les mesures visant à rendre ses croisières plus respectueuses de l'environnement: des initiatives à saluer dans le monde, souvent fort polluant, du transport maritime.

vous aurez l'embarras du choix entre des chanteurs a capella, du «stand-up comique» et des acrobates. En effet, le Cirque du Soleil propose aux croisiéristes des navires *Constellation* et *Summit* deux spectacles de 30 minutes spécialement conçus pour Celebrity Cruises. Enfin, les aficionados des soins du corps devraient adorer l'AquaSpa, les cours de yoga et les toutes nouvelles séances d'acupuncture.

Jeunes croisiéristes

Chaque compagnie de croisières possède son programme pour enfants. Sur les navires de Celebrity, les jeunes croisiéristes sont pris en charge dans le cadre du X-Club, divisé en différentes classes d'âge: Toddler Time (moins de 3 ans), Ship Mates (3 à 6 ans), Celebrity Cadets (7 à 9 ans), Ensigns (10 à 12 ans) et Admiral Ts (13 à 17 ans).

Les enfants ont accès à une aire de jeux (Fun Factory) de 9h à 22h. Quant aux activités proposées, elles varient en fonction des âges: dessins, karaoké, tournois sportifs, séances de cinéma, etc.

Les paquebots

Les navires de la flotte de Celebrity sont répartis en quatre classes: Century, lancée en 1995 et qui rassemble les navires *Century* (70 606 tonnes), *Galaxy* (77 713 tonnes) et *Mercury* (77 713 tonnes); Millennium, lancée en 2000 et qui comprend le *Millennium* et ses jumeaux de 91 000 tonnes *Infinity*, *Summit* et *Constellation;* la classe Xpeditions, dont le méga-yacht éponyme (2 329 tonnes) propose des escapades vers des destinations exotiques, telles les îles Galápagos; et enfin la classe Solstice, qui a été créée afin d'intégrer le paquebot du même nom qui devrait être inauguré en décembre 2008.

Nous ne décrirons ici que les paquebots effectuant des croisières dans les Caraïbes et laissons donc de côté le *Celebrity Xpedition* ainsi que le *Mercury* et l'*Infinity*, dont les croisières se font entre autres sur la côte Pacifique du Mexique et le long du canal de Panamá.

■ La classe Century

Navires	***Century***	***Galaxy***
Voyage inaugural	1995	1996
Tonnage	70 606 tonnes	77 713 tonnes
Longueur	248 mètres	264 mètres
Largeur	32 mètres	32 mètres
Vitesse de croisière	21,5 nœuds	21,5 nœuds
Ponts	10	10
Ascenseurs	9	10
Passagers	1 814	1 896
Équipage	858	909
Cabines intérieures	306	296
Cabines extérieures	569 dont 375 avec balcon	639 dont 220 avec balcon
Piscines	3	3

Aperçu des itinéraires

Century

- Bahamas, Antilles occidentales – 2/4/5 nuitées
- Port d'embarquement: Miami (Floride)
- Saison: de décembre à avril

Galaxy

- Antilles méridionales – 10/11 nuitées
- Port d'embarquement: San Juan (Puerto Rico)
- Saison: de décembre à mars

■ La classe Millennium

Le navire *Constellation* possède les mêmes caractéristiques que les deux autres navires de sa classe effectuant des croisières dans les Caraïbes, le *Millennium* et le *Summit*.

Navire	***Constellation***
Voyage inaugural	2002
Tonnage	91 000 tonnes
Longueur	294 mètres
Largeur	32 mètres
Vitesse de croisière	24 nœuds
Ponts	11
Ascenseurs	10
Passagers	2 034
Équipage	999
Cabines intérieures	195
Cabines extérieures	780 dont 590 avec balcon
Piscines	3

Aperçu des itinéraires

Constellation

- Antilles occidentales – 11 nuitées
- Bermudes et Antilles méridionales – 10/11 nuitées
- Ports d'embarquement: Fort Lauderdale (Floride), Cape Liberty Cruise Port (New Jersey)
- Saison: de novembre à avril

Millennium

- Antilles orientales – 7 nuitées
- Port d'embarquement: Fort Lauderdale (Floride)
- Saison: mars et avril

Summit

- Antilles méridionales – 7 nuitées
- Port d'embarquement: San Juan (Puerto Rico)
- Saison: de décembre à avril

■ La classe Solstice

D'ici 2011, trois nouveaux navires s'ajouteront à cette classe. L'*Equinoxe*, l'*Eclipse* et un troisième dont le nom n'a pas encore été révélé permettront à Celebrity d'augmenter sa capacité d'accueil de plusieurs milliers de passagers.

Navire	***Celebrity Solstice***
Voyage inaugural	2008
Tonnage	122 000 tonnes
Longueur	315 mètres
Largeur	37 mètres
Vitesse de croisière	24 nœuds
Ponts	19
Ascenseurs	ND
Passagers	2 850
Équipage	ND
Cabines intérieures	ND
Cabines extérieures	ND
Piscines	4

Aperçu des itinéraires

Celebrity Solstice

- Bahamas et Antilles occidentales – 7/8 nuitées
- Port d'embarquement: Fort Lauderdale (Floride)
- Saison: de novembre à janvier

Costa

200 South Park Road,
Suite 200
Hollywood, FL 33021
☎*877-882-6782*
www.costacruises.com

Pour qui?

Les amoureux du Sud… à l'italienne!

Pour quoi?

L'ambiance méditerranéenne, l'esprit festif, le décor rococo et l'équipage complice, le tout à bord de paquebots de plus en plus gros

Andiamo!

Incontournable compagnie de croisières en Europe, Costa séduit également les Nord-Américains qui souhaitent prendre le large vers les Caraïbes. Sa flotte a été rachetée par la Carnival Corporation en 2000, mais le style méditerranéen est sain et sauf: équipage, nourriture, décoration, ambiance, tout respire la *dolce vita*. Avec le petit plus de Carnival: des croisières toujours enlevées, au cours desquelles vous ne pourrez pas vous ennuyer.

Historique

Ancienne compagnie de transport maritime, Costa Cruise Line est aujourd'hui l'un des leaders du marché européen des croisières. Fondée au XIXe siècle par l'Italien Giacomo Costa, cette flotte était alors uniquement destinée au transport de tissus et d'huile d'olive en Europe (ceux qui douteraient de ses origines italiennes en seront donc pour leurs frais!).

En 1997, la géante Carnival a racheté 50% des parts de Costa Cruise Line, avant d'absorber complètement sa concurrente en 2000. Le style italien a néanmoins survécu aux changements qui ont eu lieu à la tête de la compagnie, et la flotte accueille régulièrement de nouveaux paquebots de fort tonnage.

Les paquebots

Costa Allegra (28 500 t)
Costa Atlantica (86 000 t)
Costa Classica (53 000 t)
Costa Concordia (112 000 t)
Costa Europa (54 000 t)
Costa Fortuna (105 000 t)
Costa Magica (105 000 t)
Costa Marina (25 500 t)
Costa Mediterranea (86 000 t)
Costa Romantica (53 000 t)
Costa Serena (114 000 t)
Costa Victoria (76 000 t)

La compagnie aujourd'hui

Costa possède une expertise indéniable en matière de croisières européennes, mais elle est également présente de façon saisonnière dans les Caraïbes. On reconnaît ses 12 paquebots à leur coque blanche et à leur cheminée jaune arborant la lettre C.

Nombreux sont les croisiéristes qui, depuis le rachat de Costa par Carnival, confondent ou associent les deux flottes. Costa serait ainsi une Carnival déguisée en italienne. Admettons! On ne pourra en tout cas nier l'influence méditerranéenne à bord, qu'il s'agisse de la cuisine, de l'ambiance, de l'équipage ou du décor. Et l'on ne s'en plaindra pas: c'est ça qui nous plaît chez Costa!

Dès l'embarquement, vous sentirez la différence. On vous accueille avec un cocktail de bienvenue (*Benvenuto a bordo!*) au cours duquel vous ferez connaissance avec le capitaine et les autres membres d'équipage. Pendant votre croisière, vous serez sans doute convié à la soirée *Roman Bacchanal Toga Night*: on vous demandera alors de troquer votre short pour une authentique toge romaine. Et ça marche! Attendez-vous à retrouver tous les passagers transformés en empereurs romains sur le pont pour une belle soirée arrosée.

Portrait des croisiéristes

Le principal paquebot desservant les Caraïbes, le *Costa Fortuna* fait en général le plein de croisiéristes hyperactifs, prêts à participer à n'importe quelle activité à bord. Attirant une clientèle âgée d'une cinquantaine d'années, Costa est connue pour être la favorite des croisiéristes italo-américains. Elle attire en général moins d'enfants que les compagnies comme Carnival, hormis pendant les vacances scolaires.

Primeur

Après le *Costa Serena*, inauguré en 2007, la compagnie a entrepris la construction de deux autres paquebots: le *Costa Luminosa* et le *Costa Pacifica*. Ils seront inaugurés en 2009.

L'avis des spécialistes

Costa est aussi connue en Europe que Carnival l'est en Amérique du Nord. Le service à bord se fait dans cinq langues (incluant le français), ce qui facilite souvent les communications. Bien qu'on puisse parler d'une croisière «à l'italienne», votre enfant pourra participer à des programmes d'activités offerts en français. Peut-être apprendra-t-il même quelques mots d'italien? Et pour compléter cette ambiance italienne, ne manquez pas de passer au Caffè Florian, réplique du populaire café de Venise (à bord de certains navires seulement).

Expériences culinaires

Parfois inégale, la cuisine se rattrape du côté des spécialités italiennes: la *pasta* est reine à bord des paquebots de la flotte de Costa!

On retrouve pour la plupart des paquebots les options classiques de la restauration en mer: un menu décontracté, de style buffet, pour les trois repas de la journée; un repas traditionnel servi dans les principales salles à manger; et les restaurants dits spécialisés, qui, pour un petit supplément, donnent accès à une cuisine plus gastronomique ou, en tous les cas, plus variée.

L'esprit gourmet est évidemment méditerranéen. Vous trouverez donc à bord des Trattoria Italiana, des Dining di Lusso et des Piccolo Morso; et pour manger léger, allez au Salute e Benessere... On vous aura prévenu, vous n'échapperez pas au cours d'italien à bord!

Divertissements à bord

Les croisières de Costa offrent une foule d'activités. Vous aurez accès à des bains à remous, à un centre de conditionnement physique, à une piste de jogging, à un salon de beauté, à un spa, à un casino, à un cybercafé et à une bibliothèque. Les cours offerts portent aussi bien sur les langues que sur la cuisine ou la danse, avec une touche de folklore régional en plus – à la fin de votre voyage, vous maîtriserez sans aucun doute les rudiments de l'italien et vous saurez cuisiner un pesto authentique en un temps record!

Les piscines sont parfois équipées de glissades d'eau et de toits de verre rétractables. On en dénombre quatre à bord des plus récents paquebots de la flotte. Spectacles enlevés, soirées au piano-bar et discothèques pour se déhancher tout au long de la nuit complètent les salles dites de divertissement. On a un petit faible pour les conférences qui précèdent les escales et qui donnent un aperçu des destinations insulaires, mais aussi pour les veillées thématiques – la complicité de l'équipage et des passagers en fait des soirées très enlevées.

Le *Costa Serena*, le dernier-né de la flotte, est un paquebot entièrement conçu pour le bien-être des passagers. Comme son nom l'indique en italien, il apporte harmonie et sérénité à tous ceux qui se retrouvent à bord. Comportant plus de 500 cabines avec balcon dont plusieurs suites donnant directement sur son prestigieux Samsara Spa, le *Costa Serena* sait plaire aux voyageurs grâce à son espace et sa luminosité.

Jeunes croisiéristes

Chasses aux trésors, jeux vidéo, tournois sportifs, mini-jeux olympiques, karaoké et jeux d'eau attendent les enfants à bord des paquebots de Costa. Les programmes pour enfants et adolescents sont divisés en plusieurs catégories: le Mini Club pour les enfants de 3 à 6 ans, le Maxi Club pour les 7 à 11 ans, le Teen Junior Club pour les 12 à 14 ans et le Teen Club pour les plus âgés (15 à 17 ans). Ces catégories varient en fonction du nombre d'enfants accueillis à bord et de leur âge.

Les paquebots

Peintures murales en trompe-l'œil, décor rococo, couleurs chatoyantes... Au cas où vous ne l'auriez pas remarqué, vous êtes en Italie! La décoration de certains restaurants ou bars mélange parfois les couleurs de Venise et les paillettes de Las Vegas. Citons, à bord du *Costa Magica*, le casino Sicilia, l'Aquila Classic Bar, le piano-bar Capo Colonna et la discothèque Grado's, tous plus exotiques les uns que les autres.

Navire	***Costa Fortuna***
Voyage inaugural	2003
Tonnage	102 587 tonnes
Longueur	272 mètres
Largeur	36 mètres
Vitesse de croisière	20 nœuds
Ponts	13
Passagers	2 720
Équipage	1 023
Cabines intérieures	501
Cabines extérieures	857 dont 522 avec balcon
Piscines	3

Aperçu des itinéraires

Un seul paquebot est fidèle aux Caraïbes: le *Costa Fortuna*, qui propose des croisières de sept jours; le *Costa Atlantica* dessert également les Antilles orientales, mais au départ de Paris (forfait vol-croisière) et au cours de voyages transatlantiques uniquement.

Costa Fortuna

- Bahamas/Antilles occidentales et orientales - 7 jours
- Ports d'embarquement: Fort Lauderdale et Miami (Floride)
- Saison: de novembre à mars

Crystal

2049 Century Park East,
Suite 1400
Los Angeles, CA 90067
☎888-722-0021
www.crystalcruises.com

Pour qui?

Cinquantenaires aisés

Pour quoi?

Vous connaissez «L'invitation au voyage»? Luxe, calme et volupté!

Le Ritz-Carlton des croisières

Deux paquebots seulement?! De moins de 70 000 tonnes?! Mais comment cette compagnie survit-elle?, vous demanderez-vous. Ma foi, fort bien. C'est même l'un des leaders du marché dans son créneau, le luxe. Nous ne mentirons donc pas en vous disant qu'en montant à bord du *Symphony* ou du *Serenity*, vous aurez l'impression de pénétrer dans un hôtel Ritz-Carlton flottant. Vous qui avez toujours voulu dormir dans une suite immensément spacieuse, dîner en robe de soirée ou en smoking dans un restaurant quatre étoiles ou découvrir une île des Caraïbes avec un guide privé, vous serez sans aucun doute comblé par les croisières de Crystal.

Historique

L'entreprise Nippon Yusen Kaisha (NYK), basée à Tokyo, se lance dans les croisières de luxe en 1988. Crystal inaugure son premier paquebot en 1990, le *Crystal Harmony*, qui a depuis rejoint la branche nippone de la compagnie. Deux autres paquebots suivront, toujours en service: le *Crystal Symphony* en 1995 et le *Crystal Serenity* en 2003. Les tonnages de ces paquebots pourraient sembler totalement inadaptés à la concurrence. On ne sourcille en effet presque plus à l'annonce de la construction d'un mastodonte de 90 000 tonnes. Mais Crystal a su faire de sa petite flotte l'une des plus luxueuses au monde et affiche aujourd'hui le taux de fidélisation le plus élevé du marché.

Les paquebots

Crystal Serenity (68 000 t)
Crystal Symphony (51 044 t)

La compagnie aujourd'hui

On reconnaît les paquebots de Crystal à leur cheminée blanche arborant deux hippocampes bleus. Sa flotte est présente dans 79 pays et fait escale dans 168 ports: Caraïbes, Mexique, Amérique du Sud, Antarctique, Afrique, Europe, Amérique du Nord et Asie, sans oublier les croisières proposées autour du monde. Tous ces voyages laissent en général des souvenirs impérissables.

Crystal possède aujourd'hui l'un des rapports passagers/équipage les plus élevés de l'industrie: les croisiéristes reçoivent donc une attention constante et personnalisée. La compagnie mise sur un service quatre étoiles («six étoiles!», affirme Crystal) mais aussi sur l'espace, souvent considéré, il est vrai, comme un luxe en mer: les cabines sont immenses et les terrains de sport sont loin de ressembler aux ersatz que l'on trouve parfois sur certains paquebots de croisière. Un autre de ses «atouts séduction»? Son programme de conférences et de cours: vous aurez un professeur particulier pour tout, le bridge, le yoga, le tai-chi, les langues, etc. La «*Crystal Clear difference*», c'est ça: des cabines spacieuses, des restaurants gastronomiques, un service digne des plus grandes écoles d'hôtellerie, bref, tout respire l'opulence à bord des paquebots de Crystal.

Le portrait des croisiéristes

Les passagers de Crystal ont en général un goût certain pour les belles choses. Habitués à un service haut de gamme, ils sont extrêmement exigeants et recherchent une expérience en mer sans fausse note. La moyenne d'âge est de 50 ans. Les enfants et familles se font plutôt rares à bord, même si Crystal est la compagnie de croisières de luxe la plus tolérante en ce qui concerne les jeunes croisiéristes.

Mentions et distinctions

Les magazines *Travel + Leisure* et *Condé Nast Traveller*, spécialistes du voyage, ont récompensé Crystal à plusieurs reprises. De 1996 à 2007, elle a détenu la palme de la meilleure compagnie de croisières dans la catégorie des navires de moyen tonnage.

Primeur

Les excursions organisées par Crystal au cours des escales peuvent réserver bien des surprises agréables. Certaines croisières en Méditerranée proposent même une excursion «Sur les pas du *Parrain*», de Francis Ford Coppola!

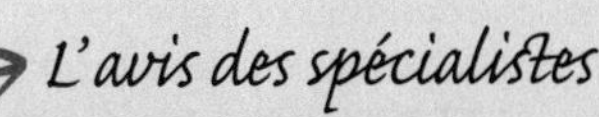

Avec Crystal, la croisière est synonyme de luxe et d'élégance. Tous les services à bord sont de haute qualité, et des mets gastronomiques vous sont servis chaque soir par des serveurs en gants blancs.

Expériences culinaires

> *Le saviez-vous?*
>
> **Les programmes de conférences des croisières de Crystal font souvent intervenir des sommités dans leur domaine, qu'il s'agisse de journalistes, d'athlètes, de scénaristes ou d'écrivains. Citons notamment la championne olympique Nadia Comaneci.**

La principale salle à manger des deux paquebots de la flotte permet de goûter à une cuisine gastronomique relativement classique. Vue de la mer grâce aux baies vitrées, serveurs empressés, déco feutrée et vaisselle de cristal et de porcelaine: tout porte au raffinement.

Pour les accents du monde, rendez-vous aux restaurants spécialisés: le Jade Garden pour la cuisine asiatique, que l'on trouve à bord du *Symphony*, le Sushi Bar du maître japonais Nobu Matsuhisa, sur le *Serenity*, ou l'italien Prego, à bord des deux paquebots de la flotte. Si vous êtes amateur d'une cuisine asiatique authentique, vous serez ravi par les menus composés par Nobu, le père de la nouvelle vague gastronomique japonaise.

Si un soir vous avez envie de laisser tomber le complet et la robe de cocktail pour manger en tenue plus décontractée, allez au Lido Café ou au Trident Bar & Grill, qui servent des plats simples pour tous les petits creux de la journée. Vous pourrez même dîner au bord de la piscine.

Divertissements à bord

La liste des divertissements est longue à bord du *Symphony* et du *Serenity* car le luxe, chez Crystal, ne rime pas nécessairement avec «ennui». On trouve donc quantité de bars et de *lounges*, des spas et des salons de beauté, deux piscines sur chaque paquebot, une vingtaine de postes Internet qui font partie du programme Computer University@Sea (avec adresse courriel personnalisée et cours d'informatique particuliers), un casino et une bibliothèque donnant accès à plus de 2 000 livres.

Nos équipements et programmes préférés? La piste de jogging circulaire, qui fait le tour du bateau – la mer, la mer, encore la mer –, les courts de tennis, qui sont plus grands que des mouchoirs de poche, contrairement à la plupart des terrains de sport en mer, et l'éventail de cours proposés à bord. Si cela fait des mois que vous vous dites qu'il est grand temps de prendre le cours de danse, de bridge, de cuisine ou de peinture qui manque à vos loisirs, vous pourrez facilement vous rattraper à bord du *Symphony* ou du *Serenity*. Enfin, n'oublions pas le programme Ambassador Hosts, pour les célibataires en mal de compagnie, les conférences des intervenants de «Smithsonian Associates», du nom de l'institution culturelle américaine renommée, et les soirées à thème proposées sur certaines croisières comme le Wine & Food Festival.

Jeunes croisiéristes

La compagnie Crystal vise surtout une clientèle adulte. Elle tend donc à limiter le nombre d'enfants sur ses croisières. Elle n'en offre pas moins des équipements et des programmes dédiés spécifiquement aux jeunes croisiéristes, comme la salle de jeux équipée de Playstation Sony. Le programme d'activités Junior répartit les enfants en trois classes d'âge: 3 à 7 ans, 8 à 12 ans et 13 à 17 ans. La petite touche Crystal supplémentaire: les cours de maintien!

Les paquebots

Même si la flotte de Crystal se compose uniquement de paquebots de moyen tonnage (entre 50 000 et 70 000 tonnes), vous ne vous y sentirez pas à l'étroit, bien au contraire. La remarque vaut aussi bien pour les cabines – bien qu'elles soient plus spacieuses sur les paquebots de Seabourn ou de Silversea – que pour les aires communes. Les «Penthouses» avec véranda sont ainsi meublées d'un bureau, d'une commode, d'un confortable lit à deux places, sans oublier le coin salon avec canapé et table basse, et la salle de bain, équipée d'une douche et d'une baignoire. Inutile de décrire les suites: elles sont conçues comme de véritables appartements!

Navires	***Crystal Symphony***	***Crystal Serenity***
Voyage inaugural	1995	2003
Tonnage	51 044 tonnes	68 000 tonnes
Longueur	238 mètres	250 mètres
Largeur	30 mètres	32 mètres
Vitesse de croisière	20 nœuds	21 nœuds
Ponts	8	9
Passagers	940	1 080
Équipage	545	655
Cabines extérieures	476 dont 276 avec balcon	548 dont 466 avec balcon
Piscines	2	2

Aperçu des itinéraires

Crystal Symphony et Crystal Serenity

- Antilles occidentales, orientales et méridionales – 7/11/12/14/15 jours
- Ports d'embarquement: Miami (Floride), New York (NY), Caldera (Costa Rica)
- Saison: de décembre à mai (excluant le mois d'avril)

Cunard

24303 Town Center Drive,
Suite 200
Valencia, CA 91355-0908
☎ ***800-728-6273***
www.cunard.com

Pour qui?

Croisiéristes qui apprécient le luxe ou aficionados exigeants

Pour quoi?

Le cachet British et la possibilité de naviguer sur un paquebot déjà légendaire

Une classe à part!

Cunard pourrait être décrite comme la crème de la crème des compagnies de croisières à gros tonnages. Cette marque historique possède des paquebots légendaires. Dernière acquisition en date, le *Queen Victoria*, inauguré en décembre 2007. Avec son Veuve Clicquot Champagne Bar et son Royal Court Theatre des plus somptueux, ce paquebot atteint les plus hauts standards en matière de luxe et de beauté.

Cunard cultive en effet classicisme et élégance, et mise sur la qualité des services proposés à bord. Une valeur sûre et un petit côté passéiste qui plaira aux nostalgiques du *Titanic*. *Afternoon tea*, cours de navigation et soirées cabaret, tout cela respire le bon vent anglais. Si la compagnie s'est affirmée comme la spécialiste des traversées de l'Atlantique, elle n'en propose pas moins diverses croisières dans les Caraïbes.

Historique

Cette compagnie légendaire, fondée en 1839 par un Canadien d'Halifax, Samuel Cunard, sous le nom de «British and North American Royal Mail Steam Packet Company», fut la première compagnie de navigation à proposer des liaisons régulières entre l'Europe et l'Amérique du Nord. Les quatre paquebots de l'époque, le *Britannia*, l'*Acadia*, le *Cale-*

Les paquebots

*Queen Elizabeth** (92 000 t)

Queen Elizabeth 2 (70 327 t)

Queen Mary 2 (151 400 t)

Queen Victoria (85 000 t)

* Voyage inaugural prévu pour l'automne 2010

donia et le *Columbia*, effectuaient à tour de rôle la traversée de l'Atlantique au départ de Liverpool, et ce, en 14 jours, à une vitesse moyenne de 8,5 nœuds.

Cunard exerça le monopole des traversées de l'Atlantique jusqu'en 1959, date à laquelle les compagnies aériennes transportèrent plus de passagers entre les deux continents que les paquebots de croisière. L'entrée en force des lignes aériennes dans le paysage du transport mondial dans les années 1960 portera un grand coup à l'industrie maritime des loisirs.

Parmi les paquebots légendaires ayant marqué l'histoire de la compagnie Cunard, on peut citer le *Carpathia*, devenu tristement célèbre en avril 1912 pour être venu en aide au *Titanic* de la White Star Line; le *Mauretania*, qui détint pendant plus de 20 ans le record de vitesse des paquebots de croisière pour la traversée de l'Atlantique; ou le *Queen Mary* et le *Queen Elizabeth*, qui transportèrent plus d'un million et demi de soldats pendant la Seconde Guerre mondiale. Le *Queen Elizabeth 2* transporta aussi des troupes britanniques lors de la guerre des Malouines en 1982. Aujourd'hui, c'est le *Queen Mary 2* qui fait fureur dans les ports d'escale. Construit par les Chantiers de l'Atlantique, à Saint-Nazaire, en France, ce navire fait toujours partie des plus gros paquebots du monde.

La compagnie aujourd'hui

Les paquebots de Cunard sont facilement reconnaissables à leur coque noire et blanche ainsi qu'à leur cheminée noire et rouge. La flotte de la compagnie se compose de trois paquebots de moyenne et grande taille. Les destinations privilégiées des croisières proposées par Cunard sont plutôt classiques: l'Europe, la Méditerranée, la prestigieuse traversée de l'Atlantique et les Caraïbes. Pour ceux qui voudraient profiter du luxe de Cunard le plus longtemps possible, des croisières «tour du monde» jusqu'à 105 jours sont désormais disponibles. Les départs se font généralement à Southampton, au Royaume-Uni, ou à New York, aux États-Unis.

Bien que rachetée par le géant de l'industrie Carnival en 1998, la compagnie Cunard a su conserver l'esprit de ses premières croisières. Grâce à la construction du *Queen Mary 2*, son slogan est plus que jamais d'actualité: *The Most Famous Ocean Liner In The World*. Hormis le *Titanic*, aucun autre paquebot n'a en effet autant fait parler de lui. Quel que soit son port d'escale, les foules se déplacent pour observer ce mastodonte des mers, devenu le fer de lance de la compagnie.

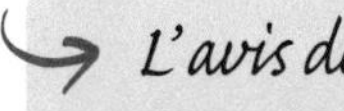

L'avis des spécialistes

Malgré sa taille colossale, le Queen Mary 2 *vous offre la sensation d'intimité propre aux petits paquebots. L'originalité de la conception de l'aire de repas Kings Court n'a d'égale que la qualité des plats qui y sont servis: la nourriture est tout simplement exquise.*

Le Queen Elizabeth 2*, quant à lui, est un véritable musée flottant. Ses nombreuses pièces de collection valent le coup d'œil.*

Enfin, le Queen Victoria *est le plus récent et le plus intime des navires de Cunard. Plus petit, il offre à sa clientèle le summum du service.*

Le portrait des croisiéristes

Cunard a ses fidèles, une clientèle sophistiquée, généralement des habitués des croisières. La moyenne d'âge est supérieure à 50 ans, mais le lancement du *Queen Mary 2* a considérablement bousculé les statistiques. Les personnes de toutes les classes d'âge et catégories de métiers sont attirées par ce paquebot. Itinéraires et destinations modifient également le portrait des croisiéristes: on constate ainsi que la moyenne d'âge des passagers est plus élevée lors des traversées de l'Atlantique ou lorsque les croisières s'étendent sur une durée supérieure à huit jours.

Mentions et distinctions

Depuis 1998, Cunard cumule les distinctions, que ce soit pour ses paquebots, la nourriture ou encore la compagnie même. Depuis cinq ans, elle détient le titre de compagnie offrant les meilleurs itinéraires de croisière (Best World Cruise Itineraries), décerné par *Porthole Cruise Magazine*. Voici d'autres mentions qui méritent d'être soulignées:

2007

Cunard Line: meilleure compagnie de croisières.
The Daily Telegraph Ultratravel Awards Ceremony (R.-U.)

2006

Queen Mary 2: meilleure expérience à bord (Best Onboard Experience).
Cruise Magazine Awards Ceremony (R.-U.)

Queen Mary 2: meilleur paquebot de luxe.
Travel Weekly Reader's Choice Awards

Primeur

Un quatrième paquebot viendra compléter la flotte de Cunard en 2010. Il s'agit du *Queen Elizabeth*, un navire de 92 000 tonnes, fabriqué par les chantiers navals italiens Fincantieri. Ce navire, qui pourra transporter jusqu'à 2 092 passagers, surpassera en luxe et en services ce qui se fait jusqu'à maintenant chez Cunard. Dur à croire, n'est-ce pas? Les croisières inaugurales, qui auront lieu à l'automne 2010, se feront en Europe au départ de Southampton (R.-U.).

Expériences culinaires

Poursuivant une tradition héritée des croisières du début du siècle dernier, Cunard continue de séparer les classes de passagers en fonction des cabines occupées. Si donc vous logez dans l'une des suites ou appartements privés du paquebot, vous aurez le privilège de déjeuner et de dîner au Queens Grill. Les occupants des Junior Suites se retrouveront au Princess Grill, un restaurant plus intime, avec une capacité de 180 sièges. Enfin, l'ensemble des passagers pourront prendre leurs repas au Britannia Restaurant, dont la gigantesque salle, répartie sur trois niveaux, accueille plus de 1 000 passagers.

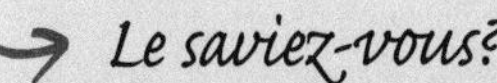

Le saviez-vous?

Le *Queen Mary 2*, un mastodonte des mers? Voici quelques chiffres pour ceux qui en douteraient.

- Hauteur équivalant à celle d'un immeuble de 23 étages
- 1 310 chambres
- 2 000 salles de bain
- 2 500 km de câbles électriques
- 250 000 m² de moquette
- 5 000 marches

Le paquebot le plus célèbre du monde se devait d'accueillir à bord quelques célébrités. C'est chose faite avec Nelson Mandela, Elizabeth Taylor et Elton John.

L'un des restaurants les plus courus du *Queen Mary 2* est le Todd English, baptisé ainsi en l'honneur du célèbre chef américain. La cuisine s'inspire des spécialités méditerranéennes du chef Todd English. On doit débourser un supplément de 20$ à 30$ si l'on souhaite y déjeuner ou y dîner, mais on aura droit, dixit certains passagers, à une véritable expérience gastronomique.

Enfin, dans un style plus décontracté, le Kings Court propose des plats tout simples, présentés sous forme de buffet: œufs et *pancakes* au petit déjeuner; salades, viandes froides et sandwichs pour le déjeuner. Le soir, le Kings Court se transforme en quatre restaurants à thème: La Piazza, une trattoria italienne; le Lotus, qui sert une cuisine asiatique; The Carvery, spécialisé dans les viandes; et le Chef's Galley. Plus intime et légèrement plus coûteux, ce dernier restaurant est davantage tourné vers les gourmets, et il pourrait presque s'apparenter à un cours de cuisine haut de gamme puisqu'on peut observer le chef préparer les plats.

Divertissements à bord

Les paquebots de Cunard sont de véritables villes flottantes. D'innombrables installations sportives et récréatives ont été aménagées de façon luxueuse pour divertir les passagers. Difficile d'éviter l'énumération de services tant la liste d'équipements à bord est longue. Parmi les classiques, citons la salle de spectacle, le casino, la discothèque, la salle de cinéma, les boutiques hors taxes et le Cyber Centre, qui permet de surfer sur Internet et de rester en contact avec la terre ferme.

Moins courants mais tout aussi divertissants: le planétarium, avec spectacles multimédia, la bibliothèque et le programme Cunard ConneXions, qui propose une série de cours portant aussi bien sur la cuisine et les langues étrangères que sur le dessin et la navigation, ou les conférences données par des politiciens, auteurs, acteurs, etc. Citons notamment Kathy Reichs, célèbre auteure et anthropologue judiciaire.

Le voyage peut aisément se transformer en cure de thalassothérapie, grâce aux services proposés par le Canyon Ranch SpaClub: traitements d'aromathérapie, bains de boue, massages, soins de la peau, manucures, pédicures, etc. Les sportifs profitent quant à eux des piscines, couvertes ou extérieures, de la salle de conditionnement physique, du simulateur de golf ou des pistes de jogging.

Jeunes croisiéristes

Enfants et adolescents sont entièrement pris en charge pendant le voyage. Des programmes éducatifs et récréatifs sont offerts aux jeunes croisiéristes, répartis en différentes classes d'âge: The Nursery pour les tout-petits, la Play Zone pour les enfants âgés de 3 à 6 ans, et enfin The Zone, réservée aux enfants âgés de 7 ans et plus, chaque aire de jeux ayant ses propres activités. Citons entre autres la visite du planétarium, à bord du *Queen Mary 2*, les chasses aux trésors, les cours de peinture, les séances de cinéma, les soirées disco pour les adolescents, l'accès à des XBox, ainsi qu'une piscine, avec jeux nautiques organisés par de véritables *British nannies*. Et si les enfants souhaitent copier leurs parents, ils pourront également prendre le traditionnel *children's tea*, pendant du très classique *afternoon tea*.

Les paquebots

Le *Queen Mary 2* est le seul des paquebots de Cunard à naviguer régulièrement dans les Caraïbes. Le *Queen Victoria* n'y jette l'ancre que lors de son voyage transatlantique. Nous ne décrivons donc que le *Queen Mary 2*.

Navire	***Queen Mary 2***
Marraine	La reine Elizabeth II
Voyage inaugural	2004
Tonnage	151 400 tonnes
Longueur	345 mètres
Largeur	41 mètres
Vitesse de croisière	28,5 nœuds
Ponts	14
Ascenseurs	22
Passagers	2 620
Équipage	1 253
Cabines intérieures	293
Cabines extérieures	1 017 dont 953 avec balcon
Piscines	5

Aperçu des itinéraires

Queen Mary 2

- Antilles orientales, occidentales et méridionales – 4/8/10/13/15 jours
- Ports d'embarquement: Fort Lauderdale (Floride), New York (NY)
- Saison: de novembre à avril (excluant le mois de février)

Disney

P.O. Box 10238
Lake Buena Vista, FL 32830
☎800-951-3532
www.disneycruise.com

Pour qui?

Les familles

Pour quoi?

Pour laisser vos enfants dîner en compagnie du Capitaine Crochet et faire une chasse aux trésors sur l'île privée de Castaway Cay pendant que vous sirotez un cocktail sur une plage déserte

Mickey prend la mer

Après avoir fait rêver des millions d'enfants avec ses dessins animés, ses films et ses parcs d'attractions, la famille Disney les transporte désormais en mer. Ses deux paquebots, le *Disney Magic* et le *Disney Wonder*, conçus dans le plus pur esprit Disney, de la coque aux cheminées, attirent un grand nombre de familles chaque année. Ils naviguent dans les Bahamas et dans les Antilles.

Reconnu définitivement comme le paradis flottant des enfants, Disney Cruise Line conserve néanmoins un esprit croisiériste traditionnel et réserve aux parents des aires qui leur sont entièrement consacrées. On salue la qualité du service à bord et l'expertise en matière de divertissement familial; on grimace quand le voyagiste nous annonce les prix, mais on apprécie les forfaits «croisière-parc d'attractions» de Walt Disney World (Floride).

Historique

La magie Disney n'opère en mer que depuis la fin des années 1990. La firme italienne Fincantieri conçoit le premier paquebot de la flotte Disney en 1998, le *Disney Magic*, un navire de gros tonnage (83 000 tonnes). Son jumeau, le *Disney Wonder*, sera livré par les mêmes chantiers navals en 1999. En 2001, la compagnie a célébré son premier million de familles en mer.

Les paquebots

Disney Magic (83 000 t)
Disney Wonder (83 000 t)

La compagnie aujourd'hui

On reconnaît les paquebots de Disney Cruise Line à leur coque foncée surlignée d'or et à leurs deux cheminées rouges arborant la tête de Mickey.

Conçus pour accueillir les familles, ils offrent une ligne étonnamment classique en dehors des aires exclusivement réservées aux enfants. Disney s'impose aujourd'hui comme la spécialiste du divertissement familial en mer. Son produit phare est la croisière «Land & Sea» de sept nuitées, qui permet de passer quatre jours dans les parcs d'attractions de Walt Disney World en Floride et trois jours en mer dans les Caraïbes, avec escale dans l'île privée de Castaway Cay.

Le portrait des croisiéristes

Bien sûr, il vous arrivera de croiser quelques célibataires, de jeunes couples en lune de miel ou quelques retraités en mal de dessins animés. Pour autant, ils ne constituent pas le profil type des croisiéristes de Disney et vous sembleront peut-être un peu perdus au milieu de cette ribambelle de jeunes surexcités qui viennent de tomber nez à nez avec Peter Pan! On s'en doute, les croisières de Disney font essentiellement le plein de familles.

Mentions et distinctions

2007

Disney Magic et Disney Wonder: dans le «Top 10» des meilleurs paquebots de croisière.
Condé Nast Traveller

Disney Cruise Line: 3e rang pour son Vista Spa and Salon.
Condé Nast Traveller

Disney Cruise Line: Readers' Choice Award.
Porthole Cruise Magazine

Disney Cruise Line: deux Editor's Pick WAVE Awards pour son spa et ses activités à bord.

Disney Cruise Line: partenaire préféré de l'année.
AAA

L'avis des spécialistes

Les croisières Disney sont totalement «à part». Tout porte la signature Disney: le transfert jusqu'au port se fait dans des autocars aux couleurs de Disney et des dessins animés y sont présentés pour faire patienter les enfants, les gaufres du petit déjeuner et les sandwichs à la crème glacée sont en forme d'oreilles de Mickey, etc. Les personnages de Disney sont remarquablement accessibles (séances d'autographes, présence à la plage et au petit déjeuner, etc.); vous n'aurez jamais passé tant de temps avec Mickey et Donald Duck!

Primeur

Deux nouveaux paquebots viendront compléter la flotte de Disney Cruise Line en 2011 et 2012. Ils permettront d'augmenter considérablement le nombre de voyageurs annuel avec leur capacité de 2 500 passagers. Disney prévoit alors étendre son marché jusqu'en Méditerranée et sur la Côte Ouest américaine, deux destinations très en demande chez leur clientèle.

Le saviez-vous?

Castaway Cay est le petit paradis caché de Disney. Cette île privée, située dans les Bahamas, permet d'offrir une escale exclusive aux croisiéristes qui choisissent de monter à bord d'un paquebot de la flotte. Plage privée réservée aux adultes, exploration de l'île à pied, à vélo ou en kayak, parcours de plongée avec découverte de trésors sous-marins, observation des raies dans un lagon privé, bref, ce petit morceau de carte postale, véritable parc d'attractions tropical, est l'un des atouts de la flotte de Disney. Comme ses paquebots, il offre mille et une activités pour les petits et les grands.

Expériences culinaires

Disney propose un concept original, le «Rotation Dining». Les places sont toujours assignées et le dîner est servi à heure fixe, mais l'équipage invite les croisiéristes à essayer un nouveau restaurant chaque soir. Ce nouveau concept permet d'alterner entre le classique Lumière's (Triton's sur le *Disney Wonder*), le décontracté Parrot Cay et le détonnant Animator's Palace, où la décoration murale change de couleur au cours du repas.

Pour un dîner en amoureux, allez au Palo, un restaurant italien réservé aux adultes, juché au niveau supérieur du paquebot. Un autre havre de paix, loin des bruyantes aires de restauration, est le Cove Café, parfait pour déguster un petit café en feuilletant un journal.

Du côté des restaurants plus informels, vous aurez le choix entre le Topsider Buffet (Beach Blanket Buffet à bord du *Disney Wonder*), ouvert presque 24 heures sur 24, qui offre tour à tour des plats mexicains, italiens, asiatiques et méditerranéens, et le Pluto's Dog House, un petit comptoir de restauration pour combler tous les creux de la journée. Mais attention: une file d'attente vous y attend car ils sont souvent bondés.

Divertissements à bord

Non, vous ne serez pas livré à vous-même dans le parc thématique du Capitaine Crochet, bien que ligoté par de petits anges hystériques qui ont enfin trouvé le moyen d'en découdre avec leurs parents. Retenez que dans «Disney Cruise Line», il y a aussi «Cruise Line». Autrement dit, les deux paquebots de la flotte offrent toutes les commodités auxquelles vous vous attendez. Les passagers adultes ont en effet accès à tous les équipements dignes d'une grande compagnie de croisières ainsi qu'à des espaces spécialement conçus pour eux, loin des aires de jeux où se défoule leur progéniture: spas, piscines, bains à remous, salle de conditionnement physique, piste de jogging, *lounges*, discothèques, sans oublier la plage de carte postale de Serenity Bay (*adults only*), sur l'île privée de Castaway Cay.

Jeunes croisiéristes

La magie en mer, c'est ce que tente d'apporter Disney à ses croisiéristes, petits et grands (mais surtout petits!), et elle possède pour cela toutes sortes d'arguments convaincants. Citons en premier lieu les spectacles qui font revivre tous les personnages favoris des enfants, de Cendrillon à Peter Pan, en passant par Aladin et le Capitaine Crochet. En chanson et en danse, les jeunes croisiéristes reprennent en cœur les tubes de Disney, quand ils n'assistent pas aux avant-premières des films tout droit sortis des studios Pixar, filiale du géant du divertissement.

Si d'aventure le Capitaine Jack Sparrow qui est venu s'asseoir à la table de votre enfant lui semble un peu trop effrayant, ce dernier pourra à tout moment vous «biper» grâce à un système ingénieux installé à bord.

Un pont entier est consacré aux jeunes croisiéristes. La Flounder's Reef Nursery accueille les tout-petits, de 3 mois à 3 ans, un service qu'aucune autre compagnie en mer n'offre jusqu'à présent. De 3 à 7 ans, on initie les enfants aux rudiments de la piraterie à l'Oceaneer Club, inspiré du bateau pirate du Capitaine Crochet. Coffre rempli de costumes et de jouets, ponts de corde qu'il faut enjamber, toute la magie du dessin animé renaît au travers de cette aire de jeux thématique. Les préados de 8 à 12 ans participeront aux activités de l'Oceaneer Lab: construction de mini-embarcations, chasses aux trésors organisées sur l'île privée de Castaway Cay ou *Splish & Splash Pool Parties*, dont on vous laisse deviner les activités au programme. Quant aux plus âgés (13 à 17 ans), ils sont pris en charge par The Stack (à bord du *Disney Magic*) et l'Aloft (à bord du *Disney Wonder*), qui sont conçus comme de véritables appartements, avec téléviseurs à écran plat, lecteurs MP3 et postes Internet.

Les paquebots

Le *Disney Magic* et le *Disney Wonder* ont été inaugurés à un an d'intervalle. Ces deux paquebots jumeaux possèdent les mêmes caractéristiques, en termes de tonnage, de vitesse et de capacité d'accueil.

Côté déco, vous serez sans doute surpris de ne pas être constamment entouré de châteaux dorés ou de décors aseptisés. Le style Art déco des paquebots préserve en effet les adultes d'un univers disneyen trop présent. En fait, tout respire le classicisme dans les principales aires accessibles aux adultes. Disney possède en outre les cabines familiales les plus spacieuses en mer.

Navire	***Disney Magic***
Voyage inaugural	1998
Tonnage	83 000 tonnes
Longueur	294 mètres
Largeur	32 mètres
Vitesse de croisière	21,5 nœuds
Ponts	10
Ascenseurs	12
Passagers	1 750
Équipage	945
Cabines intérieures	155
Cabines extérieures	720 dont 388 avec balcon
Piscines	3

Aperçu des itinéraires

- Bahamas, Antilles orientales, occidentales et méridionales – 3 à 15 nuitées
  Port d'embarquement: Port Canaveral (Floride)
  Saison: toute l'année

Holland America

300 Elliott Avenue West
Seattle, WA 98119
☎877-932-4259
www.hollandamerica.com

Pour qui?
Les traditionalistes

Pour quoi?
Expertise et classicisme

La doyenne des compagnies de croisières

En langage de spécialistes, Holland America est une compagnie de croisières «cinq étoiles de catégorie Premium». En langage décodé, cela signifie qu'elle offre un service haut de gamme et qu'elle représente une valeur sûre dans sa catégorie.

Présente sur le marché depuis 1873, la très classique hollandaise ne déroge pas aux règles qui ont fait son succès. À défaut d'être innovatrice, elle reste indémodable.

Si vous êtes un habitué de Carnival, fidèle aux cours de danse Austin Power ou aux *Men's Hairy Chest Contests*, vous trouverez peut-être que la programmation à bord des paquebots de cette flotte manque un peu de piquant. Les divertissements nocturnes ne sont certes pas

Les paquebots

Prinsendam (37 848 t)

La classe S

Maasdam (55 451 t)
Ryndam (55 819 t)
Statendam (55 819 t)
Veendam (55 758 t)

La classe R

Amsterdam (61 000 t)
Rotterdam (59 652 t)
Volendam (61 396 t)
Zaandam (61 396 t)

La classe Vista

Noordam (82 500 t)
Oosterdam (82 000 t)
Westerdam (81 811 t)
Zuiderdam (82 000 t)

La classe Signature

Eurodam (86 000 t)

le fort de cette compagnie. Par contre, les croisiéristes plus avertis, ceux qui recherchent une expérience en mer relaxante et personnalisée sans être extravagante, seront probablement conquis par Holland America.

Historique

Holland America est l'une des pionnières de l'industrie des croisières. Fondée en 1873, la Netherlands-America Steamship Company, rapidement connue sous le nom de Holland America Line, était au départ une compagnie de transport maritime à la fois pour passagers et porte-conteneurs. De nombreux immigrés européens montèrent à bord des premiers paquebots de cette flotte afin de tenter leur chance en Amérique.

L'année 1988 marqua le rachat de la compagnie de luxe Windstar par la hollandaise, avant que celle-ci ne soit elle-même rachetée l'année suivante par la Carnival Corporation. En 1997, la compagnie fait l'acquisition de l'île privée de Half Moon Cay dans les Bahamas, pour la modique somme de 19,5 millions de dollars.

La compagnie aujourd'hui

On reconnaît les paquebots de Holland America à leur coque foncée et à leur cheminée blanche élancée. Chaque année, les 14 navires de la flotte transportent près de 700 000 passagers un peu partout dans le monde.

Présente depuis plus d'un siècle sur le marché des croisières, Holland est un véritable dinosaure de l'industrie. Son expertise en matière de transport de passagers est incontestable. Son slogan, *A tradition of excellence*, convient assez bien à celle qui, au risque d'être trop traditionnelle, ne déçoit jamais.

Le portrait des croisiéristes

Les fidèles de Holland America sont plus âgés que la moyenne des croisiéristes. Les 50 ans et plus forment le gros des passagers. Il s'agit d'une clientèle de professionnels, attirés par le classicisme des paquebots et l'aspect culturel des activités proposées à bord. On remarque cependant que la tendance s'inverse avec les derniers-nés de la flotte, qui attirent une clientèle plus jeune et plus familiale.

Mentions et distinctions

Holland America se distingue régulièrement dans les sondages menés par la presse de voyage. Sa longévité en termes de prix et de distinctions est assez étonnante. Elle a notamment été l'une des compagnies de catégorie Premium les plus récompensées par les lecteurs des magazines *Condé Nast Traveller* et *Travel + Leisure* au cours des 10 dernières années. Aux seuls Readers' Choice Awards 2007 du *Porthole Cruise Magazine*, elle s'est vue décerner pas moins de neuf distinctions. D'ailleurs, sa petite île privée, Half Moon Cay, située dans les Bahamas, a remporté sa septième distinction devant les plus célèbres îlots paradisiaques du marché. Holland America a aussi été

L'avis des spécialistes

La compagnie est à l'écoute des besoins de sa clientèle, même pour ce qui est des préférences culinaires personnelles. Vous trouverez donc à bord des menus sans gluten, sans cholestérol, sans sel, sans sucre, etc. Lors des soirées plus formelles, vous noterez une attention accrue portée au service. Des serveurs gantés de blanc décorent les tables de fleurs fraîches, et la nourriture vous est servie dans des couverts de porcelaine.

C'est le genre de détail qui assure depuis des années la fidélité de la clientèle de Holland America. Les habitués sont heureux également de reconnaître des visages familiers parmi les membres de l'équipage, qui reste sensiblement le même d'une croisière à l'autre.

nommée «Partenaire de l'année 2007» par le CAA, autre preuve du taux de satisfaction que cette compagnie peut engendrer. Amateur de boissons alcoolisées, sachez que le barman en chef de l'*Oosterdam* s'est classé au premier rang dans la catégorie «Frozen Cocktail» lors de la Second Annual Bacardi Bartender & Chef Cruise Competition. Quant à ses croisières, elles ont également été saluées en 2007 par la World Ocean & Cruise Liner Society, et ce, pour la 16e année consécutive.

Primeur

On ne compte plus les nouveaux paquebots qui sortent des chantiers navals italiens et français chaque année. Holland America participe à la ronde mondiale des nouveaux navires. En 2010, un nouveau paquebot viendra se joindre à l'*Eurodam* dans la classe Signature (86 000 tonnes). Holland America prévoit aussi investir plus de 20 millions de dollars dans la rénovation de son navire *Prinsendam*, ce qui devrait lui redonner fière allure – il n'a subi aucune transformation majeure depuis sa construction, en 1988.

Expériences culinaires

Sans être gastronomique, la cuisine à bord des paquebots de la flotte de Holland America se démarque par sa grande qualité. On peut désormais choisir entre deux options pour les repas, soit les classiques places assises assignées et repas à heure fixe ou l'option «As you wish dining», qui permet de prendre son repas à l'heure de son choix entre 17h15 et 21h (une section de la salle à manger principale est réservée à cette clientèle). Sinon, vous aurez le choix entre plusieurs restaurants. Le Lido, restaurant-buffet ouvert en continu, est le spécialiste du *casual dining*; et pour les petites faims, les comptoirs du Terrace Grill servent sandwichs, *tacos*, hamburgers et *nachos* au bord de la piscine.

Vous avez envie de fuir la foule? Réservez au Pinnacle Grill, un restaurant plus intime qui sert une cuisine de style Pacific Northwest. C'est l'adresse à retenir si vous avez une soudaine envie de calmars, de sole ou de homard. Les couche-tard profiteront du buffet de minuit; les gourmands, des soirées *dessert extravaganza*. Enfin, nous vous suggérons de participer aux petits rituels de Holland America: le Dutch High Tea, servi tous les après-midi sur le pont – porcelaine de Chine, petits-fours et quatuor à cordes pour l'accompagnement –, et le thé glacé, offert en matinée sur les croisières à destination des Caraïbes.

Divertissements à bord

En s'associant avec le magazine *Food & Wine* en 2005, Holland a lancé son tout nouveau programme d'activités culinaires: le Culinary Arts Center. De nombreuses compagnies de croisières offrent déjà ce type d'activités, telles que cours de cuisine ou conférences faisant intervenir des chefs célèbres. Rien de neuf donc, mais le partenariat avec l'un des magazines les plus reconnus en la matière devrait garantir aux apprentis cuisiniers des interventions de qualité.

Si vous avez envie de surfer sur Internet, écouter de la musique ou bouquiner tout en prenant un bon café, allez à l'Explorations Café, l'un des derniers ajouts de la flotte.

Les célibataires seront heureux à bord des paquebots de Holland America puisqu'ils auront droit à leur soirée Solo Travelers, histoire de faire connaissance avec le reste des passagers en mal de compagnie. Ils seront également souvent réunis entre eux à table, pourvu qu'ils en aient glissé un mot aux membres d'équipage. Les femmes célibataires pourront également recourir à un partenaire de danse ou d'excursion lors des croisières durant 14 jours et plus.

Pour le «plaisir des yeux», inscrivez-vous à la visite guidée permettant de découvrir la multitude d'œuvres d'art et d'antiquités exposées à bord, un petit tour qui devrait susciter des vocations de collectionneur lors du retour sur la terre ferme.

Pour le reste de la croisière, vous pourrez vous occuper de différentes façons: la majorité des paquebots de Holland America possèdent un spa, un centre de conditionnement physique à faire pâlir d'envie les conseillers de Nike, un programme de conférences pour en apprendre davantage sur les destinations insulaires, un casino avec tables de black-jack et de poker, des boutiques hors taxes, plusieurs piscines, une piste de jogging, un terrain de volley, une salle de spectacle présentant les plus grands succès de Broadway, une discothèque et une salle de cinéma. Les moins exigeants trouveront refuge sur les chaises longues au bord de la piscine.

Jeunes croisiéristes

Les jeunes croisiéristes ne sont pas les passagers cibles de Holland America. Cependant, depuis quelques années, la compagnie semble attirer davantage de familles à bord. Le Club HAL accueille les enfants de 3 à 12 ans (sauf pour le *Prinsendam*, où l'âge minimal est de 5 ans), en deux groupes distincts, soit les 3-7 ans et les 8-12 ans, et des activités différentes sont organisées pour les plus âgés (13 à 17 ans). On envie à ces derniers leur accès privé au Loft, sorte d'atelier d'artiste new-yorkais, ainsi qu'à l'Oasis, un pont privé avec différentes aires de jeux.

Le saviez-vous?

Les stewards qui travaillent à bord des paquebots de Holland America sont pour la plupart indonésiens et philippins. Ils ont tous été formés à l'école mère de la flotte, basée à Jakarta.

Les paquebots

Holland America possède deux séries de navires. La première se compose de paquebots plus anciens, traditionnels, caractérisés par une décoration très chargée. La nouvelle série intègre pour sa part des navires de plus gros tonnage et un décor qui tend plus vers l'Art déco que vers le rococo.

Cette compagnie est imbattable en ce qui concerne la taille des cabines, 25% plus grande que sur la majorité des paquebots de croisière. Holland America offre également plusieurs cabines extérieures et de chambres équipées de balcons. Le programme Signature of Excellence a par ailleurs permis de rénover les équipements à bord, afin de maintenir un excellent niveau de service sur chacun des paquebots. Les ajouts vont des téléviseurs à écran plat aux lecteurs DVD, en passant par les peignoirs nid-d'abeilles et les serviettes en coton d'Égypte, de petites attentions qui, réunies, finissent par rendre le séjour en mer encore plus agréable.

À quelques exceptions près, la plupart des paquebots de la flotte, répartis en quatre catégories de tonnage, desservent les Antilles (orientales, occidentales et méridionales). Nous laissons de côté le *Prinsendam*, un navire de petit tonnage qui n'est présent dans les Caraïbes qu'occasionnellement.

■ La classe S

Le *Maasdam* est représentatif des autres paquebots de sa classe qui desservent les Antilles. Le tonnage du *Veendam* (55 758 tonnes) est légèrement plus élevé que celui du *Maasdam*, et les cabines extérieures sont plus nombreuses.

Navire	***Maasdam***
Voyage inaugural	1993
Tonnage	55 451 tonnes
Longueur	219,5 mètres
Largeur	30,8 mètres
Vitesse de croisière	22 nœuds
Ponts	10
Passagers	1 258
Équipage	557
Cabines intérieures	144
Cabines extérieures	502 dont 131 avec balcon
Piscines	2

Aperçu des itinéraires

Maasdam

- Antilles méridionales – 10/14 jours
- Ports d'embarquement: Barbade, Fort Lauderdale (Floride)
- Saison: de novembre à avril

Statendam

- Antilles occidentales, méridionales et orientales – 7/10/14 jours
- Port d'embarquement: Fort Lauderdale (Floride)
- Saison: décembre et janvier

Veendam

- Antilles occidentales et méridionales – 7/8 jours
- Port d'embarquement: Tampa (Floride)
- Saison: de novembre à avril

■ La classe R

Cette classe comprend les paquebots *Amsterdam*, *Volendam*, *Zaadam* ainsi que le *Rotterdam*. Comme ce dernier est le seul de sa catégorie à venir mouiller dans les Antilles, en voici la description.

Navire	***Rotterdam***
Voyage inaugural	1997
Tonnage	59 652 tonnes
Longueur	237 mètres
Largeur	32 mètres
Vitesse de croisière	24 nœuds
Ponts	12
Passagers	1 316
Équipage	593
Cabines intérieures	118
Cabines extérieures	542 dont 160 avec balcon
Piscines	2

Aperçu des itinéraires

Rotterdam

- Antilles méridionales et canal de Panamá – 12 jours
- Port d'embarquement: Fort Lauderdale (Floride)
- Saison: décembre

■ La classe Vista

Navires	*Westerdam*	*Zuiderdam*
Voyage inaugural	2004	2002
Tonnage	81 811 tonnes	82 000 tonnes
Longueur	289,5 mètres	289,8 mètres
Largeur	32,2 mètres	32,2 mètres
Vitesse de croisière	22 nœuds	22 nœuds
Ponts	11	11
Passagers	1 848	1 848
Équipage	800	800
Cabines intérieures	136	136
Cabines extérieures	788 dont 623 avec balcon	788 dont 623 avec balcon
Piscines	3	4

Navire	*Noordam*
Voyage inaugural	2006
Tonnage	82 500 tonnes
Longueur	289,5 mètres
Largeur	32,2 mètres
Vitesse de croisière	22 nœuds
Ponts	11
Passagers	1 918
Équipage	800
Cabines intérieures	153
Cabines extérieures	806 dont 623 avec balcon
Piscines	3

Aperçu des itinéraires

Westerdam

- Antilles orientales, occidentales et méridionales – 7/14 jours
- Port d'embarquement: Fort Lauderdale (Floride)
- Saison: de octobre à avril

Zuiderdam

- Antilles occidentales et méridionales – 10 jours
- Port d'embarquement: Fort Lauderdale (Floride)
- Saison: décembre

Noordam

- Antilles orientales, occidentales et méridionales – 7/10/20 jours
- Port d'embarquement: Fort Lauderdale (Floride)
- Saison: de octobre à mars

■ La classe Signature

Navire	***Eurodam***
Voyage inaugural	2008
Tonnage	86 000 tonnes
Longueur	290 mètres
Largeur	32 mètres
Vitesse de croisière	22 nœuds
Ponts	12
Passagers	1 918
Équipage	800
Cabines intérieures	154
Cabines extérieures	804 dont 639 avec balcon
Piscines	4

MSC

6750 North Andrews Avenue
Fort Lauderdale, FL 33309
☎800-666-9333
www.msccruises.com

Pour qui?
Pour tous

Pour quoi?
Un esprit méditerranéen dans les Antilles et des navires à l'échelle humaine

L'Italie en mer

Si l'on vous dit «Sophia Loren», vous répondrez aussitôt «Italie, charme et séduction». Cela correspond tout à fait à la compagnie italienne Mediterranean Shipping Cruises (MSC), qui ne cesse d'améliorer et d'agrandir sa flotte. Autrefois dans l'ombre des géants que sont Royal Carribean et Carnival, MSC fait désormais partie des compagnies de croisières les plus en vogue. Que diriez-vous d'un cours d'italien intensif en plein mer des Caraïbes? De faire une croisière sous le thème du baseball ou pour célibataires? Tout cela avec une touche à l'européenne qui saura séduire les plus endurcis.

Les paquebots

MSC Armonia (58 600 t)
*MSC Fantasia** (135 000 t)
MSC Lirica (58 600 t)
MSC Melody (35 143 t)
MSC Monterey (20 046 t)
MSC Musica (89 600 t)
MSC Opera (59 058 t)
MSC Orchestra (92 400 t)
MSC Poesia (89 600 t)
MSC Rhapsody (16 852 t)
MSC Sinfonia (58 600 t)

* Voyage inaugural prévu pour décembre 2008

Historique

MSC pourrait être considérée comme une nouvelle venue sur le marché des croisières, bien qu'elle s'appuie sur une solide expertise dans le transport maritime. La Mediterranean Shipping Company, fondée en 1970, est devenue l'une des plus importantes compagnies de transport maritime au monde, mais elle ne s'est lancée dans l'industrie des croisières qu'en 1989.

MSC Cruises offre ses premières croisières dans les Caraïbes et en Amérique centrale à la fin des années 1990, en rachetant d'abord les paquebots d'autres compagnies de croisières, avant de faire construire ses propres navires.

L'avis des spécialistes

MSC se fait peu à peu une place dans le marché des Caraïbes. Ses navires sont fréquentés par une clientèle cosmopolite; on y offre donc le service dans cinq langues, dont le français bien sûr, et un menu à saveur internationale. La proportion élevée de passagers européens crée une ambiance et une réalité culturelle bien différentes de celles des navires américains.

La compagnie aujourd'hui

Initialement spécialisée dans les croisières méditerranéennes, MSC est aujourd'hui l'une des nombreuses compagnies à naviguer dans les Caraïbes. Avec ses paquebots *MSC Orchestra*, lancé en 2007, et *MSC Lirica*, inauguré en 2003, elle propose régulièrement de nouvelles escales et de nouveaux itinéraires dans les Caraïbes.

On reconnaît les paquebots de la compagnie à leur cheminée bleue arborant une rose des vents et affichant les initiales de la flotte. Celle-ci est composée d'une dizaine de navires, de petit et moyen tonnage. Deux d'entre eux, le *MSC Orchestra* et le *MSC Lirica*, proposent plusieurs itinéraires saisonniers dans les Caraïbes, avec escales en Amérique centrale.

L'«atout séduction» de MSC, que rappelle le slogan de la compagnie (*Premier Class - With a True Italian Signature*), s'il ne fait pas contrepoids aux géants des mers, les *Queen Mary 2* et autres *Freedom of the Seas*, peut être une solution de rechange intéressante pour les croisiéristes qui souhaitent naviguer sur un paquebot à l'échelle humaine et profiter d'une ambiance européenne à bord.

Le portrait des croisiéristes

À l'opposé de la clientèle de Carnival, composée majoritairement de trentenaires et de familles, les croisiéristes de MSC appartiennent à des classes d'âge plus élevées, et, hormis les vacances scolaires où les paquebots peuvent faire le plein de familles, la tendance est plutôt inversée sur les destinations caribéennes.

Mentions et distinctions

En 2007, le *MSC Lirica* et le *MSC Opera* ont atteint respectivement 98 et 99 sur un total de 100 quant à la propreté générale, la préparation et la conservation de la nourriture et le niveau de contamination, une appréciation attribuée par le U.S Public Health Service. Une note pour ainsi dire parfaite, surtout lorsque l'on considère que, pour cet organisme public, une note de 86 et plus est satisfaisante.

Primeur

D'ici 2010, trois nouveaux paquebots prendront la mer: le *MSC Fantasia* en décembre 2008, le *MSC Splendida* en juin 2009 et le *MSC Magnifica* en 2010. Cela permettra à la compagnie italienne de réunir 13 paquebots en 2010 et de confirmer ses positions sur le marché européen.

Avec l'arrivée du *MSC Fantasia*, une nouvelle aire réservée aux V.I.P. sera créée et s'appellera le «MSC Yacht Club». Elle comptera 99 suites spacieuses et un maître d'hôtel par tranche de cinq suites.

Expériences culinaires

Buon appetito! MSC importe la *cucina italiana* dans les eaux turquoise des Caraïbes. Les menus s'inspirent de spécialités provenant de différentes régions italiennes: quiche à l'agneau et aux champignons de Toscane, pétoncles de veau avec tomates et mozzarella de la Campanie, lasagnes *Gocce d'oro*, ou les traditionnels tiramisus ou cannolis, accompagnés d'un espresso pour finir le repas. On n'en oublie pas pour autant les classiques de la cuisine nord-américaine, les poitrines de poulet braisées, le filet de saumon et l'incontournable salade César. MSC est par ailleurs l'une des rares compagnies de croisières à dresser un buffet de minuit tous les soirs.

Certains croisiéristes regrettent néanmoins l'absence de réelle solution de rechange pour prendre leurs repas: en dehors des comptoirs de restauration rapide aménagés à bord, les paquebots qui font escale dans les Caraïbes ne possèdent en général que deux salles à manger avec places assignées. Vous aurez toutefois le choix entre deux heures de repas, soit 18h ou 20h15. La lenteur du service est un autre des sujets épineux auxquels l'équipe dirigeante, menée par Richard E. Sasso, tente de remédier, afin que cordialité rime également avec efficacité.

Divertissements à bord

Nul centre commercial dont les boutiques se succèdent sur plusieurs étages ou piscine à vagues pour surfer. Sur les paquebots de MSC, les équipements récréatifs n'ont certes rien de comparable à ceux du tout nouveau géant des mers, l'*Independance of the Seas*, de la Royal Caribbean. Les aires de divertissement, tout comme les paquebots eux-mêmes d'ailleurs, sont à l'échelle humaine. Vous ne risquez donc pas de vous perdre à bord. Néanmoins, vous y retrouverez tous les équipements «traditionnels» auxquels s'attendent généralement les croisiéristes: une belle salle de spectacle, un casino pour flamber quelques billets si l'envie vous en dit, une discothèque, plusieurs bars et *lounges* et un cybercafé équipé d'une vingtaine de postes, entre autres.

Du côté des installations sportives, les croisières de MSC donnent généralement accès à deux piscines, situées sur le pont supérieur du bateau, à une salle de conditionnement physique – que diriez-vous de courir ou de faire du vélo, en ayant une vue imprenable sur la mer? –, à des bains à remous, à un spa équipé de saunas et de hammams, et même à une salle de relaxation, pour prendre une pause de l'agitation à bord.

Jeunes croisiéristes

Encore une fois, les services pour enfants ne sont pas aussi développés que ceux des compagnies comme Carnival, mais les essentiels sont disponibles: une aire de jeux pour les enfants, des activités récréatives spécialement conçues en fonction de leur âge, enfin un service de garde pour les parents qui souhaitent s'offrir une petite escapade caribéenne en amoureux.

Les paquebots

Sur les onze navires que compte désormais la flotte de MSC, seuls deux paquebots desservent de façon saisonnière les Caraïbes. Il s'agit du *MSC Lirica* et du *MSC Orchestra*, que nous décrivons ici.

Navires	*MSC Lirica*	*MSC Orchestra*
Voyage inaugural	2003	2007
Tonnage	58 600 tonnes	89 600 tonnes
Longueur	251,25 mètres	293,8 mètres
Largeur	28,80 mètres	32,2 mètres
Vitesse de croisière	21 nœuds	23 nœuds
Ponts	9	13
Ascenseurs	9	13
Passagers	2 069	3 013
Équipage	760	987
Cabines intérieurs	276	275
Cabines extérieures	355 dont 132 avec balcon	1 000 dont 809 avec balcon
Piscines	2	2

Aperçu des itinéraires

MSC Lirica

- Antilles orientales et Amérique centrale/Amérique du Sud – 7/10 nuitées
- Port d'embarquement: Fort Lauderdale (Floride)
- Saison: de décembre à avril

MSC Orchestra

- Bahamas et Antilles orientales – 2/7 nuitées
- Port d'embarquement: Fort Lauderdale (Floride)
- Saison: de janvier à avril

Norwegian Cruise Line

7665 Corporate Center Drive
Miami, FL 33126
☎866-625-1166
www.ncl.com

Pour qui?

Familles et groupes actifs

Pour quoi?

Une grande liberté dans la programmation des activités à bord (Freestyle Cruising), des restaurants plus nombreux que sur une croisière classique et la touche «vacances» jusque dans la décoration

Faites comme chez vous!

Le concept du Freestyle Cruising a révolutionné la logistique et l'organisation des croisières. Norwegian en a fait son image de marque et n'a cessé depuis d'attirer des milliers de croisiéristes, heureux de pouvoir programmer leur journée comme ils le souhaitent. Oubliez les codes vestimentaires et les repas à heure fixe: les fidèles de Norwegian se sentent chez eux à bord. Comme le rappelle Norwegian dans ses brochures promotionnelles: «Nous choisissons les ports d'escale, mais le reste de la croisière est à vous!» Cet esprit décontracté, ce service convivial ainsi que le grand nombre de divertissements organisés au cours des croisières ont donc fait son succès. Quant à la flotte, elle se modernise au fil du temps: la compagnie recycle ses vieux navires alors que de nouveaux paquebots entrent sur le marché chaque année.

Les paquebots

La classe de petit tonnage

Norwegian Dream (50 764 t)
Norwegian Majesty (40 876 t)

La classe de moyen tonnage

Norwegian Dawn (92 250 t)
Norwegian Gem (93 500 t)
Norwegian Jade (93 558 t)
Norwegian Jewel (92 000 t)
Norwegian Pearl (93 502 t)
Norwegian Spirit (77 000 t)
Norwegian Star (91 000 t)
Norwegian Sun (78 309 t)
Pride of Aloha (77 104 t)
Pride of America (81 000 t)

Historique

Norwegian Cruise Line n'est pas une nouvelle venue sur le marché des croisières, mais la compagnie a longtemps été reléguée en seconde position derrière les géants que sont Royal Caribbean et Carnival. Fondée en 1966, elle ne devient un acteur majeur des loisirs en mer qu'à partir de la fin des années 1990, en rachetant la britannique Orient Lines et en modernisant sa flotte. L'an 2000 marque un tournant historique pour la compagnie grâce au lancement du concept du Freestyle Cruising. La même année, Norwegian est rachetée par le groupe Star Cruises Ltd., qui devient ainsi le troisième plus grand transporteur maritime spécialisé dans les loisirs. Norwegian renforce ses positions sur le marché américain en 2004 en lançant sa nouvelle branche, NCL America, qui comprend essentiellement des paquebots battant pavillon américain et dont les équipages sont... américains! Les deux *Pride* de la branche (*Pride of America* et *Pride of Aloha*) desservent principalement les îles de l'archipel hawaïen, en réalisant l'exploit de ne jamais naviguer dans les eaux internationales.

La compagnie aujourd'hui

Présente dans plus d'une cinquantaine de pays, et desservant environ 200 ports d'escale, Norwegian est aujourd'hui une compagnie de croisières incontournable. Son secret? Elle offre ce que les autres n'ont pas, à bord comme sur la terre ferme. Ce fut ainsi la première à rompre avec l'organisation classique des croisières et le carcan rigide des repas à heure fixe. C'est aussi la seule compagnie dont le catalogue propose non seulement des croisières dans les Caraïbes, en Nouvelle-Angleterre, en Alaska, en Europe ou sur la Riviera mexicaine, mais également un grand nombre de croisières à Hawaii – Norwegian étant le spécialiste de la navigation de plaisance dans l'archipel. Enfin, ses prix défiant toute concurrence attirent également des milliers de croisiéristes, soucieux de profiter du soleil caribéen sans se ruiner.

On reconnaît les paquebots de Norwegian Cruise Line à leur cheminée bleue et à leur coque très colorée, voire même personnalisée. La flotte se compose de 12 paquebots de petit et moyen tonnage, dont certains ont été conçus spécifiquement pour mettre en application le concept du Freestyle Cruising.

Le portrait des croisiéristes

Vous êtes actif, sportif, boute-en-train? Vous avez des enfants et les vacances scolaires approchent? Vous êtes trentenaire et partez avec un groupe d'amis découvrir les Caraïbes? Si vous faites partie de l'une de ces trois catégories, vous choisirez sans doute les croisières de Norwegian, parce que l'ambiance est décontractée et que les activités sont offertes en continu, et parce que les prix sont abordables et que l'organisation des croisières laisse en général une grande liberté aux passagers.

L'avis des spécialistes

C'est la compagnie idéale pour une première croisière. C'est aussi celle qui offre le plus de diversité quant aux ports d'embarquement. Et l'on a aussi pensé aux familles: vous retrouverez même, sur certains navires, un buffet installé à la hauteur des tout-petits!

Une ombre au tableau toutefois: les prix généralement abordables de ces croisières attirent un très grand nombre de personnes, et le navire est généralement rempli au maximum de sa capacité.

Mentions et distinctions

2008

Norwegian Cruise Line: l'une des meilleures compagnies de croisières.
Southern Living Readers' Choice Awards

Norwegian Pearl: l'un des plus gros paquebots du monde.
Condé Nast Traveller's 8th Annual Reader's Poll

Norwegian Cruise Line: meilleure compagnie de croisières pour ceux qui préfèrent voyager de façon indépendante.
Family Circle Best Family Cruises 2008

2007

Norwegian Cruise Line: meilleur site Internet et meilleurs restaurants de cuisine créative.
Porthole Cruise Magazine – 2007 Reader's Choice Awards

Norwegian Cruise Line: meilleure compagnie de croisières dans la catégorie 4 étoiles.
Ocean & Cruise News – 2007 Best Cruise Value Award

Primeur

D'ici 2011, Norwegian Cruise Line verra sa flotte passer de 12 à 15 paquebots. En effet, trois nouveaux navires de 150 000 tonnes devraient prendre la mer avec, à leur bord, plus de 4 000 passagers. Ils feront partie du projet F3, troisième génération du programme «Freestyle Cruising», qui réduit progressivement les contraintes et la règlementation des croisières de la compagnie.

Expériences culinaires

Le Freestyle Cruising se vit jusque dans les salles à manger des paquebots de la flotte de Norwegian. Aucune place assignée, aucun horaire à respecter et un code vestimentaire très souple. Si donc vous souhaitez prendre votre petit déjeuner à 11h du matin, vous asseoir à la petite table au fond à droite près de la baie vitrée, en compagnie du charmant passager que vous avez rencontré la veille à la discothèque, et ce, en portant un t-shirt, libre à vous!

Second atout notable par rapport aux autres compagnies de croisières, le plus grand choix de restaurants ouverts à bord, en plus des traditionnelles salles à manger qui accueillent la majorité des passagers: bistro français, trattoria italienne et comptoirs à sushis ou à tapas vous permettront d'alterner différents types de cuisine tout au long de votre voyage. Et si vous avez un petit creux à 2h du matin, rendez-vous au restaurant-buffet – on en retrouve sur tous les paquebots de la flotte et c'est ouvert jour et nuit.

Enfin, la petite touche gourmande qui saura plaire aux accros du chocolat: le buffet Chocoholic, servi une fois par semaine et composé exclusivement de délices chocolatés, biscuits, gâteaux, mousses et autres douceurs.

Divertissements à bord

Norwegian est passée reine dans l'art du divertissement. Les passagers hyperactifs pourront faire 20 fois le tour du paquebot sur la piste de jogging aménagée sur l'un des ponts; les méditatifs participeront aux cours de yoga proposés à bord; quant aux amateurs de farniente, ils ne quitteront pas leur chaise longue de la journée. Les autres croisiéristes pourront flamber quelques billets au casino, boire un verre entre amis au bar, surfer sur Internet pour planifier leurs excursions pour la prochaine escale, assister à une comédie musicale, participer à un atelier de théâtre ou à une initiation à la plongée sous-marine, dévorer les livres de la bibliothèque, pratiquer quantité d'activités sportives, du golf au tennis en passant par le volley, danser toute la nuit, se faire dorloter au spa, participer à une dégustation de vins ou à une vente aux enchères... Bref, ils auront l'embarras du choix!

Jeunes croisiéristes

Les moniteurs expérimentés de Norwegian prennent en charge les Junior Sailors (2 à 5 ans), les First Mates (6 à 9 ans), les Navigators (10 à 12 ans) et autres Teens (13 à 17 ans). Parmi les activités pour les tout-petits, citons les lectures de contes, les ateliers de dessins et les chasses aux trésors, tous très populaires.

Les paquebots

Huit des 12 paquebots que comprend la flotte de Norwegian sillonnent actuellement les Caraïbes. Outre les deux *Pride* qui desservent exclusivement Hawaii, nous excluons de notre description le *Star*, qui effectue des croisières en Alaska et sur la Riviera mexicaine, et le *Norwegian Jade*, qui navigue en Europe.

Dans la catégorie des navires de petit tonnage, le *Majesty* et le *Dream* n'offrent bien sûr pas les équipements haut de gamme et les vastes aires communes des derniers-nés de la flotte. Le manque d'espace est le principal reproche que l'on pourrait faire à ses bateaux qui font office d'antiquités à côté des paquebots de gros tonnage qui sortent aujourd'hui des Chantiers de l'Atlantique, mais ils n'en proposent pas moins des voyages agréables et conviviaux.

Pour avoir un aperçu du Freestyle Cruising, dormir dans l'une des plus grandes suites en mer ou dîner dans une dizaine de restaurants différents au cours de votre croisière, vous devrez monter à bord des paquebots de moyen tonnage de la flotte (entre 77 000 et 93 000 tonnes): le *Dawn*, le *Jewel*, le *Spirit* ou le *Sun*, sans oublier le *Pearl* ni le *Gem*.

Nous mentionnions plus haut les coques colorées des bateaux qui tranchaient avec le classicisme adopté par la plupart des compagnies de croisières. Cela vaut également pour la décoration intérieure des plus récents paquebots

Le saviez-vous?

Les paquebots changent régulièrement d'itinéraires, mais il peut aussi arriver qu'ils changent de nom. C'est en effet ce qui est arrivé au *Pride of Hawai'i*, qui desservait l'archipel d'Hawaii: il se nomme désormais le *Norwegian Jade* et sillonne la Méditerranée. Difficile de s'y retrouver, n'est-ce pas?

de la flotte: certains la qualifieront de «colorée», d'autres préféreront simplement «étonnante». Attendez-vous en effet à des tapis rose fuchsia, à des dessus-de-lit bleu océan et à des banquettes rouge vif, et l'on ne vous parle même pas de la salle de divertissement réservée aux enfants... N'oubliez pas vos lunettes de soleil!

■ Les paquebots de petit tonnage

Navires	***Norwegian Dream***	***Norwegian Majesty***
Voyage inaugural	1992	1992
Tonnage	50 764 tonnes	40 876 tonnes
Longueur	229,80 mètres	207 mètres
Largeur	28,50 mètres	27,60 mètres
Vitesse de croisière	21 nœuds	20 nœuds
Ponts	10	9
Passagers	1 748	1 462
Équipage	700	620
Cabines intérieures	180	249
Cabines extérieures	695 dont 48 avec balcon	481 (aucune avec balcon)
Piscines	2	2

Aperçu des itinéraires

Norwegian Dream

- Bermudes – 7 jours
- Port d'embarquement: Boston (Massachusetts)
- Saison: de mai à octobre

Norwegian Majesty

- Bahamas, Bermudes, Antilles occidentales et méridionales – 5/6/7/14 jours
- Ports d'embarquement: Charleston (Caroline du Sud), Baltimore (Maryland) et Philadelphie (Pennsylvanie)
- Saison: toute l'année

■ Les paquebots de moyen tonnage

Navires	*Norwegian Dawn*	*Norwegian Jewel*
Voyage inaugural	2002	2005
Tonnage	92 250 tonnes	92 000 tonnes
Longueur	294 mètres	294 mètres
Largeur	32 mètres	32 mètres
Vitesse de croisière	25 nœuds	25 nœuds
Ponts	11	12
Passagers	2 224	2 376
Équipage	1 126	1 154
Cabines intérieures	335	405
Cabines extérieures	787 dont 511 avec balcon	783 dont 540 avec balcon
Piscines	3	2

Navires	*Norwegian Pearl*	*Norwegian Spirit*
Voyage inaugural	2006	1998
Tonnage	93 502 tonnes	77 000 tonnes
Longueur	294 mètres	268 mètres
Largeur	32 mètres	32 mètres
Vitesse de croisière	25 nœuds	24 nœuds
Ponts	15	10
Passagers	2 466	1 966
Équipage	1 010	965
Cabines intérieures	405	379
Cabines extérieures	792 dont 540 avec balcon	609 dont 374 avec balcon
Piscines	2	2

Navires	*Norwegian Gem*	*Norwegian Sun*
Voyage inaugural	2007	2001
Tonnage	93 530 tonnes	78 309 tonnes
Longueur	294 mètres	260 mètres
Largeur	32 mètres	32 mètres
Vitesse de croisière	25 nœuds	23 nœuds
Ponts	12	12
Passagers	2 394	2 002
Équipage	1 100	968
Cabines intérieures	405	326
Cabines extérieures	792 dont 540 avec balcon	675 dont 252 avec balcon
Piscines	2	2

Aperçu des itinéraires

Norwegian Dawn

- Bermudes et Antilles orientales – 7/13 jours
- Port d'embarquement: New York (NY), Miami (Floride)
- Saison: toute l'année

Norwegian Jewel

- Antilles occidentales – 5/9/12/14 jours
- Port d'embarquement: Miami (Floride)
- Saison: de novembre à avril

Norwegian Gem

- Bahamas et Antilles méridionales – 7/10 jours
- Port d'embarquement: New York (NY)
- Saison: de novembre à avril

Norwegian Pearl

- Antilles occidentales – 5/7/9/14 jours
- Port d'embarquement: Miami (Floride)
- Saison: d'octobre à avril

Norwegian Spirit

- Bahamas, Antilles orientales, occidentales et méridionales – 6/7/8/13/14 jours
- Ports d'embarquement: New York (NY), La Nouvelle-Orléans (Louisiane)
- Saison: toute l'année

Norwegian Sun

- Antilles occidentales – 7 jours
- Port d'embarquement: Miami (Floride)
- Saison: mars et avril

Princess

24844 Rockefeller Avenue
Santa Clarita, CA 91355
☎800-774-6237
www.princess.com

Pour qui?

Pour tous!

Pour quoi?

Le luxe à prix abordable, la flotte moderne et l'expertise en matière de croisières

Il faut de tout pour faire un monde

Vous aimez le luxe des croisières d'antan? Vous souhaitez profiter d'équipements haut de gamme et d'un service irréprochable sans vous ruiner? Vous pourrez dans ce cas profiter du Lotus Spa entre deux escales, participer à une vente aux enchères et finir la soirée en sirotant un verre au casino ou en assistant à un spectacle tout droit sorti des salles de Broadway.

Le carcan rigide des croisières vous déplaît? Vous avez envie d'un voyage actif et souhaitez établir votre propre programme? Qu'à cela ne tienne! L'équipage de Princess vous suggèrera sans doute de participer aux cours d'initiation à la plongée sous-marine et de choisir parmi la multitude d'activités organisées au cours des escales; il vous rappellera également que vous pouvez dîner à l'heure qui vous convient et finir la soirée en regardant un film à la belle étoile sur le pont supérieur du paquebot.

Vous l'aurez deviné, Princess parvient à combler beaucoup de voyageurs, aux profils souvent différents. Cette compagnie sait en effet innover tout en conservant une expertise de type classique, acquise de longue date.

Les paquebots

La classe Small Ships of Princess

Pacific Princess (30 277 t)

Royal Princess (30 277 t)

Tahitian Princess (30 277 t)

La classe Sun

Dawn Princess (77 000 t)

Sea Princess (77 000 t)

Sun Princess (77 000 t)

La classe Coral

Coral Princess (92 000 t)

Island Princess (92 000 t)

La classe Grand

Caribbean Princess (113 000 t)

Crown Princess (113 000 t)

Diamond Princess (116 000 t)

Emerald Princess (113 000 t)

Golden Princess (109 000 t)

Grand Princess (109 000 t)

*Ruby Princess** (113 000 t)

Sapphire Princess (116 000 t)

Star Princess (109 000 t)

* Voyage inaugural prévu pour novembre 2008

Historique

La compagnie Princess Cruises, basée à Santa Clarita en Californie, a été fondée en 1965 par Stanley McDonald. Le *Princess Patricia*, l'un des premiers paquebots du fondateur, effectuait des croisières le long de la Riviera mexicaine. Il donna son nom à celle qui est aujourd'hui l'une des plus célèbres compagnies de croisières au monde.

Princess a acquis sa popularité à la fin des années 1970, en devenant une star du petit écran. L'un de ses paquebots, le *Pacific Princess*, servit en effet de décor à la célèbre émission *La croisière s'amuse* (*The Love Boat*). Celle-ci ne popularisa pas seulement les croisières en mer comme style de vacances, mais attira également à bord du *Pacific Princess* des milliers de téléspectateurs fidèles, curieux de retrouver des décors familiers et de monter à bord d'un navire observé chaque semaine à la loupe.

En 1995, Princess détient le record du plus grand paquebot au monde: le *Sun Princess* (77 000 tonnes). Il sera suivi en 1998 par le *Grand Princess*, dont les 109 000 tonnes relèvent une fois encore la barre des plus gros tonnages jamais construits. Même si la compagnie ne détient plus la palme du surdimensionné, devancée depuis quelques années par Royal Caribbean et Cunard, elle n'en conserve pas moins une flotte imposante.

Les années 2000 sont celles des fusions et acquisitions dans le monde des croisières. Princess n'échappe pas à la tendance et est rachetée par la géante Carnival Corporation en 2003. Elle continue toutefois de naviguer sous sa propre bannière, en proposant le même type de croisières à ses passagers.

Avec l'arrivée du *Caribbean Princess* en 2004, la compagnie innove grâce au concept des «Movies Under the Stars». En installant un écran géant sur le pont principal des plus récents paquebots de la flotte, Princess offre aux croisiéristes la possibilité de regarder un film à la belle étoile, confortablement installés sur des chaises longues au bord de la piscine.

La compagnie aujourd'hui

On reconnaît les paquebots de Princess à leur coque blanche et à la «sirène des mers» de couleur bleue dessinée sur leur cheminée. Son imposante flotte se compose désormais de 16 paquebots, répartis en plusieurs classes en fonction de leur tonnage et des installations et équipements proposés à bord.

Membre du World's Leading Cruise Lines, une alliance exclusive qui regroupe six autres compagnies de croisières: Carnival, Holland America, Costa, Cunard, Seabourn et Windstar, Princess dessert de nombreuses destinations, est présente un peu partout dans le monde et demeure une experte de l'Alaska. Le marché caribéen figure également parmi ses destinations prioritaires, comme en témoignent l'ajout de nouvelles escales dans les Caraïbes et l'itinéraire que devrait suivre, dans les Antilles méridionales, le *Ruby Princess* lors de sa croisière inaugurale.

Le style Princess reste classique et sobre, avec une pointe d'innovation. La compagnie a une clientèle fidèle, attirée par son imposante flotte, son expertise en matière de croisières et ce mélange de modernité et de tradition qui caractérise l'ambiance à bord.

L'avis des spécialistes

Princess a joué un très grand rôle dans la démocratisation des cabines avec balcon; leurs plus récents navires en comptent un très grand nombre. Vous y aurez donc plus facilement accès. Les cabines, généralement de plus petite taille que celles offertes dans le reste de l'industrie, sont cependant très confortables, et le service à bord est impeccable.

Le portrait des croisiéristes

Selon la compagnie, 30% des passagers ont moins de 30 ans, 40% ont entre 35 et 55 ans, et 30% sont âgés de plus de 55 ans. Les croisiéristes de 40 ans et plus forment donc la clientèle cible des croisières de Princess. Ni guindés ni hippies, ils sont à la recherche d'une belle expérience en mer. Rejoints par les familles lors des vacances scolaires, les passagers comptent davantage de trentenaires lors les croisières de courte durée, tandis que la moyenne d'âge bascule vers la soixantaine lors des croisières de longue durée, en Alaska notamment.

Mentions et distinctions

2007

Princess Cruise: meilleur site Internet pour une compagnie de croisières.
14th Annual World Travel Awards

Princess Cruise: meilleure compagnie de croisières.
Diversion Magazine's Physician Readers

Le saviez-vous?

Parmi les marraines des paquebots de la flotte de Princess, on compte quelques têtes d'affiche. Certaines d'entre elles sont même couronnées: on ne s'appelle pas *Princess* pour rien. Citons la princesse Diana, marraine de l'ancien *Royal Princess*, inauguré en 1984; Audrey Hepburn, marraine du premier *Star Princess* (1989); Sophia Loren, qui, avant de se vendre à la concurrence et de promouvoir les croisières de MSC Cruises, inaugurait en 1990 le premier *Crown Princess*; Margaret Thatcher, marraine du *Regal Princess* (1991), toujours en service; et enfin la femme d'affaires Martha Stewart, qui a baptisé le second *Crown Princess* à New York en 2006.

Primeur

Après le lancement du *Emerald Princess* en mai 2007, Princess a d'ores et déjà mis en chantier un autre paquebot de 113 000 tonnes, histoire de ne pas perdre la main dans la course au plus gros tonnage à laquelle se livrent aujourd'hui les géants des mers.

Expériences culinaires

Les professionnels des croisières s'accordent à dire que les restaurants sont généralement plus nombreux à bord des paquebots de la flotte de Princess. La cuisine n'égale peut-être pas nécessairement les menus gastronomiques des compagnies de luxe, mais elle respecte les standards de la cuisine nord-américaine, sans grande surprise toutefois compte tenu du nombre de couverts servis chaque jour.

Deux options s'offrent aux passagers: le traditionnel dîner à heure fixe (18h et 20h15) avec places assignées, formule intemporelle des repas de croisière, ou l'option «Anytime Dining», qui offre plus de souplesse dans l'attribution des places et les horaires des repas. Si l'on est loin du Freestyle Cruising de la compagnie Norwegian, on apprécie néanmoins cette petite touche de liberté introduite sur les plus récents paquebots de la flotte. Le service «Anytime Dining» n'est toutefois pas offert sur les paquebots de petit tonnage, soit le *Pacific Princess*, le *Royal Princess* et le *Tahitian Princess*.

Côté restaurants, vous retrouverez les grandes salles à manger classiques pouvant accueillir plus de 500 passagers, les restaurants-buffets, ainsi que des salles plus intimes permettant d'alterner différents types de cuisine (italienne, nord-américaine, créole, sud-américaine) – «plus intimes» étant relatif puisque les restaurants en question ont une capacité de près de 200 places. Citons la Trattoria Sabatini, la Sterling Steakhouse et le Bayou Café, qui alternent en fonction des paquebots et pour lesquels vous devrez payer un supplément d'une vingtaine de dollars.

Divertissements à bord

Parmi les nombreux programmes sportifs et récréatifs et installations qu'offre Princess aux croisiéristes, on apprécie tout particulièrement le programme ScholarShip@Sea, qui propose une quarantaine de cours spécialisés allant de la gastronomie aux arts visuels en passant par l'informatique – essayez notamment les cours de cuisine italienne et de photographie ou l'initiation à la création de sites Internet –, les salons du Lotus Spa, les soirées organisées dans les *lounges*, intimes et conviviales, ou celles qui ont lieu à la belle étoile, au bord de la piscine, devant un grand écran en plein milieu de l'océan (Movies Under the Stars). Sans oublier The Sanctuary, refuge des adultes en mal de tranquillité, aménagé sur le pont supérieur des paquebots *Crown Princess* et *Emerald Princess* et dont les équipements sont entièrement consacrés à la relaxation: vous pourrez ainsi louer un lecteur MP3 dont le menu se compose de morceaux de musique relaxante, puis grignoter un repas léger ou profiter des petits cabanons privés pour vous faire masser. Les croisiéristes ont également la possibilité de participer au programme New Wave, qui comprend des cours d'initiation à la plongée sous-marine lors des escales proposées dans les Caraïbes.

Jeunes croisiéristes

Les activités pour jeunes croisiéristes sont organisées en fonction de trois classes d'âge: enfants et adolescents sont des Princess Pelicans de 3 à 7 ans, des Shockwaves de 8 à 12 ans et des Remix de 13 à 17 ans. Quant aux enfants de moins de 3 ans, ils peuvent également accéder aux salles de jeux extérieures et intérieures aménagées sur les paquebots, à condition toutefois d'être accompagnés d'un adulte.

Les plus âgés participeront à des cours de hip-hop, à des séances de karaoké, à des ateliers de DJ ou à des tournois sportifs. Certains moniteurs, formés par le California Science Center, organisent des concours de découverte scientifique: les croisiéristes en herbe pourront mieux faire connaissance avec le monde marin. Au programme: étude des coraux, initiation à la biologie sous-marine et, pour les aventuriers, dissection d'un calmar!

Des activités sont parfois organisées sur la terre ferme, au cours des escales, en collaboration avec certains parcs nationaux ou par le biais des aires de jeux de Princess. C'est le cas dans l'île privée de la compagnie: Princess Cays, dans les Bahamas.

Les paquebots

Tant pis pour les croisiéristes amateurs de mastodontes: le *Sapphire* et le *Diamond*, les deux plus grands paquebots de la flotte de Princess, imbattables toutes catégories confondues, ne desservent pas les Caraïbes. Vous aurez néanmoins droit, pour vous consoler, à de gros et beaux navires de 77 000 à 113 000 tonnes, prêts à déployer tous les équipements de luxe nécessaires pour combler la clientèle exigeante. Les mordus de gros tonnages choisiront généralement la Grand Class, qui rassemble des bijoux de paquebots comme le *Crown Princess* et le *Caribbean Princess*.

Les fidèles de Princess aiment le concept de luxe abordable développé par la compagnie et qu'illustrent bien les équipements des cabines. Princess est en effet l'une des rares compagnies de croisières à offrir autant de cabines avec balcon privé à des prix raisonnables. Nul besoin à présent d'être une Martha Stewart pour prendre son petit déjeuner suspendu au-dessus de l'eau.

Un autre slogan qui a popularisé les croisières de Princess est le suivant: *Big ship choice with small ship feel* ou comment naviguer sur de véritables villes en mer sans avoir le sentiment d'être noyé dans la masse. Si plusieurs restaurants ont été ajoutés sur les nouveaux paquebots de la flotte et que les espaces ont été agrandis, permettant ainsi d'accueillir des centaines de passagers supplémentaires, l'agencement des aires communes permet néanmoins de personnaliser davantage les équipements à bord.

Côté décoration, Princess ne se défait pas de sa touche sobre. «Éternellement classique», diront certains. «Oui, mais on échappe aux tapis fuchsia de Norwegian», répondront les autres.

■ La classe Small Ships of Princess

Trois paquebots font partie de cette catégorie: le *Tahitian Princess*, le *Pacific Princess* et le *Royal Princess*. Ce dernier, inauguré en 2007, est le seul de cette classe à naviguer dans les eaux des Caraïbes.

Navire	***Royal Princess***
Voyage inaugural	2007
Tonnage	30 200 tonnes
Longueur	180 mètres
Largeur	25 mètres
Vitesse de croisière	18 nœuds
Ponts	8
Passagers	710
Équipage	381
Cabines intérieures	24
Cabines extérieures	331 dont 257 avec balcon
Piscine	1

Aperçu des itinéraires

Royal Princess

- Antilles orientales – 14 jours
- Port d'embarquement: Fort Lauderdale (Floride)
- Saison: décembre et janvier

■ La classe Sun

Si le *Sea Princess* est plus récent que le *Sun Princess* (son voyage inaugural a eu lieu en 1998, soit trois ans après celui du *Sun Princess*), les deux paquebots appartenant à cette classe possèdent sensiblement les mêmes caractéristiques: tonnage, longueur, largeur, nombre de membres d'équipage et de ponts, etc. Comme le *Sun Princess* ne dessert plus les Caraïbes, nous ne décrivons que le *Sea Princess*.

Navire	***Sea Princess***
Voyage inaugural	1998
Tonnage	77 000 tonnes
Longueur	261 mètres
Largeur	32 mètres
Vitesse de croisière	21 nœuds
Ponts	10
Passagers	1 950
Équipage	900
Cabines intérieures	372
Cabines extérieures	603 dont 411 avec balcon
Piscines	4

Aperçu des itinéraires

Sea Princess

- Antilles orientales, méridionales et occidentales – 7/9/14 jours
- Ports d'embarquement: Fort Lauderdale (Floride), New York (NY), Barbade
- Saison: d'octobre à mai

■ La classe Coral

Les deux paquebots de cette classe, le *Coral Princess* et l'*Island Princess*, ne desservant plus les Caraïbes, nous passons directement à la classe suivante.

■ La classe Grand

Voici un aperçu des paquebots de la classe Grand. Nous y avons omis deux navires de gros tonnage desservant les Caraïbes, le *Crown Princess* et l'*Emerald Princess*, car ils sont semblables au *Caribbean Princess*.

Navires	***Caribbean Princess***	***Grand Princess***
Voyage inaugural	2004	1998
Tonnage	113 000 tonnes	109 000 tonnes
Longueur	290 mètres	290 mètres
Largeur	36 mètres	36 mètres
Vitesse de croisière	21,5 nœuds	22 nœuds
Ponts	19	18
Passagers	3 100	2 600
Équipage	1 200	1 100
Cabines intérieures	452	372
Cabines extérieures	1 105 dont 881 avec balcon	928 dont 710 avec balcon
Piscines	4	5

Aperçu des itinéraires

Caribbean Princess

- Bermudes, Antilles orientales et méridionales – 3/4/7/9/14 jours
- Ports d'embarquement: Fort Lauderdale (Floride), New York (NY), San Juan (Puerto Rico)
- Saison: toute l'année sauf en septembre

Crown Princess

- Antilles orientales et méridionales – 7/14 jours
- Ports d'embarquement: Fort Lauderdale (Floride), San Juan (Puerto Rico)
- Saison: mars et avril

Emerald Princess

- Antilles orientales et méridionales – 7/10 jours
- Port d'embarquement: Fort Lauderdale (Floride)
- Saison: d'octobre à avril

Grand Princess

- Antilles occidentales – 7/14 jours
- Port d'embarquement: Fort Lauderdale (Floride)
- Saison: de décembre à avril

Royal Caribbean International

1050 Caribbean Way
Miami, FL 33132
☎866-562-7625
www.royalcaribbean.com

Pour qui?
Les amateurs de gigantisme et les croisiéristes dynamiques

Pour quoi?
L'une des plus belles flottes de paquebots de croisière au monde et son expertise en termes de divertissement

Quand le gigantisme devient réalité

Vous pensiez qu'avec le *Queen Mary 2* nous avions atteint les limites du surdimensionné en matière de paquebot de croisière? Erreur! La Royal Caribbean est passée par là et rafle, depuis mai 2006, la palme du plus grand paquebot au monde: le désormais célèbre *Freedom of the Seas*. Cette compagnie nous avait déjà habitué au spectaculaire – les navires de la classe Voyager ne sont-ils pas déjà tous équipés de patinoires? –, mais on atteint, avec le *Freedom* et ses deux jumeaux, le *Liberty* et l'*Independance,* le summum du gigantisme: 160 000 tonnes et de tout nouveaux «jouets»: mur d'escalade, piscine à surf et ring de boxe!

Les sceptiques vous parleront certainement du cauchemar des opérations d'embarquement et de débarquement d'un tel paquebot – on a effectivement du mal à imaginer ce mastodonte débarquer ses 3 634 passagers en un temps record sur le minuscule îlot de Saint-Kitts. Les blasés vous diront qu'ils se sont perdus sur le paquebot tant le nombre de cabines, d'aires communes et de ponts dépasse l'imagination, mais la grande majorité des croisiéristes affirmeront qu'il est tout simplement impossible de ne pas s'amuser à bord d'un tel navire et de ne pas être émerveillé par tant d'ingéniosité.

Les paquebots

La classe Sovereign

Majesty of the Seas (73 941 t)

Monarch of the Seas (73 941 t)

Sovereign of the Seas (73 192 t)

La classe Vision

Enchantment of the Seas (74 140 t)

Grandeur of the Seas (74 140 t)

Legend of the Seas (69 130 t)

Rhapsody of the Seas (78 491 t)

Splendour of the Seas (69 130 t)

Vision of the Seas (78 491 t)

La classe Radiance

Brilliance of the Seas (90 090 t)

Jewel of the Seas (90 090 t)

Radiance of the Seas (90 090 t)

Serenade of the Seas (90 090 t)

La classe Voyager

Adventure of the Seas (142 000 t)

Explorer of the Seas (142 000 t)

Mariner of the Seas (142 000 t)

Navigator of the Seas (142 000 t)

Voyager of the Seas (142 000 t)

La classe Freedom

Freedom of the Seas (160 000 t)

Independance of the Seas (160 000 t)

Liberty of the Seas (160 000 t)

Historique

Royal Caribbean Cruise Line a été fondée en 1968 par un consortium de trois compagnies de transport maritime norvégiennes: Anders Wilhelmsen & Co., I.M. Skauge & Co. et Gotaas Larsen. En moins de trois ans, elle détient avec ses trois navires – *Song of Norway* (1970), *Nordic Prince* (1971) et *Sun Viking* (1972) – l'une des plus importantes flottes au monde desservant les Caraïbes, d'où son nom.

La fin des années 1980 marque le début de la course au plus gros paquebot. Royal Caribbean mène le jeu avec le *Sovereign of the Seas* en 1988 (73 192 tonnes). Le lancement des géants de la classe Voyager surpassera par la suite toutes les attentes des croisiéristes. Gros? Oui, mais pas seulement: les paquebots qui sortent des chantiers navals de la spécialiste des Caraïbes sont toujours avant-gardistes et redoutablement compétitifs. En 1997, on rebaptise la compagnie pour souligner les nouvelles destinations desservies. Elle devient donc la Royal Caribbean International et s'offre la même année l'une de ses concurrentes, Celebrity Cruises.

La compagnie aujourd'hui

On reconnaît les paquebots de Royal Caribbean International à leur coque blanche et à leur ancre bleue surmontée d'une couronne, peinte sur les cheminées. Ces dernières servent généralement de décor aux salons et aux bars vitrés aménagés en hauteur, permettant de dominer toute l'activité du paquebot et d'avoir une vue imprenable sur la mer.

L'avis des spécialistes

Royal Caribbean est synonyme d'innovation, tant pour les activités que vous ne trouverez nulle part ailleurs que pour la très grande qualité des spectacles présentés à bord (la classe Voyager comprend même des spectacles sur glace). Les navires, toujours plus gros, n'en finiront pas de vous surprendre.

Les programmes familiaux sont également très bien développés: des coins spécialement conçus pour les enfants sont aménagés sur la majorité des navires de la flotte. Royal Caribbean prend aussi soin de sa clientèle francophone et offre divers services en français.

La flotte de Royal Caribbean International se compose aujourd'hui de 21 paquebots de petit, moyen mais surtout de fort tonnage: avec ses classes Voyager et Freedom, dont les navires excèdent 140 000 tonnes, Royal Caribbean est en effet la seule compagnie au monde à détenir autant de paquebots de cette importance. Ses navires sont toujours en avance par rapport aux flottes concurrentes, car Royal mise sur le spectaculaire pour attirer les foules, en matière de tonnage mais aussi de divertissement. Comme en témoigne son slogan, *Get Out There*, vous ne serez jamais à court d'idées à bord d'un paquebot de cette flotte.

Le portrait des croisiéristes

Selon la compagnie, la moyenne d'âge des passagers oscille entre 30 et 50 ans. Les célibataires, les couples et les familles participent tous aux croisières. Pas de portrait type donc, mais on remarque que les derniers-nés de la flotte tendent à offrir de plus en plus de divertissements à bord, courtisant ainsi les trentenaires, les croisiéristes boute-en-train et une clientèle plus familiale.

Mentions et distinctions

2007

Royal Caribbean: meilleurs itinéraires pour les Caraïbes.
Porthole Cruise Magazine – Readers Choice Awards

Royal Caribbean: sept navires faisant partie des plus gros paquebots de croisière au monde.
Condé Nast Traveller

Royal Caribbean: compagnie de croisières de l'année.
Grand Travel Award Sweden

Royal Caribbean: compagnie de croisières de l'année.
Travel Weekly UK

Royal Caribbean: meilleure compagnie de croisières toutes catégories confondues, avec une mention spéciale pour les Caraïbes.
Travel Weekly

Royal Caribbean a aussi obtenu un nombre impressionnant de prix et honneurs avec son paquebot *Freedom of the Seas*, que ce soit pour son spectacle *Today* ou la campagne entourant son inauguration.

Primeur

Royal Caribbean aurait-elle la folie des grandeurs? Loin de s'arrêter aux herculéens *Freedom of the Seas*, *Liberty of the Seas* et *Independance of the Seas*, Royal Caribbean a en effet déjà lancé les très controversés projets Genesis 1 et 2, qui prévoient la construction de deux nouveaux paquebots de 220 000 tonnes pouvant accueillir plus de 5 000 passagers. Les conversations vont donc bon train parmi les croisiéristes, qui tentent de découvrir quelles seront les prochaines surprises que leur réserve Royal Caribbean: certains optent pour une piste de ski, d'autres pour un circuit de Formule 1, d'autres encore pour un aquarium géant, à fond de cale. Une chose est sûre: la course au plus gros paquebot du monde est loin d'être finie... elle vient juste de commencer!

Expériences culinaires

Royal Caribbean réussit le tour de force de nourrir plus de 3 000 passagers sur ses plus grands paquebots et d'offrir une cuisine tout à fait honorable, voire même surprenante, compte tenu du nombre de couverts servis chaque soir.

Pas d'innovation du côté des horaires et des places assignées, contrairement à ses concurrents Norwegian ou Princess qui ont assoupli les règles dans ce domaine. Pas non plus d'ajout majeur du côté des restaurants haut de gamme spécialisés – vous aurez le choix entre l'italien Portofino et le nord-américain Chops Grill. Par contre, le choix en matière de restaurants dits *casual* est beaucoup plus important: vous trouverez en effet de nombreux restaurants à thème, italien, antillais, asiatique, etc. Les croisiéristes ont généralement un petit faible pour le Windjammer Café: son buffet est servi pratiquement 24 heures sur 24, l'ambiance est décontractée, la vue depuis les baies vitrées imprenable et la cuisine variée. Pour un bon hamburger, allez au Johnny Rockets, version *diner* des années 1950, et pour une bonne crème glacée, ruez-vous vers les comptoirs de Ben & Jerry's.

Divertissements à bord

Du côté des équipements sportifs, la plupart des navires de Royal Caribbean renferment des terrains de basket et de volley, des murs d'escalade, des pistes de jogging, de spacieux centres de conditionnement physique, équipés d'appareils cardiovasculaires dernier cri, et des minigolfs. Certains navires vont plus loin: il y a un trampoline sur l'*Enchantment of the Seas* et un ring de boxe à bord du *Freedom of the Seas*.

Côté relaxation, les passagers ont accès à de superbes solariums et à un spa, pour toutes sortes de services (manucure, pédicure, massage, etc.). Les spas les mieux équipés sont ceux de la classe Radiance: saunas, hammams, services d'aromathérapie, matelas chauffants, «douches tropicales». Les stressés impénitents devraient arriver à se détendre. Enfin, si vous n'avez pas froid aux yeux, vous plongerez peut-être dans l'un des bains à remous du *Freedom of the Seas*, suspendus au-dessus de l'eau, dont les vitres permettent d'apercevoir la mer 30 m plus bas. Peut-être pas si relaxant que cela, finalement?!

Les croisiéristes qui ne parviennent pas à débrancher et qui souhaitent être connectés 24 heures sur 24 ont accès à un cybercafé. La connexion à Internet sans fil (payante) dans les cabines est offerte sur les plus récents paquebots de la flotte.

Plus on grimpe dans l'échelle des tonnages de la flotte, plus les services proposés à bord sont nombreux. Avec la classe Voyager, on atteint le *must* du divertissement en mer. Les paquebots de cette classe sont par exemple équipés d'une patinoire intérieure. Pourtant le *Freedom of the Seas* et ses deux jumeaux demeurent les champions du divertissement toutes catégories, avec leur gigantesque galerie marchande et ses mille et une boutiques (Royal Promenade) – certains passagers ont même souhaité échanger leur cabine extérieure avec balcon pour une cabine intérieure donnant sur la Promenade –, leur piscine à vagues (Flowrider), leur grande patinoire où ont lieu de superbes spectacles et leur mur d'escalade. Difficile de venir à bout des nouvelles installations de ces géants: il faut le voir pour le croire!

Le saviez-vous?

Loin d'être des «tout-compris» comme on le pense souvent, les croisières à bord de ces géants des mers occasionnent régulièrement des dépenses. Les repas sont inclus dans le prix de votre voyage tant qu'ils sont pris dans les grandes salles à manger communes, mais il vous faudra payer un supplément si vous choisissez un restaurant spécialisé. Qu'en est-il des boissons? Vous pensez sans doute que le vin est payant mais que les sodas sont gratuits. Faux! Royal Caribbean propose un forfait Fountain Soda Package pour que les jeunes croisiéristes âgés de moins de 18 ans puissent se désaltérer à volonté tout au long de leur croisière; les prix varient en fonction de la durée du voyage, mais il faut compter en moyenne 20$ pour sept nuitées.

Jeunes croisiéristes

Royal Caribbean propose une foule d'activités pour les jeunes croisiéristes âgés de 3 à 17 ans. Ces derniers sont répartis en différents groupes, en fonction de leur âge: ils sont tour à tour des Aquanauts (3 à 5 ans), des Explorers (6 à 8 ans), des Voyagers (9 à 11 ans), des Navigators (12 à 14 ans) et des Guests (15 à 17 ans). Les plus petits sont pris en charge de 9h à midi, de 14h à 17h et de 19h à 22h. Les plus âgés ont accès à leur propre discothèque. Notez également que le *Freedom of the Seas* offre à ses jeunes croisiéristes l'accès à un véritable parc aquatique (H2O Zone): vos enfants en rêvaient... Royal Caribbean l'a fait!

Les paquebots

Hormis le *Legend*, le *Splendour*, le *Rhapsody* et le *Radiance*, tous les paquebots de la flotte de Royal Caribbean desservent les Caraïbes, y compris le *Freedom of the Seas*. Nous ne développerons donc pas les itinéraires ici, car cette flotte est bel et bien une spécialiste des Caraïbes et dispose d'un catalogue impressionnant de croisières au soleil. Quel que soit le temps dont vous disposez, la saison au cours de laquelle vous voyagez ou les destinations que vous souhaitez découvrir, il est fort probable que Royal Caribbean aura votre croisière rêvée à son programme: Bahamas, Antilles orientales, occidentales ou méridionales, croisières de 3 à 13 nuitées, en juin, septembre, janvier ou avril, au départ de la Floride, du Texas, du New Jersey ou de Puerto Rico, avec escales en Jamaïque, au Mexique, dans les îles Cayman ou dans les îles Vierges américaines... Bref, vous aurez l'embarras du choix!

On distingue chez Royal Caribbean cinq grandes classes: Sovereign et Vision rassemblent des paquebots de moyen tonnage; Radiance, Voyager et Freedom comportent quant à elles les plus gros navires de la flotte (entre 90 000 et 160 000 tonnes). Vous choisirez Radiance pour l'ambiance chic, Voyager pour le divertissement et les équipements tout confort, et Freedom pour vous en mettre plein la vue: ces trois classes sont nos préférées.

■ La classe Sovereign

Navires	***Majesty of the Seas***	***Sovereign of the Seas***
Voyage inaugural	1992	1988
Tonnage	73 941 tonnes	73 192 tonnes
Longueur	268 mètres	268 mètres
Largeur	32 mètres	32 mètres
Vitesse de croisière	22 nœuds	19 nœuds
Ponts	14	14
Ascenseurs	11	11
Passagers	2 356	2 292
Équipage	812	840
Cabines intérieures	445	427
Cabines extérieures	733 dont 63 avec balcon	722 dont 62 avec balcon
Piscines	2	2

■ La classe Vision

Navires	*Enchantment of the Seas*	*Grandeur of the Seas*
Voyage inaugural	1997	1996
Tonnage	81 500 tonnes	74 140 tonnes
Longueur	301 mètres	279 mètres
Largeur	32 mètres	32 mètres
Vitesse de croisière	22 nœuds	22 nœuds
Ponts	11	11
Ascenseurs	9	9
Passagers	2 252	1 950
Équipage	840	760
Cabines intérieures	463	399
Cabines extérieures	663 dont 248 avec balcon	576 dont 212 avec balcon
Piscines	3	2

Navires	*Monarch of the Seas*	*Vision of the Seas*
Voyage inaugural	1991	1998
Tonnage	73 941 tonnes	78 491 tonnes
Longueur	268 mètres	279 mètres
Largeur	32 mètres	32 mètres
Vitesse de croisière	21 nœuds	22 nœuds
Ponts	14	11
Ascenseurs	11	11
Passagers	2 390	2 000
Équipage	856	742
Cabines intérieures	460	404
Cabines extérieures	733 dont 63 avec balcon	595 dont 229 avec balcon
Piscines	2	2

■ La classe Radiance

Navires	*Brilliance of the Seas*	*Jewel of the Seas*
Voyage inaugural	2002	2004
Tonnage	90 090 tonnes	90 090 tonnes
Longueur	293 mètres	293 mètres
Largeur	32 mètres	32 mètres
Vitesse de croisière	24 nœuds	25 nœuds
Ponts	12	13
Ascenseurs	9	9
Passagers	2 112	2 112
Équipage	848	859
Cabines intérieures	238	238
Cabines extérieures	817 dont 577 avec balcon	817 dont 577 avec balcon
Piscines	3	3

Navire	*Serenade of the Seas*
Voyage inaugural	2003
Tonnage	90 090 tonnes
Longueur	294 mètres
Largeur	32 mètres
Vitesse de croisière	25 nœuds
Ponts	12
Ascenseurs	9
Passagers	2 110
Équipage	891
Cabines intérieures	226
Cabines extérieures	829 dont 589 avec balcon
Piscines	3

■ La classe Voyager

Les Caraïbes sont desservies par les cinq paquebots de croisière de la classe Voyager: l'*Adventure*, l'*Explorer*, le *Mariner*, le *Navigator* et le *Voyager*. Ces navires ont le même tonnage, le même nombre de cabines et la même vitesse; la seule différence notable concerne le nombre de cabines extérieures équipées de balcons, plus nombreuses sur l'*Adventure* et le *Mariner*.

Navire	***Adventure of the Seas***
Voyage inaugural	2001
Tonnage	142 000 tonnes
Longueur	311 mètres
Largeur	48 mètres
Vitesse de croisière	22 nœuds
Ponts	15
Ascenseurs	14
Passagers	3 114
Équipage	1 185
Cabines intérieures	618 dont 138 avec vue sur la Royal Promenade
Cabines extérieures	939 dont 765 avec balcon
Piscines	3

■ La classe Freedom

Rejoint en 2007 par un paquebot de tonnage similaire, le *Liberty of the Seas*, et en 2008 par l'*Independance of the Seas*, le *Freedom of the Seas*, inauguré en 2006, affiche des dimensions hors normes: 160 000 tonnes, 339 m de long, 14 ponts réservés aux passagers et une capacité de 3 634 croisiéristes. Ajoutez à cela les plus grandes cabines familiales jamais conçues, des aires de jeux pour les enfants (et les adultes) tout simplement spectaculaires, ainsi qu'une galerie marchande à faire pâlir votre plus beau centre commercial de quartier, et vous aurez une idée du géant. Une seule suggestion: consultez bien le plan du paquebot avant de vous lancer à sa découverte!

Navire	***Freedom of the Seas***
Voyage inaugural	2006
Tonnage	160 000 tonnes
Longueur	339 mètres
Largeur	56 mètres
Vitesse de croisière	21,6 nœuds
Ponts	15
Ascenseurs	14
Passagers	3 634
Équipage	1 360
Cabines intérieures	733 dont 172 avec vue sur la Royal Promenade
Cabines extérieures	1084 dont 844 avec balcons
Piscines	3

Aperçu des itinéraires

Voir p 98 sous «Les paquebots».

Les compagnies de luxe

Azamara Cruises
1050 Caribbean Way
Miami, FL 33132
☎*877-999-9553*
www.azamaracruises.com

Regent Seven Seas
1000 Corporate Drive, Suite 500
Fort Lauderdale, FL 33334
☎*800-505-5370*
www.rssc.com

Windstar
2101 4th Avenue Suite 1150
Seattle, WA 98121
☎*877-827-7245*
www.windstarcruises.com

Pour qui?

Les croisiéristes à la recherche de luxe décontracté

Pour quoi?

L'espace à bord, un service personnalisé et des itinéraires exotiques

Le luxe dans les Caraïbes

Azamara Cruises, Regent Seven Seas, Windstar, le nom de ces compagnies ne vous dit peut-être rien. Pas de navires de gros tonnage qui défraient la chronique et occupent les premières pages de votre magazine de voyage pendant des mois, pas de publicités tapageuses qui vous vantent les vertus du «tout-compris» caribéen à moins de 500$. Rien de plus normal car ces compagnies jouent la carte de la discrétion, évoluant dans un univers différent de celui des géants des croisières les plus connus du grand public: le luxe.

Les navires

Azamara Cruises

Azamara Journey (30 277 t)
Azamara Quest (30 277 t)

Regent Seven Seas

Explorer II (12 500 t)
Paul Gauguin (19 200 t)
Seven Seas Navigator (33 000 t)
Seven Seas Voyager (46 000 t)
Seven Seas Mariner (50 000 t)

Windstar

Wind Spirit (5 350 t)
Wind Star (5 350 t)
Wind Surf (14 745 t)

Nous n'en oublions pas quelques-unes?, vous demanderez-vous. Qu'en est-il de Crystal et d'Orient Lines? La première est bien dans notre guide, mais elle est décrite avec les catégories Premium car les spécialistes la considèrent souvent comme le premier palier du luxe. Quant à la seconde, son service a beau être classé cinq étoiles par les professionnels, ses croisières sont rarement présentes dans les catalogues des voyagistes en raison de l'ancienneté de sa flotte.

Historique

Naviguant jadis sous la bannière de Renaissance Cruises, l'*Azamara Journey*, alors dénommé *R5*, a par la suite été racheté par Pullmantur en 2006, puis transféré à Celebrity Cruises en 2007. Celebrity avait d'abord pensé le renommer *Celebrity Journey* et l'intégrer dans sa flotte régulière. Mais considérant le luxe et la qualité du navire, la compagnie s'est vite aperçue qu'il s'agissait d'une catégorie à part. Celebrity a donc décidé de créer la compagnie **Azamara Cruises** afin de pouvoir le mettre de l'avant. Plus récemment, le *R7*, un navire semblable qu'on a renommé l'*Azamara Quest*, est venu se joindre à cette compagnie.

Regent Seven Seas correspond à l'ancienne Radisson Seven Seas, détenue par le groupe Carlson. Cette compagnie est née au début des années 1990 de la fusion de Seven Seas Cruises et de Diamond Cruises. Son bateau le plus ancien, le *Paul Gauguin*, appartient à un particulier, mais est toujours exploité par Regent Seven Seas. Entre 1999 et 2003, la compagnie de luxe élargit sa flotte à trois autres navires de petit tonnage, basés le plus souvent dans des ports nord-américains: le *Navigator* (1999), le *Mariner* (2001) et le *Voyager* (2003). On passe ainsi d'année en année à des navires plus gros, à des tonnages plus importants (33 000 tonnes à 50 000 tonnes) et à des cabines plus spacieuses, les capacités d'accueil restant inférieures à 800 passagers. Mentionnons également l'*Explorer II*, un bateau de 12 500 tonnes qui navigue exclusivement en Antarctique.

On en arrive enfin à **Windstar**, notre coup de cœur en matière de croisières de luxe. Cette compagnie a été fondée en 1984 avec pour objectif de briser le carcan du traditionalisme en mer et d'apporter un souffle de liberté à bord, dans le tonnage comme dans le style. Elle a donc lancé non pas des yachts ou des paquebots mais des voiliers: le *Wind Spirit* (1988), le *Wind Star* (1986) et le *Wind Surf* (construit en 1990 mais acquis par Windstar en 1998). Racés, légers, ces voiliers sont conçus pour voguer rapidement d'un port à l'autre.

Les compagnies aujourd'hui

Ces compagnies de luxe surpassent en général toutes leurs concurrentes, de catégories Premium ou Contemporain, et ce, malgré la petite taille de leur flotte. Chacune possède bien sûr son propre style: cela va du tonnage des navires – paquebots, voiliers ou yachts – à l'ambiance en mer – *casual elegance* chez Windstar, qui joue la carte du décontracté chic, luxe discret chez Regent Seven Seas et intimisme chez Azamara Cruises.

L'avis des spécialistes

Place à la détente. Pas d'annonces à bord, pas d'horaire (même pas pour les repas): la tranquillité totale. Le montant à payer avant le départ est assez élevé, mais vous n'aurez plus à sortir votre porte-monnaie du voyage (ou presque!), puisqu'une foule de services et de produits sont déjà inclus dans le prix de la croisière: activités sportives, boissons, vin aux repas, transferts dans les ports, etc. Évidemment, le tout varie d'une compagnie à l'autre.

Toutes ces compagnies ont mis l'accent sur les éléments qui caractérisent habituellement le luxe en mer: l'espace, la personnalisation du service, le nombre restreint de passagers et la desserte de ports exotiques. Elles possèdent ainsi les rapports équipage-passagers parmi les plus élevés du marché et, grâce à la taille de leur flotte, offrent aux croisiéristes la possibilité d'accoster directement au cœur des îles desservies – aucun transbordeur ne viendra ralentir votre exploration de l'îlot tant convoité – ou de faire escale dans de petits ports, impraticables pour des navires de fort tonnage. Leurs itinéraires sortent donc des grandes autoroutes maritimes et font découvrir les Antilles sous un autre jour grâce aux anglaises Jost van Dyke et Virgin Gorda ou aux françaises Saint-Martin et Saint-Barthélemy.

Le portrait des croisiéristes

Avocats, écrivains, médecins, courtiers, retraités, artistes, entrepreneurs ou ingénieurs, les profils varient mais restent indéniablement circonscrits à une catégorie de revenus élevés, quelle que soit la compagnie de luxe choisie. La moyenne d'âge est en général de 50 ans. On observe toutefois quelques variantes. Ainsi, les croisiéristes fidèles à Windstar et à Azamara Cruises revendiquent un mode de vie plus actif que ceux des autres navires de cette classe: ils pratiquent de nombreux sports nautiques, s'habillent de façon plus décontractée et socialisent davantage au cours des soirées organisées à bord. Les passagers de Regent Seven Seas apprécient un luxe décontracté, sans ostentation. Certains ont été de fidèles passagers de Holland America ou de Crystal et ont décidé de sauter le pas pour s'offrir une croisière plus personnalisée ou des itinéraires plus exotiques.

Mentions et distinctions

Azamara Cruises n'est sur le marché que depuis 2007, et déjà cette compagnie a deux mentions à son actif. Elle a reçu le titre de Best Cruise Line for Expedition Cruising des Travel Age West WAVE Awards; et l'itinéraire des Bermudes de l'*Azamara Journey* a été choisi comme l'une des meilleures croisières de 2007 par CruiseCritic.com.

Windstar, quant à elle, a été nommée en 2007 «compagnie de croisières la plus romantique» par *Porthole Cruise Magazine*. Ses trois *Wind* se retrouvent aussi régulièrement dans les palmarès du *Condé Nast Traveller*, dans la catégorie des petits tonnages.

Enfin, Regent Sevens Seas cumule les honneurs, que ce soit pour la compagnie elle-même ou pour ses navires. Selon *Porthole Cruise Magazine* et *Travel Weekly*, il s'agit de la meilleure compagnie de croisières de luxe, et ce, depuis plusieurs années; son *Seven Seas Voyager* a été nommé «meilleur paquebot de moyen tonnage» par *Condé Nast Traveller* en 2007, qui a aussi accordé à Regent la mention «Best by Rooms».

Expériences culinaires

Quelle que soit la compagnie de croisières que vous avez sélectionnée, les mêmes règles s'appliquent à bord: le choix des places aux tables est libre, et les vins, spiritueux et champagne sont gratuits. À l'exception peut-être des navires de Windstar et d'Azamara Cruises, le «tout-compris» n'est donc pas une vaine formule à bord de ces flottes ultra-luxueuses.

Les passagers peuvent choisir de prendre leurs repas dans la traditionnelle salle à manger, dans des restaurants plus spécialisés et bien sûr dans leur cabine, les suites étant habituellement équipées d'un salon privé. À l'Aqualina et au Prime C d'Azamara Cruises, vous aurez droit à un voyage gastronomique. En effet, la compagnie se targue d'offrir à sa clientèle un tour du monde gustatif qui saura satisfaire les palais les plus exigeants. À bord du *Seven Seas Mariner* et du *Seven Seas Voyager* de Regent, on vous suggère d'alterner différentes cuisines du monde: française avec le Signature – les petits plats sont inspirés des chefs du Cordon Bleu –, asiatique avec Latitudes et méditerranéenne avec la Veranda.

Windstar possède elle aussi différents restaurants: essayez le Veranda Café ou le Degrees (à bord du *Wind Surf*), pour une cuisine plus éclectique.

Ces compagnies mettent les petits plats dans les grands pour recevoir leurs passagers. Le service est irréprochable, la cuisine est gastronomique, et les vins sont raffinés. Les plus grands chefs sont aux fourneaux ou inspirent les menus concoctés chaque soir.

Divertissements à bord

Lounge, piano-bar, spa, salle de conditionnement physique, piscine, sauna, casino, boutiques et bibliothèque, voilà quelques-unes des installations que vous retrouverez sur les navires de ces compagnies de luxe. Les compagnies de la catégorie Premium et même Contemporain en sont déjà pourvues, mais les spécialistes du luxe offrent des «petits plus» non négligeables: les spas de Regent offrent des soins Carita et Azamara propose des séances d'acupuncture.

Fidèle à l'esprit du luxe, Regent Sevens Seas reste discrète en matière d'*entertainment*. Les soirées hautes en couleur sont celles passées dans des pianos-bars ou lors de cocktails sur le pont. Windstar met quant à elle davantage l'accent sur les excursions, les journées passées en mer étant plus courtes que pour la moyenne des croisières. On privilégie la découverte des destinations insulaires, les voiliers offrant surtout l'occasion de se détendre après les virées des passagers sur la terre ferme.

Jeunes croisiéristes

Les jeunes croisiéristes se font plutôt rares à bord des navires de luxe. Seule une compagnie inclut un programme d'activités conçues pour les enfants: il s'agit de Regent Seven Seas et de son Club Mariner, mis à la disposition des jeunes sur certains itinéraires uniquement.

Les paquebots

Des paquebots? Pas vraiment. Hormis les flottes d'Azamara Cruises et de Regent Seven Seas, composées de navires imposants mais de petit tonnage, l'autre compagnie de luxe, soit Windstar, joue la carte du mini en mer. Pas de *Freedom of the Seas* à l'horizon donc, les flottes étant surtout composées de petits navires et de voiliers (Windstar). Pour autant, l'espace consacré à chacun des passagers à bord est indéniablement plus grand que sur n'importe quel autre navire de croisière.

La plupart des navires ne comportent que des cabines extérieures, souvent dotées de balcons, mais chaque compagnie joue la carte du luxe à sa façon. Deux des navires de la flotte de Regent ne sont équipés que de suites avec balcon, le *Seven Seas Mariner* et le *Seven Seas Voyager*, nombre de ces suites comportant en outre une salle à manger permettant aux croisiéristes qui le souhaitent de dîner en privé.

■ Azamara Cruises

L'*Azamara Quest* et l'*Azamara Journey* naviguent seulement dans les Antilles de janvier à avril. Pendant cette période, on peut partir de Miami à destination des Antilles orientales pour une durée de 10 ou 12 jours.

Navires	***Azamara Journey***	***Azamara Quest***
Voyage inaugural	2007	2007
Tonnage	30 277 tonnes	30 277 tonnes
Longueur	181 mètres	180 mètres
Largeur	29 mètres	25 mètres
Vitesse de croisière	18,5 nœuds	18,5 nœuds
Ponts	9	9
Passagers	694	694
Équipage	390	306
Cabines intérieures	26	26
Cabines extérieures	312 dont 249 avec balcon	332 dont 232 avec balcon
Piscines	1	1

■ Regent Seven Seas

Les *Seven Seas Mariner*, *Navigator* et *Voyager* desservent les Caraïbes au départ de Fort Lauderdale, en Floride. Les croisières s'étirent sur 7 à 12 nuitées, les paquebots faisant escale aux Bermudes, ainsi que dans les Antilles occidentales et orientales, des îles Cayman à Saint-Barthélemy, en passant par Puerto Vallarta.

Navires	***Seven Seas Mariner***	***Seven Seas Navigator***
Voyage inaugural	2001	1999
Tonnage	50 000 tonnes	33 000 tonnes
Longueur	216 mètres	170,6 mètres
Largeur	28 mètres	24,6 mètres
Vitesse de croisière	20 nœuds	20 nœuds
Ponts	8	8
Passagers	700	490
Équipage	445	324
Cabines	350 suites avec balcon	245 suites dont 220 avec balcon
Piscines	1	1

Navire	***Seven Seas Voyager***
Voyage inaugural	2003
Tonnage	46 000 tonnes
Longueur	204 mètres
Largeur	29 mètres
Vitesse de croisière	20 nœuds
Ponts	9
Passagers	700
Équipage	447
Cabines	350 suites avec balcon
Piscine	1

■ Windstar

Deux des trois voiliers de la flotte de Windstar effectuent régulièrement des croisières dans les Caraïbes: le *Wind Spirit* et le *Wind Surf* – le troisième voilier, le *Wind Star*, desservant plutôt le canal de Panamá et la côte Pacifique de l'Amérique centrale. Ces croisières sont organisées de novembre à avril au départ des îles Vierges américaines et de la Barbade et durent 7 jours. Elles desservent habituellement les Antilles françaises, les îles Vierges, les Bahamas, Puerto Rico ainsi que les côtes du Belize et du Honduras.

Navires	***Wind Spirit***	***Wind Surf***
Voyage inaugural	1988	1990
Tonnage	5 350 tonnes	14 745 tonnes
Longueur	134 mètres	187 mètres
Largeur	15,8 mètres	20 mètres
Vitesse de croisière	8,5 à 10 nœuds	10 à 12 nœuds
Ponts	4	7
Passagers	148	312
Équipage	90	190
Cabines	74 dont 1 suite	154 dont 31 suites
Piscines	1	2

LES COMPAGNIES DE GRAND LUXE

The Yachts of Seabourn
6100 Blue Lagoon Drive,
Suite 400
Miami, FL 33126
☎800-929-9391
www.seabourn.com

Silversea
110 East Broward Boulevard
Fort Lauderdale, FL 33301
☎800-722-9955
www.silversea.com

Pour qui?	*Pour quoi?*
Riches retraités et riches professionnels	*Le luxe le plus ultime qu'on puisse trouver en mer*

LE SUMMUM DU LUXE DANS LES CARAÏBES

Silversea et Seabourn, tout comme les compagnies de la catégorie Luxe, ne font pas tellement parler d'elles sur le marché du grand public. C'est que, pour le commun des mortels, le prix d'une seule des croisières qu'elles proposent correspond à plusieurs mois de salaire. On y retrouve donc une clientèle triée sur le volet parmi des médecins, avocats, entrepreneurs, etc. Pour la plupart, il s'agit de retraités à la recherche du luxe ultime. Cette clientèle très exigeante est prête à payer le prix pour avoir le summum des services offerts en mer. Le moindre petit caprice est donc satisfait, et ce, avant même d'en avoir exprimé le désir.

LES NAVIRES

The Yachts of Seabourn

Seabourn Legend (10 000 t)

*Seabourn Odyssey** (32 000 t)

Seabourn Pride (10 000 t)

Seabourn Spirit (10 000 t)

Silversea

Silver Cloud (16 800 t)

Silver Shadow (28 258 t)

*Silver Spirit*** (36 000 t)

Silver Wind (16 800 t)

Silver Whisper (28 258 t)

* Voyage inaugural prévu pour juin 2009

** Voyage inaugural prévu pour l'automne 2009

HISTORIQUE

Les trois yachts de la flotte de **Seabourn** sont tous entrés en service à la fin des années 1980 et au début des années 1990: le *Seabourn Pride* (1988), le *Seabourn Spirit* (1989) et le *Seabourn Legend* (1993). Propriété de la Carnival Corporation, tout comme sa concurrente Windstar, cette compagnie a en fait des origines norvégiennes – comme ne l'indique pas son port d'attache, les Bahamas. Certains croisiéristes affirment retrouver une petite touche nordique dans la décoration des navires de la flotte.

Fondée par la famille Lefebvre à Rome au début des années 1990, la compagnie **Silversea** lance son premier navire en 1994, le *Silver Cloud*. Suivront le *Silver Wind* en 1995, le *Silver Shadow* en 2000 et le *Silver Whisper* en 2001, des navires de petit tonnage, conçus spécifiquement pour le marché des croisières de luxe et desservant un grand nombre de destinations dans le monde.

Les compagnies aujourd'hui

Silversea et Seabourn représentent la quintessence de ce qui s'offre en matière de croisières. Elles surpassent toutes leurs concurrentes, et c'est pourquoi nous avons tenu à les mettre dans une catégorie à part, soit Grand Luxe. En effet, ces compagnies se distinguent de celles classées dans la catégorie Luxe par leur raffinement, leur confort et leur ambiance en mer – racé italien et traitement V.I.P. chez Silversea et traditionalisme chez Seabourn. On parle d'ailleurs d'«invités» chez ces deux compagnies, et non pas de «passagers».

L'intérieur des navires est des plus somptueux. Tout est mis en œuvre afin de permettre aux invités d'atteindre un état de grâce qui s'approche de la perfection.

Ces compagnies s'associent également avec des marques ou des artistes reconnus dans le monde entier, designers, chefs ou parfumeurs. Chacune des suites, chacun des espaces communs intègre un cachet particulier. Silversea a ainsi choisi des designers italiens pour la décoration de ses navires et s'est allié aux plus grands chefs reconnus par l'association Relais & Châteaux pour les activités culinaires proposées à bord.

Le portrait des croisiéristes

Seabourn attire une clientèle plus âgée, assez traditionaliste et composée d'habitués des flottes de luxe. Les passagers rajeunissent légèrement chez Silversea, les navires de cette flotte attirant davantage les 30-40 ans. Il s'agit d'une clientèle très fidèle, et généralement les croisiéristes s'offriront au moins une autre croisière avec l'une ou l'autre de ces compagnies.

Mentions et distinctions

Depuis 13 ans, Seabourn reçoit un International Five Star Diamond Award de l'American Academy of Hospitality Sciences, pour avoir atteint les plus hauts standards en ce qui concerne le service à bord. Service aussi souligné par le *Condé Nast Traveller* en 2007.

Ce même magazine a nommé pour la 8e fois Silversea «World's Best Small Ship Cruise Line» en 2007. Elle s'est aussi vue décerner la même année le prix «Best Use of Technology» par le *South Florida Business Journal*.

Expériences culinaires

On aime l'ambiance romantique de la Saletta, à bord du *Silver Wind*, et la lumineuse Terrazza (ancien Terrace Café) du *Silver Shadow*. Chez Seabourn, les croisiéristes peuvent prendre leurs repas au Restaurant ou au Veranda Café, pour lequel on a une petite préférence car ses baies vitrées ouvrent sur le pont. S'y trouve également le Sky Bar, situé sur le pont supérieur du bateau et idéal pour prendre l'apéritif en contemplant la mer turquoise des Antilles. Nombre de professionnels s'accordent à dire que ces compagnies offrent la meilleure cuisine jamais servie en mer.

Divertissements à bord

Afin de rendre le séjour des invités d'autant plus mémorable, les salons de Silversea se transforment en bars à champagne, les marinas de Seabourn sont «rétractables». Bref, le luxe est partout!

Concerts de musique classique, récitals de piano, soirées de jazz, séances de cinéma sous les étoiles ou petit cognac accompagné d'un cigare au Humidor, vous retrouverez tout cela à bord des navires de Silversea.

Conférences, dégustations de vins ou tournois de bridge, les activités de groupe organisées à bord des yachts de Seabourn se font rares: libres aux passagers d'organiser leur croisière comme ils le souhaitent. La taille des yachts rend les séjours plus intimes, et c'est ce qu'ils apprécient.

Jeunes croisiéristes

Tout comme les compagnies dans la catégorie Luxe (exceptée Regent Seven Seas), Silversea et Seabourn n'offrent aucun programme d'activités conçues pour les enfants. Sa clientèle étant surtout des retraités cinquantenaires, les enfants sont donc quasi absents des croisières offertes par ces deux compagnies.

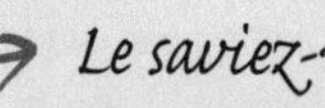

Les voyages personnalisés sont devenus la norme à bord des navires de luxe. Silversea offre ainsi un forfait «Personalised Voyages» permettant aux croisiéristes de choisir la durée de leur croisière et les ports d'escale. Si donc votre idéal du luxe est de vous embarquer à Miami, de faire escale aux Bahamas, d'explorer les Petites Antilles exotiques – Saint-Kitts, Dominique et autres Grenadines –, enfin de mettre le cap sur Key West après avoir fait un crochet par la République dominicaine, libre à vous: vos désirs sont des ordres!

Les paquebots

Dans cette catégorie, on parle surtout de yachts. Pas de gros navires à l'horizon mais plutôt de somptueux yachts qui peuvent accueillir entre 200 et 450 «invités». Chez Silversea, les matériaux sont nobles: les salles de bain sont en marbre et les balcons taillés en bois de teck. Petite déception en ce qui concerne la majorité des yachts de Seabourn, dont les cabines ont certes été pourvues de baies vitrées mais non de vrais balcons.

■ The Yachts of Seabourn

Le *Seabourn Pride* et le *Seabourn Legend*, identiques, partent de plusieurs ports: Fort Lauderdale (Floride), Bridgetown (Barbade), St. Thomas (îles Vierges américaines) ou Sint Maarten (Antilles néerlandaises). Les croisières ont lieu entre les mois de novembre et de mars, durent entre 5 et 16 jours et desservent l'ensemble des Caraïbes. Le *Seabourn Odyssey*, quant à lui, sera inauguré en juin 2009 et devrait naviguer dans les eaux turquoise des Antilles en novembre et décembre de cette même année. Les départs de ce bateau se feront à Fort Lauderdale.

Navire	***Seabourn Legend***
Voyage inaugural	1993
Tonnage	10 000 tonnes
Longueur	134 mètres
Largeur	19 mètres
Vitesse de croisière	16 nœuds
Ponts	4
Passagers	208
Équipage	160
Cabines	104 avec vue sur l'océan
Piscine	1

■ Silversea

Le *Silver Shadow* et le *Silver Cloud* font des croisières saisonnières de 7 à 17 jours dans les Caraïbes au départ de Bridgetown (Barbade), San Juan (Puerto Rico) ou Fort Lauderdale (Floride). Ils naviguent un peu partout en mer des Caraïbes d'octobre à avril.

Navires	***Silver Shadow***	***Silver Cloud***
Voyage inaugural	2000	1994
Tonnage	28 258 tonnes	16 800 tonnes
Longueur	186 mètres	157 mètres
Largeur	25 mètres	21,5 mètres
Vitesse de croisière	21 nœuds	20,5 nœuds
Ponts	7	6
Passagers	382	296
Équipage	295	212
Cabines	194 suites dont 159 avec balcon	148 suites dont 114 avec balcon
Piscines	1	1

Les ports d'escale et d'embarquement

© Dreamstime.com / Lidian Neeleman

Antigua-et-Barbuda

 *St. John's*

Devise nationale: *Effort individuel, succès collectifs*

Capitale: *St. John's*

Population: *70 000 Antiguais et Barbudiens*

Langue officielle: *anglais*

Système politique: *régime parlementaire de type britannique / membre du Commonwealth*

Monnaie: *dollar des Caraïbes orientales*

Devise acceptée: *dollar américain*

Les incontournables

1-La poterie
2-La bière locale Wadadli
3-Les marchés publics le samedi

Une plage pour chaque jour de l'année

Avec ses 365 plages, une pour chaque jour de l'année, Antigua-et-Barbuda fascine tous ceux dont le mot «vacances» rime avec «étendues sablonneuses». Mais, en plus d'offrir du sable quasi à l'infini, Antigua-et-Barbuda propose la découverte d'îles habitées depuis plus de quatre millénaires. Nature et culture s'y donnent donc rendez-vous.

Aperçu géographique

Antigua-et-Barbuda se compose en fait de trois îles qui font partie des Leeward Islands, dans les Petites Antilles: Antigua, Barbuda et Redonda. D'une superficie de 442 km^2, elles se trouvent tout juste au nord de la Guadeloupe.

Aperçu historique

En 1493, Christophe Colomb découvre l'île d'Antigua et la nomme «Santa María de La Antigua». Les Espagnols colonisent fort peu l'île en raison de la présence des Indiens caraïbes qu'ils craignent. Il faut attendre l'arrivée des Britanniques pour que la colonisation européenne s'implante durablement. Des colons anglais s'installent

Antigua-et-Barbuda

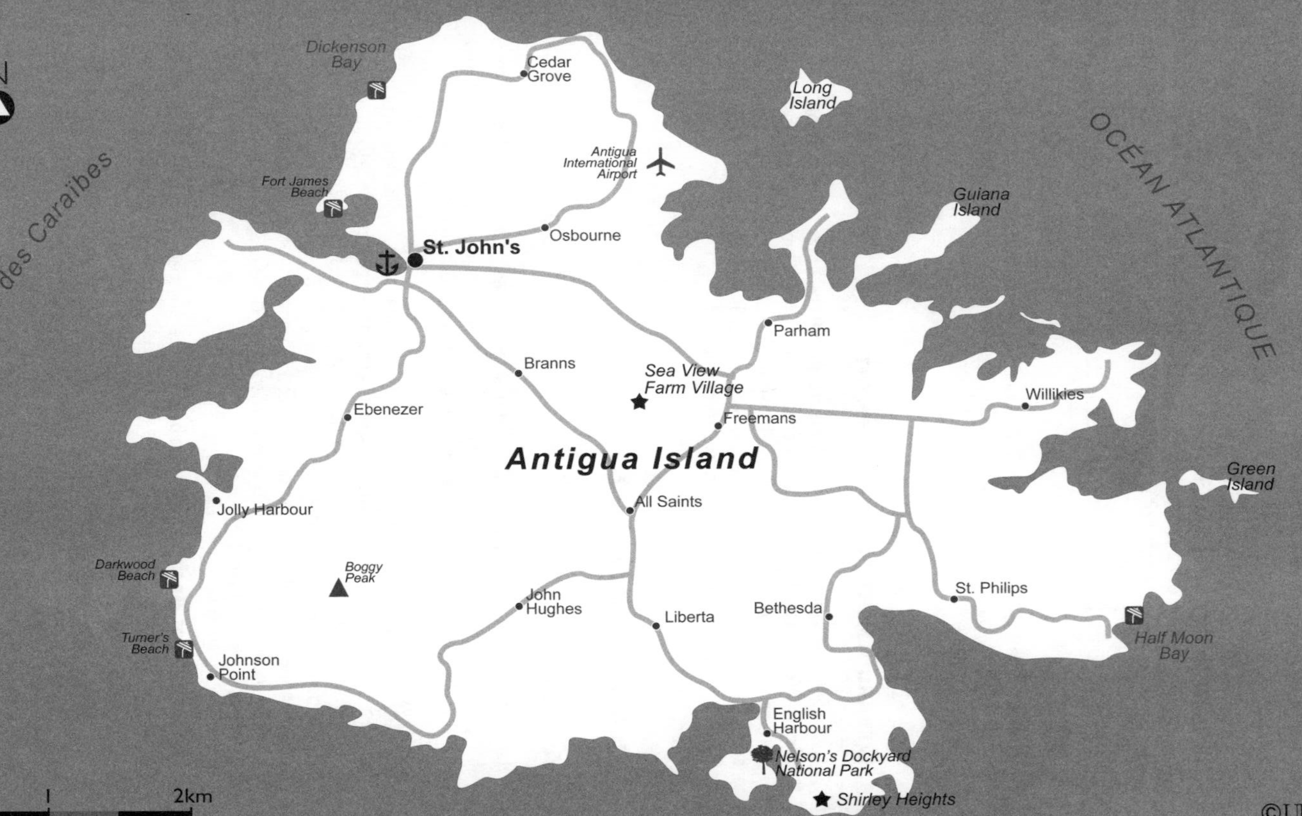

sur Antigua en 1623, puis sur Barbuda en 1661.

En 1674, Sir Christopher Codrington fonde la première grande plantation de canne à sucre sur l'île d'Antigua. En 1685, Codrington et sa famille louent toute l'île à la Couronne britannique pour la modique somme «*d'un gros cochon par an si demande est faite*», et ils établissent avec succès d'autres plantations.

Le saviez-vous?

Le nombre de voyageurs qui visitent annuellement Antigua-et-Barbuda équivaut à cinq fois la population résidante.

En 1784, l'amiral Nelson fait d'Antigua la plus grande base britannique de l'archipel. En 1981, Antigua-et-Barbuda accède à l'indépendance et devient un État membre du Commonwealth.

Débarquement et embarquement

Les bateaux accostent directement à **Heritage Quay** au port de **St. John's** ou au **Nevis Pier**. Si ces deux ports sont occupés à leur pleine capacité, il est possible que vous accostiez du côté commercial au Deepwater Harbour. Les boutiques et services se trouvent directement sur les quais Heritage et Redcliffe (boutiques hors taxes, casino, restaurants et taxis) et sont accessibles à pied.

Quoi faire? Quoi voir?

Antigua

La plus importante et la plus fréquentée des îles du pays, Antigua, qui fait 22 km de long sur 18 km de large, se visite aisément. Il est donc facile de faire alterner bain de soleil et découverte de la capitale, des villages et des côtes de l'île.

St. John's, la plus grande ville d'Antigua-et-Barbuda, s'est établie devant une baie. Elle est dominée par sa jolie **cathédrale anglicane**, érigée en 1845. Cette dernière vint remplacer les deux précédentes qui furent démolies lors de violents tremblements de terre qui secouèrent l'île en 1683 et en 1745. Au sud de la ville, il ne faut pas manquer de visiter le marché qui a lieu le vendredi et le samedi en matinée. C'est l'occasion de partager la bonne humeur légendaire des habitants de l'île venus y vendre leurs produits.

Le **Museum of Antigua and Barbuda**, situé au cœur de St. John's dans une ancienne demeure coloniale, présente l'histoire et la formation géologique des îles.

La région d'**English Harbour** révèle quant à elle le riche passé d'Antigua. Il est possible de visiter l'ancien chantier naval (XVIIIe siècle) au **Nelson's Dockyard National Park**. Fermé en 1889, le site a été réhabilité et rouvert au public au début des années 1960. Non loin, on pourra observer la **Clarence House**, lieu de résidence du futur roi William IV alors qu'il était en poste dans l'île.

Afin de jouir du plus beau point de vue de l'île, il faut se rendre à **Shirley Heights**. De cet ancien poste d'observation, le panorama s'ouvre sur le port et porte jusqu'en Guadeloupe. Le dimanche, l'endroit est envahi par des musiciens et les barbecues s'enflamment. Le **Dow's Hill Interpretation Center** propose une exposition multimédia sur l'histoire d'Antigua.

Depuis le XVIIIe siècle, l'île d'Antigua est réputée pour sa poterie. Il faut aller au **Sea View Farm Village** pour voir les potiers à l'œuvre. On pourra se procurer des poteries typiques sur place, bien que plusieurs boutiques de l'île en proposent également (attention à leur fragilité légendaire). Pour apprécier l'artisanat local, il faut se diriger vers **Brown's Bay**, où se trouve l'**Harmony Hall Art Gallery**.

Des excursions sont proposées en grand nombre, notamment en bateau. Voile, plongée-tuba, plongée sous-marine, pêche, randonnée pédestre, écotourisme et observation des oiseaux sont au menu. Les plages de sable blanc les plus populaires de l'île ont pour nom **Fort James Beach** (à 5 min du port), une plage appréciée autant par les habitants que par les touristes, **Dickenson Bay**, **Darkwood Beach**, **Turner's Beach**, sur la côte sud-ouest (l'eau y est calme, on peut louer parasols et chaises longues, et les restaurants y sont nombreux), et **Half Moon Bay**, à l'extrême sud-est (plus sauvage et isolée, parfaite pour qui recherche la tranquillité).

Pour en savoir plus

www.antigua-barbuda.com

Aruba

Oranjestad

Devise du territoire: *Une île heureuse*
Capitale: *Oranjestad*
Population: *101 000 Arubais*
Langue officielle: *néerlandais*
Système politique: *territoire néerlandais d'outre-mer / régime d'autonomie interne*
Monnaie: *florin des Antilles néerlandaises*
Devise acceptée: *dollar américain*

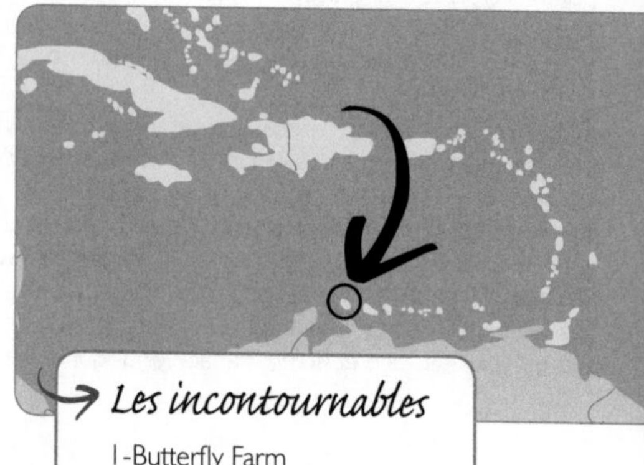

Les incontournables

1-Butterfly Farm
2-Les casinos
3-Les boutiques hors taxes

Un repaire de beauté

La côte méridionale d'Aruba, petit bijou des îles Sous-le-Vent, est caressée par des eaux cristallines et est bordée d'une végétation luxuriante propre à l'île. Ses plages de sable blanc sont de renommée mondiale. La côte septentrionale offre, quant à elle, des panoramas plus émouvants, avec ses parois rocheuses qui font l'envie des grimpeurs.

Aperçu géographique

Aruba, territoire néerlandais de 193 km^2, se trouve à environ 25 km au nord-ouest du Venezuela, dans la mer des Caraïbes. L'île fait 32 km de long et 10 km en sa partie la plus large. Elle est habitée par une population polyglotte qui s'exprime en néerlandais, en anglais, en espagnol, en *papiamento* (employé à la maison), en français et en allemand.

Le saviez-vous?

Le 1er janvier 1986, Aruba devint une entité politique distincte au sein du Royaume des Pays-Bas, un événement aux proportions historiques pour les habitants de l'île.

ARUBA

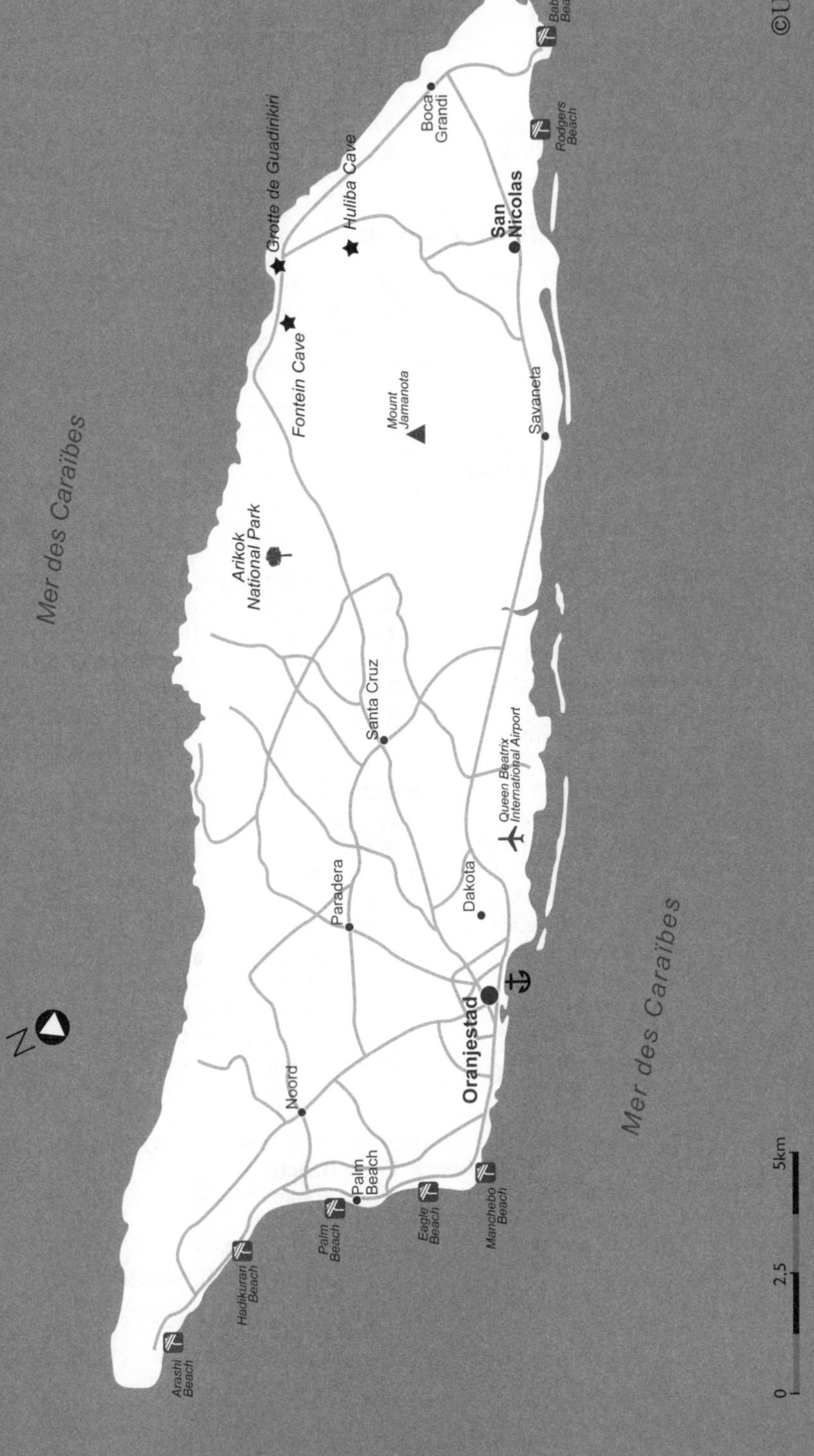

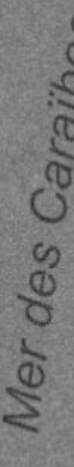

Mer des Caraïbes
Mer des Caraïbes
N
©ULYSSE
Baby Beach
Boca Grandi
Rodgers Beach
San Nicolas
Grotte de Guadirikiri
Huliba Cave
Fontein Cave
Mount Jamanota
Savaneta
Arikok National Park
Santa Cruz
Queen Beatrix International Airport
Paradera
Dakota
Oranjestad
Noord
Palm Beach
Palm Beach
Eagle Beach
Manchebo Beach
Hadikurari Beach
Arashi Beach
0
2,5
5km

Aperçu historique

Les premiers habitants d'Aruba étaient des Caquetios apparentés aux Arawaks. L'explorateur espagnol Alonso de Ojeda serait arrivé dans l'île en 1499. En 1636, alors que la guerre de 80 ans entre l'Espagne et la Hollande s'achevait, les Hollandais prirent définitivement possession d'Aruba. Bien qu'Aruba fasse toujours partie aujourd'hui du Royaume des Pays-Bas, elle fonctionne indépendamment des autres îles Sous-le-Vent des Antilles néerlandaises (Bonaire, Curaçao).

Débarquement et embarquement

Les bateaux accostent directement au port d'**Oranjestad**. Un terminal moderne, doté notamment d'un bureau d'information touristique, accueille les passagers. Les boutiques se trouvent à 5 min à pied du port. Oranjestad demeure l'endroit idéal pour faire ses emplettes. On y trouve, entre autres souvenirs, de nombreux produits d'artisanat local.

Quoi faire? Quoi voir?

Oranjestad

La capitale de l'île, Oranjestad, regroupe quelques musées aux thèmes divers. L'**Historical Museum** possède une collection d'objets liés à l'histoire d'Aruba, depuis l'époque des premiers habitants, les Caquetios, jusqu'à aujourd'hui. Le **Numismatic Museum** dispose de 30 000 pièces de monnaie historiques du monde entier. Quant à l'**Archaeological Museum**, il abrite, dans cinq salles d'exposition, des amphores contenant les restes incinérés de quelques-uns des premiers habitants de l'île, des outils et divers objets d'art anciens.

La **Butterfly Farm**, située à **Palm Beach**, en fascinera plus d'un grâce à son jardin tropical peuplé d'une pléiade de papillons provenant des quatre coins de la planète. En outre, il est possible d'y observer les différentes phases de la métamorphose de l'insecte, soit de l'œuf à la chenille et de la chrysalide au papillon.

Aruba se distingue également par un ensemble de grottes réputées pour leur beauté. La **grotte de Guadirikiri** comporte deux cavités baignées de rayons lumineux. Elle renferme un tunnel de 30 m de longueur habité par des chauves-souris. On raconte d'ailleurs que cette grotte fut jadis le repaire de pirates. La **Fontein Cave** conserve, tel un musée, des dessins réalisés par les Arawaks. La **Huliba Cave** demeure pour sa part mieux connue sous le nom de **Tunnel of Love** en raison de son ouverture en forme de cœur.

Les plages de sable blanc les plus populaires de l'île ont pour nom **Hadikurari Beach** (plongée-tuba), **Palm Beach**, **Eagle Beach** (idéale pour les pique-niques), **Rodgers Beach** et **Baby Beach** (parfaite, comme son nom l'indique, pour les jeunes enfants).

Pour en savoir plus

www.aruba.com
www.visitaruba.com

BAHAMAS

 *Nassau,* ⚓ *Freeport-Lucaya*

Devise nationale: *Maintenir, croître et progresser ensemble*

Capitale: *Nassau*

Population: *305 000 Bahamiens*

Langue officielle: *anglais*

Système politique: *régime parlementaire de type britannique / membre du Commonwealth*

Monnaie: *dollar des Bahamas*

Devise acceptée: *dollar américain*

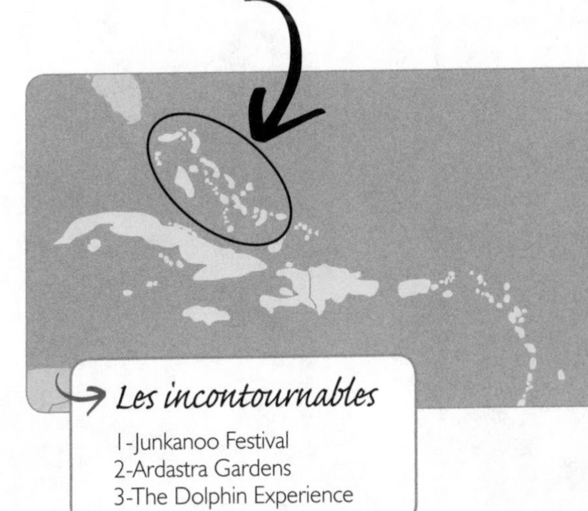

Les incontournables

1-Junkanoo Festival
2-Ardastra Gardens
3-The Dolphin Experience

700 ÎLES ET 2 400 CAYS

Sable rose, trous bleus et Barbe-Noire... Un peuple attachant, fier, raffiné et sans prétention... Les Bahamas possèdent deux personnalités bien distinctes qui en font en quelque sorte deux pays différents. D'un côté, il y a New Providence (Nassau), Paradise Island et Grand Bahama (Freeport), qui offrent l'éclat rutilant et le rythme trépidant des casinos, des bars, des paquebots de croisière, des boutiques chères, des yachts de luxe et des méga-complexes hôteliers où descend une clientèle assortie. De l'autre s'impose un ensemble d'îles beaucoup plus paisibles et peu peuplées faisant figure de dernière frontière et convenablement désignées du nom d'«Out Islands».

APERÇU GÉOGRAPHIQUE

Les Bahamas forment un chapelet insulaire d'une superficie de 885 km sur 320 km, qui s'égrène en direction du sud-est à partir d'un point situé à quelque 80 km des côtes de la Floride, et jusqu'à 113 km des côtes d'Haïti. Les Bahamas recèlent mille et un trésors naturels et historiques.

Bahamas

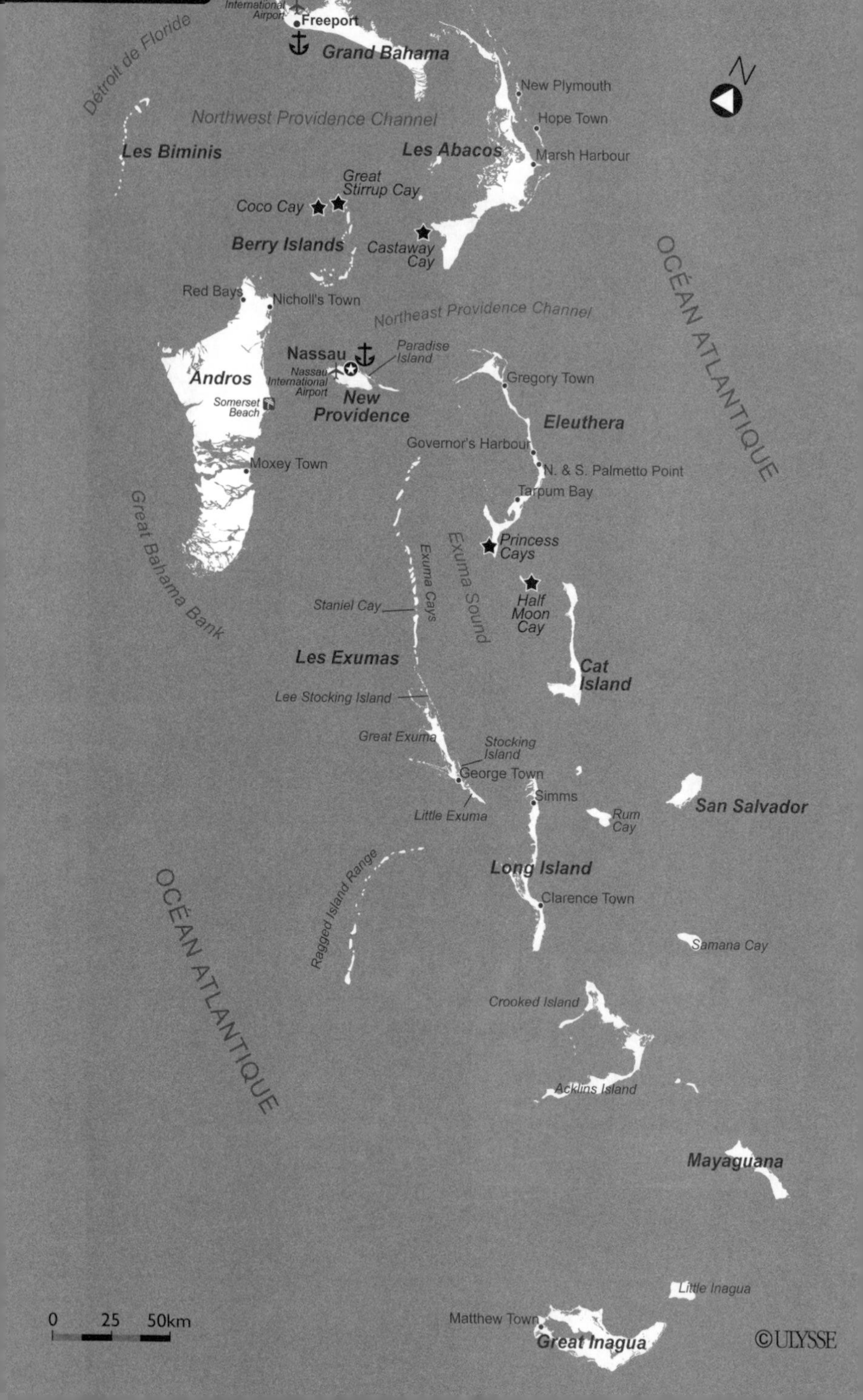

Water Cay
Freeport International Airport
Freeport
Grand Bahama
Détroit de Floride
New Plymouth
Northwest Providence Channel
Hope Town
Les Biminis
Les Abacos
Marsh Harbour
Great Stirrup Cay
Coco Cay
Berry Islands
Castaway Cay
Océan Atlantique
Red Bays
Nicholl's Town
Northeast Providence Channel
Nassau
Paradise Island
Nassau International Airport
Andros
Gregory Town
Somerset Beach
New Providence
Eleuthera
Governor's Harbour
N. & S. Palmetto Point
Moxey Town
Tarpum Bay
Great Bahama Bank
Exuma Cays
Exuma Sound
Princess Cays
Half Moon Cay
Staniel Cay
Les Exumas
Cat Island
Lee Stocking Island
Great Exuma
Stocking Island
George Town
Simms
San Salvador
Little Exuma
Rum Cay
Long Island
Ragged Island Range
Clarence Town
Océan Atlantique
Samana Cay
Crooked Island
Acklins Island
Mayaguana
Little Inagua
Matthew Town
Great Inagua
0 25 50km

Aperçu historique

D'abord patrie des Indiens lucayans, puis premier contact de Christophe Colomb avec le Nouveau Monde (sur l'île de San Salvador, le 12 octobre 1492) et ensuite terre d'accueil des puritains cherchant à échapper aux persécutions religieuses dès 1649, les Bahamas furent par la suite habitées par des naufrageurs vivant du pillage des bateaux de passage. Des boucaniers aussi notoires que Barbe-Noire, Henry Morgan et Anne Bonney, sillonnèrent ainsi leurs eaux traîtresses au début du XVIIIe siècle en quête de précieuses cargaisons.

Puis, après la guerre de l'Indépendance américaine, ce fut au tour des loyalistes britanniques des États-Unis de s'y installer avec leurs esclaves noirs en vue d'exploiter des champs de coton, une entreprise qui devait cependant s'avérer infructueuse. La population actuelle des îles descend d'ailleurs principalement de ces esclaves.

En 1919, la Prohibition américaine eut pour effet d'enrichir considérablement les Bahamas, des trafiquants de rhum ayant établi leurs quartiers à Nassau, Bimini et Grand Bahama. Enfin les touristes découvrirent ce coin de paradis, et, depuis les années 1930, leur nombre sans cesse croissant a joué un rôle de plus en plus important dans l'économie locale. Les Bahamas ont acquis leur indépendance le 10 juillet 1973.

Débarquement et embarquement

Il y a deux ports qui accueillent les paquebots de croisière aux Bahamas: celui de Nassau et celui de Freeport-Lucaya.

Nassau: les bateaux accostent directement au **Prince George Wharf**, non loin du Rawson Square et à côté du centre commercial hors taxes. La découverte des édifices gouvernementaux peut s'effectuer facilement à pied au départ du lieu de débarquement. Pour vous rendre à Paradise Island, comptez un peu moins de 6$ en taxi. Des navettes maritimes (3$) relient également le port à Paradise Island.

Freeport-Lucaya: les bateaux accostent au **Lucayan Harbour**, sur l'île de Grand Bahama, à l'ouest de Freeport. Pour se rendre à Freeport, il faut compter environ 15$ en taxi.

Par ailleurs, quelques compagnies de croisières ont fait l'acquisition de certaines îles des Bahamas. Ces îles privées sont alors inscrites dans leurs itinéraires. En règle générale, il n'y a pas de port sur ces îles; les navires mouillent au large, et une navette transporte les passagers dans les îles. Une exception notable est toutefois à signaler: Castaway Cay. Propriété de Disney Cruise Line, cette île possède son propre port.

Quoi faire? Quoi voir?

New Providence

Nassau, la capitale des Bahamas, se trouve sur l'île de New Providence. La plupart des touristes passent leurs vacances sur cette île, que ce soit à Nassau, Paradise Island ou Cable Beach.

Nassau

Nassau se présente comme une ville portuaire affairée pourvue de quelques attraits intéressants et d'édifices gouvernementaux qui méritent d'être explorés. La relève de la garde à la **Government House** *(Shirley Street)* offre en outre tout un spectacle, surtout lorsqu'elle s'effectue au son de la fanfare de la Royal Bahamas Police Band, dont les musiciens sont revêtus de tuniques en peau de léopard et coiffés de casques coloniaux (un samedi sur deux à 10h).

Tout juste en retrait du **Rawson Square**, le long de la **Woodes Rogers Walk**, s'étend le fameux **Straw Market** de Nassau, où les artisans eux-mêmes vendent leurs paniers, chapeaux, poupées, sacs et nattes de paille.

La **Junkanoo Expo** *(Prince George Wharf)* permet aux voyageurs de vivre, à toute période de l'année, l'expérience du Junkanoo Festival, qui se tient officiellement le 26 décembre et le 1er janvier. Les chars allégoriques et les costumes utilisés lors du célèbre défilé y sont en effet exposés en permanence.

Dans Bay Street, le **Parliament Square** est entouré de charmants édifices gouvernementaux construits au début du XIXe siècle. Peints en rose et rehaussés de colonnades, ils valent résolument le coup d'œil.

Le **Fort Fincastle** s'étend depuis les environs du marché jusqu'à l'intérieur des terres. Il arbore la silhouette d'un navire et offre une belle vue sur les environs. On y accède par le **Queen's Staircase**, un escalier de pierres construit en même temps que le fort même, soit en 1793.

Les amants de la faune et de la flore ne voudront pas manquer les **Ardastra Gardens** de Nassau, peuplés de plantes et d'oiseaux exotiques, ni les **Nassau Botanical Gardens**, parfaits pour une promenade idyllique.

Paradise Island

Paradise Island, cette île autrefois privée, repose immédiatement de l'autre côté du pont Paradise, au bout de la rue Mackey de Nassau, mais elle donne pourtant l'impression de se trouver à l'autre bout du monde. On dirait en effet un coin complètement perdu. Outre ses plages spectaculaires, Paradise s'enorgueillit de ses **Versailles Gardens** et de son **Cloister**, un authentique monastère français du XIVe siècle reconstruit pierre par pierre dans ce cadre tropical. Une pure merveille! Cette île fait également le bonheur des joueurs, puisque l'**Atlantis Paradise Island Resort & Casino**, un méga-complexe couvrant plus de 4 ha, est le plus grand casino des Caraïbes. Pour leur part, les **Blue Lagoon Island**, **Paradise Beach**, **Hartford Beach**, **Cabbage Beach** et **Snorkeler's Cove Beach** sont toutes bordées de sable blanc très fin. Quant au **Potter's Cay**, il s'agit d'un marché où l'on peut se

Nassau et Paradise Island
Océan Atlantique
0
250
500m
N
Silver Cay
Arawak Cay
Colonial Beach
Paradise Beach
Pirate's Cove
Paradise Island
Paradise Lagoon
Casuarina Dr.
Casuarina Dr.
Paradise Beach Dr.
Casino Dr.
Paradise Island
Harbour Dr.
Bayview Dr.
Harbour Rd.
Hurricane Hole
Paradise Island Bridge
Prince George Wharf
Cable Beach
Nassau Harbour
Straw Market
Rawson Square
Parliament Square
Fort Fincastle
West Bay St.
Ardastra Gardens
Bay St.
Dowdeswell St.
Shirley St.
East Bay St.
Shirley St.
Lake Waterloo
Ferguson Manor Rd.
St. Bernards Park
Nassau St.
West St.
Blue Hill Rd.
Market St.
East St.
Collins Ave.
Mackey St.
Kemp Rd.
Montagu Ave.
Sears Rd.
Boyd Rd.
Meadow St.
Hay St.
Taylor St.
Ross Cnr.
Quakoo St.
Fifth Terr. Rosetta
Sixth Terr. Madeira St.
Pyfrom Rd.
Poitier Ave.
Constitution Dr.
Churchill Ave.
Flamingo Ave.
Farington Rd.
Ferguson St.
Peter St.
Dunmore St.
Milton St.
Wilton St.
Chesapeake Rd.
Village Rd.
Windsor Rd.
Windsor Park
Wulff Rd.
Montrose Ave.
Arawak Ave.
Kemp Rd.
Farington Rd.
Warren St.
Thompson Blvd.
©ULYSSE
Davis St.

procurer fruits, légumes et crustacés, aménagé à même les quais où la prise du jour est invariablement la conque fraîche.

Cable Beach

Cable Beach regroupe un grand nombre d'immenses complexes hôteliers entièrement autonomes. Sur toute la longueur de **West Bay Street** (aussi connue sous le nom de **Dual Carriage Way**), vous découvrirez de magnifiques plages sablonneuses et des eaux cristallines se prêtant merveilleusement bien à la pratique de mille et un sports et activités.

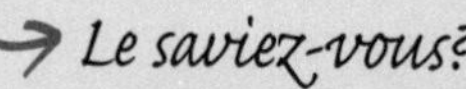

Sur les 700 îles qui font partie des Bahamas, seulement 30 sont habitées.

Pour parfaire la beauté de Castaway Cay, l'empire Disney a prélevé en mer l'équivalent de 50 000 chargements de camion de sable blanc.

Grand Bahama

Grand Bahama s'impose comme le rendez-vous des amateurs de faste et de prestige. Deux casinos et d'innombrables boutiques en font d'ailleurs une des haltes favorites des paquebots de croisière.

Freeport

Freeport est la principale ville de l'île et la seconde en importance au pays. Le charme de New Providence ou des Out Islands lui fait sans doute défaut, mais il y a tout de même beaucoup à voir et à faire à Freeport.

The Dolphin Experience *(sur le quai de l'UNEXSO, en face du Lucayan Beach Resort & Casino)* donne l'occasion aux plongeurs et autres amateurs d'interagir directement avec les dauphins. Vous pourrez même nager au côté de ces merveilleuses créatures. Il est toutefois recommandé de réserver à l'avance si vous avez l'intention de plonger avec les dauphins. L'UNEXSO organise par ailleurs diverses autres excursions de plongée sous-marine.

Aussi situé sur le quai de l'UNEXCO, le **Port Lucaya Marketplace** renferme une centaine de magasins. Il a supplanté l'International Bazaar dont la plupart des kiosques ont migré vers le Marketplace à la suite du passage d'un ouragan dévastateur en 2005. Cet endroit vous réserve des heures d'emplettes exceptionnelles.

Trois parcs adorables méritent d'être visités dans les environs. Le **Garden of the Groves** *(Midshipman Road)* assure la protection de fleurs, fougères, arbres et arbustes rares; on y célèbre souvent des mariages. Le **Lucayan National Park** *(à l'extrémité est de l'île)* abrite pour sa part des massifs de lilas des Indes, de tamariniers sauvages et de raisiniers, de même qu'une plage isolée et un important réseau de grottes sous-marines. Enfin, le **Rand Memorial Nature Centre** *(Settler's Way East)* permet d'admirer une variété de plantes et d'oiseaux, y compris des orchidées, sans oublier un village lucayan entièrement reconstitué.

FREEPORT
Rand Nature Centre
N
Queen's Highway
Milton St.
Keats St.
Settler's Way
West Explorer's Way
Explorer's Way
Nansen Ave.
Pioneers Way
Grenfell St.
Shaftsbury Ave.
Santa Maria Ave.
Cadwallader Dr.
West Atlantic
Driving
Pioneers Way East
Coral Rd.
Adventurers Way
Ponce de Leon
D.K. Ludwig's Bahamia Golf Course
E. Mall
Nelson Rd.
West Sunrise Highway
Poinciana St.
Gambier St.
Tamarind St.
Kennedy Dr.
East Sunrise Highway
Braemar St.
Schooner Dr.
Emerald Golf Course
Sunset St.
Maynard St.
E. Beach St.
Bluefish Rd.
Yorkshire Rd.
Aberdeen Dr.
Stratford St.
Pinta Ave.
The Mall South
Hampshire St.
St Andrews St.
Churchill Dr.
Pinta Ave.
Running Mon Marina
Lunar Blvd.
Dundee Bay Dr.
Oceanhill Blvd.
Glover St.
Xanadu Beach
Port of Call St.
Silver Point Dr.
Silver Point Beach
Northwest Providence Channel
0
500m
1km
Settler's Way East
Mallard St.
East Indianman Rd.
Sandcombe Dr.
Balao Rd.
Sergeant
Fiddler's
Green St.
Lucayan National Park
Garden of the Groves
East Sunrise Highway
Major Dr.
Lucayan Country Club
Sea Horse Rd.
Tahiti St.
Samoa St.
Dominica Ave.
Easter Ave.
Coral Rd.
Midshipman Rd.
Lucayan Harbour
Bahamas Reef Country Club
Port Lucaya Marketplace
Dolphin Experience
Bahama Reef Blvd.
Royal Palm Way
Lucayan Beach
©ULYSSE

Les îles privées

Plusieurs des itinéraires proposés par les plus grandes compagnies de croisières incluent une escale sur des îles ou autres lieux dont elles sont propriétaires. La majorité de ces îles ou plages privées se trouvent dans l'archipel des Bahamas.

Great Stirrup Cay, achetée par Norwegian Cruise Line en 1977, fut la première île où a été créée une station balnéaire privée développée spécifiquement pour les besoins d'une compagnie de croisières.

Coco Cay, une petite île anciennement appelée «Little Stirrup Cay», appartient quant à elle à Royal Caribbean.

Princess Cayes, qui n'est pas une île à proprement parler mais une plage située sur l'île d'Eleuthera, appartient depuis 1992 à Princess Cruise Line.

Holland America occupe de son côté 2% de **Half Moon Cay**, considérée par plusieurs comme la plus belle des îles privées. Sur le reste de cette île s'étend une réserve ornithologique gérée par le Bahamas National Trust, un organisme qui se voue à la protection de la faune.

Castaway Cay, une île qui est la propriété de l'empire Disney, est réservée exclusivement aux passagers et aux équipages de Disney Cruise Line. C'est la seule île privée où le bateau accoste à un quai. Elle offre de magnifiques plages, et il est possible d'y pratiquer divers sports nautiques. Ainsi, en y faisant de la plongée-tuba, on peut observer de vrais animaux marins au milieu de trésors disposés soigneusement par l'organisation de Disney.

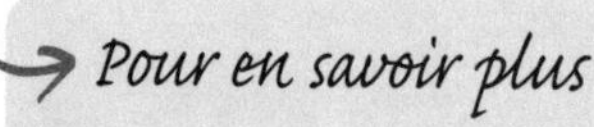

Guide de voyage Ulysse *Bahamas*
www.bahamas.com
www.unexso.com

Barbade

Bridgetown

Devise nationale: *Fierté et travail*

Capitale: *Bridgetown*

Population: *281 000 Barbadiens*

Langue officielle: *anglais*

Système politique: *monarchie constitutionnelle / membre du Commonwealth*

Monnaie: *dollar de la Barbade*

Devise acceptée: *dollar américain*

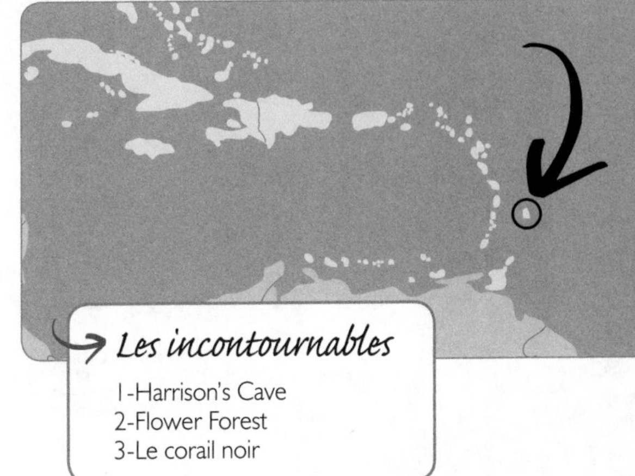

Les incontournables

1-Harrison's Cave
2-Flower Forest
3-Le corail noir

L'île la plus orientale des Caraïbes

Avec ses plages idylliques de sable rose et blanc, l'île de la Barbade est réputée pour son charme et son hospitalité. Grâce à un heureux mélange de tradition britannique et de joie de vivre antillaise, la population possède une vitalité particulière qui donne à cette île un air de carnaval toute l'année.

L'ouest de l'île, baigné par la mer des Caraïbes, offre des eaux chaudes, calmes et turquoise. À l'est, la côte Atlantique est plus accidentée et dangereuse.

Aperçu géographique

Située à 250 km au nord du Venezuela, la Barbade, d'une longueur de 31 km et d'une largeur maximale de 23 km, a une superficie totale de 430 km^2, ce qui en fait l'un des plus petits pays au monde. Administrativement, la Barbade est divisée en 11 communes: Christ Church, Saint Andrew, Saint George, Saint James, Saint John, Saint Joseph, Saint Lucy, Saint Michael, Saint Peter, Saint Philip et Saint Thomas. La capitale, Bridgetown, se trouve dans la commune de Saint Michael.

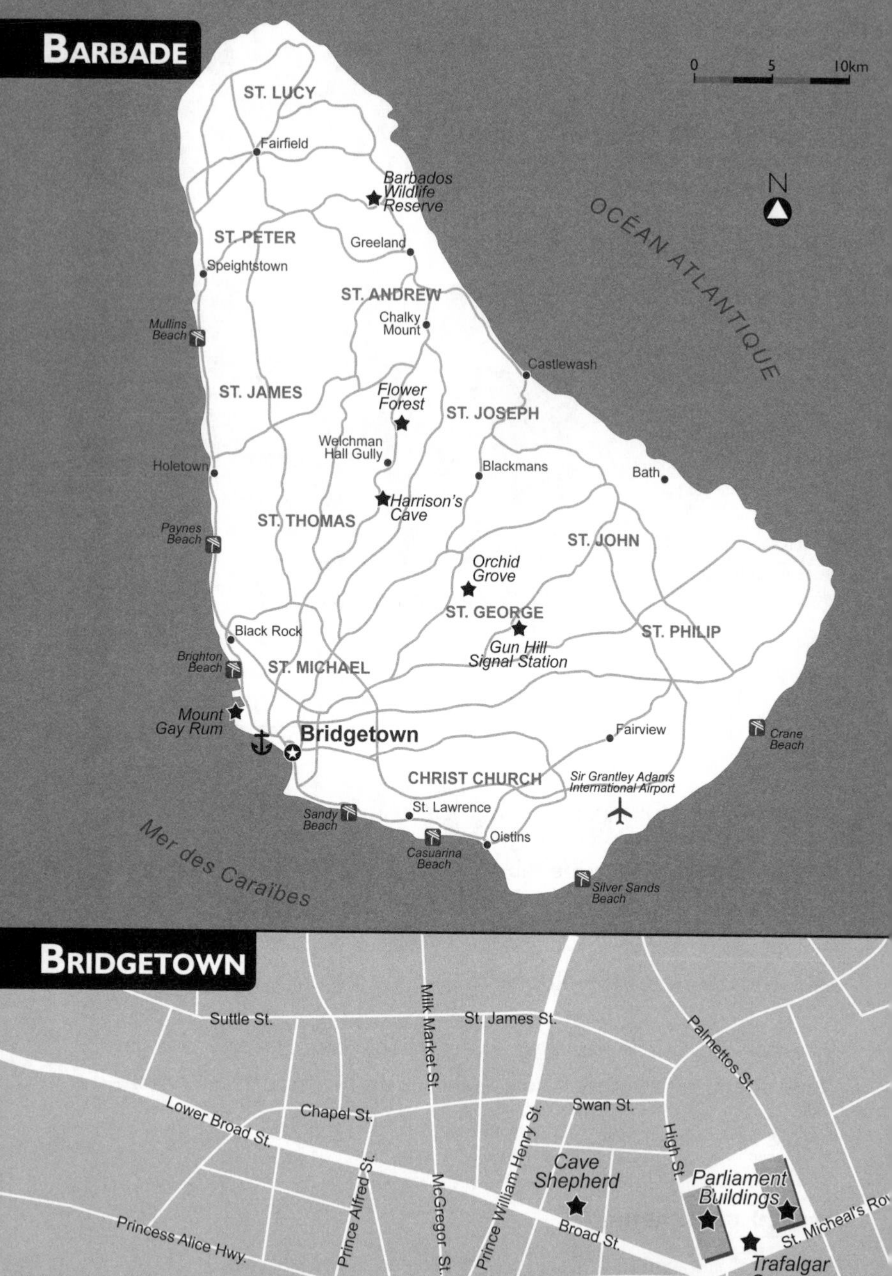
BARBADE
0 5 10km
N
ST. LUCY
Fairfield
Barbados Wildlife Reserve
ST. PETER
Greeland
Speightstown
OCÉAN ATLANTIQUE
ST. ANDREW
Chalky Mount
Mullins Beach
Castlewash
ST. JAMES
Flower Forest
ST. JOSEPH
Welchman Hall Gully
Blackmans
Bath
Holetown
Harrison's Cave
ST. THOMAS
Paynes Beach
ST. JOHN
Orchid Grove
ST. GEORGE
Black Rock
ST. PHILIP
Gun Hill Signal Station
Brighton Beach
ST. MICHAEL
Mount Gay Rum
Bridgetown
Fairview
Crane Beach
CHRIST CHURCH
Sir Grantley Adams International Airport
St. Lawrence
Sandy Beach
Oistins
Casuarina Beach
Mer des Caraïbes
Silver Sands Beach
BRIDGETOWN
Suttle St.
St. James St.
Milk Market St.
Palmettos St.
Lower Broad St.
Chapel St.
Swan St.
High St.
Prince William Henry St.
Prince Alfred St.
McGregor St.
Cave Shepherd
Parliament Buildings
St. Micheal's Ro
Princess Alice Hwy.
Broad St.
Trafalgar Square
Bridge St.
Constitution River
Fishing Harbour
Fairchild St.
Bay St.
Carlisle Bay

Aperçu historique

«Los Barbados» (les barbus) serait le nom qui aurait été donné à l'île par l'explorateur portugais Pedro A. Campo. Ses hommes trouvaient que les figuiers présents dans l'île donnaient des fruits à la peau rugueuse qui ressemblaient à une barbe d'homme. Après la visite des Portugais puis celle des Espagnols, l'île fut revendiquée le 14 mai 1625 par le capitaine John Powell pour la couronne d'Angleterre. En raison de sa situation géographique, la Barbade, l'île la plus orientale des Caraïbes, prendra rapidement une importance stratégique du point de vue militaire et naval. Après avoir subi elle aussi la colonisation et l'esclavage, la Barbade accède à l'indépendance en novembre 1966 et devient un État membre du Commonwealth.

Débarquement et embarquement

Le débarquement se fait à quelques minutes de la capitale, **Bridgetown**, dans un port des plus modernes. Taxis, entreprises de location de voitures, agences de tourisme, magasins hors taxes, boutiques d'artisanat... tout y est pour satisfaire toutes les bourses. Pour se rendre en ville, à moins de 20 min de marche (environ 1,6 km), il en coûte autour de 5$ en taxi ou 1,50$ par personne en bus.

Quoi faire? Quoi voir?

Bridgetown

Le centre-ville de Bridgetown est un mélange architectural composé de maisons coloniales anciennes et d'immeubles modernes. Sur le **Trafalgar Square** se dresse la statue de Lord Nelson, fameux amiral anglais, laquelle fut érigée 17 ans avant celle de Londres (le tout premier monument en son honneur fut inauguré à Montréal en 1809). Les **Parliament Buildings** de style néogothique entourent la place. Dans **Broad Street**, la plus commerçante des rues de la ville, le grand magasin **Cave Shepherd** est fréquenté pour ses boutiques hors taxes. On peut admirer le corail noir vendu dans les bijouteries (attention: en raison de sa rareté, son importation aux États-Unis et au Canada est interdite), ainsi que les poteries de la **Potters House Gallery** ou de **Earthworks Pottery**. Il est aussi possible de se reposer de la chaleur en visitant la **St. James Church**.

Pour attirer les navires vers ce qu'ils croyaient être Bridgetown et les pousser à s'échouer sur les récifs afin de les piller, le pirate Sam Lord suspendait des lanternes aux cocotiers le long de la côte de Long Bay, au sud de l'île.

Le passe-temps national à la Barbade est le cricket.

À **Welchman Hall Gully** *(commune de Saint Thomas)*, un luxuriant jardin tropical s'offre à la contemplation. Ceux qui aiment les orchidées doivent se rendre à **Orchid Grove** *(commune de Saint George)*, où 20 000 espèces sont cultivées. Dans la commune de Saint Joseph, on peut se promener dans les chemins de la **Flower Forest**, située à 255 m d'altitude, tout en admirant la végétation tropicale parsemée de fleurs variées (oiseaux de paradis, bégonias, etc.).

C'est à bord d'un tramway électrique spécialement conçu à cet effet que se fait la visite de la **Harrison's Cave** *(commune de Saint Thomas)*. Cette grotte compte parmi les plus belles au monde, et le clou du circuit est une spectaculaire chute d'eau souterraine. La **Francia Plantation** *(commune de Saint George)* intéressera les visiteurs épris d'histoire. Sa grande demeure coloniale qui servit de maison de plantation est entourée de jardins et de pelouses.

La **Gun Hill Signal Station** *(commune de Saint George)* offre une vue de l'île à 360 degrés. Elle avait pour but en 1818 de signaler l'approche des navires.

Le **Sam Lord's Castle Resort** *(commune de Saint Philip)* mérite une visite pour ses dorures et ses boiseries en acajou admirablement préservées. Sur le 1,6 hectare de la **Barbados Wildlife Reserve**, on peut observer certains animaux comme le singe gris, des tortues, des iguanes, des paons, des pythons…

C'est à la Barbade que le rhum fut distillé pour la première fois, et le tour guidé dénommé **Mount Gay Rum** (45 min environ) initie le visiteur à cette page de l'histoire de l'île.

Les plages

Sur la côte ouest, appelée aussi la «Côte d'or», vous trouverez la plage de **Payne's Bay**, à 15 min en taxi de Bridgetown, et le trio de plages au sable fin que sont **Bandon's Beach**, **Brighton Beach** et **Paradise Beach**. Les amateurs de plongée-tuba apprécieront particulièrement **Mullins Beach** et ses eaux turquoise. Au sud, **Sandy Beach** est la préférée des familles, alors que les véliplanchistes préfèreront les plages de **Casuarina** et de **Silver Sands**. Au sud-est, la côte baignée par l'Atlantique est plus dangereuse, mais très intéressante pour les surfeurs, notamment à **Crane Beach**.

www.barbados.org

BELIZE

Belize City

Devise nationale: *Je fleuris à l'ombre*

Capitale: *Belmopan*

Population: *301 000 Béliziens*

Langue officielle: *anglais*

Système politique: *démocratie parlementaire / membre du Commonwealth*

Monnaie: *dollar du Belize*

Devise acceptée: *dollar américain*

Les incontournables

1-Le site maya d'Altun Ha
2-La plongée sous-marine
3-L'observation des oiseaux

JUNGLE TROPICALE, SITES MAYAS ET BARRIÈRE DE CORAIL

Avec ses magnifiques sites de plongée, ses ruines d'anciennes cités mayas et sa superbe forêt tropicale, le Belize est devenu au fil des ans une escale de plus en plus populaire dans les Caraïbes. Tourné vers la préservation de la nature, ce petit pays d'Amérique centrale compte un grand nombre de réserves et de sites protégés. Sa faune et sa flore sont d'une richesse exceptionnelle, et sa côte est bordée par la deuxième barrière de corail en importance dans le monde après celle d'Australie. Ses eaux sont constellées d'une myriade d'îlots appelés *cayes* où l'on pratique de nombreuses activités nautiques.

APERÇU GÉOGRAPHIQUE

L'ancien Honduras britannique était une colonie de la Couronne de 1862 à 1964. Rebaptisé «Belize» en 1973, le pays n'obtint son indépendance qu'en 1981. Cet État d'Amérique centrale, qui s'étend sur 22 696 km^2, est bordé au nord par le Mexique, à l'ouest et au sud par le Guatemala et à l'est par la mer des Caraïbes. Il est dominé par les monts Mayas, qui culminent à environ 1 000 m d'altitude. Belmopan en est la capitale, mais Belize City reste la ville principale et le plus grand port du pays.

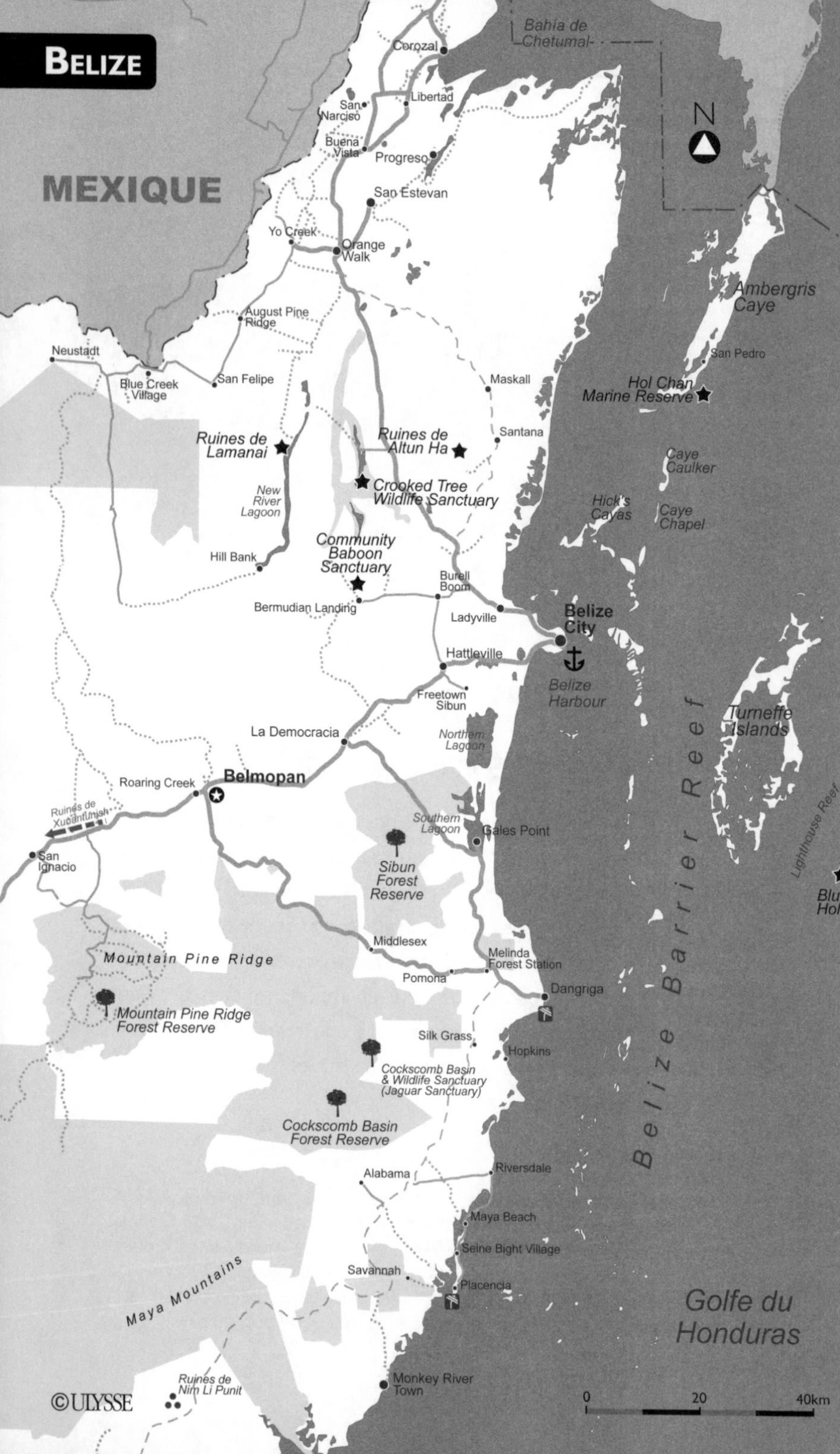

Belize
Bahía de Chetumal
Corozal
Libertad
San Narciso
Buena Vista
Progreso
MEXIQUE
San Estevan
Yo Creek
Orange Walk
Ambergris Caye
August Pine Ridge
Neustadt
Blue Creek Village
San Felipe
Maskall
San Pedro
Hol Chan Marine Reserve
Santana
Ruines de Lamanai
Ruines de Altun Ha
Caye Caulker
Crooked Tree Wildlife Sanctuary
New River Lagoon
Hick's Cayas
Caye Chapel
Community Baboon Sanctuary
Hill Bank
Burell Boom
Bermudian Landing
Ladyville
Belize City
Hattleville
Belize Harbour
Freetown Sibun
Turneffe Islands
La Democracia
Northern Lagoon
Belmopan
Roaring Creek
Ruines de Xunantunish
Southern Lagoon
Gales Point
San Ignacio
Sibun Forest Reserve
Lighthouse Reef
Blu Hol
Belize Barrier Reef
Middlesex
Melinda Forest Station
Mountain Pine Ridge
Pomona
Dangriga
Mountain Pine Ridge Forest Reserve
Silk Grass
Hopkins
Cockscomb Basin & Wildlife Sanctuary (Jaguar Sanctuary)
Cockscomb Basin Forest Reserve
Riversdale
Alabama
Maya Beach
Seine Bight Village
Maya Mountains
Savannah
Placencia
Golfe du Honduras
Ruines de Nim Li Punit
Monkey River Town
©ULYSSE
0
20
40km

Aperçu historique

Les vestiges archéologiques de Caracol, de Xunantunich et de Lamanai attestent la présence de cités mayas au Belize dès le Xe siècle. Après le passage des colons espagnols, les Britanniques, surnommés alors les *Baymen* en raison de leur établissement dans le golfe du Honduras, fondèrent au XVIIe siècle les premières exploitations forestières dans la région. Bien qu'ils ne s'y soient jamais implantés, l'Espagne et le Guatemala revendiquèrent rapidement le petit territoire d'Amérique centrale. La bataille de Saint George's Caye en 1798 marqua la victoire de la possession britannique face à l'Armada espagnole. Le Belize devint une colonie britannique en 1862 (Honduras britannique), mais il fallut attendre 1981 pour qu'il obtienne son indépendance, à la suite d'un accord entre la Grande-Bretagne et le Guatemala.

Débarquement et embarquement

Belize City est le principal port de plaisance du pays. Les bateaux n'accostent pas directement au port mais restent au large: le débarquement et l'embarquement se font par navires transbordeurs (durée de la traversée: 20 à 30 min). Les installations portuaires du **Fort Street Tourism Village** regroupent une cinquantaine de boutiques et de restaurants ainsi qu'un bureau d'information touristique. On peut aisément se rendre dans le centre de Belize City en taxi.

Quoi faire? Quoi voir?

Belize City

Plusieurs visites guidées sont organisées au départ de Belize City. Elles débutent généralement au **Marine Terminal and Maritime Museum**, situé au nord du **Swing Bridge**, le seul pont dans le monde à fonctionner encore manuellement. Ce musée est consacré à l'histoire de la pêche et de l'industrie nautique béliziennes. La **Government House**, l'ancienne résidence des gouverneurs, abrite aujourd'hui la **House of Culture**. Celle-ci expose la plus grande sculpture de jade jamais découverte sur les sites des anciennes cités mayas. En face de la maison des gouverneurs se trouve la **St John's Cathedral**, la plus ancienne église anglicane d'Amérique centrale et la seule, en dehors de l'Angleterre, où des rois ont été couronnés.

Le City and Sanctuary Tour combine la visite de Belize City à celle du **Belize Zoo**, situé entre Belize City et Belmopan. Le Belize Zoo n'est pas un zoo classique: c'est aussi un superbe milieu naturel.

Sites mayas

La cité maya d'**Altun Ha** *(durée de la visite: 4h)* fut découverte en 1957, à 45 km au nord de Belize City. C'est sur ce site que des fouilles excavèrent la fameuse «tête de jade» représentant le dieu solaire Kinich Ahau, l'une des plus grandes sculptures mayas jamais conçues dans ce matériau.

Lamanai *(durée de la visite: 7h30)*, dont le nom signifie «crocodile submergé», s'appelle ainsi en raison des nombreuses représentations de crocodiles que compte le site, qui se trouve sur la rive occidentale de la New River Lagoon. L'excursion en bateau pour atteindre les ruines en saison des pluies donne alors l'occasion d'admirer la faune et la

Le saviez-vous?

Il n'y a que trois feux de circulation dans tout le pays.

Dans les *cayes*, la voiturette de golf est très prisée comme moyen de transport.

flore tropicales. Sur cette rivière marécageuse, on peut apercevoir un village mennonite dont les familles vivent principalement d'élevage et d'agriculture.

Xunantunish *(durée de la visite: 8h)*, la «dame de pierre», est située près du petit village de San José Succotz. De là, il faut monter à bord d'un traversier pour franchir les rapides de la rivière Mopan, puis faire une courte randonnée en forêt avant d'atteindre le site. Celui-ci s'articule autour de six *plazas*, cernées de temples, de palais et d'une végétation tropicale luxuriante. L'escalade de la pyramide d'**El Castillo** est le point central de la visite de Xunantunish.

Les *cayes*

La **Hol Chan Marine Reserve** est une réserve marine située au sud-est de San Pedro, à **Ambergris Caye**. Elle protège de magnifiques récifs coralliens et constitue un site recherché pour la pratique de la plongée, avec tuba ou bouteille. À **Shark Ray Alley**, l'un des sites les plus populaires de la réserve, une eau limpide permet d'observer à loisir raies et requins. Les excursions en mer sont généralement suivies d'une visite de **San Pedro**, dont la plage fut célèbre dans les années 1980 grâce à la chanson de Madonna, «La Isla Bonita»!

Caye Caulker est le rendez-vous des promeneurs en quête d'une ambiance décontractée. C'est aussi le point de départ de nombreuses excursions vers la barrière de corail.

À 80 km de Belize City, au centre du Lighthouse Reef Atoll, le **Blue Hole** est un site de plongée paradisiaque. À l'origine de cette étonnante cavité d'un bleu profond, tranchant avec les eaux translucides de la mer des Caraïbes, se trouve une grotte sous-marine dont la surface s'est effondrée il y a plusieurs milliers d'années, révélant un trou béant de 124 m de profondeur et de 300 m de diamètre. De nombreuses excursions de plongée sont organisées au départ de Belize City et d'Ambergris Caye pour en explorer les eaux.

Les deux plus belles plages du pays se trouvent au sud de Belize City, à **Dangriga** et à **Placencia**. Elles offrent le confort des stations balnéaires des Caraïbes, avec leurs complexes hôteliers, leurs bars et leurs restaurants les pieds dans l'eau, le tout au cœur d'une nature sauvage.

Deux attraits pour les passionnés de la faune: le **Community Baboon Sanctuary**, refuge des singes hurleurs, situé à 48 km à l'ouest de Belize City, et le **Crooked Tree Wildlife Sanctuary**, une réserve naturelle située à 45 km au nord de Belize City, qui s'étend sur 2 400 ha et abrite plus de 300 espèces d'oiseaux.

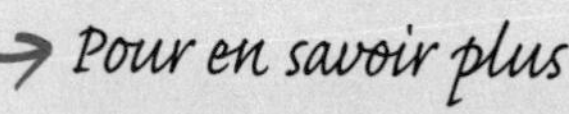

www.travelbelize.org
www.ambergriscaye.com
www.gocayecaulker.com

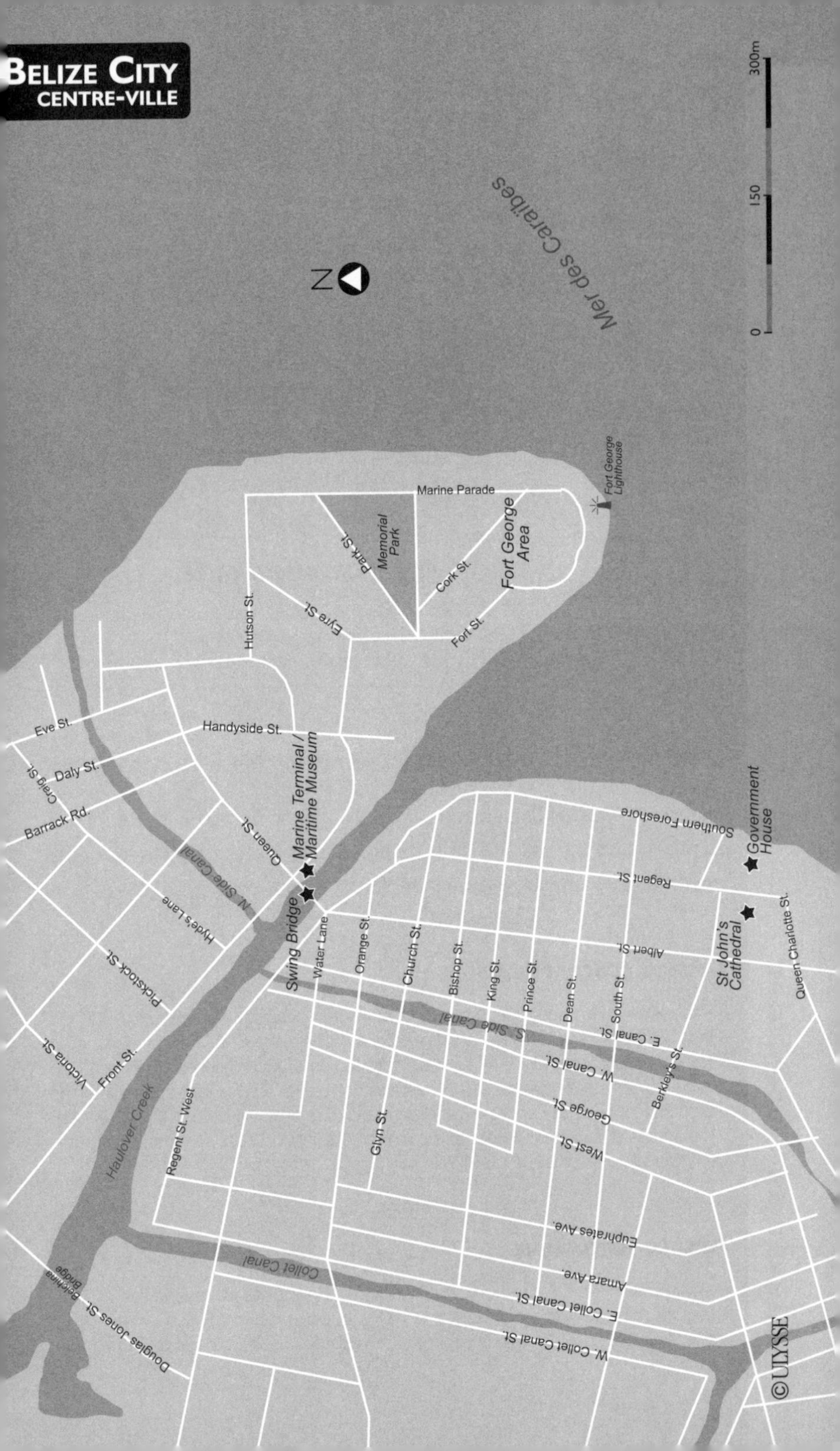

Belize City
Centre-ville

Mer des Caraïbes
N
0
150
300m
Marine Parade
Memorial Park
Park St.
Fort George Area
Fort George Lighthouse
Cork St.
Eyre St.
Fort St.
Hutson St.
Handyside St.
Eve St.
Daly St.
Craig St.
Barrack Rd.
Queen St.
N. Side Canal
Marine Terminal / Maritime Museum
Swing Bridge
Hyde's Lane
Pickstock St.
Front St.
Victoria St.
Haulover Creek
Southern Foreshore
Government House
Regent St.
Albert St.
St John's Cathedral
Queen Charlotte St.
Water Lane
Orange St.
Church St.
Bishop St.
King St.
Prince St.
Dean St.
South St.
S. Side Canal
E. Canal St.
W. Canal St.
Berkley's St.
George St.
West St.
Glyn St.
Regent St. West
Euphrates Ave.
Amara Ave.
Collet Canal
E. Collet Canal St.
W. Collet Canal St.
Douglas Jones St.
Belchina Bridge

Bermudes

Hamilton St. George's

Devise nationale: *Où que le destin m'entraîne*

Capitale: *Hamilton*

Population: *66 500 Bermudiens*

Langue officielle: *anglais*

Système politique: *territoire britannique d'outre-mer / régime d'autonomie interne*

Monnaie: *dollar des Bermudes*

Devise acceptée: *dollar américain*

Les incontournables

1-Bermuda Underwater Exploration Institute
2-Le golf
3-Les épaves pour la plongée sous-marine

L'archipel au collier d'îles parfumées

Baignées par le Gulf Stream et jouissant d'un climat favorable, les Bermudes constituent un petit paradis de la détente où les plages de sable rose et la végétation exubérante ne laissent indifférent aucun voyageur.

Aperçu géographique

L'archipel des Bermudes surgit au milieu de l'océan Atlantique, à environ 1 000 km à l'est des États-Unis, au nord-est des Bahamas (32ᵉ parallèle). D'une superficie de 53,5 km^2, il compte 360 îles (et îlots) dont 20 seulement sont habitées. Des ponts ou des chaussées relient les sept îles principales entre elles, ce qui leur donne la forme d'un hameçon. Grand Bermuda (ou Main Island), l'île principale, a une longueur d'environ 34 km, et sa largeur ne dépasse pas 3 km. Hamilton, située sur Grand Bermuda, est la capitale et la plus grande ville de l'archipel.

Aperçu historique

Bien qu'il lui ait donné son nom, l'Espagnol Juan Bermúdez ne revendique pas l'archipel au nom de l'Espagne lorsqu'il en fait la découverte en 1503. Ce n'est qu'un siècle plus tard, en 1609, que la colonie aurait débuté avec le naufrage du *Sea Venture*,

Bermudes

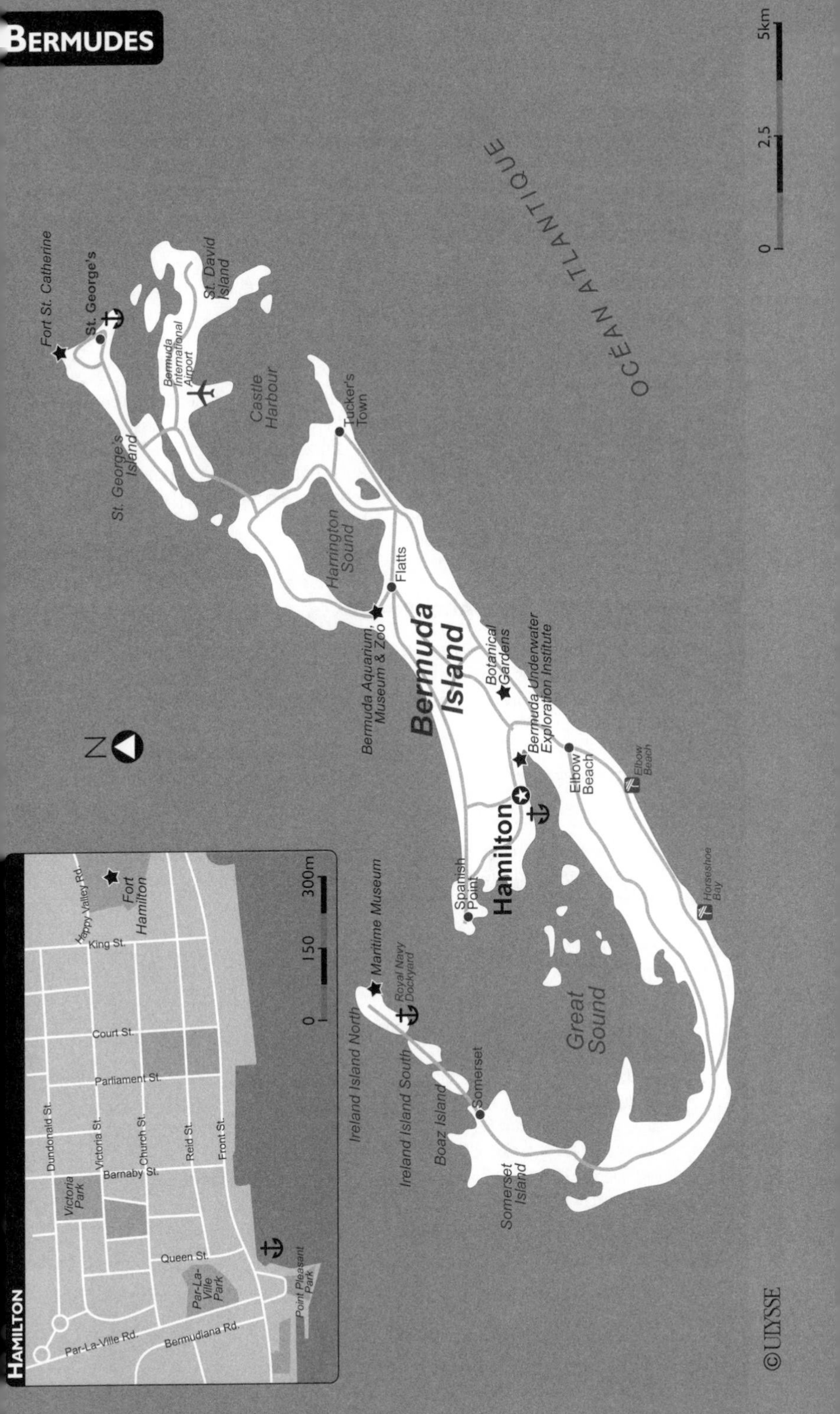

Hamilton

Dundonald St.
Victoria Park
Victoria St.
Happy Valley Rd.
Fort Hamilton
Par-La-Ville Rd.
Barnaby St.
Church St.
Parliament St.
Court St.
King St.
Bermudiana Rd.
Par-La-Ville Park
Queen St.
Reid St.
Front St.
Point Pleasant Park
0 150 300m

Fort St. Catherine
St. George's
St. George's Island
Bermuda International Airport
St. David Island
Castle Harbour
Harrington Sound
Tucker's Town
Bermuda Aquarium, Museum & Zoo
Flatts
Bermuda Island
Ireland Island North
Maritime Museum
Ireland Island South
Royal Navy Dockyard
Boaz Island
Somerset
Somerset Island
Spanish Point
Hamilton
Botanical Gardens
Bermuda Underwater Exploration Institute
Elbow Beach
Great Sound
Elbow Beach
Horseshoe Bay
OCÉAN ATLANTIQUE
0 2,5 5km

Le saviez-vous?

Aux Bermudes, la législation interdit l'affichage, les enseignes au néon et tout panneau-réclame. De plus, aucune chaîne de restauration rapide n'est tolérée dans l'archipel.

Bien que le climat soit doux et humide, il n'y a ni rivière ni eau douce aux Bermudes.

La location de voitures est défendue sur l'île, et ce, afin de protéger le territoire contre la pollution et le trafic.

navire de l'amiral Somers. Les marins rescapés ont construit des bateaux de remplacement en cèdre pour que Somers puisse reprendre la mer, après avoir laissé quelques hommes aux Bermudes afin d'en revendiquer la possession au nom de l'Angleterre. À partir de 1612, les premiers colons commencèrent à s'installer. L'archipel des Bermudes, territoire britannique, est aujourd'hui considéré comme un paradis fiscal. On y compte quelque 13 000 sociétés enregistrées.

Débarquement et embarquement

Dans la plupart des cas, les bateaux accostent au port d'**Hamilton**, sur Grand Bermuda. On peut facilement explorer le centre-ville d'Hamilton à pied depuis le lieu de débarquement. De nombreuses boutiques y accueillent d'ailleurs les croisiéristes.

Il se peut aussi que les paquebots aillent plus à l'est, sur l'île **St. George's**. Les passagers débarquent alors au cœur de cette ville historique qu'il est aisé de découvrir à pied.

Les plus gros bateaux s'arrêtent quant à eux au **Royal Naval Dockyard**, sur l'île Ireland. Plusieurs musées d'intérêt, boutiques et restaurants sont à signaler à proximité du lieu de débarquement.

Pour les croisiéristes qui souhaitent se balader d'une île à l'autre, quatre options leur sont offertes:

- Le taxi (environ 40$ l'heure pour quatre personnes, pour une période minimale de 3h) est plutôt cher.
- L'autobus, sûr et propre, constitue un excellent moyen de transport.
- Un scooter ou une mobylette qu'on peut louer sur place permet de se déplacer à sa guise. Attention: aux Bermudes, la conduite se fait à gauche de la route, et l'on rapporte beaucoup d'accidents impliquant ce type de véhicule.
- Le traversier qui relie Hamilton et Somerset Village, ou Hamilton et le Royal Navy Dockyard (King's Wharf), sur l'île Ireland, est également un bon choix.

Quoi faire? Quoi voir?

La faune, la flore et la mer occupent une place de choix aux Bermudes. Pour s'en rendre compte, il faut visiter le **Bermuda Aquarium, Museum & Zoo** *(www.bamz.org)* et son musée d'histoire naturelle. Le **Bermuda Underwater Exploration Institute** *(www.buei.org)* fait pour sa part découvrir aux visiteurs l'écosystème marin de l'archipel. Quant aux **Botanical Gardens**, ils présentent la flore subtropicale des îles.

Ceux qui désirent faire connaissance avec les dauphins se rendront au **Dolphin Quest** *(www.dolphinquest.org)*, où ils pourront non seulement approcher ces sympathiques mammifères, mais aussi jouer avec eux. Ceux qui préfèrent davantage le monde souterrain pourront visiter les **Crystal Caves**, où stalactites et stalagmites rivalisent de beauté.

Parmi les autres sites dignes de mention, notons, sur l'île Ireland, le **Royal Naval Dockyard**, où l'on peut notamment visiter le **Bermuda Maritime Museum**, le **National Trust Museum**, l'**Historical Society Museum**, le **St. George's Historical Society Museum**, le **Carriage Museum** (sur les voitures à attelage), le **Railway Museum and Curiosity Shop** (sur le chemin de fer) et la **Bermuda Perfumery** (parfumerie).

Le passé militaire des Bermudes est raconté au **Fort St. Catherine**, construit au XIXe siècle. Les visiteurs qui se rendront au **Fort Hamilton** jouiront quant à eux d'un splendide point de vue sur les environs.

Les golfeurs seront comblés: huit parcours ont été aménagés et l'archipel est l'une des régions du monde qui en comptent le plus par rapport à sa superficie.

Les amateurs de plongée (avec tuba ou bouteille) auront une belle barrière de corail et quelque 350 épaves à explorer. Les mordus de plein air, quant à eux, pourront s'adonner au vélo de montagne ou faire un «écotour» en kayak.

Finalement, nombre de plages publiques (**Horseshoe Bay**) ou semi-publiques (**Elbow Beach** dont une partie appartient au complexe hôtelier du même nom) accueillent les adeptes du farniente sur les côtes sud de l'archipel.

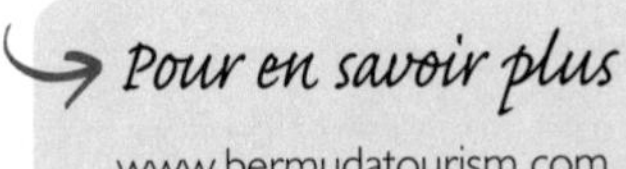

www.bermudatourism.com

Bonaire

Kralendijk

Devise nationale des Antilles néerlandaises: *D'accord sur la liberté*

Chef-lieu de l'île: *Kralendijk*

Population: *15 000 Bonairiens*

Langue officielle: *néerlandais*

Système politique: *territoire des Antilles néerlandaises*

Monnaie: *florin des Antilles néerlandaises*

Devise acceptée: *dollar américain*

Les incontournables

1-L'artisanat local
2-Bonaire National Marine Park
3-Les nombreux flamants roses

Le repaire des plongeurs dans les Antilles du Sud

Ses côtes, protégées depuis la fin des années 1970, en ont fait un repaire idéal pour les plongeurs, amateurs et chevronnés. Bonaire est l'oubliée des Antilles méridionales. Ses sœurs voisines, Curaçao et Aruba, lui ont damé le pion, mais la chaude néerlandaise se rattrape au fil des arrivées des paquebots de croisière, qui ont repéré là l'escale idéale en mer des Caraïbes. Outre la plongée – un grand merci au parc marin –, Bonaire séduit les croisiéristes amateurs de faune et de flore: vous repartirez de l'île avec quelques belles photos d'anciennes salines, de cactus géants ou de flamants roses, ces curieux échassiers tropicaux.

Aperçu géographique

Bonaire forme, avec Curaçao et Aruba, les îles ABC qui font également partie des îles Sous-le-Vent. Ce confetti antillais situé aux larges des côtes vénézuéliennes présente un relief relativement peu élevé – Brandaris Hill culmine à 240 m. Les températures affleurent annuellement les 30°C, et le facteur humidité est propice au développe-

Bonaire

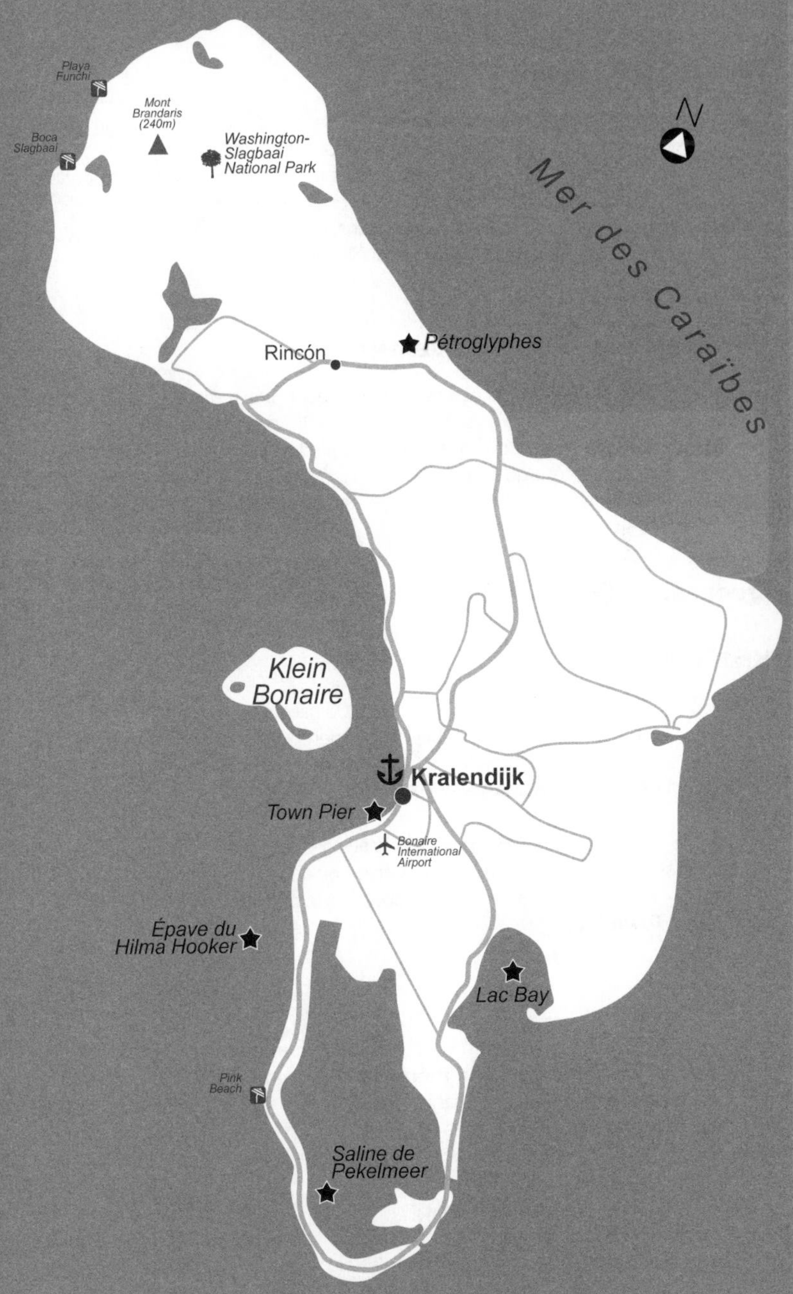

Playa Funchi
Mont Brandaris (240m)
Boca Slagbaai
Washington-Slagbaai National Park
N
Mer des Caraïbes
Rincón
Pétroglyphes
Klein Bonaire
Kralendijk
Town Pier
Bonaire International Airport
Épave du Hilma Hooker
Lac Bay
Pink Beach
Saline de Pekelmeer
0
2,5
5km

ment d'une végétation luxuriante. La saison des pluies touche Bonaire en octobre et en novembre, mais bien moins cependant que ses consœurs caribéennes.

Aperçu historique

Les Néerlandais conquièrent Bonaire en 1633. Elle sera exploitée par la compagnie des Indes occidentales jusqu'en 1791. Sous protectorat néerlandais depuis 1954, l'île a progressivement troqué ses salines et ses bases militaires, américaines et néerlandaises, contre des hôtels en bord de mer. Le développement de l'industrie touristique reste toutefois encadré grâce à la création, dans les années 1970, du Washington-Slagbaai National Park et du Bonaire National Marine Park.

Débarquement et embarquement

Les navires de petit tonnage accostent habituellement directement dans le port de **Kralendijk**; les autres paquebots se servent de navettes pour transporter leurs passagers. Le centre-ville n'est qu'à quelques minutes à pied du port. Vous explorerez Kaya Grandi, la principale artère du chef-lieu de Bonaire, bordée de quelques boutiques. Pour 30$, vous pourrez faire le tour de l'île en taxi pendant une demi-journée.

Quoi faire? Quoi voir?

Kralendijk

La capitale, Kralendijk, est une ville d'environ 3 000 habitants, située sur la côte ouest de Bonaire. Elle offre le charme paisible d'un ancien port colonial. Ses maisons aux murs roses, orangés et vert lime en constituent son principal attrait, avec le **Fort Oranje** et le **Museo Boneriano**, qui renferme quelques œuvres d'artistes locaux.

Au large de Kralendijk, **Klein Bonaire** (ou Petit Bonaire) est un petit rocher sauvage à l'état pur, spot favori des plongeurs et des pique-niqueurs. Un autre site réputé pour la plongée – mais de nuit cette fois pour observer le phénomène de la bioluminescence – est **Town Pier**.

Rincón

Le village de Rincón, situé au nord-ouest de Kralendijk, est la plus ancienne agglomération de l'île; un **monument à la mémoire de Simón Bolívar** en constitue le principal attrait. Près d'un sentier passant à proximité du village se trouvent des **pétroglyphes**, témoins de la présence des Arawaks, ces indigènes qui peuplaient l'île bien avant l'arrivée des colonisateurs européens et de leurs esclaves d'origine africaine.

À quelques kilomètres au sud de la capitale gît l'épave du ***Hilma Hooker***. Aujourd'hui, plonger près de ce cargo qui a sombré en 1984 au large des côtes de Bonaire constitue l'une des excursions sous-marines les plus populaires de la capitale.

Le **Washington-Slagbaai National Park** couvre le cinquième de la superficie de l'île. Le point culminant de Bonaire, le **mont Brandaris**, surplombe l'extrémité nord de ce parc national. Les flamants roses qui viennent s'y accoupler à la saison des pluies et les colonies de perroquets présentes sur le site attireront les amateurs d'ornithologie.

La **saline de Pekelmeer** s'étend sur la pointe sud de l'île. Elle produit de grandes quantités de sel, mais c'est surtout la présence de colonies de flamants roses qui vaut le déplacement.

Le **Bonaire National Marine Park** est l'attrait incontournable de l'île. Créé en 1979, ce parc marin protège les récifs coralliens faisant le pourtour de l'île et compte plusieurs sites de plongée exceptionnels. La proximité de ces récifs, si elle facilite les excursions en mer pour les plongeurs, réduit considérablement la bande de sable autour de l'île. Les amateurs de farniente parviendront néanmoins à dénicher quelques belles étendues sablonneuses. **Pink Beach**, située au sud-ouest de l'île, est réputée pour son sable rose. En effet, des coraux pulvérisés lui donnent cette coloration toute particulière. Idéale pour contempler le coucher de soleil, cette plage est très fréquentée la fin de semaine.

Quelques plages sont aussi accessibles dans le **Washington-Slagbaai National Park**, entre autres **Boca Slagbaai** et **Playa Funchi**; cependant, les insulaires les utilisent surtout comme point de départ pour une excursion de plongée sous-marine ou comme base pour des pique-niques en famille. Pour la planche à voile, dirigez-vous vers la côte est de Bonaire et les eaux turquoise de **Lac Bay**.

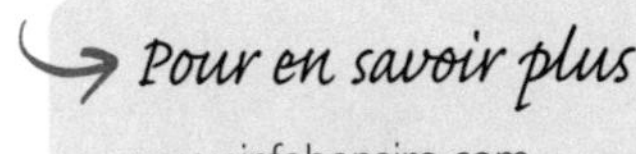

www.infobonaire.com

Colombie

Cartagena

Devise nationale: *Liberté et ordre*

Capitale: *Bogotá*

Population: *45 000 000 Colombiens*

Langue officielle: *espagnol*

Système politique: *république parlementaire*

Monnaie: *peso colombien*

Devise acceptée: *dollar américain*

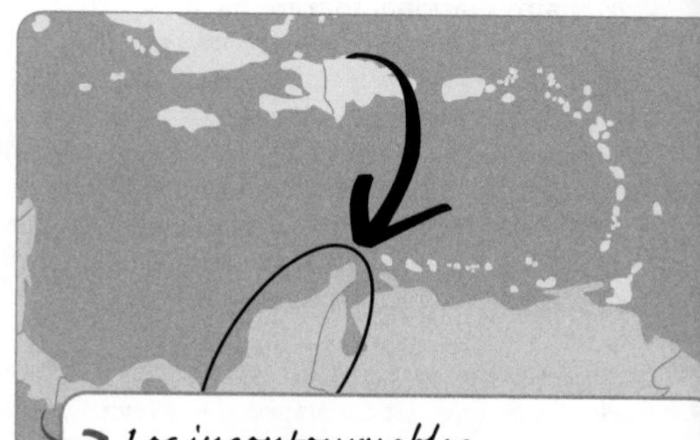

Les incontournables

1-Les quartiers El Centro et San Diego
2-Les reproductions d'artisanat précolombien
3-Les magnifiques balcons ouvragés

Ville du patrimoine mondial

Inscrite sur la Liste du patrimoine mondial de l'UNESCO, Cartagena, capitale du département de Bolívar, en Colombie, est considérée comme l'une des plus belles villes d'Amérique du Sud. Ce port de la mer des Caraïbes, l'un des plus importants du pays, possède un patrimoine historique et architectural indéniable. La baie de Cartagena fut en effet le point de départ de la conquête espagnole, et la ville fut par la suite le haut lieu des luttes indépendantistes menées par Bolívar au XIXe siècle. Cartagena, la «ville héroïque de Colombie», est une enclave fortifiée dont les rues sont marquées par une architecture de style colonial. Ses belles plages de sable blanc, qui parsèment la côte, constituent quant à elles le deuxième atout de cette halte inoubliable dans les Caraïbes.

Aperçu géographique

Le pays se divise en trois régions, aux climats et reliefs variés: le littoral, baigné par l'océan Pacifique et la mer des Caraïbes; les chaînes montagneuses des Andes, qui occupent une grande partie de l'ouest du pays; et enfin, les «vastes plaines» (Llanos) et la forêt amazonienne à l'est. Bogotá, la capitale, est située sur un plateau à 2 600 m d'altitude, au cœur de la cordillère orientale des Andes. Le climat, de type tropical humide sur la zone côtière, est plus tempéré à l'intérieur des terres, mais les variations climatiques sont importantes d'une région à l'autre. La saison des pluies s'étend d'avril à novembre.

CARTAGENA

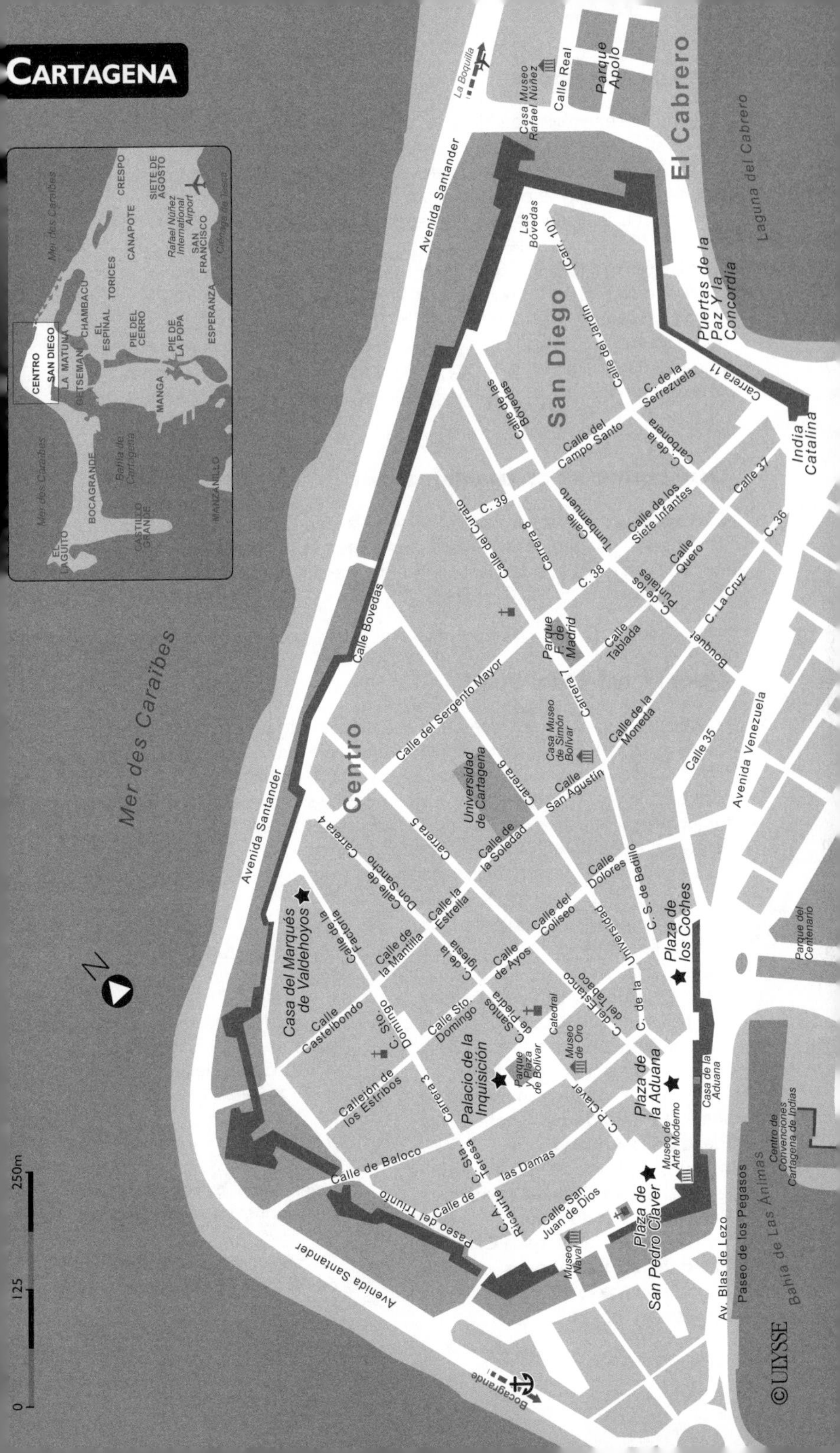

Mer des Caraïbes
Avenida Santander
Calle Bovedas
Centro
San Diego
El Cabrero
Laguna del Cabrero
Parque Apolo
Calle Real
Casa Museo Rafael Núñez
La Boquilla
Las Bóvedas
(Carr. 10)
Puertas de la Paz Y la Concordia
Carrera 11
India Catalina
Calle del Jardín
C. de la Serrezuela
Calle de las Bóvedas
Calle del Campo Santo
C. de la Carbonera
Calle 37
C. 39
Calle del Curato
Carrera 8
Calle Tumbamuerto
Calle de los Siete Infantes
C. 36
C. 38
Calle Quero
P. C. de los Puntales
C. La Cruz
Bouquet
Parque F. de Madrid
Calle Tablada
Calle del Sargento Mayor
Carrera 7
Casa Museo de Simón Bolívar
Calle de la Moneda
Calle 35
Avenida Venezuela
Universidad de Cartagena
Carrera 6
Calle San Agustín
Carrera 5
Carrera 4
Calle de la Soledad
Calle Dolores
C. S. de Badillo
Calle de Don Sancho
Calle la Estrella
Calle del Coliseo
Universidad
Plaza de los Coches
Parque del Centenario
Casa del Marqués de Valdehoyos
Calle de la Factoría
Calle de la Mantilla
C. de la Iglesia
Calle de Ayos
C. del Estanco del Tabaco
C. de la
Calle Castelbondo
C. Sto. Domingo
Calle Sto. Domingo
C. Santos de Piedra
Catedral
Museo de Oro
Plaza de la Aduana
Casa de la Aduana
Callejón de los Estribos
Carrera 3
Palacio de la Inquisición
Parque y Plaza de Bolívar
C. P. Claver
Museo de Arte Moderno
Centro de Convenciones Cartagena de Indias
Calle de Baloco
C. Sta. Teresa
Calle de las Damas
Paseo del Triunfo
C. Ricaurte
Calle San Juan de Dios
Plaza de San Pedro Claver
Museo Naval
Avenida Santander
Av. Blas de Lezo
Paseo de los Pegasos
Bahía de Las Ánimas
Bocagrande
0 125 250m

Mer des Caraïbes
CENTRO
SAN DIEGO
LA MATUNA
GETSEMANI
CHAMBACU
EL ESPINAL
TORICES
CRESPO
CANAPOTE
SIETE DE AGOSTO
Rafael Núñez International Airport
SAN FRANCISCO
Ciénaga de Tesca
PIE DEL CERRO
PIE DE LA POPA
ESPERANZA
MANGA
Bahía de Cartagena
BOCAGRANDE
EL LAGUITO
CASTILLO GRANDE
MANZANILLO

Aperçu historique

L'histoire de cette région du Nouveau Monde, découverte par Alonso de Ojeda en 1499, est marquée par d'incessants soubresauts politiques. Conquises par l'Espagne au XVIe siècle, les différentes colonies composant ce territoire furent rassemblées en une seule et même entité au début du XVIIIe siècle, la Nouvelle-Grenade. Les mouvements indépendantistes menés par Simón Bolívar au début du XIXe siècle aboutirent à la création de la République de la Grande-Colombie en 1819. Quelques années plus tard, en 1830, les départements qui la composaient se séparèrent, donnant naissance à trois nouveaux États: le Venezuela, l'Équateur et la Colombie. Le Panamá quant à lui fit sécession en 1903. Guerres civiles et instabilité des régimes politiques marquèrent la suite de l'histoire colombienne. Les dernières décennies virent se développer le trafic des narcotiques et émerger de nombreux groupes armés, impliqués dans d'incessantes guérillas.

Débarquement et embarquement

Cartagena est l'un des principaux ports de la côte caraïbe de l'Amérique du Sud. Comme son nombre de croisiéristes augmente sans cesse, un nouveau quai a été construit afin d'accueillir les paquebots et faciliter ainsi l'accès au centre-ville qui se trouve à 3 km.

Quoi faire? Quoi voir?

Fondée en 1533 par Pedro Heredia, Cartagena compte aujourd'hui près de 1,3 million d'habitants. La ville a su conserver ses ensembles architecturaux de style colonial espagnol, d'où l'impression, parfois ressentie par les visiteurs lorsqu'ils se promènent dans le vieux Cartagena, d'être en Andalousie et non en Colombie. Autrefois fréquemment attaquée par les flibustiers, Cartagena s'est enfermée derrière des remparts qui ceinturent la ville sur une longueur de 12 km. Aujourd'hui encore les miradors et les beffrois scrutent inlassablement l'horizon turquoise des Caraïbes.

Dans la vieille ville coloniale de Cartagena, il faut flâner le nez en l'air car le spectacle se passe aux balcons: ouvrages colorés, grappes de fleurs le long des murs et petites toitures pour s'abriter des pluies tropicales ou de la chaleur accablante du soleil. Lors de votre promenade, ne manquez pas de visiter la **Plaza de los Coches** et la **Plaza de la Aduana**, deux exemples typiques de l'architecture coloniale, le **cloître San Pedro Claver** et le **Palacio de la Inquisición**. Faites également un léger détour par la **Casa del Marqués de Valdehoyos**, un palais colonial avec de jolis patios ombragés bordés d'arbres géants.

Le saviez-vous?

Il a fallu deux siècles pour édifier les 12 kilomètres de remparts et les six forteresses qui entourent la vieille ville coloniale de Cartagena.

À Cartagena, «promenade» se dit *balconada* en raison des magnifiques balcons ouvragés qui jalonnent les vieilles rues.

Cartagena a été le coffre-fort des Caraïbes pour la couronne d'Espagne.

Les passionnés d'histoire militaire visiteront le **Castillo de San Felipe de Barajas**, une magnifique forteresse datant du XVIIe siècle, et sans doute l'un des plus importants ouvrages défensifs construits par les Espagnols en Amérique du Sud. À visiter également, les **forts de San Fernando et de San José**, situés au sud de la vieille ville coloniale.

Les adeptes du farniente seront sans doute séduits par **Bocagrande** et sa jolie plage de sable blanc. La station balnéaire aligne ses restaurants et boutiques le long de l'avenue San Martín, véritable repaire des amateurs de lèche-vitrine.

Au sud-ouest de la péninsule de Bocagrande, le petit archipel des **Islas de Rosario**, couvertes de mangroves et encerclées par une barrière de corail, constitue un site de plongée très couru. Les visiteurs peuvent également y observer une grande variété d'oiseaux.

Pour en savoir plus

www.cartagenadeindias.com.co
www.cartagenatravel.com

Costa Rica

Puerto Limón Puntarenas Caldera

Devise nationale: *À l'ombre je prospère*
Capitale: *San José*
Population: *4 143 000 Costaricains*
Langue officielle: *espagnol*
Système politique: *république*
Monnaie: *colon*
Devise acceptée: *dollar américain*

Les incontournables

1-Le café costaricain
2-L'observation de la faune et de la flore
3-Parque Nacional Tortuguero

Côte riche... Costa Rica!

C'est ainsi que Christophe Colomb baptisa cette terre d'Amérique centrale, devenue aujourd'hui l'un des hauts lieux de l'écotourisme dans le monde. Ses réserves et ses parcs nationaux, dont certains figurent sur la Liste du patrimoine mondial de l'UNESCO, protègent des ressources naturelles abritant une extraordinaire biodiversité. Dame Nature est reine au Costa Rica, où volcans, forêts tropicales et récifs coralliens attirent de plus en plus de visiteurs chaque année, faisant de ce pays le plus visité d'Amérique centrale. Bref, un vrai petit paradis sur terre, «sans ingrédients artificiels», comme le rappellent à juste titre les brochures touristiques du pays.

Aperçu géographique

Ce petit pays d'Amérique centrale, d'à peine 51 000 km^2, est bordé par le Nicaragua au nord, le Panamá au sud, la mer des Caraïbes à l'est et l'océan Pacifique à l'ouest. Une succession de chaînes montagneuses volcaniques s'étend du nord au sud, créant une frontière naturelle au centre du Costa Rica. Le Cerro Chirripó, le point le plus haut des cordillères, culmine à 3 819 m. Plusieurs volcans, éteints ou encore en activité, s'alignent le long de cet axe central: les ascensions les plus populaires sont celles

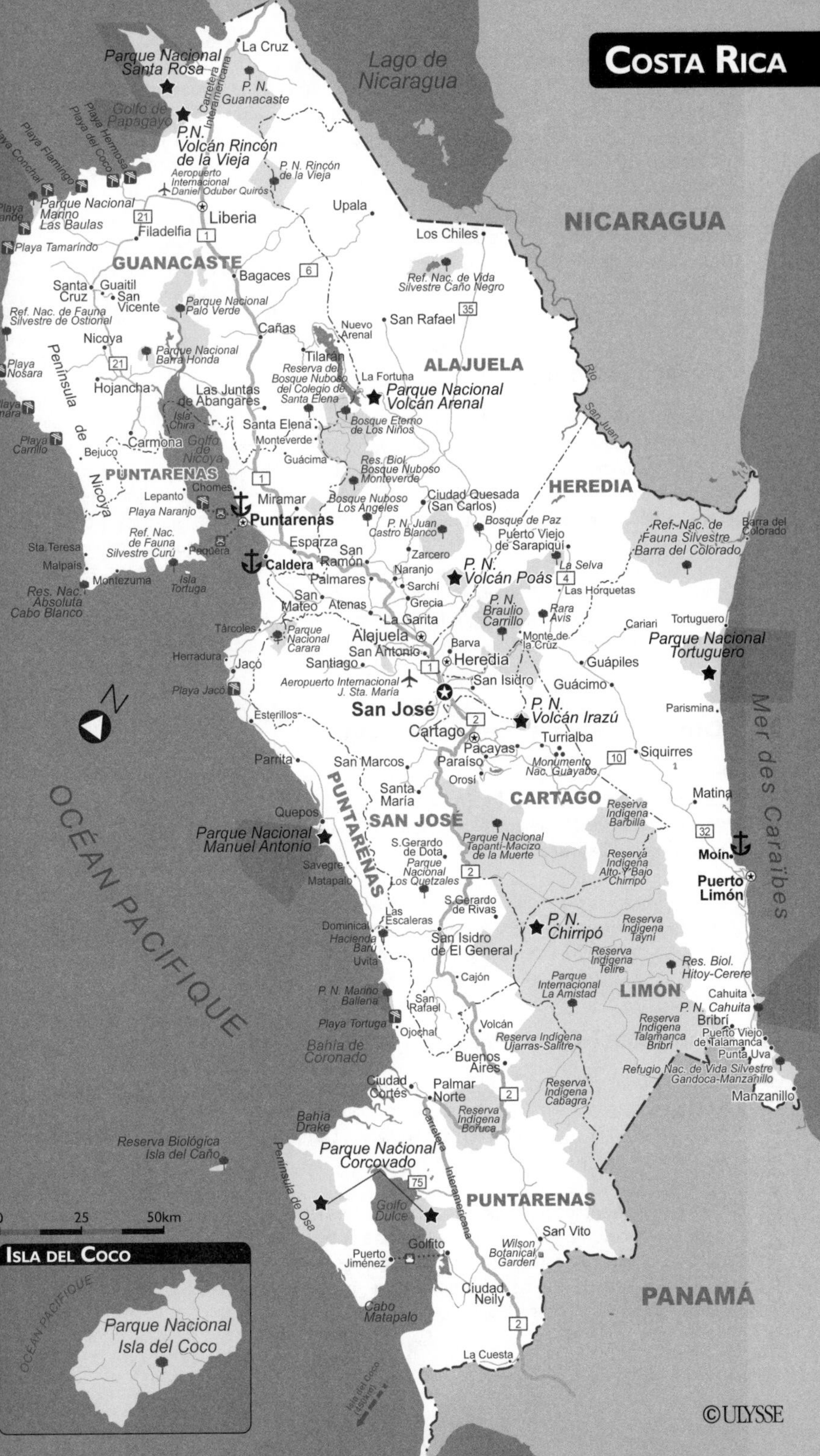

Costa Rica
Lago de Nicaragua
NICARAGUA
PANAMÁ
Océan Pacifique
Mer des Caraïbes
GUANACASTE
ALAJUELA
HEREDIA
PUNTARENAS
SAN JOSÉ
CARTAGO
LIMÓN
Parque Nacional Santa Rosa
P. N. Guanacaste
P.N. Volcán Rincón de la Vieja
Liberia
San José
Puntarenas
Caldera
Alajuela
Heredia
Cartago
Puerto Limón
Parque Nacional Volcán Arenal
Parque Nacional Manuel Antonio
Parque Nacional Tortuguero
P. N. Chirripó
Parque Nacional Corcovado
Golfito
Isla del Coco
Parque Nacional Isla del Coco
0 25 50km
©ULYSSE

des volcans Irazú (3 432 m), Poás (2 704 m) et Arenal (1 633 m). La Meseta Central, ou plateau central du Costa Rica, où se trouve aujourd'hui la capitale San José, est la région la plus peuplée du pays. La saison des pluies s'étend de mai à novembre, mais les précipitations sont variables d'une région à l'autre. Le climat est stable dans le plateau central; on parle même d'un «printemps éternel» car les températures affleurent toujours les 20°C. Les moyennes annuelles sont de 32°C sur les côtes et de 17°C à l'intérieur des terres.

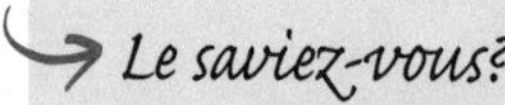

Près du quart du territoire costaricain est voué à la protection de la faune et de la flore.

Aperçu historique

Christophe Colomb découvrit ces terres d'Amérique centrale en 1502. Pensant à tort qu'elles étaient riches en or, il les baptisa «Costa Rica» (côte riche). Partie intégrante de la Capitainerie générale du Guatemala à partir de 1570, le pays ne sera que faiblement exploité par les conquérants espagnols en raison de son éloignement des centres décisionnels et de son absence apparente de ressources naturelles. Il obtient son indépendance en 1821, adhère aux Provinces-Unies d'Amérique centrale (1824-1838), puis affirme véritablement sa souveraineté en 1838. Le Costa Rica est reconnu comme l'un des pays d'Amérique centrale les plus stables politiquement et l'un des plus impliqués dans la lutte pour la pacification de la région, comme en témoigne l'attribution du prix Nobel de la paix au président costaricain Óscar Arias en 1987.

Débarquement et embarquement

Sur la côte Atlantique, la plupart des paquebots de croisière font escale à **Puerto Limón** ou dans le port de **Moín**. Les navires qui jettent l'ancre sur la côte Pacifique, généralement en fin de croisière, mouillent quant à eux dans les ports de **Puntarenas** ou de **Caldera**.

Les compagnies de croisières offrent généralement à leurs passagers de courtes excursions permettant de découvrir les principaux attraits naturels environnant ces ports. La capitale San José est située à environ 3h des côtes costaricaines.

Quoi faire? Quoi voir?

Au départ des ports de la côte Caraïbe (Limón ou Moín), les amateurs de nature vierge exploreront le parc national de Tortuguero, dans le nord du pays. Les plongeurs et les amoureux du farniente se dirigeront plutôt vers les plages de Cahuita ou de Puerto Viejo, au sud.

Les visiteurs dont les paquebots font escale dans les ports de Puntarenas ou de Caldera, sur la côte Pacifique, pourront partir à la découverte des plages paradisiaques du Guanacaste, des parcs nationaux sauvages de la province de Puntaneras ou encore de la magnifique région de la Vallée centrale, qui abrite la capitale San José mais aussi les plus impressionnants volcans du pays.

La côte Caraïbe

Dans la région de **Limón**, premier port de croisières au Costa Rica, le parc national de **Tortuguero** est considéré comme l'un des plus importants lieux de ponte des tortues vertes sur la côte Atlantique.

Les récifs coralliens de **Cahuita**, situés au sud de Limón, attirent plongeurs et surfeurs en grand nombre. Quant à **Puerto Viejo**, à quelques kilomètres de Cahuita, il est devenu, grâce à ses jolies plages de sable, une station balnéaire incontournable de la province de Limón.

La côte Pacifique

La côte Pacifique du **Guanacaste**, au nord-ouest du pays, est connue pour abriter de très belles plages de sable blanc: Playa Panamá, la très populaire **Playa del Coco**, les plages Hermosa et Ocotal ou Playa Grande, qui, avec le parc national Las Baulas, accueille chaque année des milliers de tortues luths.

Autres attraits naturels incontournables dans la région: l'étonnante forêt tropicale du parc national de **Santa Rosa** et les pics montagneux de la cordillère de Guanacaste, dont le plus populaire est le volcan **Rincón de la Vieja**.

Couvrant 11 276 km^2, **Puntarenas** est la plus grande province du pays. Ses plages et ses réserves naturelles bordent la frontière panaméenne, au sud du Costa Rica. Parmi les attraits les plus populaires de la région figurent les parcs nationaux de **Corcovado** et de **Manuel Antonio**. Ce dernier est le plus petit des parcs costaricains mais c'est aussi celui dont la flore est la plus variée, offrant à la fois des paysages de sable blanc et de forêt tropicale.

La Vallée centrale

Dans les régions touristiques du **Monteverde** et de la **Vallée centrale** se succèdent une superbe forêt tropicale humide, des plantations de café et une série d'impressionnantes chaînes de montagnes volcaniques (cordillère de Guanacaste, Cordillère centrale, cordillère de Talamanca), véritable paradis de la randonnée pédestre. Parmi les ascensions de volcans les plus populaires figurent celles des volcans **Poás** et **Irazú**, qui culminent respectivement à 2 708 m et à 3 432 m. L'autre excursion phare de la région est celle qui pénètre dans le **Parque Nacional Chirripó**, situé à cheval sur la Vallée centrale et la province de Puntaneras, et dont le sommet, le **Cerro Chirripó**, est le point le plus élevé du pays (3 820 m).

La région est également connue pour abriter la capitale du Costa Rica, **San José**, où l'on peut visiter le Théâtre national ainsi que le Musée de l'or, qui a trait à l'art précolombien. Autour de San José se sont développées les villes de **Cartago**, l'ancienne capitale costaricaine, où se trouve la **Basílica Nuestra Señora de los Ángeles**, haut lieu de pèlerinage; **Heredia**, célèbre pour ses champs de café et pour les descentes en eau vive du Sarapiquí; et **Alajuela**, point de départ des excursions vers l'impressionnant volcan **Arenal**, toujours en activité.

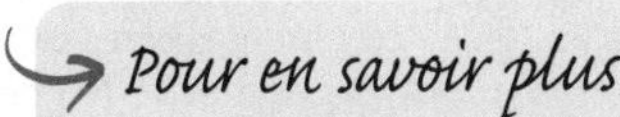

Guide de voyage Ulysse *Costa Rica*
www.visitcostarica.com
www.costaricabureau.com

Curaçao

Willemstad

Devise nationale des Antilles néerlandaises: D'accord sur la liberté

Chef-lieu de l'île: Willemstad

Population: 140 000 Curaçaoans

Langue officielle: néerlandais

Système politique: territoire des Antilles néerlandaises

Monnaie: florin des Antilles néerlandaises

Devise acceptée: dollar américain

Les incontournables

1-La synagogue Mikve Israel-Emanuel
2-Le cocktail Blue Lagoon à base de curaçao
3-Les boutiques hors taxes

Un cocktail de couleurs

L'île de Curaçao est à l'image du célèbre cocktail éponyme aux reflets bleus, rouges ou verts: colorée! Les tons pastel des maisons coloniales du port de Willemstad sont en effet devenus l'image de marque du tourisme dans l'île et pourraient presque remplacer les plages de sable blanc sur les cartes postales de Curaçao. Le bord de mer continue cependant de ravir les amateurs de farniente et de sports nautiques. Quant à la réserve océanographique, elle enchante les plongeurs grâce à ses 19 kilomètres de récifs coralliens.

Aperçu géographique

Curaçao, Bonaire, Saba, Saint-Eustache (Sint Eustatius) et Sint Maarten (partie méridionale de Saint-Martin)... Ce chapelet d'îles situées dans la mer des Caraïbes forme ce que l'on appelle les Antilles néerlandaises, Aruba n'en faisant pas partie officiellement. Curaçao, située au nord des côtes vénézuéliennes, est la plus grande de ces îles, s'étirant sur 64 km de long et 16 km de large. Bien que la principale activité industrielle de l'île soit le raffinage du pétrole vénézuélien, le gouvernement a tout mis en œuvre pour favoriser l'industrie du tourisme en s'appuyant sur le multilinguisme des insulaires.

Curaçao

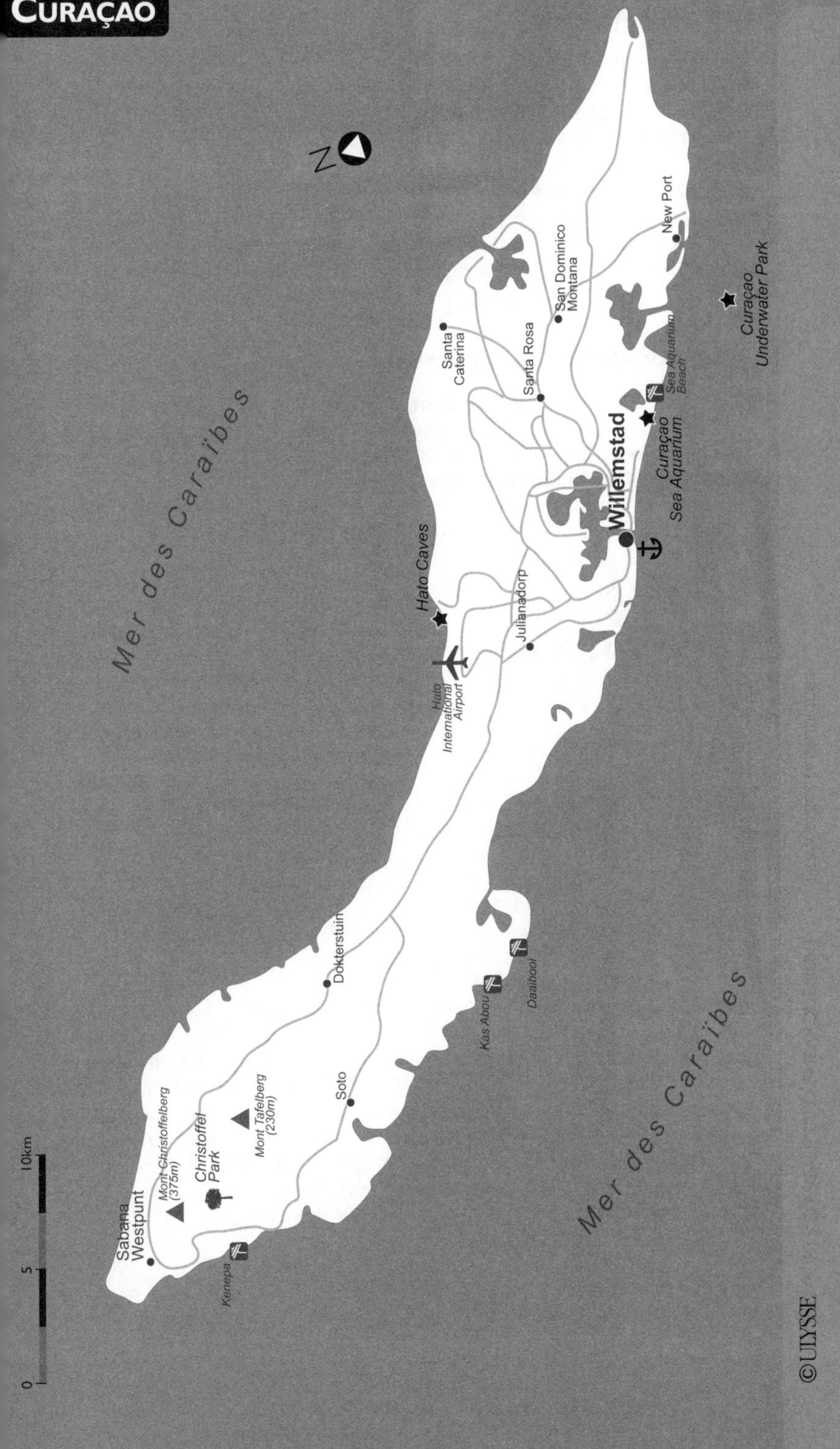

N

Mer des Caraïbes

New Port

San Dominico Montana

Santa Caterina

Santa Rosa

Curaçao Underwater Park

Sea Aquarium Beach

Curaçao Sea Aquarium

Willemstad

Hato Caves

Julianadorp

Hato International Airport

Dokterstuin

Daaibooi

Kas Abou

Mer des Caraïbes

Soto

Mont Tafelberg (230m)

Mont Christoffelberg (375m)

Christoffel Park

Sabana Westpunt

Kenepa

0 5 10km

Aperçu historique

L'explorateur espagnol Alonso de Ojeda découvrit l'île de Curaçao en 1499. Possession espagnole au XVIe siècle, elle passa entre les mains de la Compagnie hollandaise des Indes occidentales en 1634. Les Hollandais feront de l'île une plaque tournante du commerce des esclaves dans les Caraïbes.

La découverte d'un gisement de pétrole au Venezuela en 1914 entraînera l'ouverture d'une usine de raffinage, une activité qui constitue encore aujourd'hui l'un des principaux moteurs économiques de l'île. Les Antilles néerlandaises obtinrent leur autonomie en 1954, tout en restant partie intégrante du Royaume des Pays-Bas.

Débarquement et embarquement

Les paquebots accostent à **Willemstad**, principale ville de l'île. Le débarquement se fait à l'un des deux ports: les plus gros paquebots iront au **Curaçao Mega Pier** à quelques minutes du centre-ville; et les plus petits iront au **Curaçao Cruise Terminal** près du **Queen Emma Bridge**. Le centre de Willemstad est aisément accessible à pied et peut se visiter en quelques heures. Bien qu'il y ait de nombreuses boutiques hors taxes dans le complexe du **Riffort Village**, situé à proximité, il est préférable de faire ses achats à Willemstad.

Quoi faire? Quoi voir?

Willemstad

Willemstad, ville inscrite sur la Liste du patrimoine mondial de l'UNESCO, est un attrait incontournable de Curaçao. Les maisons et commerces restaurés, à l'architecture typiquement coloniale, s'alignent le long des quais et rappellent l'héritage néerlandais de l'île. Les forteresses érigées dans le port témoignent quant à elles des luttes de pouvoir entre les grandes armadas européennes au XVIIe siècle pour implanter des comptoirs commerciaux dans les Caraïbes.

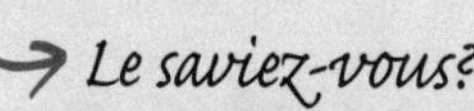

De 1901 à 1934, les habitants de l'île devaient payer un droit de passage pour emprunter le pont flottant surnommée la *Swinging Old Lady*. **Seuls les indigents dont les pieds étaient nus étaient autorisés à traverser le pont gratuitement.**

Quelque 55 nationalités cohabitent dans l'île de Curaçao.

Le **Queen Emma Bridge**, ce pont piétonnier flottant qui relie les quartiers de Punda et d'Otrobanda, fut construit en 1888. La ***Swinging Old Lady***, comme on le surnomme, pivote une vingtaine de fois par jour pour permettre aux bateaux d'accéder au port. À proximité du Queen Emma Bridge se trouve la **Harbor Duty Free Zone**, l'une des plus importantes zones commerciales détaxées des Caraïbes. Elle comprend environ 200 boutiques qui vendent entre autres la fameuse liqueur à base d'écorces d'oranges, le curaçao, et bien sûr, des fromages hollandais comme le gouda et l'édam.

À quelques minutes du pont, les marchands vénézuéliens et colombiens se réunissent au **Floating Market**, le marché flottant. Ils arrivent en bateau pour vendre des produits frais: légumes, fruits, poissons, etc.

Érigé en 1635, et inscrit sur la Liste du patrimoine mondial de l'UNESCO, le **Fort Amsterdam** est le plus grand ouvrage militaire construit sur l'île de Curaçao. Ses murs abritent aujourd'hui la résidence du gouverneur ainsi qu'une église, la United Protestant Church.

Fondée en 1651, la **synagogue Mikve Israel-Emanuel** est le plus ancien temple juif des Amériques qui célèbre encore le culte. Le bâtiment adjacent renferme le **Jewish Cultural Museum**, qui expose divers objets retraçant l'histoire de la communauté juive dans l'île.

Le **Curaçao Museum** loge dans un ancien hôpital du quartier d'Otrobanda, qui fut construit par l'armée royale hollandaise au XIXe siècle. Le musée expose aujourd'hui des œuvres des plus célèbres artistes locaux et possède une collection d'antiquités datant des XVIIIe et XIXe siècles, notamment quelques très belles pièces en acajou.

Le **Kurá Hulanda Museum**, qui se trouve lui aussi dans le quartier d'Otrobanda, retrace l'histoire du commerce des esclaves dans le Nouveau Monde, depuis leur capture sur le continent africain jusqu'à leur arrivée dans des plantations caribéennes ou américaines.

Excursions aux alentours de Willemstad

Les **Hato Caves**, des grottes préhistoriques, cachent des fossiles, de magnifiques formations de stalactites et de stalagmites ainsi que de petits lacs souterrains. Elles servaient autrefois d'abris aux Arawaks, puis de cachettes aux esclaves.

Le **Curaçao Sea Aquarium**, situé sur la côte à quelques kilomètres au sud de Willemstad, est un complexe unique dont les bassins sont constamment alimentés en eau de mer. Il offre la possibilité de plonger et de nager avec une multitude de poissons tropicaux, de raies, de tortues de mer, etc.

Les adeptes d'écotourisme se rendront au **Christoffel Park**, une réserve abritant différentes espèces protégées. Le sentier qui mène jusqu'au sommet du parc, **St. Christoffelberg**, est bordé de dessins arawaks. On y trouve également un amoncellement de roches, la **Piedra di Montón**, une pièce créée par les esclaves qui travaillaient sur les plantations environnantes.

Parmi les plages les plus courues de Curaçao figure la **Sea Aquarium Beach**, une longue étendue de sable blanc bordée de cocotiers et parsemée de paillotes. L'endroit est très bien aménagé pour accueillir les visiteurs. La plage permet également d'accéder au **Curacao Underwater Park**, une réserve océanographique protégeant de superbes récifs coralliens: c'est un véritable paradis pour la plongée.

Citons également trois autres plages très populaires à Curaçao: **Kas Abou**, qui possède des paillotes pour s'abriter du soleil, **Kenepa** et **Daaibooi**, une petite baie proche de Willemstad, parfaite pour la plongée-tuba.

Pour en savoir plus

www.curacao-tourism.com
www.curacao-sea-aquarium.com
www.curacao-travelguide.com

Dominique

Roseau · Woodbrige Bay · Portsmouth

Devise nationale: *Après Dieu est la terre*

Capitale: *Roseau*

Population: *72 500 Dominiquais*

Langue officielle: *anglais*

Système politique: *république parlementaire / membre du Commonwealth*

Monnaie: *dollar des Caraïbes orientales*

Devise acceptée: *dollar américain*

Les incontournables

1-La randonnée pédestre
2-La bière locale Kubuli
3-Morne Trois Pitons National Park

La plus sauvage des Îles du Vent

Cette minuscule île de l'archipel des Petites Antilles réserve bien des surprises. Les amateurs de farniente passeront sans doute leur chemin, mais les amoureux de nature vierge seront conquis par la Dominique! Cette île volcanique regorge en effet de réserves naturelles, de parcs marins et de pics montagneux tapissés d'une végétation luxuriante. Reconnue comme l'un des meilleurs sites d'observation des baleines dans les Caraïbes, la Dominique offre aux amateurs de plongée de superbes fonds marins au large de ses côtes. Ceux qui seraient davantage tentés par la randonnée iront au Morne Trois Pitons National Park. Au programme: exploration de la forêt tropicale, observation de l'activité volcanique de l'île et baignade dans de superbes cascades.

Aperçu géographique

Située entre les îles françaises de la Guadeloupe et de la Martinique, la Dominique est baignée à l'ouest par la mer des Caraïbes et à l'est par l'océan Atlantique. Cette île de 754 km^2 s'étend sur 49 km du nord au sud et sur 25 km d'est en ouest. Également appelée «Commonwealth of Dominica», pour la distinguer de la République dominicaine, cette île montagneuse, de formation volcanique, offre aux randonneurs de

Dominique

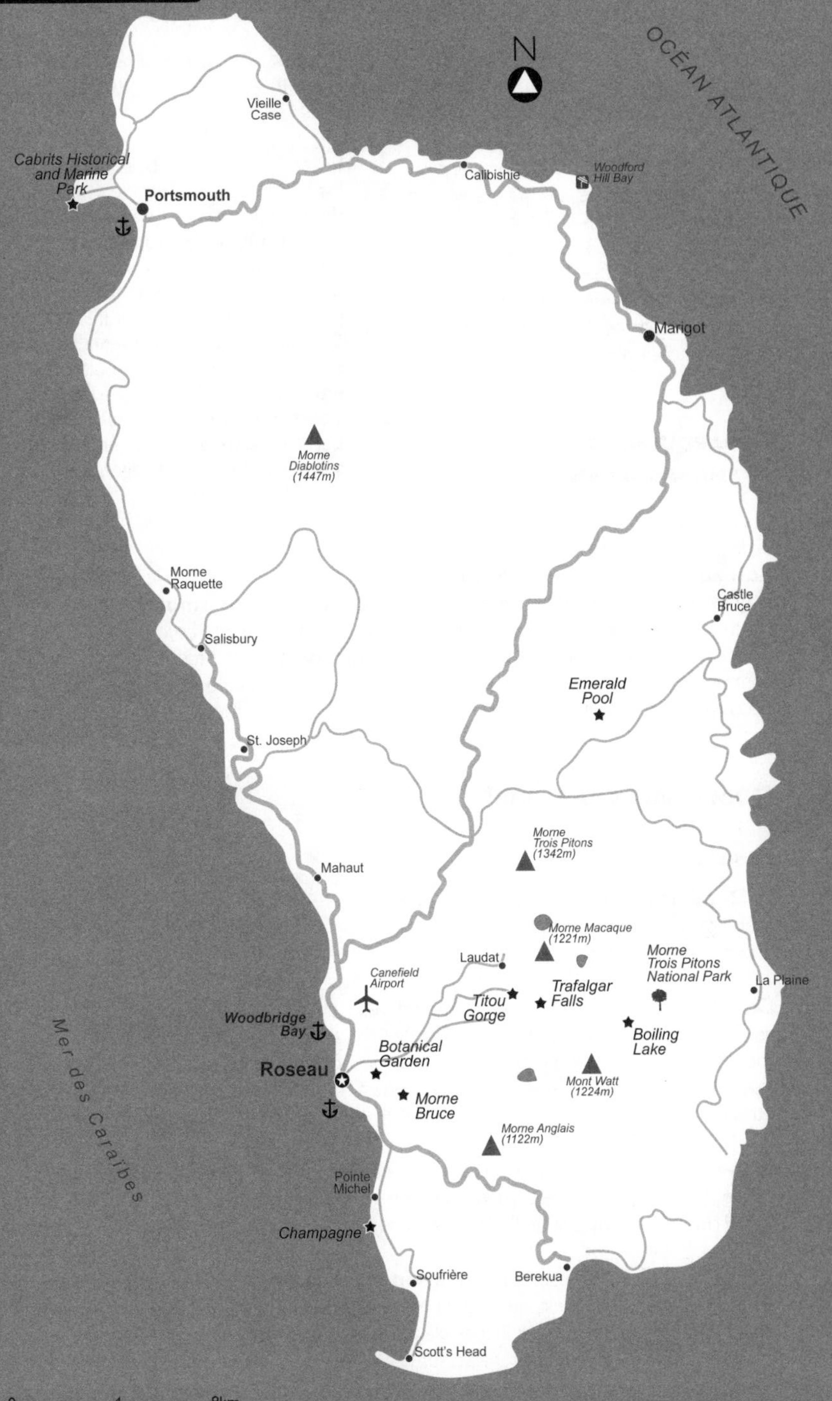

N
Océan Atlantique
Vieille Case
Cabrits Historical and Marine Park
Portsmouth
Calibishie
Woodford Hill Bay
Marigot
Morne Diablotins (1447m)
Morne Raquette
Salisbury
Castle Bruce
Emerald Pool
St. Joseph
Morne Trois Pitons (1342m)
Mahaut
Morne Macaque (1221m)
Morne Trois Pitons National Park
Laudat
Canefield Airport
Trafalgar Falls
La Plaine
Titou Gorge
Woodbridge Bay
Boiling Lake
Botanical Garden
Roseau
Mont Watt (1224m)
Morne Bruce
Mer des Caraïbes
Morne Anglais (1122m)
Pointe Michel
Champagne
Soufrière
Berekua
Scott's Head
0
4
8km
©ULYSSE

nombreuses excursions en pleine forêt tropicale. Son plus haut sommet, le Morne Diablotin, culmine à 1 447 m.

Le saviez-vous?

L'achat de coraux et de coquillages est interdit sur l'île.

En août et septembre 1979, les cyclones *Davis* et *Allen* ont dévasté les trois quarts des habitations de la Dominique. Le cyclone *Davis* a laissé une trace de son passage sur l'île, plus précisément au Botanical Garden. Un baobab du jardin a arrêté un bus dans son élan, emporté dans les airs par les vents violents du cyclone. L'arbre pousse toujours, témoin s'il en est de la force régénératrice de la nature.

Aperçu historique

L'île fut découverte par Christophe Colomb en 1493. Elle sera successivement conquise par les Français puis par les Anglais, en 1763. État associé au Royaume-Uni en 1967, la Dominique devient indépendante dans le cadre du Commonwealth le 3 novembre 1978 et se dote d'un régime parlementaire.

Débarquement et embarquement

Les paquebots de croisière ont la possibilité de jeter l'ancre dans le port de **Roseau**, dans celui de **Woodbridge Bay** (à quelques kilomètres au nord de la capitale) ou à **Portsmouth**, située au nord-ouest de l'île, près du Cabrits Historical and Marine Park. Le quai de débarquement des paquebots à Roseau (**Cruise Ship Berth**) est situé à deux pas des commerces de la capitale. Taxis et bus attendent les visiteurs au port afin de leur faire découvrir les différents attraits de l'île.

Quoi faire? Quoi voir?

Roseau

Le **Dominica Museum** se trouve en face de la jetée qui accueille les paquebots de croisière. Cet ancien comptoir postal de la colonie britannique présente aujourd'hui une exposition retraçant l'histoire de l'île.

Derrière le musée, l'ancien marché aux esclaves, devenu l'**Old Market**, accueille des vendeurs de fruits et de légumes mais surtout des artisans. De l'autre côté du front de mer, c'est un autre marché qui mérite le détour, le **New Market**, avec ses étals de fruits, de légumes et de fleurs tropicales. Certains marchands vous proposeront peut-être, pour vous désaltérer, du lait des noix de coco qu'ils ont fraîchement coupées.

Sur Virgin Lane, on découvre l'imposante **cathédrale de Roseau**, construite en pierre de lave dans le style roman. Sa construction dura près de 100 ans et s'acheva en 1916. L'un des vitraux de l'édifice rend hommage à Christophe Colomb.

À Roseau, on peut aussi admirer la **maison du gouverneur**, située à quelques pas du front de mer. Plus à l'est, au pied du **Morne Bruce**, le **Botanical Garden**, créé au XIXe siècle, abrite de magnifiques plantes exotiques. Le sommet du Morne Bruce offre par ailleurs une vue imprenable sur la ville.

Portsmouth

Située au nord-ouest de l'île, dans la baie de Prince Rupert, Portsmouth est la deuxième ville en importance de la Dominique. Son attrait le plus populaire est le **Cabrits Historical and Marine Park**, où l'on peut explorer les ruines restaurées du **Fort Shirley** et découvrir également, au détour des sentiers, les anciens canons du fort. Le parc englobe les plages de sable volcanique des alentours et des terres immergées où poussent de nombreux palétuviers et à proximité desquelles une magnifique barrière de corail permet de s'adonner à la plongée-tuba.

À découvrir également près de Portsmouth, l'**Indian River**, dont on peut explorer la mangrove en bateau sur quelques kilomètres.

Quelques excursions dans l'île

Le **Morne Trois Pitons National Park**, inscrit sur la Liste du patrimoine mondial de l'UNESCO depuis 1997, est un magnifique parc qui s'étend au cœur de l'île sur plus de 7 000 ha. Il tire son nom du volcan qui s'élève en son centre, à 1 342 m. Ce vaste site protégé, dont les sentiers serpentent en pleine forêt tropicale, abrite plusieurs sources d'eau chaude, quelques lacs d'eau douce dans lesquels se jettent des cascades, ainsi que le populaire **Boiling Lake**, véritable chaudron aux eaux bouillonnantes. Vous aurez peut-être ainsi l'occasion de découvrir l'**Emerald Pool**, l'une des haltes phares des excursions organisées dans la forêt tropicale, ou les **Traflagar Falls**, un autre attrait incontournable du parc.

En explorant la **Titou Gorge**, située près du village de Laudat, on se prendrait presque pour un saumon: il faut nager à contre-courant dans une gorge pour accéder à une caverne qui renferme une magnifique cascade naturelle.

À quelques kilomètres au sud de Roseau, près du village de pêcheurs de Pointe Michel, un chemin descend vers une plage de galets au bout de laquelle se trouve **Champagne**, un site sous-marin où l'on peut aisément observer l'activité volcanique insulaire. Celle-ci crée en effet des milliers de bulles qui s'échappent de la roche pour rejoindre la surface de l'eau, comme dans une coupe de champagne!

L'extrême sud de l'île compte deux villages qui valent le détour: **Soufrière**, réputé pour ses sources d'eau chaude sulfureuse, et **Scott's Head**, situé sur un isthme au bout duquel on a une vue imprenable sur la baie, voire même sur l'île voisine de la Martinique par temps clair. On y découvre également les ruines du fort Cachacou, un important ouvrage défensif datant du XVIIIe siècle.

Les plages

Les amateurs de belles plages de sable blanc seront quelque peu déçus par la Dominique, qui offre en majorité des plages de sable volcanique. Ils trouveront néanmoins quelques belles plages de sable doré au nord-est de l'île, entre Woodford Hill et Calibishie.

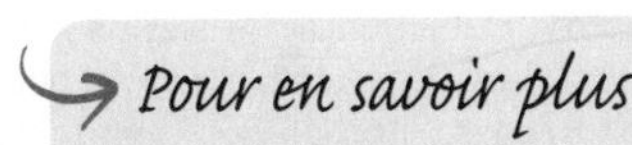

www.avirtualdominica.com
www.visit-dominica.com
www.dominica.dm

FLORIDE (É.-U.)

Fort Lauderdale *Key West* *Miami*
Port Canaveral *Tampa*

Devise nationale des États-Unis: *En Dieu nous croyons*
Capitale de la Floride: *Tallahassee*
Population: *18 251 000 Floridiens*
Langue officielle: *anglais*
Système politique: *État fédéral américain*
Monnaie: *dollar américain*

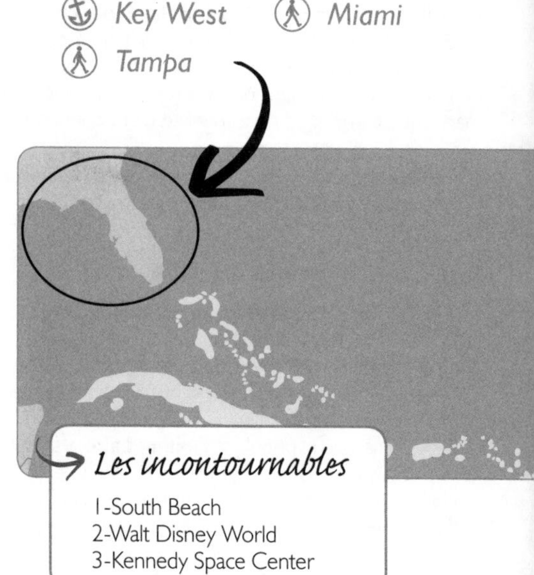

Les incontournables

1-South Beach
2-Walt Disney World
3-Kennedy Space Center

LE CARREFOUR DES AUTOROUTES MARITIMES CARIBÉENNES

Miami, Fort Lauderdale, Port Canaveral, Tampa… Ces endroits sont devenus les principaux ports d'embarquement et de débarquement des paquebots de croisière naviguant dans les Caraïbes. Aperçu du soleil antillais avant de voguer vers des îles plus paradisiaques, la Floride procure un formidable avant-goût de vacances.

APERÇU GÉOGRAPHIQUE

Quatrième État américain le plus peuplé, la Floride est cette péninsule située à l'extrémité sud-est des États-Unis. Prolongée par l'archipel des Keys, elle a une superficie de 151 670 km^2. Bordée par l'océan Atlantique et le golfe du Mexique, la région fait régulièrement face à de violents cyclones et ouragans. Son climat subtropical et ses faibles précipitations hivernales exercent en revanche un attrait certain sur l'ensemble des vacanciers nord-américains.

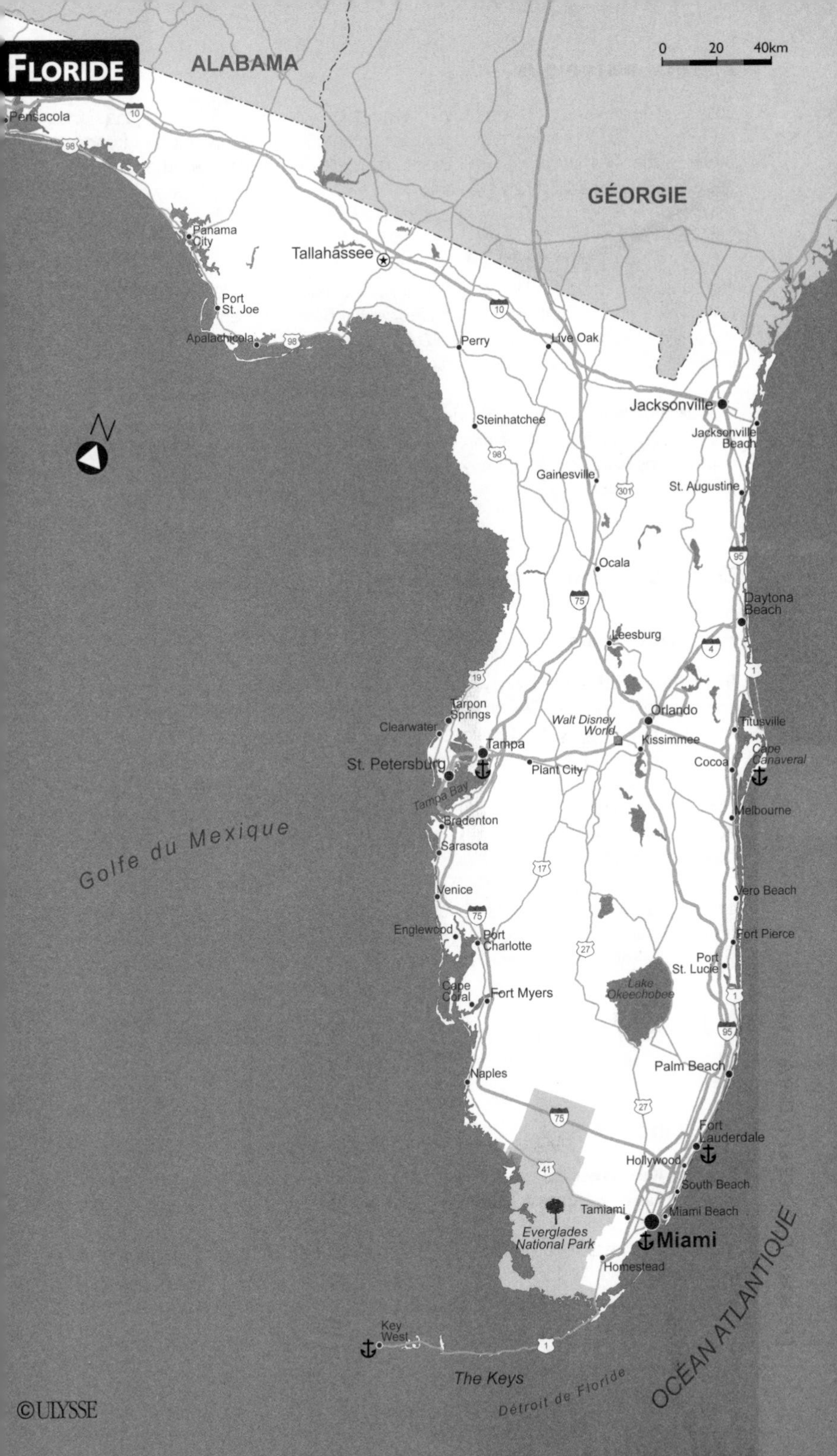

FLORIDE
ALABAMA
0 20 40km
GÉORGIE
Pensacola
Panama City
Tallahassee
Port St. Joe
Apalachicola
Perry
Live Oak
Jacksonville
Jacksonville Beach
Steinhatchee
Gainesville
St. Augustine
Ocala
Daytona Beach
Leesburg
Tarpon Springs
Clearwater
Walt Disney World
Orlando
Titusville
Kissimmee
Tampa
St. Petersburg
Plant City
Cocoa
Cape Canaveral
Tampa Bay
Melbourne
Bradenton
Sarasota
Golfe du Mexique
Venice
Vero Beach
Englewood
Port Charlotte
Fort Pierce
Port St. Lucie
Cape Coral
Fort Myers
Lake Okeechobee
Naples
Palm Beach
Fort Lauderdale
Hollywood
South Beach
Tamiami
Miami Beach
Everglades National Park
Miami
Homestead
Key West
The Keys
Détroit de Floride
OCÉAN ATLANTIQUE
©ULYSSE

Aperçu historique

Les navigateurs espagnols furent les premiers à explorer cette région: Juan Ponce de León en 1513 puis Hernando de Soto en 1539. Quelques colonies françaises tentèrent de s'y implanter au XVIe siècle, mais elles en furent rapidement chassées. Les Britanniques parvinrent à s'y établir de 1763 à 1784, mais les Espagnols restèrent maîtres de la région jusqu'en 1819, date à laquelle ils cédèrent leurs terres aux États-Unis. En 1845, la Floride devint le 27e État de l'Union.

The Sunshine State a fait la une de l'actualité politique en 2000. Gouverné par Jeb Bush, frère du candidat républicain George W. Bush, il fut en effet au centre d'un imbroglio électoral qui conduisit finalement ce dernier à remporter l'élection présidentielle contre le candidat démocrate Al Gore.

Aujourd'hui, le tourisme est l'un des atouts économiques de la Floride. Son climat, ses plages de sable blanc, ses parcs naturels (notamment les Everglades) et ses parcs d'attractions (surtout Walt Disney World) attirent chaque année des millions de visiteurs dans la région.

Débarquement et embarquement

Fort Lauderdale

Port Everglades *(www.broward.org/port)* est le troisième port de croisières en importance au monde. Des dizaines de paquebots lèvent l'ancre de ses eaux chaque semaine à destination des Caraïbes. Situé à cinq minutes de route du Fort Lauderdale/Hollywood International Airport et relié au système autoroutier par l'Interstate 595, il est situé à une quarantaine de kilomètres au nord de Miami. À moins que la compagnie de croisières avec laquelle vous voyagez n'assure la liaison entre l'aéroport et le quai d'embarquement, vous pourrez aisément faire le trajet en taxi pour une dizaine de dollars.

Les croisiéristes qui arrivent en voiture pour rejoindre leur bateau ont trois accès au port: Eller Drive, relié à l'Interstate 595, State Road 84 East et 17th Street Causeway via A1A. Les quais (une dizaine) sont indiqués par des panneaux de signalisation dans l'enceinte du port, qui compte par ailleurs deux stationnements *(15$US/jour)*.

Si vous débarquez à Port Everglades, vous pourrez prendre un taxi pour vous rendre au centre-ville de Fort Lauderdale *(20$US à 25$US)*.

Key West

Port of Key West est un port d'escale floridien très populaire. Les navires accostent au **Mallory Square Dock**, au cœur du quartier touristique d'Old Town, au **Navy Mole**, situé plus au sud et relié au port précédent par bus, ou au **Pier B**. La plupart des attraits sont situés à proximité du Mallory Square, et ils s'explorent donc facilement à pied.

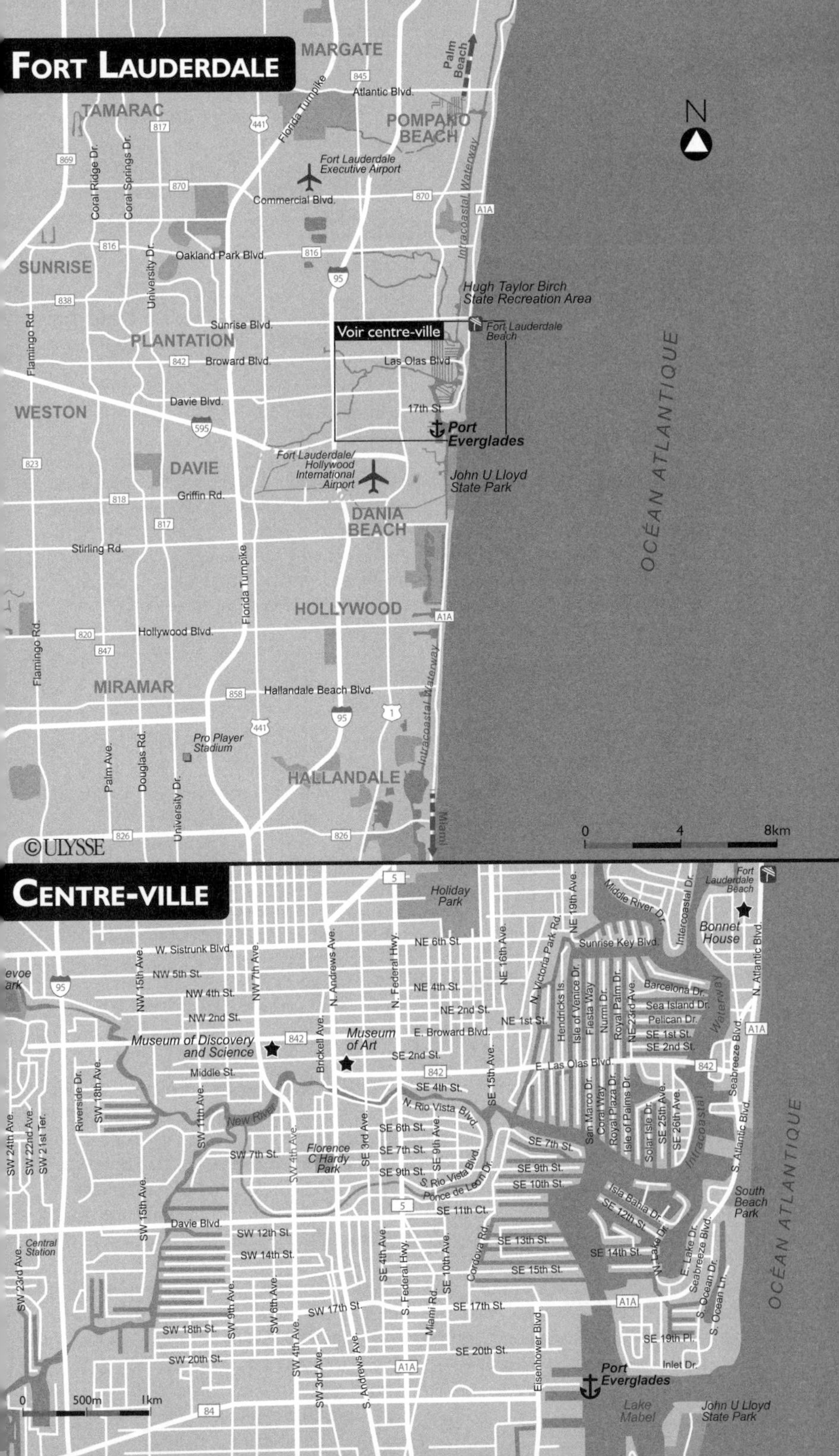

Fort Lauderdale
Centre-ville
Voir centre-ville
Océan Atlantique
Port Everglades
©ULYSSE

Miami

Miami est surnommée la *Cruise Capital of the World*, car le **port de Miami** *(www.miamidade.gov/portofmiami)* remporte la palme incontestée du plus grand port de croisières au monde. Véritable carrefour maritime, le port de Miami accueille chaque année près de quatre millions de croisiéristes. Ses sept terminaux de passagers sont reliés au centre-ville par le Port Boulevard et sont situés sur la Dodge Island, à une quinzaine de minutes de route du Miami International Airport. Comptez environ 25$US pour vous rendre au port en taxi depuis l'aéroport.

Le port de Miami fait l'objet actuellement d'importants travaux afin d'augmenter ses capacités d'accueil et d'adapter ses installations à des paquebots de tonnage de plus en plus important.

Port Canaveral

Après le port de Miami et Port Everglades à Fort Lauderdale, Port Canaveral *(www.portcanaveral.org)* est le troisième port d'embarquement floridien des paquebots de croisière à destination des Antilles. Situé sur la Space Coast, à 45 min des aéroports internationaux d'Orlando et de Melbourne, ce port est moins occupé que ses concurrents floridiens, mais il n'en dispose pas moins d'installations modernes. Doté de six terminaux, il accueille en outre le terminal maison de la compagnie de croisières Disney.

Tampa

Tampa Port Authority *(www.tampaport.com)* gère les activités portuaires de la ville. Tampa est le port d'embarquement de nombreux paquebots à destination des Grandes Antilles et de l'Amérique centrale. Il est situé à environ une demi-heure du Tampa International Airport (comptez 20$US pour effectuer le trajet en taxi).

À proximité des terminaux de croisières, le complexe récréatif de **Channelside** donne accès à des salles de cinéma, à des boutiques et à des restaurants.

Quoi faire? Quoi voir?

Fort Lauderdale

Les plages sont l'attrait incontournable de Fort Lauderdale. Sable blanc et palmiers donnent un avant-goût de vacances aux croisiéristes et permettent à ceux qui débarquent de leur semaine passée dans les Antilles de prendre quelques photos de carte postale supplémentaires avant de plier bagage. L'incontournable carré de sable en ville est la **Fort Lauderdale Beach**, ancien repaire d'étudiants venus célébrer bruyamment le *Spring Break* dans les années 1960 et 1970, et devenue par la suite une plage plus familiale, ponctuée de restaurants, de cafés et de boutiques.

On vous suggère également de monter à bord d'un bateau-taxi pour explorer les **canaux** de cette «Venise d'Amérique». Le surnom est un peu pompeux, mais le réseau de canaux qui sillonnent Fort Lauderdale attire toutefois de nombreux plaisanciers et vacanciers prêts à découvrir la ville sous un autre jour.

Miami
Miami Gardens Rd.
NW 163rd St.
Palmetto Expwy.
Florida's Turnpike
NE 167th St.
NE 163rd St.
Miami Gardens Rd.
Opa-Locka Airport
NW 152nd St.
NORTH MIAMI
Oleta River State Rec. Area
Haulover Park
Alibaba Ave.
Gratigny Pkwy.
NW 135th St.
OPA-LOCKA
NW 127th St.
NW 119th St.
Amelia Earhart Park
BAY HARBOR ISLANDS
BAL HARBOUR
Broad Causeway
NE 125th St.
INDIAN CREEK VILLAGE
SURFSIDE
91st St.
Palm Springs Mile
E. 49th St.
NW 103rd St.
MIAMI SHORE
NW 95th St.
HIALEAH
NORTH BAY VILLAGE
EL PORTAL
71st St.
E. 25th St.
NW 79th St.
NE 79th St.
JFK Causeway
E. 21th St.
W. 9th St.
M.L. King Blvd.
VIRGINIA GARDENS
Hialeah Dr.
NE 54th St.
Biscayne Bay
Design District
Airport Expwy.
NW 36th St.
MIAMI BEACH
Bass Museum of Art
Julia Tuttle Causeway
Miami International Airport
NW 20th St.
Venetian Causeway (péage)
Dolphin Expwy.
East-West Expwy.
Art Deco District
Lummus Park
NW 7th St.
CENTRE-VILLE
MacArthur Causeway
Port de Miami
5th St.
Flagler St.
1st St.
Tamiami Trail
SOUTH BEACH
WEST MIAMI
LITTLE HAVANA
SW 3rd Ave.
Coral Way
SW 24th St.
Virginia Key
Rickenbacker Causeway (péage)
Virginia Beach Park
MIAMI
SW 40th St.
Miami Seaquarium
CORAL GABLES
COCONUT GROVE
SOUTH MIAMI
Biscayne Bay
OCÉAN ATLANTIQUE
Sunset Dr.
CORAL GABLES
Everglades National Park
KEY BISCAYNE
SW 88th St.
Fairchild Tropical Garden
Matheson Hammock Park
W 104th St.
Bill Baggs Cape Florida State Park
Snapper Creek Park
Old Cutler Rd.
Biscayne National Park
Trains de banlieue
Metrorail
0 2 4km
0 1 2mi
©ULYSSE

Dans le centre-ville, faites un crochet par les nombreuses boutiques de **Las Olas Boulevard**. Ne manquez pas le **Museum of Art** *(www.moafl.org)*, connu pour rassembler une importante collection d'œuvres des artistes du mouvement CoBrA, ni le **Museum of Discovery & Science** *(www.mods.org)* et son populaire cinéma IMAX. Enfin, s'il vous reste un peu d'énergie, allez à la **Bonnet House** *(www.bonnethouse.org)*, une demeure construite en 1920 au milieu d'un terrain d'une quinzaine d'hectares où pousse une végétation tropicale. La Bonnet House procure un curieux contraste avec les constructions récentes du bord de mer de Fort Lauderdale.

Key West

Un millier d'îles composent l'archipel des Keys, qui s'aligne sur plus de 250 km au sud de la Floride. On y découvre une certaine douceur de vivre qu'on serait davantage tenté d'associer aux îles des Caraïbes qu'aux stations balnéaires floridiennes. C'est le paradis des pêcheurs, des plongeurs, des amants de la nature et des artistes. Une route unique, l'Overseas Highway, permet aux automobilistes de parcourir l'ensemble des Keys. La ville de Key West est située à l'extrémité de l'archipel.

Chaque soir, résidants et touristes se donnent rendez-vous au **Mallory Square** pour admirer de magnifiques couchers de soleil et poursuivent par **Duval Street**, principale artère de la ville, pour manger un peu ou faire du lèche-vitrine.

Mel Fisher consacra 16 ans de sa vie à la recherche de l'épave du navire espagnol *Nuestra Señora de Atocha*, qui sombra au large de Key West au XVIIe siècle. Il retrouva finalement le navire en 1985 et mit la main sur un petit trésor d'objets en or et en argent évalué à plus de 400 millions de dollars! Une partie de ces objets peut aujourd'hui être observée au **Mel Fishers Maritime Museum** *(www.melfisher.org)*.

La **Harry S. Truman Little White House** *(www.trumanlittlewhitehouse.com)*, que l'on peut aujourd'hui visiter, fut un des lieux de retraite privilégiés de l'ancien président américain.

Prix Nobel de littérature, Ernest Hemingway vécut à Key West de 1931 à 1940. Sa maison, une belle demeure d'inspiration coloniale espagnole, a été reconvertie en musée. La visite de l'**Ernest Hemingway Home & Museum** *(www.hemingwayhome.com)* permet également de voir le studio du romancier, attenant à la propriété.

Pour partir à la découverte du **Dry Tortugas National Park** *(www.nps.gov/drto)*, montez à bord du catamaran ***Fast Cat*** *(www.sunnydayskeywest.com)*. Le fort Jefferson se trouve à Garden Key, l'une des petites îles de l'archipel des Dry Tortugas situées à 115 km de Key West. Des visites guidées permettent de découvrir cet étonnant ouvrage d'architecture militaire et d'en connaître davantage sur cet archipel, devenu parc national en 1992.

Miami

Miami fait dans les paillettes: voitures de sport rutilantes, boutiques de luxe, yachts et eaux turquoise, de quoi séduire plusieurs vacanciers. La plus grande ville de Floride est aussi la plus latino-américaine de tous les États-Unis.

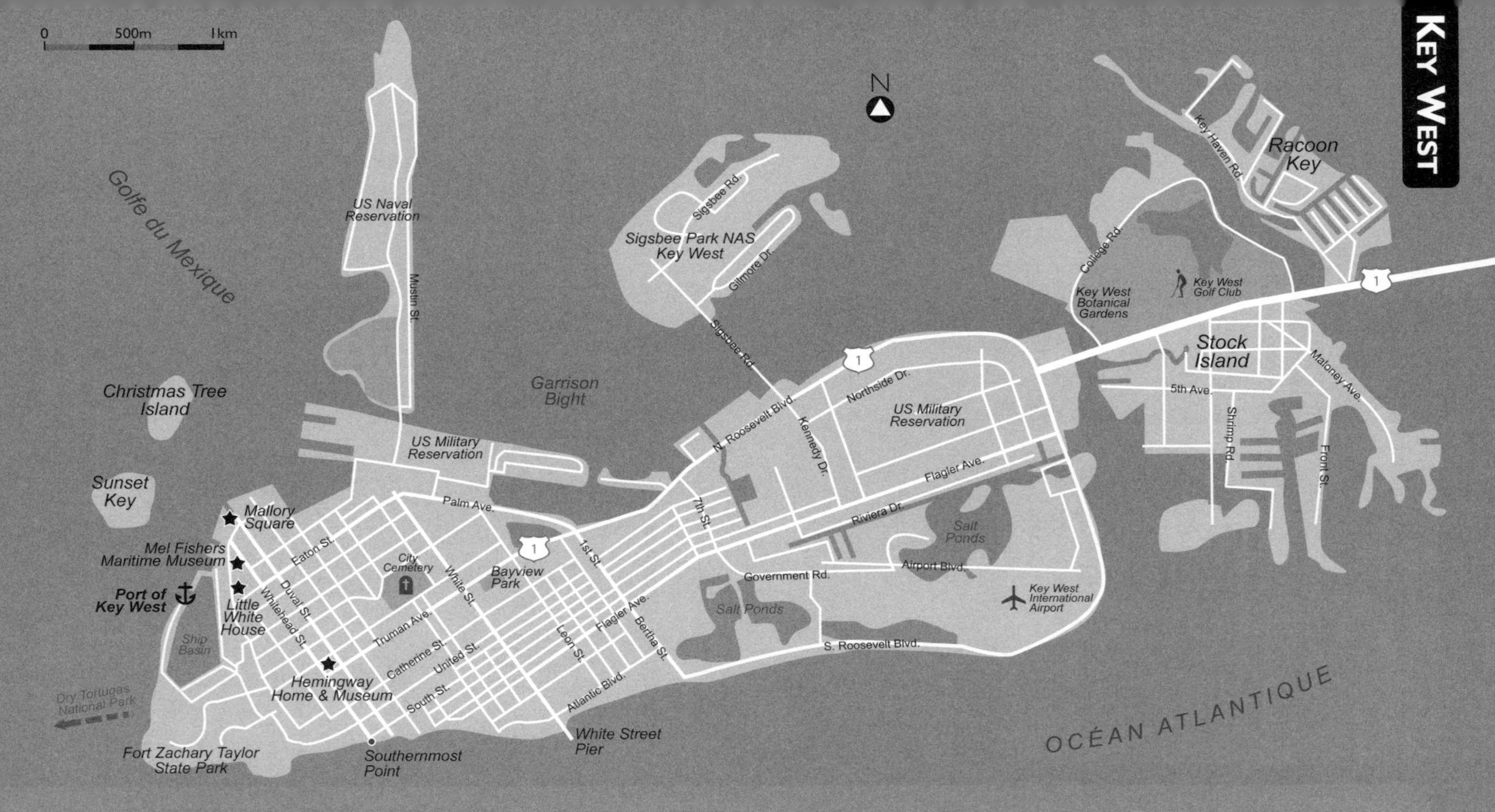

Key West
0
500m
1km
N
Golfe du Mexique
US Naval Reservation
Mustin St.
Sigsbee Park NAS Key West
Sigsbee Rd.
Gilmore Dr.
Racoon Key
Key Haven Rd.
College Rd.
Key West Botanical Gardens
Key West Golf Club
Stock Island
5th Ave.
Maloney Ave.
Shrimp Rd.
Front St.
Christmas Tree Island
Garrison Bight
US Military Reservation
N. Roosevelt Blvd.
Kennedy Dr.
Northside Dr.
US Military Reservation
Flagler Ave.
Riviera Dr.
Salt Ponds
Airport Blvd.
Government Rd.
Key West International Airport
Salt Ponds
S. Roosevelt Blvd.
Sunset Key
Mallory Square
Mel Fishers Maritime Museum
Port of Key West
Little White House
Ship Basin
Palm Ave.
Eaton St.
City Cemetery
White St.
Bayview Park
1st St.
7th St.
Duval St.
Whitehead St.
Truman Ave.
Catherine St.
United St.
South St.
Leon St.
Flagler Ave.
Bertha St.
Atlantic Blvd.
Hemingway Home & Museum
Dry Tortugas National Park
Fort Zachary Taylor State Park
Southernmost Point
White Street Pier
Océan Atlantique
©ULYSSE

Le quartier à ne pas manquer est l'**Art Deco District**, à **South Beach**, au sud de l'île-barrière de Miami Beach. L'architecture des années 1920 y règne en maître, et les hôtels d'**Ocean Drive** font figure de patrimoine historique à *SoBe*. Géométrie déstructurée et tons pastel sont devenus l'image de marque de ce quartier bigarré où se côtoient touristes aux chemises hawaïennes, hommes d'affaires en costume-cravate et actrices à la crinière peroxydée. Essayez le **Lummus Park**, situé entre Ocean Drive et la plage, idéal pour une observation approfondie de la faune de South Beach.

Toujours dans le même quartier, le **Bass Museum of Art**, du nom d'un couple de promoteurs autrichiens émigrés aux États-Unis en 1914, est la halte favorite des amateurs d'art. La collection du couple rassemble tableaux, meubles et sculptures des XVe, XVIe et XVIIe siècles.

Deux autres quartiers sont incontournables à Miami: **Coral Gables** et **Coconut Grove**. Le premier est un quartier chic aux influences hispano-européennes, conçu par George Merrick au cours des années 1920 dans l'esprit du mouvement *City Beautiful*. Ses deux plus belles réalisations sont le **Biltmore Hotel** et la **Venetian Pool**. Quant au second quartier, s'y sont succédé, dans l'ordre, des écrivains, des artistes bohèmes et des yuppies. Il abrite aujourd'hui de splendides villas appartenant à des *people* (gens «riches et célèbres»), des centres commerciaux rutilants et des restaurants. Si vous êtes dans le quartier, vous pousserez jusqu'au **Miami Seaquarium** *(www.miamiseaquarium.com)* sur l'île de Key Biscayne, dont les bassins rassemblent plus de 10 000 créatures sous-marines, ainsi qu'au **Biscayne National Park** *(www.nps.gov/bisc)*, un parc marin situé au sud de Biscayne Bay et dont on observe les fonds grâce à des excursions organisées dans des bateaux aux cales vitrées.

Côté plages, vous ne pouvez vous rendre à Miami sans étendre votre serviette sur «la» plage la plus populaire: **South Beach**. Plus on monte vers le nord de Miami Beach – cette bande terre séparée de Miami par Biscayne Bay –, plus les plages sont accessibles, familiales et tranquilles; citons notamment l'enclave québécoise de **Surfside Beach** et de **Haulover Beach** dont une section est réservée aux naturistes.

Figurant sur la Liste du patrimoine mondial de l'UNESCO, la troisième réserve naturelle en importance des États-Unis, soit l'**Everglades National Park** *(www.nps.gov/ever)*, est située à l'extrême sud de la péninsule floridienne. L'une des entrées du parc se trouve à 60 km à l'ouest de Miami. Des sentiers, des fermes d'élevage et des visites organisées en bateau vous feront découvrir l'exceptionnelle faune de ce parc dont les plus populaires occupants sont bien sûr les alligators.

Port Canaveral

La Space Coast, au cœur de laquelle se trouve Port Canaveral, est la Mecque des parcs d'attractions et le paradis de l'imaginaire. Qu'il s'agisse de technologies de pointe, d'espaces verts ou de simples divertissements, ce bout de Floride est une vraie chasse gardée agrémentée de plages de sable blanc. Les passagers des croisières de Disney fileront tout droit au Disney World Resort d'Orlando. Les autres s'y résoudront aussi, non sans avoir visité auparavant les autres parcs – naturels et d'attractions – de la région.

Walt Disney World à Orlando attire plus de visiteurs que tout autre parc d'attractions aux États-Unis.

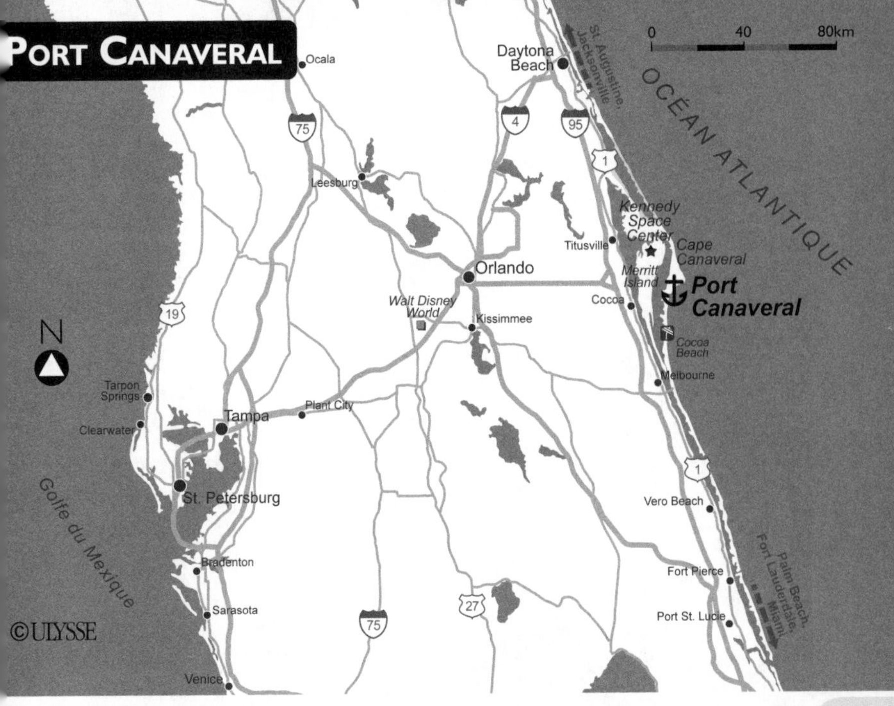

Cocoa Beach, accessible par l'Interstate 95 (et la Beeline Expressway, en provenance d'Orlando), est une station balnéaire agréable où se déroulent de nombreuses compétitions de surf. Vous vous y intéresserez d'autant plus qu'elle est située près du **Kennedy Space Center** *(www.kennedyspacecenter.com)* et du **Merritt Island National Wildlife Refuge** *(www.fws.gov/merrittisland)*. Le premier retrace l'histoire des pionniers de l'aventure spatiale américaine et donne même accès à certaines des installations de la NASA. Quant au second attrait, curieux contraste avec la technologie de pointe exposée au Kennedy Space Center, il attire surtout les amoureux de la nature. Cette réserve faunique de 56 000 ha est vouée à la protection d'espèces animales menacées.

L'empire Disney – et Universal (**Universal Orlando**) – règne en maître sur les parcs d'attractions d'Orlando. Les croisières de Disney incluent d'ailleurs souvent un crochet par le **Walt Disney World** *(http://disneyworld.disney.go.com)* avant ou après les croisières programmées dans les Caraïbes. Ce complexe, inauguré en 1971, s'étend aujourd'hui sur près de 100 km² et comprend, outre les gigantesques parcs d'attractions que sont le **Magic Kingdom**, **Epcot** (Experimental Prototype Community of Tomorrow), les **Disney's Hollywood Studios** et le **Disney's Animal Kingdom**, des parcs aquatiques, des terrains de golf, des restaurants, des complexes hôteliers, des zones commerciales et même un réseau de transport en commun!

Tampa

Busch Gardens *(www.buschgardens.com)* est l'attrait le plus populaire de Tampa. C'est un vaste parc d'attractions doublé d'un jardin zoologique abritant plus de 2 000 animaux. Divisé en plusieurs zones géographiques, il propose une sorte de safari en

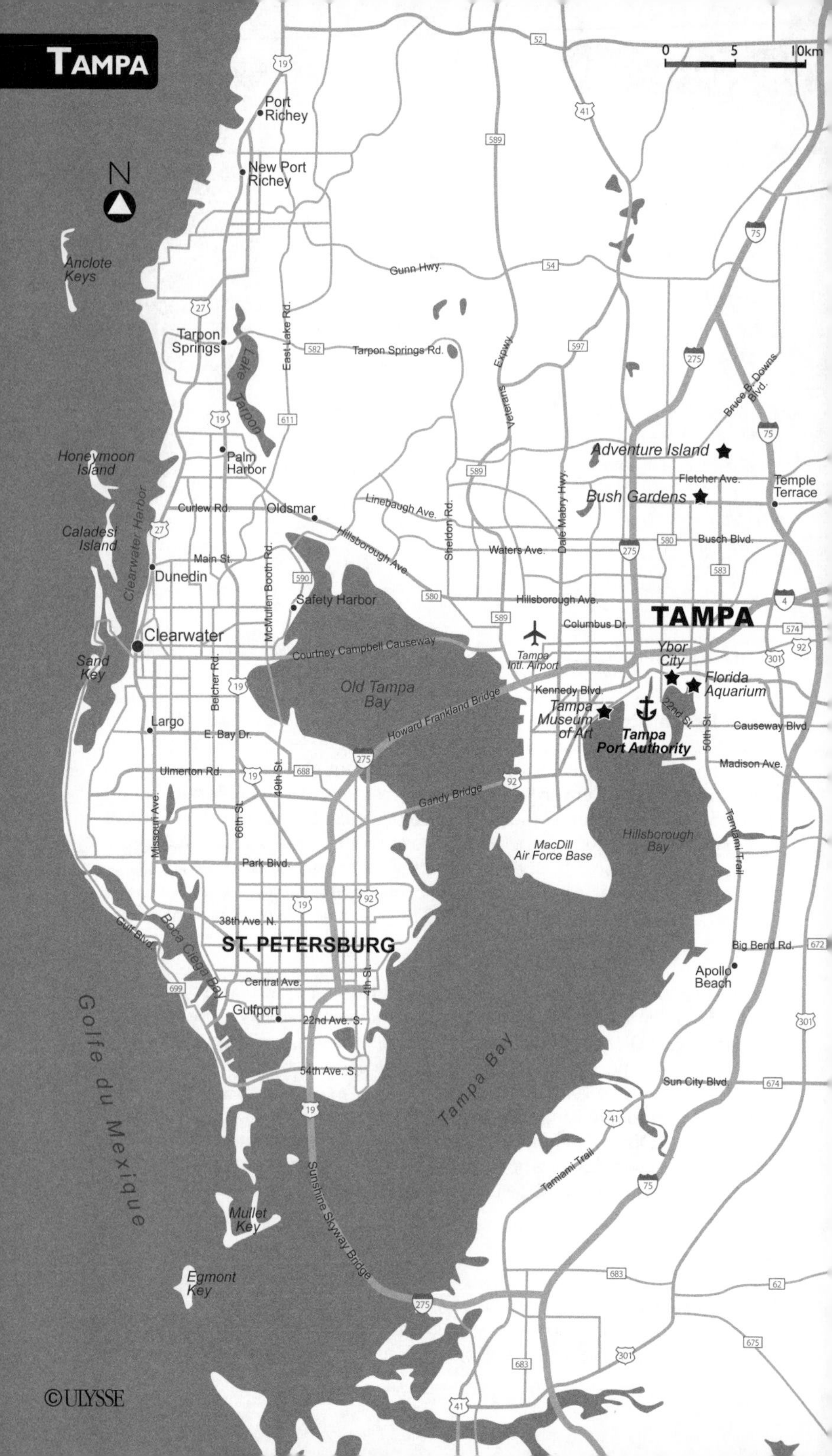

Tampa
0 5 10km
N
Port Richey
New Port Richey
Anclote Keys
Gunn Hwy.
Tarpon Springs
Lake Tarpon
East Lake Rd.
Tarpon Springs Rd.
Veterans Expwy.
Bruce B. Downs Blvd.
Adventure Island
Honeymoon Island
Palm Harbor
Fletcher Ave.
Temple Terrace
Bush Gardens
Curlew Rd.
Oldsmar
Linebaugh Ave.
Caladesi Island
Clearwater Harbor
Hillsborough Ave.
Sheldon Rd.
Dale Mabry Hwy.
Waters Ave.
Busch Blvd.
Main St.
Dunedin
McMullen Booth Rd.
Safety Harbor
Hillsborough Ave.
TAMPA
Columbus Dr.
Clearwater
Courtney Campbell Causeway
Sand Key
Ybor City
Tampa Intl. Airport
Florida Aquarium
Belcher Rd.
Old Tampa Bay
Kennedy Blvd.
Howard Frankland Bridge
Tampa Museum of Art
22nd St.
Largo
E. Bay Dr.
Tampa Port Authority
Causeway Blvd.
50th St.
Madison Ave.
Ulmerton Rd.
49th St.
Gandy Bridge
Missouri Ave.
66th St.
Tamiami Trail
MacDill Air Force Base
Hillsborough Bay
Park Blvd.
38th Ave. N.
Gulf Blvd.
Boca Ciega Bay
ST. PETERSBURG
Big Bend Rd.
Apollo Beach
Central Ave.
4th St.
Gulfport
22nd Ave. S.
Golfe du Mexique
Tampa Bay
54th Ave. S.
Sun City Blvd.
Tamiami Trail
Sunshine Skyway Bridge
Mullet Key
Egmont Key

plein cœur de Tampa. Les amateurs de sensations fortes se dirigeront vers la zone **Congo**, où se trouvent les renversantes montagnes russes **Kumba**. Dans la zone **Nairobi**, les visiteurs pourront observer librement girafes, antilopes, hippopotames et zèbres.

Un second parc thématique est établi près de Busch Gardens: **Adventure Island** *(www.adventureisland.com)*, un gigantesque parc aquatique avec glissades d'eau et piscines à vagues.

Henry Bradley Plant contribua de façon déterminante au développement de la région en implantant la première ligne de chemin de fer sur la côte du golfe du Mexique. Le luxueux hôtel qu'il fit construire en 1891 pour accueillir les visiteurs venus profiter de ce nouveau paradis tropical, le **Tampa Bay Hotel**, est aujourd'hui classé monument historique et abrite le **Henry B. Plant Museum** *(www.plantmuseum.com)*. Des meubles d'époque et divers objets d'arts décoratifs, acquis par Plant au cours de ses nombreux voyages en Europe et en Asie, sont exposés dans les salles de l'ancien hôtel.

Une importante collection d'antiquités grecques et romaines constitue le clou de la visite du **Tampa Museum of Art** *(www.tampamuseum.com)*. Le musée renferme également des tableaux et des sculptures d'artistes américains contemporains.

Le spectaculaire édifice de verre du **Florida Aquarium** *(www.flaquarium.org)* abrite plus de 20 000 animaux marins et plantes aquatiques. Parmi les attractions les plus intéressantes, mentionnons la Florida Coral Reefs Gallery, un immense aquarium où l'on a reproduit un récif corallien peuplé de poissons multicolores.

En 1886, l'exilé cubain Vicente Martínez Ybor implante une fabrique de cigares à Tampa: c'est ainsi que le quartier d'**Ybor City** voit le jour. Galeries d'art, boutiques d'antiquaires et restaurants cubains ont succédé aux manufactures de tabac, redonnant ainsi un second souffle au quartier. On peut encore y apercevoir les anciennes maisonnettes en bois où logeaient les ouvriers, comme **La Casita**, tout près du **Ybor City State Museum** *(www.ybormuseum.org)*, un musée qui retrace les années de prospérité du quartier et qui organise également des visites guidées d'Ybor City.

Pour en savoir plus

Floride
Guide de voyage Ulysse *Floride*
www.myflorida.com
www.visitflorida.com

Fort Lauderdale
www.sunny.org

Miami
Guide de voyage Ulysse *Miami et Fort Lauderdale*
www.gmcvb.com

Orlando
Guide de voyage Ulysse *Disney World*
www.orlandoinfo.com

Tampa
www.visittampabay.com

Key West
www.fla-keys.com/keywest

GRENADE

Saint George's

Devise nationale: La clarté suit les ténèbres
Capitale: Saint George's
Population: 94 000 Grenadiens
Langue officielle: anglais
Système politique: monarchie constitutionnelle / membre du Commonwealth
Monnaie: dollar des Caraïbes orientales
Devise acceptée: dollar américain

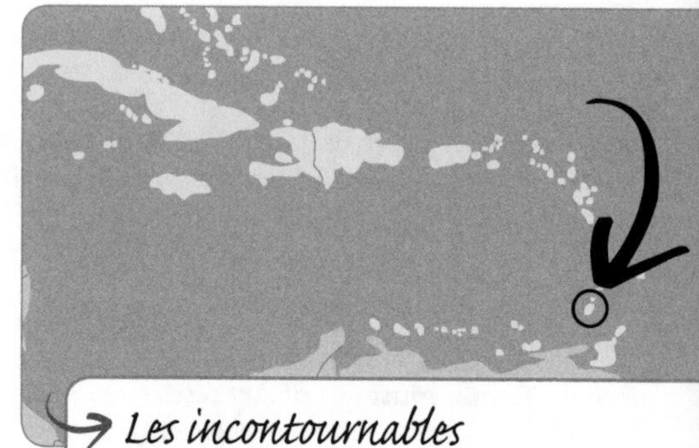

Les incontournables

1-Annandale Falls
2-Saint George's
3-Grand Etang National Park and Forest Reserve

L'ÎLE AUX ÉPICES

Une beauté naturelle intacte qui s'étend à perte de vue, le parfum des épices qui embaume l'air, la détente… Voilà la Grenade, l'épice des Caraïbes!

APERÇU GÉOGRAPHIQUE

Le territoire de la Grenade englobe l'île de la Grenade proprement dite, ainsi que les îlots de Carriacou et de Petite Martinique, qui font partie de l'archipel des Grenadines. L'ensemble, bordé par la mer des Caraïbes et l'océan Atlantique, se trouve au sud de Saint-Vincent-et-les-Grenadines et au nord de Trinité-et-Tobago. L'île de la Grenade s'étend sur 311 km^2, alors que la superficie totale du pays atteint tout juste 344 km^2.

APERÇU HISTORIQUE

La Grenade fut découverte par Christophe Colomb en 1498. Hostiles à la colonisation, les Kalinagos, que l'on dit de mœurs cannibales, chassent alors les Espagnols qui avaient baptisé l'île «Granada».

GRENADE

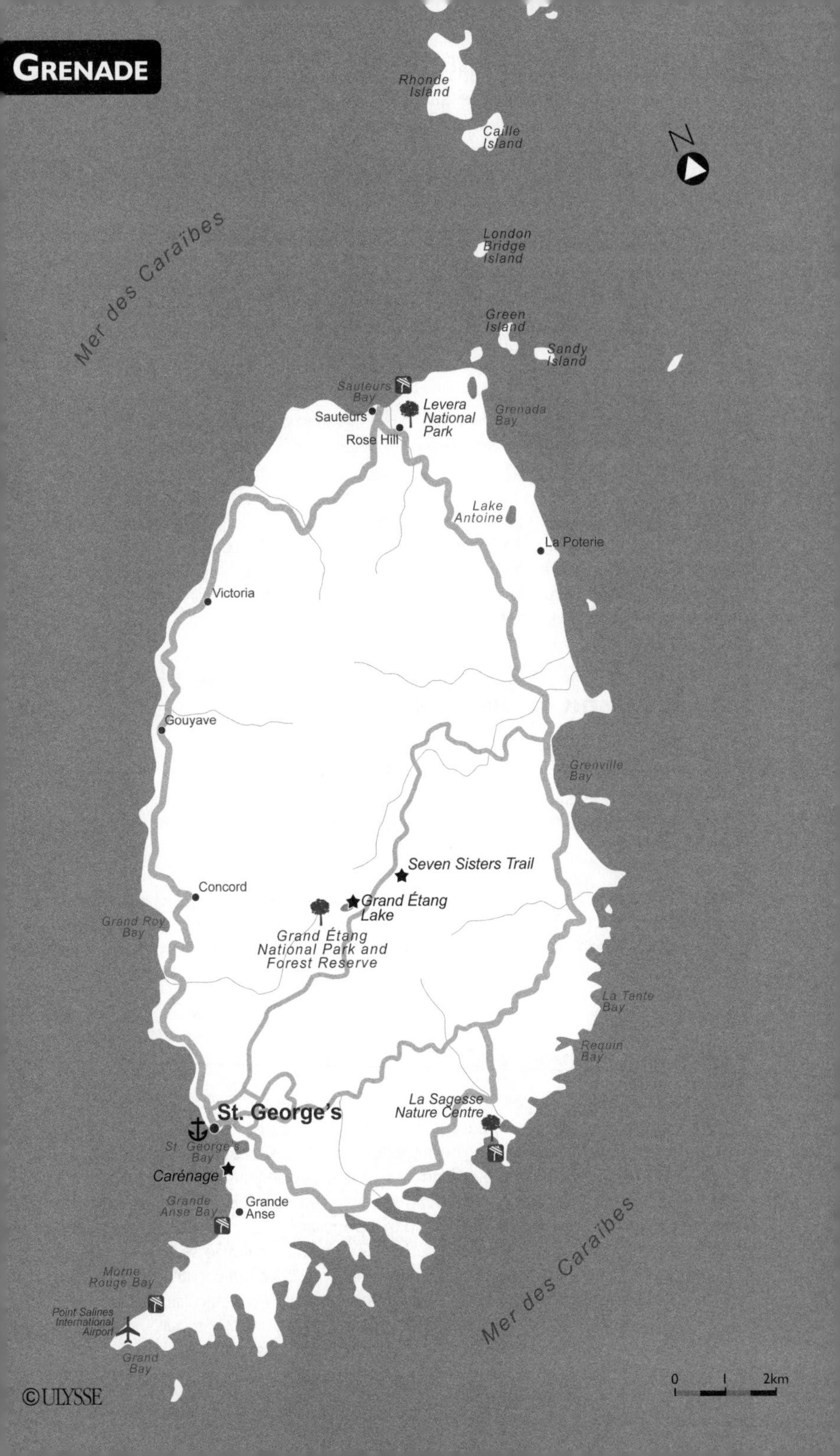

Rhonde Island
Caille Island
N
London Bridge Island
Mer des Caraïbes
Green Island
Sandy Island
Sauteurs Bay
Sauteurs
Levera National Park
Grenada Bay
Rose Hill
Lake Antoine
La Poterie
Victoria
Gouyave
Grenville Bay
Seven Sisters Trail
Concord
Grand Étang Lake
Grand Roy Bay
Grand Étang National Park and Forest Reserve
La Tante Bay
Requin Bay
La Sagesse Nature Centre
St. George's
St. George's Bay
Carénage
Grande Anse Bay
Grande Anse
Mer des Caraïbes
Morne Rouge Bay
Point Salines International Airport
Grand Bay
0 1 2km

Après avoir aussi tenté de s'y installer, les Britanniques vendent l'île aux Français qui lui donnent le nom de la «Grenade». En 1651, à la baie des Sauteurs, les Kalinagos se jettent du haut des falaises plutôt que de se soumettre au joug des Européens. En 1762, lors de la guerre de Sept Ans, les Anglais prennent temporairement le contrôle de l'île jusqu'en 1779. Puis la Grenade passe définitivement aux mains des Anglais en 1783, à la signature du traité de Versailles.

Le saviez-vous?

La Grenade est le deuxième pays producteur de muscade et de macis (écorce de noix de muscade utilisée comme condiment) après l'Indonésie: elle satisfait au quart de la demande mondiale.

Des catastrophes naturelles ayant détruit les plantations de canne à sucre, un botaniste du nom de Joseph Banks conseille au roi George III d'introduire la culture de la muscade et d'autres épices.

La colonie de la Grenade obtient son indépendance le 7 février 1974 avec Eric Gairy comme premier ministre. La Grenade adopte alors le modèle du système parlementaire britannique. En mars 1979, Maurice Bishop, dirigeant du New Jewel Movement (favorable au régime cubain), renverse le gouvernement de Gairy. Mais l'intervention militaire des États-Unis met fin à ce régime dès 1983.

Débarquement et embarquement

Les paquebots accostent directement au magnifique port en forme de fer à cheval où s'appuient les contreforts de la ville de **Saint George's**. Un centre d'information touristique et quelques boutiques accueillent les passagers au terminal. Autour de l'anse Saint George's, dans le Carénage, se trouvent plusieurs boutiques, restaurants et sites historiques, et ce, à courte distance de marche du terminal.

On peut atteindre les jolies plages de Grand Anse et de Morne Rouge à l'aide de taxis (comptez environ 15$) ou de navettes maritimes (4$ à 8$). Le taxi constitue la façon la plus efficace de rejoindre les autres attraits de l'île, puisque des tarifs fixes ont été établis pour chacun.

Quoi faire? Quoi voir?

Saint George's, ville pittoresque fondée au XVIIe siècle par les Français, a un cachet très européen. Les passagers peuvent se procurer un mini-guide à l'office de tourisme pour en faire la visite à pied. La promenade débute au **Carénage**, tout autour de l'anse Saint George's, où l'on peut admirer les bateaux de plaisance et les paquebots de croisière. Ces environs constituent un agréable lieu pour flâner, faire des achats ou goûter à la gastronomie de la Grenade au très populaire restaurant The Nutmeg. Tout au bout de cette promenade située sur une péninsule surélevée se trouve le **Fort George**, un point stratégique situé à l'entrée du port, qui a été construit au début du XVIIIe siècle par les Français. De là, la vue panoramique est spectaculaire, et plusieurs croisiéristes en profitent pour prendre des photos du paquebot. Aujourd'hui encore, le fort demeure un centre névralgique et abrite le commissariat central de police.

À la sortie du fort, vers **Church Street**, on découvre une grande diversité de styles architecturaux datant des XVIIIe et XIXe siècles. Parmi les monuments d'intérêt, mentionnons la **St. Andrew's Presbyterian Church**, érigée en 1831 avec l'aide des francs-maçons, la **St. George's Anglican Church**, bâtie en 1825 par les Anglais, les **Houses of Parliament**, très bel exemple d'architecture du début de l'époque georgienne, et la **St. George's Roman Catholic Cathedral**, avec sa tour de style gothique, qui date de 1818. Construit sur d'anciennes fortifications de baraques françaises datant de 1704, le **Grenada National Museum** présente une riche collection d'antiquités. L'histoire et la culture autochtone de la Grenade y sont racontées, et même le bain de marbre de l'impératrice Joséphine (épouse de Napoléon Bonaparte), originaire de la Martinique, y est exposé. **Market Square** est quant à lui l'endroit idéal pour acheter des produits locaux. Ce lieu est le centre d'action de la capitale, où les gens se rassemblent pour assister à des défilés, à des discours politiques ou à des rassemblements religieux.

Perché tout au haut de Richmond Hill, le **Fort Frederick** fut édifié en 1791 par les Anglais durant la Révolution française. Il surplombe la ville de Saint George's et offre une vue impressionnante sur une bonne partie de l'île.

Le site des **Annandale Falls**, un paradis tropical situé non loin du port, offre la possibilité de se baigner dans des bassins naturels au pied de la chute.

L'endroit idéal pour les amateurs de randonnée pédestre est le **Grand Etang National Park and Forest Reserve**, qui renferme des écosystèmes variés et une incomparable richesse faunique. La vue du **Grand Etang Lake**, un lac de cratère, constitue l'un des moments forts de la randonnée dans ce parc. Pour les plus expérimentés, le **Seven Sisters Trail** représente une promenade inoubliable de 3h dans une forêt vierge, au cours de laquelle les randonneurs croisent sept chutes (Seven Sisters).

Au nord de l'île se trouve un autre paradis pour randonneurs, le **Levera National Park**, qui compte de nombreuses richesses naturelles: mangroves, lac, refuge d'oiseaux. Ce parc national est reconnu également pour ses belles plages de sable blanc et ses bancs de corail qui font le bonheur des plongeurs.

Les plages

La plage la plus populaire est celle de **Grand Anse**, située à 5 min en taxi du port. Cette plage de sable blanc fait environ 3 km de longueur; des restaurants et des centres d'activités nautiques la ponctuent.

De belles plages très intimes sont accessibles à **Morne Rouge** (à 10 min en taxi du port) et au **La Sagesse Nature Centre** (à 20 min en taxi du port). Ce dernier endroit constitue également un lieu fort apprécié des ornithophiles.

www.grenada.org

Guadeloupe

Pointe-à-Pitre

Devise nationale de la France: *Liberté, Égalité, Fraternité*

Chef-lieu de la Guadeloupe: *Basse-Terre*

Population: *440 000 Guadeloupéens*

Langue officielle: *français*

Système politique: *département français d'outre-mer / région monodépartementale*

Monnaie: *euro*

Les incontournables

1-La plage Caravelle
2-Les nombreux marchés
3-Le Parc national de la Guadeloupe

Douceur de vivre guadeloupéenne

Farniente sur les plages de Grande-Terre, randonnée pédestre dans le parc national et excursions en mer pour découvrir les îles environnantes, bref, la Guadeloupe sait mettre en valeur ses atouts et attire chaque année des milliers d'estivants.

Aperçu géographique

L'archipel guadeloupéen, qui s'étend sur 1 704 km^2, est formé de plusieurs ensembles d'îles. La Guadeloupe continentale, que l'on surnomme l'«île papillon», inclut Basse-Terre et Grande-Terre, séparées par la rivière Salée et au large desquelles se trouvent les îles de La Désirade, des Saintes et de Marie-Galante.

La Guadeloupe continentale, la plus grandes des Antilles françaises avec une superficie de 1 438 km^2, se caractérise par un climat de type tropical tempéré. Basse-Terre, l'île la plus montagneuse, est dominée par le volcan de la Soufrière (1 467 m) tandis que Grande-Terre profite d'un relief plus plat qui lui a permis d'axer son développement sur l'agriculture.

GUADELOUPE

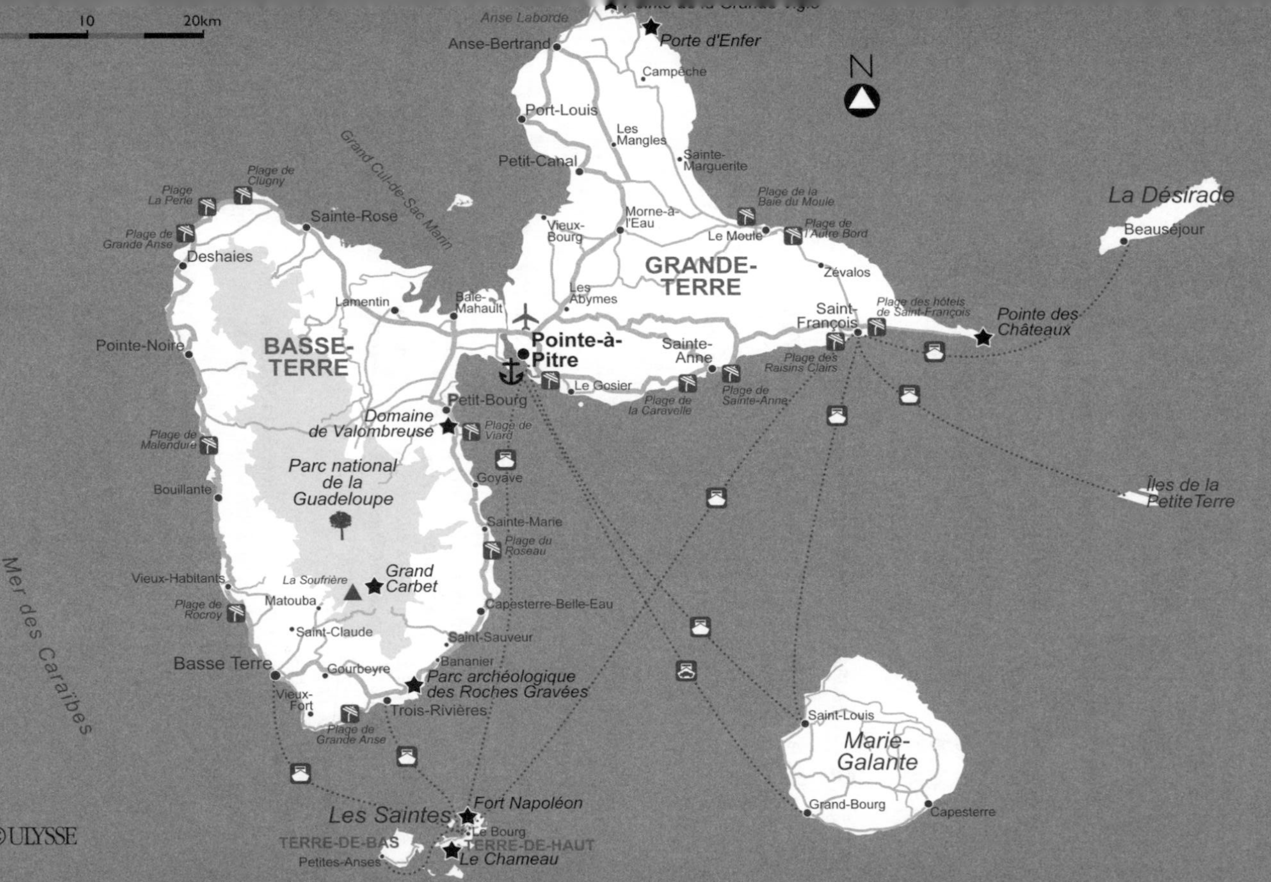

0
10
20km
Anse Laborde
Anse-Bertrand
Porte d'Enfer
Campêche
Port-Louis
Les Mangles
Sainte-Marguerite
Petit-Canal
Grand Cul-de-Sac Marin
Plage de Clugny
Plage La Perle
Plage de Grande Anse
Sainte-Rose
Deshaies
Vieux-Bourg
Morne-à-l'Eau
Plage de la Baie du Moule
Le Moule
Plage de l'Autre Bord
Zévalos
GRANDE-TERRE
La Désirade
Beauséjour
Lamentin
Baie-Mahault
Les Abymes
Saint-François
Plage des hôtels de Saint-François
Pointe des Châteaux
BASSE-TERRE
Pointe-Noire
Pointe-à-Pitre
Sainte-Anne
Plage des Raisins Clairs
Le Gosier
Plage de la Caravelle
Plage de Sainte-Anne
Petit-Bourg
Domaine de Valombreuse
Plage de Viard
Plage de Malendure
Parc national de la Guadeloupe
Goyave
Bouillante
Sainte-Marie
Plage du Roseau
Îles de la Petite Terre
OCÉAN ATLANTIQUE
Mer des Caraïbes
Vieux-Habitants
La Soufrière
Grand Carbet
Matouba
Plage de Rocroy
Capesterre-Belle-Eau
Saint-Claude
Saint-Sauveur
Bananier
Basse Terre
Gourbeyre
Parc archéologique des Roches Gravées
Vieux-Fort
Trois-Rivières
Plage de Grande Anse
Saint-Louis
Marie-Galante
Grand-Bourg
Capesterre
Fort Napoléon
Les Saintes
Le Bourg
TERRE-DE-BAS
TERRE-DE-HAUT
Le Chameau
Petites-Anses
©ULYSSE

Aperçu historique

En 1493, Christophe Colomb découvre l'archipel et lui donne le nom de «Guadalupe», en référence au monastère espagnol de Santa María de Guadalupe. Les Espagnols, en lutte continuelle avec les Indiens caraïbes, cèdent la place aux Français au XVIIe siècle. Ces derniers prennent possession de l'île en 1635 et développent les premières plantations de canne à sucre sur lesquelles travailleront des milliers d'esclaves jusqu'en 1848, date de l'abolition de l'esclavage en France. Désignée «département français d'outre-mer» en 1946, la Guadeloupe est érigée en région monodépartementale en 1982.

Débarquement et embarquement

Les paquebots accostent directement au port de **Pointe-à-Pitre**. Le centre Saint-John Perse (au Quai F. de Lesseps) accueille les visiteurs près du quai de débarquement. Ce complexe moderne, situé à deux pas du centre-ville, dispose de boutiques, de restaurants et de cafés. Quand aux départs des traversiers (*L'Express des Îles*) pour Marie-Galante et Les Saintes, ils se font également au port de Pointe-à-Pitre.

Quoi faire? Quoi voir?

De la côte escarpée de la **Pointe de la Grande Vigie** aux belles plages de sable du sud de **Grande-Terre** et de **Marie-Galante**, en passant par la forêt luxuriante du **Parc national de la Guadeloupe** et les charmants villages créoles dispersés aux quatre coins de ces îles, l'archipel a tout pour combler les visiteurs en quête de soleil, de repos et d'un peu de dépaysement.

Grande-Terre

Pointe-à-Pitre constitue le cœur économique de l'île de Grande-Terre. La ville possède de nombreux marchés très colorés, comme le très pittoresque marché **Saint-Antoine** et le marché aux fleurs de la **place Gourbeyre**. Sur cette place, on pourra également visiter la **basilique Saint-Pierre et Saint-Paul**, qui fut construite sur les fondations de l'ancienne église, détruite par un tremblement de terre en 1843. À ne pas manquer non plus, la **place de la Victoire**, véritable oasis de verdure au cœur de la ville; le **musée Schœlcher**, consacré au célèbre député Victor Schœlcher, ardent défenseur de l'abolition de l'esclavage; et enfin, le **musée Saint-John Perse**, qui présente une intéressante exposition sur la vie du célèbre Prix Nobel de littérature (1960), né à Pointe-à-Pitre en 1887.

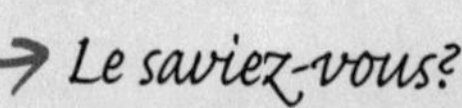

En 1976, à la suite d'une menace d'éruption du volcan de la Soufrière, la population du sud de Basse-Terre fut évacuée vers Grande-Terre.

Grande-Terre se présente comme un vaste plateau calcaire d'une superficie de 582 km². Ponctuée de mornes et de champs de canne à sucre qui semblent s'allonger à l'infini, elle possède un visage plutôt champêtre. La fertilité de ces terres a longtemps constitué la seule richesse de la Guadeloupe, mais on lui connaît aujourd'hui un autre trésor inestimable: les longs croissants de sable doré qui bordent la côte sud de l'île. Des plages si belles qu'elles attirent sans cesse les visiteurs fréquentant les stations balnéaires de **Gosier**, de **Sainte-Anne** et de **Saint-François**.

À l'est de Pointe-à-Pitre, près de la marina de Gosier, l'**Aquarium de la Guadeloupe** est de petite taille, mais apporte un éclairage intéressant sur la richesse des fonds marins caribéens.

Au départ de Pointe-à-Pitre, la «route des falaises» passe par le nord de Grande-Terre et rejoint la **Pointe de la Grande Vigie**, avant de redescendre vers le lagon de la **Porte d'Enfer**. Bordée de falaises, la plage y est étonnamment tranquille et se prête facilement à la baignade. La **Pointe des Châteaux** est un autre site naturel à explorer. Cette longue pointe de terre, située au sud de Grande-Terre, s'allonge dans l'océan Atlantique et se termine par des rochers escarpés.

Créé en 1987, le **Grand Cul-de-Sac Marin** est une réserve naturelle, à la fois maritime et terrestre, qui s'étend sur près de 3 700 ha entre les îles de Grande-Terre et de Basse-Terre. Créée pour protéger la faune et la flore particulièrement riches dans cette partie de l'archipel, la réserve est ceinturée par des récifs coralliens et par de grandes étendues de mangrove, une végétation humide propice à la croissance des palétuviers.

Basse-Terre

En repérant Basse-Terre à l'horizon, on aperçoit une longue chaîne de montagnes dont la cime semble perpétuellement cachée par les nuages, un spectacle bien différent des paysages relativement peu accidentés de Grande-Terre. Ce massif est dominé par **la Soufrière**, un volcan encore actif qui culmine à 1 467 m.

La majeure partie de cette île est protégée par le **Parc national de la Guadeloupe**. La route de la Traversée est l'unique voie d'accès permettant de parcourir le massif montagneux de Basse-Terre. Elle relie les communes de Pointe-Noire et de Petit-Bourg, et permet d'accéder aux principaux sites du parc comme la **cascade aux Écrevisses**, dont les chutes sont entourées d'une végétation luxuriante, et la **Maison de la Forêt**, qui accueille le promeneur et l'initie aux secrets de la forêt tropicale grâce à un sentier d'interprétation.

Les **chutes de la rivière du Grand Carbet** constituent l'attrait phare du Parc national de la Guadeloupe. La plus populaire et la plus accessible est la deuxième chute, haute de 110 m. On y accède après une courte randonnée dans la forêt. Un sentier plus long et plus difficile se rend jusqu'à la première chute, haute de 115 m et tout aussi spectaculaire que la seconde. Quant à la troisième chute, elle est beaucoup moins haute que les précédentes (20 m) mais se jette dans une grande piscine naturelle.

Le parc floral du **Domaine de Valombreuse**, situé près de Petit-Bourg, est un jardin tropical aux couleurs et aux parfums enivrants: roses de porcelaine, hibiscus, becs de perroquet, etc. Cette profusion de plantes est un véritable paradis naturel pour les oiseaux.

En suivant la route du bord de mer en direction de Trois-Rivières, vous atteindrez le **Parc archéologique des Roches Gravées**, qui présente certains vestiges des tribus de la nation Arawak, les premiers habitants de l'île. Les pétroglyphes de ces artisans habiles, chassés de l'île par les Indiens caraïbes, se découvrent au détour des sentiers aménagés dans un joli jardin tropical.

Marie-Galante

Marie-Galante, la plus grande des dépendances guadeloupéennes, est composée d'un vaste plateau calcaire où l'on cultive la canne à sucre. Ces champs de canne dominent d'ailleurs encore l'horizon et seraient à l'origine de la fabrication du meilleur rhum des Antilles. Le charme de cette île tient à ces scènes champêtres qui dépaysent le voyageur. Un service de traversier relie Marie-Galante à Pointe-à-Pitre, sur l'île de Grande-Terre.

La Désirade

La Désirade est une longue bande de rochers dont les terres arides sont peu propices à l'agriculture. Une population d'environ 2 000 habitants y vit, majoritairement dans le sud de l'île. La côte, longue de 11 km, est ponctuée de belles plages de sable presque désertes, bordées de beaux récifs coralliens. Pour s'y rendre, on peut prendre un traversier qui fait la navette entre le port de Saint-François et celui de Grande Anse. La traversée dure une quarantaine de minutes.

Les Saintes

L'archipel des Saintes regroupe plusieurs îlots sur lesquels sont accrochés de minuscules hameaux. La nature constitue sans contredit le plus bel attrait de ces îles: sentiers de randonnée, plages de sable doré, mornes d'où l'on contemple le fabuleux spectacle de la mer. Plusieurs navettes maritimes relient Les Saintes (Terre-de-Haut) à Grande-Terre et à Basse-Terre.

Sur l'île de Terre-de-Haut, on peut parcourir à pied un paisible et charmant village où se trouvent quelques boutiques et restaurants. Pour visiter le **Fort Napoléon**, il faut traverser le quartier du Mouillage et gravir un morne abrupt, d'où l'on jouit d'une très belle vue sur la baie. On peut également faire l'ascension du **Chameau**, le plus haut sommet de l'île, qui culmine à 309 m.

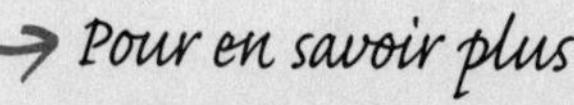

Guide de voyage Ulysse *Guadeloupe*
www.antilles-info-tourisme.com
www.guadeloupe-antilles.com
www.ot-mariegalante.com
www.lesilesdeguadeloupe.com

Honduras

Roatán (Islas de la Bahía)

Devise nationale: *Libre, souveraine, indépendante*

Capitale: *Tegucigalpa*

Population: *7 639 000 Honduriens*

Langue officielle: *espagnol*

Système politique: *république présidentielle*

Monnaie: *lempira*

Devise acceptée: *dollar américain*

Les incontournables

1-La plongée sous-marine aux Islas de la Bahía
2-West Bay
3-La culture garifuna

À l'orée d'une des grandes formations coralliennes du monde

Grâce à son littoral étendu sur la côte Caraïbe, le Honduras s'enorgueillit de nombreux kilomètres de plages blanches et idylliques. Au large émerge un petit archipel offrant de fabuleuses occasions de plongée, des palmiers ondulants au gré des vents, une luxuriante végétation de montagne, un beau sable fin caressé par les eaux et un vaste choix d'hôtels et de restaurants: les Islas de la Bahía!

Aperçu géographique

Le Honduras se trouve en plein cœur de l'isthme centraméricain. Ses confins septentrionaux sont marqués par 644 km de littoral caressés par les eaux de la mer des Caraïbes, tandis qu'au sud l'océan Pacifique prend la relève.

Les Islas de la Bahía se composent de trois îles principales et de nombreux îlots, tous regroupés à une distance de la côte caraïbe hondurienne variant entre 35 km et 60 km. Roatán est de loin la plus grande et la plus diversifiée de toutes. Longue et étroite, elle fait plus de 40 km de long sur à peine 2 km à 4 km de large, et sa population est

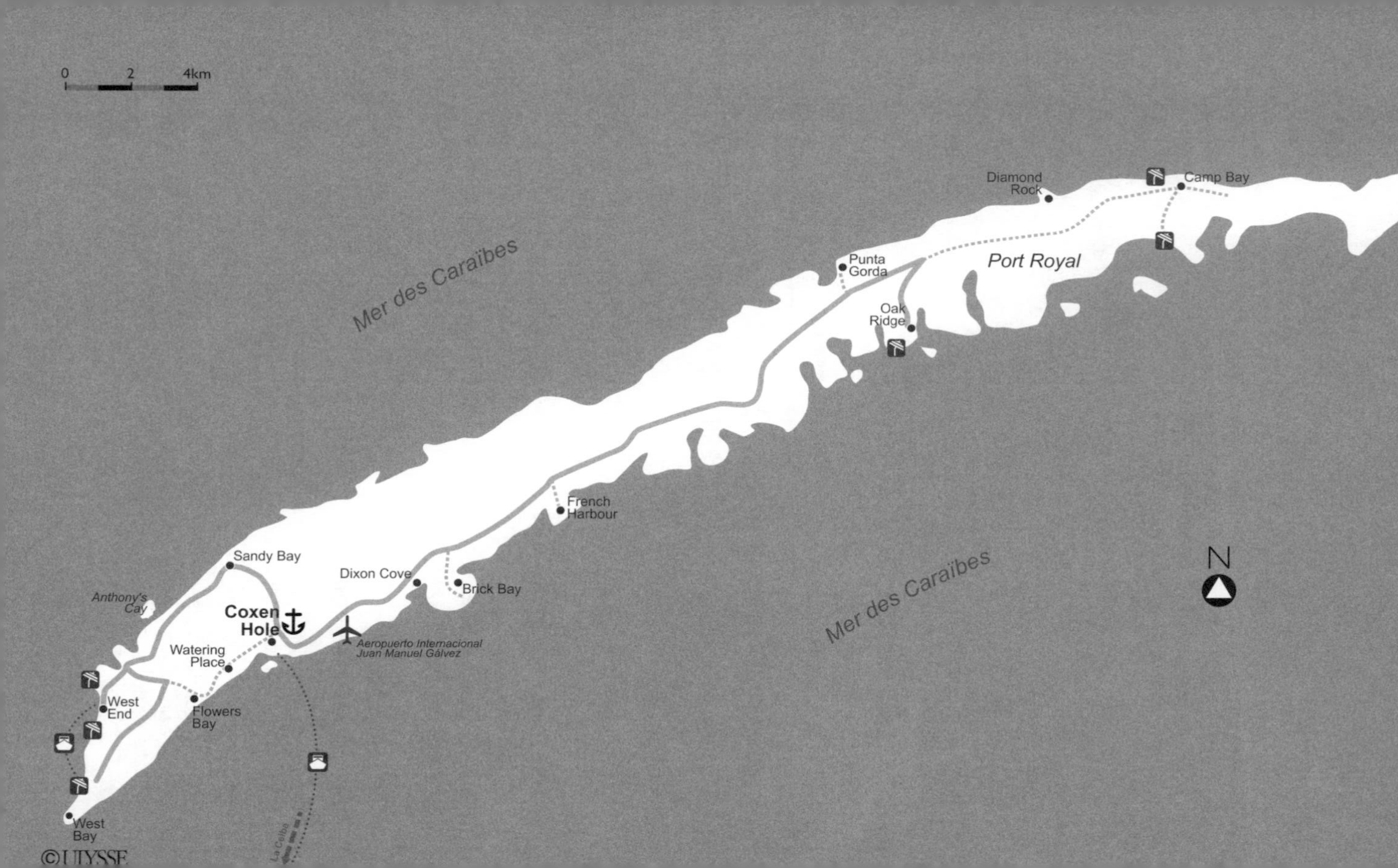

0 2 4km
N
Mer des Caraïbes
Mer des Caraïbes
Helene
Camp Bay
Diamond Rock
Port Royal
Punta Gorda
Oak Ridge
French Harbour
Brick Bay
Dixon Cove
Aeropuerto Internacional Juan Manuel Gálvez
Sandy Bay
Coxen Hole
Anthony's Cay
Watering Place
Flowers Bay
West End
West Bay
La Ceiba

d'environ 60 000 habitants. Elle compte en outre certaines des plus belles plages des Islas de la Bahía.

Aperçu historique

Le Honduras possède un passé historique très riche, depuis la présence des Mayas jusqu'au débarquement de Christophe Colomb, qui longea les côtes honduriennes en 1502 et mit pied à terre sur l'île de Guanaja. Les années qui suivirent furent marquées par d'innombrables affrontements entre Espagnols et Autochtones, puis, pendant une bonne partie du XVIIe siècle, le célèbre pirate Henry Morgan, qui avait établi l'une de ses bases sur l'île de Roatán, attaqua fréquemment les colonies de la côte Caraïbe. Le Honduras devint indépendant en 1821. Quant à l'île de Roatán, elle fut rendue au Honduras par l'Angleterre en 1861.

Débarquement et embarquement

Aux **Islas de la Bahía**, les bateaux accostent au port de **Coxen Hole**, sur l'île de **Roatán**. Jusqu'à maintenant, ils doivent retourner au large afin de laisser aux autres paquebots de croisière la chance d'accoster à leur tour, mais d'ici 2009 un nouveau terminal de 16 millions de dollars devrait être en service et permettre alors à plusieurs paquebots d'y accoster en même temps.

Quoi faire? Quoi voir?

Islas de la Bahía

Roatán, la plus grande des Islas de la Bahía (îles de la Baie), présente également la plus grande variété d'attraits. La ville de **Coxen Hole**, située dans la partie ouest de la côte méridionale de l'île, est l'endroit où la plupart des visiteurs ont un premier aperçu de Roatán. Il s'agit du principal centre de commerce où l'on peut changer de l'argent, faire son épicerie, acheter ses billets de traversier ou d'avion. La ville même ne présente que peu d'intérêt, bien qu'il vaille la peine de faire une balade dans la rue principale et autour du marché public, que deux rues séparent l'un de l'autre. Toujours dans l'ouest de l'île se trouve le site archéologique maya de Copán, qui vaut amplement le déplacement. La plupart des compagnies de croisières offrent d'ailleurs des excursion afin de le visiter.

Plusieurs villages s'étendent à l'est, entre autres **French Harbour** et **Oak Ridge**, qui abritent la majeure partie de la flottille de pêche de Roatán ainsi que des complexes balnéaires. Oak Ridge, qui s'imprègne d'une atmosphère toute caribéenne et possède un port où s'affairent de petits bateaux de pêche et de passagers, s'impose sans doute comme le plus pittoresque des villages de Roatán.

Tout près, du côté nord de l'île, se trouve le village garifuna de **Punta Gorda**. Ses maisons et autres structures s'alignent en une étroite bande le long de la plage, suivant la tradition garifuna. À l'est de ce village, l'île demeure très peu peuplée.

Le **Jardín Botánico Carambola** abrite une grande variété d'arbres et de plantes exotiques. Des trottoirs conduisent les visiteurs à travers des massifs de plantes en fleurs, d'orchidées, de fougères, d'épices, d'arbres fruitiers et de feuillus, parmi lesquels figure l'acajou du Honduras. Une randonnée facile d'une vingtaine de minutes permet d'atteindre le sommet du mont Carambola. Chemin faisant, vous croiserez des zones de reproduction d'iguanes et de perroquets, et vous jouirez de belles vues une fois parvenu au sommet (entre autres une perspective intéressante sur les formations coralliennes).

À **Sandy Bay**, le petit **Roatán Museum** de l'**Anthony's Key Resort** présente quelques pièces préhispaniques de même que des dioramas sur la période coloniale. Mais la majorité des visiteurs viennent surtout assister aux spectacles de dauphins de l'**Institute for Marine Sciences**. Vous pourrez même vous baigner avec les dauphins à certaines heures ou plonger en leur compagnie.

Les plages de Roatán

Le **Tabayana Beach Resort** de **West Bay** n'est pas un hôtel, mais plutôt une plage flanquée d'une aire de pique-nique d'abord et avant tout destinée aux passagers des paquebots de croisière.

West Bay Beach, une longue et large plage de sable blanc, l'une des plus populaires de l'île, est ombragée par des palmiers. Ceux-ci font 2 m de haut et remplacent d'anciens palmiers affectés d'une maladie.

Dans la partie est de l'île, vous trouverez une belle plage à **Half Point Bay**, près d'Oak Ridge. Plus à l'est s'étend **Port Royal**, qui abrite les restes d'une forteresse et une magnifique plage pratiquement déserte où certains pratiquent le naturisme.

Les sites de plongée autour des Islas de la Bahía

Pour les amateurs de plongée sous-marine et de plongée-tuba, les Islas de la Bahía constituent un véritable paradis. Cela s'explique, en grande partie, par la présence de la deuxième plus longue barrière de corail au monde, laquelle s'étend jusqu'au Belize!

Autour de Roatán, on compte de nombreux sites de plongée ponctués de parois verticales, de dérives, de grottes, de canyons et de formations aussi bien profondes que peu profondes. Il y a aussi des épaves près de French Harbour. La majorité des sites ne se trouvent qu'à courte distance du rivage en bateau.

Certains des plus beaux sites de plongée se trouvent tout près d'Oak Ridge, dans la partie orientale de l'île. L'un des plus spectaculaires, **Calvin's Crack**, présente une ouverture dans le récif où foisonnent les homards, les crabes géants, les poissons-globes, les requins, les lamproies tachetées et les murènes vertes.

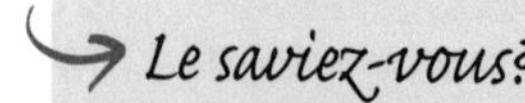

Le nom du Honduras viendrait de la remarque de Christophe Colomb au sujet de la «profondeur» (*hondura* en espagnol) des eaux à son arrivée.

Il n'y a aucun feu de signalisation sur l'île de Roatán!

Près de **West End**, un site connu sous le nom de **La Punta** présente une longue plate-forme balayée par des courants assez forts pour vous laisser dériver. Le corail est en bon état, et l'on peut y admirer toutes sortes de poissons. Le **West End Wall** varie d'une profondeur de 15 m à 45 m et permet d'observer différentes espèces de requins (on dit qu'ils ont amplement de nourriture et qu'ils ne s'intéressent pas aux plongeurs). Quant à **Pablo's Place**, il recèle de magnifiques parois coralliennes et une abondance d'éponges cylindriques à moins de 25 m de profondeur.

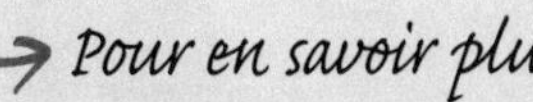

Guide de voyage Ulysse *Honduras*
www.letsgohonduras.com
www.roatanet.com

Îles Cayman

George Town

Devise locale: Établies par Dieu sur les flots
Chef-lieu: George Town
Population: 47 000 Caïmaniens
Langue officielle: anglais
Système politique: territoire britannique d'outre-mer
Monnaie: dollar des Cayman
Devise acceptée: dollar américain

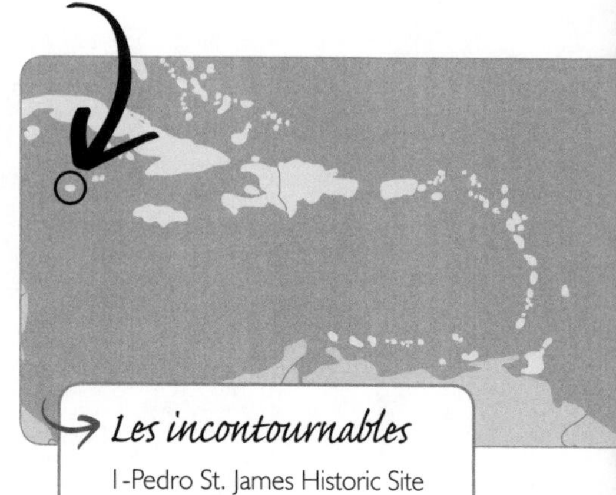

Les incontournables

1-Pedro St. James Historic Site
2-La plongée sous-marine
3-Le gâteau au rhum

Plus qu'un paradis fiscal

Les Îles Cayman sont surtout reconnues pour leur latitude en matière de fiscalité, mais il s'agit en fait de bien plus que cela: plongée sous-marine, voile, faune et flore, détente et culture font de ces îles un endroit paradisiaque qu'il vaut la peine de découvrir.

Aperçu géographique

Les îles Cayman, formées de Grand Cayman, Little Cayman et Cayman Brac, sont situées à 268 km au nord-ouest de la Jamaïque, dans la mer des Caraïbes, et à 770 km de Miami. La superficie totale des îles est de 260 km^2. Les îles Cayman sont en fait les sommets d'une chaîne de montagnes sous-marine. George Town, la capitale, qui se trouve sur l'île de Grand Cayman, a une population de 20 000 habitants, soit environ la moitié de la population totale de l'île.

Aperçu historique

Lorsqu'en 1503, lors de son dernier voyage au Nouveau Monde, Christophe Colomb découvrit ces îles, il les baptisa «Las Tortugas» car leurs plages étaient couvertes de tortues marines. Les îles semblaient alors inhabitées, mais, pendant 200 ans, elles

Grand Cayman

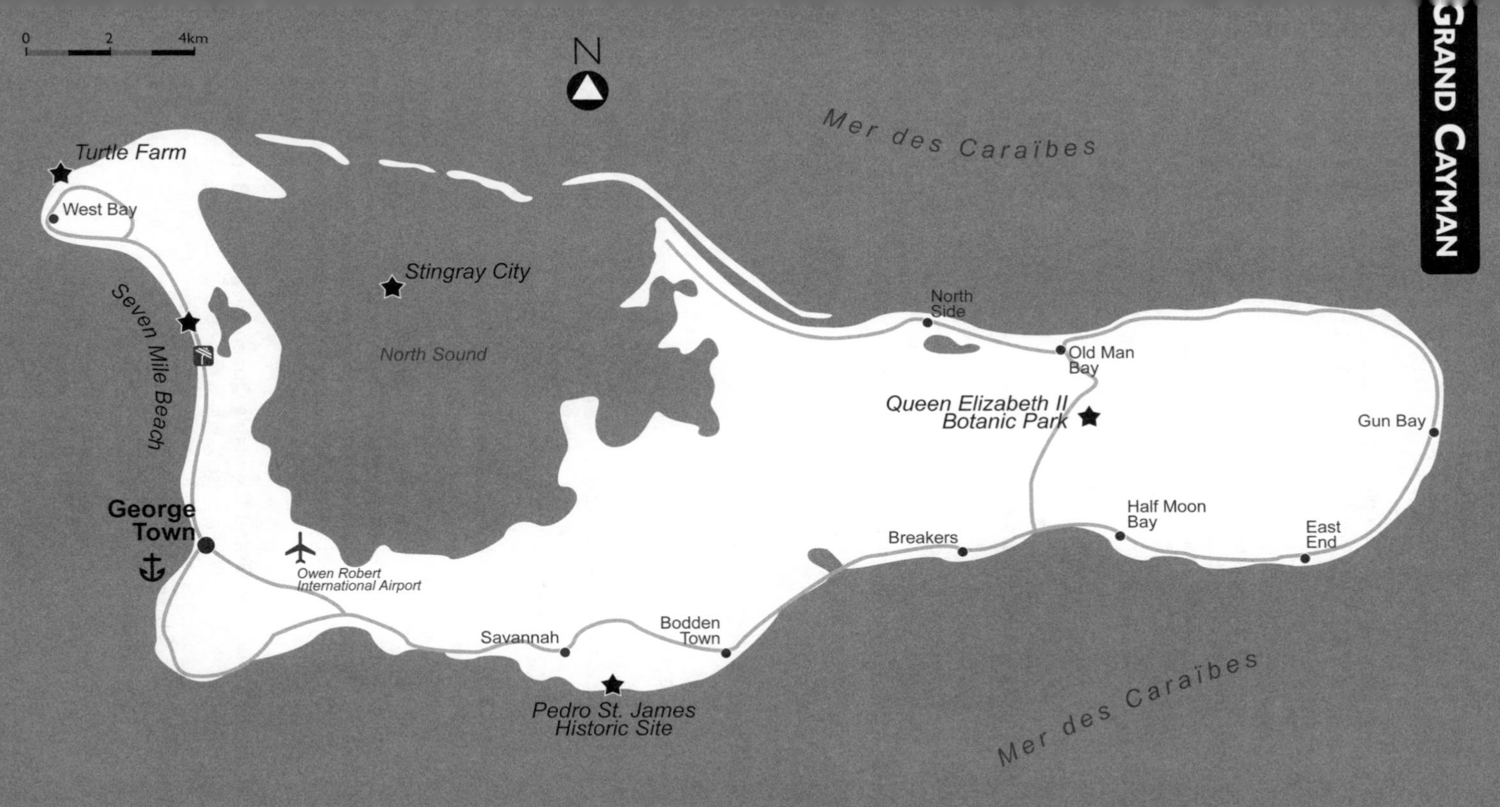

> **Le saviez-vous?**
>
> Les îles Cayman ont leur pierre semi-précieuse: la caïmanite.
>
> Les îles Cayman constituent un paradis fiscal sans impôt direct et, de ce fait, accueillent le siège social d'environ 40 000 sociétés dont 590 banques.

furent le repaire de pirates et de naufragés. En 1655, la Grande-Bretagne prit possession de ces îles en même temps que de la Jamaïque. Elles firent officiellement partie de l'Empire britannique 15 ans plus tard. Les îles Cayman furent administrées en tant que dépendance de la Jamaïque jusqu'en 1962, alors que cette dernière obtint son indépendance de la Grande-Bretagne. Les îles Cayman décidèrent toutefois alors de conserver leurs liens avec la mère patrie et devinrent quelque temps après un territoire britannique d'outre-mer.

Débarquement et embarquement

Les bateaux n'accostent pas au port de Harbour Drive, mais restent au large. Aussi le débarquement et l'embarquement se font-ils au moyen de canots de sauvetage ou avec les transbordeurs de l'île. Les passagers touchent ainsi terre au cœur même du secteur commercial de **George Town** et de ses charmantes boutiques.

Pour vous rendre à Seven Mile Beach, vous pouvez prendre un taxi (environ 25$).

Quoi faire? Quoi voir?

Grand Cayman

L'île de Grand Cayman ne manque certes pas d'attraits. Sa **Seven Mile Beach** invite à la détente et au bronzage, alors que la mer attire volontiers les baigneurs, mais également ceux qui désirent pratiquer la plongée-tuba, la plongée sous-marine, la voile ou la pêche sportive en haute mer.

Le **Pedro St. James Historic Site** est un attrait à ne pas manquer lors d'un séjour à Grand Cayman. Ce lieu chargé d'histoire fut entièrement réaménagé par le gouvernement des îles Cayman et rouvert au public en 1998. On y trouve des plantations anciennes agrémentées d'une belle végétation tropicale. De la première maison, construite autour de 1780, il ne reste que des ruines, mais elles se révèlent les plus anciennes des îles. Un nouveau bâtiment a été refait en respectant le mode de construction de l'époque. Le site se veut aussi le lieu de naissance de la démocratie dans les îles Cayman.

Autre attrait majeur, le **Grand Cayman's Queen Elizabeth II Botanic Park** a ouvert ses portes en 1994 en présence de la reine d'Angleterre. Le visiteur pourra y admirer de superbes jardins et aménagements floraux, ainsi que de très rares et menacés iguanes bleus (Grand Cayman Blue Iguana), uniques à l'île. Le parc abrite aussi un agréable lac et un centre d'accueil des visiteurs à l'architecture typique.

À George Town, la visite du **Cayman Islands National Museum**, ouvert en 1990, permet de découvrir le passé culturel et historique des îles grâce à une riche collection de quelque 2 000 objets et documents de toute sorte. Le **National Trust's Mastic Trail** a pour sa part concocté un instructif parcours pédestre dans la ville et ses environs. Cet organisme veille à préserver non seulement les bâtiments historiques, mais aussi les sites naturels ainsi que la faune et la flore indigènes des îles Cayman.Les tortues de mer ont depuis toujours fréquenté ces îles, mais leur survie est aujourd'hui menacée. Il faut visiter la **Turtle Farm** afin de les découvrir. Cette ferme fait l'élevage des tortues de mer et peut en héberger jusqu'à 16 000. Des centaines de tortues élevées ici sont relâchées à la mer chaque année, un milieu plus propice à la reproduction et à la ponte des œufs sur la plage.

Ceux qui désirent nager et s'amuser en compagnie de raies pourront le faire en se rendant à **Stingray City**, où l'on en trouve plus d'une trentaine, certaines atteignant jusqu'à 2 m de diamètre. Cette attraction est extrêmement populaire, si bien qu'il peut s'avérer une bonne idée de réserver sa place à l'avance à bord du paquebot.

Pour en savoir plus

www.caymanislands.ky
www.pedrostjames.ky
www.turtle.ky

Îles Turks et Caicos

Grand Turk

Chef-lieu: *Cockburn Town (Grand Turk)*

Population: *30 000 habitants*

Langue officielle: *anglais*

Système politique: *territoire britannique d'outre-mer*

Monnaie: *dollar américain*

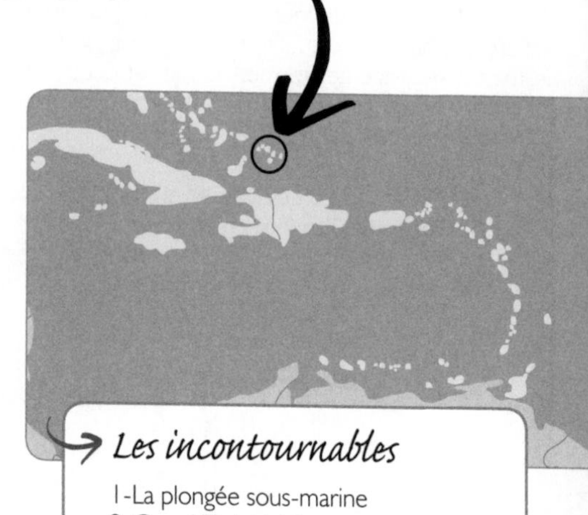

Les incontournables

1-La plongée sous-marine
2-Grand Turk Lighthouse
3-Turks and Caicos National Museum

Un véritable paradis marin

Les îles Turks et Caicos font le bonheur des visiteurs appréciant les longs après-midi au soleil. Ce magnifique archipel s'enorgueillit de son hôtellerie accueillante, de ses nombreuses plages idylliques et de ses merveilleux récifs coralliens. D'ailleurs, ces récifs sont à l'origine de nombreux naufrages au cours des XVIe et XVIIe siècles. Avis aux amateurs de plongée: de nombreuses épaves vous attendent!

Aperçu géographique

Situé au nord d'Haïti, dans l'océan Atlantique, l'archipel de Turks et Caicos, avec sa trentaine d'îles, s'étend sur 430 km^2. Il se compose de huit îles principales, de six récifs coralliens ainsi que de nombreux îlots rocheux. Sa population est majoritairement créole antillaise. La capitale des îles, Cockburn Town, se trouve sur l'île de Grand Turk. Mais l'île qui ravit les visiteurs est Providenciales. Appelée familièrement *Provo*, elle constitue le centre urbain des îles Turks et Caicos.

Aperçu historique

Christophe Colomb foula le sol de l'île de Grand Turk en 1492. Puis découvertes en 1512 par l'explorateur espagnol Juan Ponce de León, les îles Turks et Caicos sont

Îles Turks et Caicos

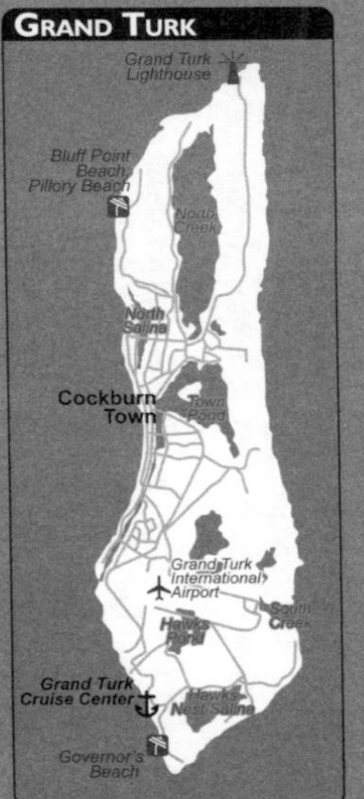

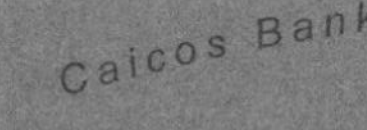

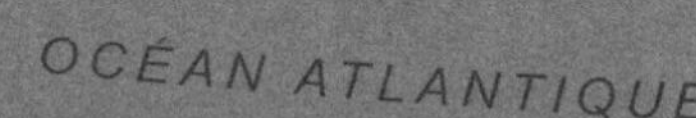

longtemps restées inhabitées. Cependant, la difficulté d'accès de cet archipel aurait permis aux pirates d'y établir leurs repaires. En 1678, les Bermudiens commencèrent à y développer l'industrie du sel. Cette richesse provoqua une bataille d'appartenance entre Français, Espagnols et Britanniques. Après la guerre de l'Indépendance américaine (1775-1776), des loyalistes coloniaux vinrent s'établir avec leurs esclaves dans les îles et y développèrent une nouvelle industrie, celle du coton. Après l'abolition de l'esclavage en 1834, cette industrie chuta, laissant de nouveau la place à celle du sel. Les îles sont devenues officiellement un territoire britannique en 1973.

Proximité oblige, les insulaires ont créé des liens avec le continent nord-américain dont les touristes viennent en nombre dans les îles Turks et Caicos.

Débarquement et embarquement

Le port de croisières des îles Turks et Caicos, soit le **Grand Turk Cruise Center** *(www.grandturkcc.com)*, se trouve au sud-ouest de l'île de **Grand Turk**. Autrefois, seuls les petits navires et les compagnies de croisières de luxe comme Crystal et Silversea pouvaient aborder dans l'île, mais la Carnival Corporation s'est fait construire récemment un terminal ultramoderne, avec des boutiques, une aire de loisirs à même la plage et une immense piscine. Le quai peut accueillir à la fois deux paquebots de fort tonnage, qu'ils soient de la compagnie mère ou de ses filiales (Princess, Holland America...). Bien que les îles Turks et Caicos fassent partie des itinéraires des Antilles orientales, elles ne se trouvent pas dans la mer des Caraïbes, mais plutôt dans l'océan Atlantique.

Quoi faire? Quoi voir?

Grand Turk

Le port de croisières (Grand Turk Cruise Center) dispose aussi d'un quai pour les petits bateaux qui font des excursions autour des îles. De plus, de nombreuses activités y sont proposées par des agences de toute sorte: tours guidés, équitation, natation, vélo, surf, exploration en véhicule tout-terrain, promenades en calèche, balades en buggy, plongée-tuba, plongée sous-marine, navigation de plaisance, pêche en haute mer, découverte en bateau à fond vitré, kayak.

Le saviez-vous?

En 2004, le gouvernement de la province de la Nouvelle-Écosse a invité les îles Turks et Caicos à faire partie de leur territoire dans le cas où elles accepteraient d'être annexées au Canada, contournant ainsi le problème de la création d'une nouvelle province distincte.

L'île de Grand Turk est calme, et l'on y retrouve divers bâtiments coloniaux. Dans le **Turks Island Passage**, la profondeur des eaux attire les baleines migratrices et les dauphins venus jouer dans l'étrave des épaves.

Siège du gouvernement, **Cockburn Town** aligne le long de Duke Street et de Front Street ses édifices historiques datant des XVIIIe et XIXe siècles. Érigés à l'époque de l'industrie saline, ils s'empreignent d'une architecture de style bermudien aux tons pastel. La capitale renferme entre autres la résidence du gouverneur des îles, des églises anciennes, la bibliothèque publique, de même qu'un petit square où s'élève un beau monument à Christophe Colomb, qui aborda dans l'île en 1492.

Aménagé dans l'historique Guinep House, le **Turks and Caicos National Museum** *(www.tcmuseum.org)*, malgré ses deux petits étages, fait la lumière sur l'histoire des îles Turks et Caicos. Il raconte notamment les naufrages sur les récifs de l'île et en décrit les épaves, dont une serait la plus ancienne (1505) de l'hémisphère Ouest. De plus, une petite exposition est dédiée à l'ancien astronaute John Glenn, qui amerrit tout près d'ici lors d'un de ses vols dans l'espace.

Datant de 150 ans, le **Grand Turk Lighthouse**, qui se dresse sur la pointe nord de l'île, fut installé pour réduire le nombre de naufrages. Au début, il fonctionnait avec des lampes à l'huile de baleine; puis en 1943, du kérosène fut utilisé; enfin, on y brancha l'électricité en 1971.

Governor's Beach s'étend devant la résidence du gouverneur. Ce superbe croissant de sable doux est caressé par les eaux turquoise de l'océan Atlantique. Par temps clair, cette plage devient le meilleur site de l'île d'où plonger pour avoir vue sur les poissons et les coraux multicolores.

Bluff Point Beach, une plage adossée à une falaise, se trouve juste à l'ouest du phare. En saison, les flamants viennent aussi s'y baigner.

Pillory Beach est populaire auprès des plongeurs de tout acabit car, à environ 1 km de cette plage, se cache un vrai récif-barrière.

Providenciales

Situé sur la Leeward Highway, au centre de l'île, **Cheshire Hall** *(www.nationaltrust.tc)* est une ancienne plantation de coton. Vous renouerez ici avec un passé vieux de plus de 200 ans.

Non loin de Chalk Sound, au sommet de Sapodilla Hill, de nombreuses pierres (**Sapodilla Hill Rock Carvings**) ont été gravées par des marins souhaitant marquer leur passage. La plupart des inscriptions datent d'avant 1844.

Seul élevage de conques au monde, la **Caicos Conch Farm** *(www.caicosconchfarm.com)* élève massivement ces coquillages dans le but de les protéger de l'extinction. Elle les destine à l'exportation commerciale et à l'usage local.

Le **Princess Alexandra Marine Park**, dans Grace Bay, offre un panorama époustouflant sur les fonds marins.

À l'ouest de l'île, **Malcolm Beach**, une plage de 3,5 km de long, est idéale pour la marche, la détente ou la plongée-tuba.

Le **Northwest Point Marine National Park** s'étend devant la côte ouest de l'île. Il assure la protection des récifs coralliens.

L'eau du **Chalk Sound National Park**, situé au sud-ouest de l'île, est turquoise et limpide. Ce bras de mer s'allonge sur près de 5 km.

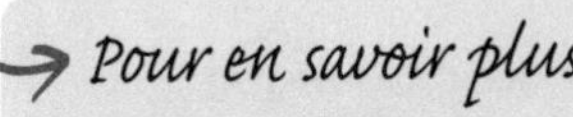

www.turksandcaicostourism.com
www.wherewhenhow.com
http://turksandcaicos-guide.info
www.timespub.tc

Îles Vierges américaines

Frederiksted — St. John — St. Thomas

Devise locale: *Unis en fierté et espoir*

Chef-lieu: *Charlotte Amalie (St. Thomas)*

Population: *160 600 habitants*

Langue officielle: *anglais*

Système politique: *territoire rattaché aux États-Unis*

Monnaie: *dollar américain*

Les incontournables

1-Coral World Marine Park & Observatory
2-St. Croix's Heritage Trail
3-Les boutiques hors taxes

L'Amérique sous les tropiques

Certains trouveront que le dépaysement n'est pas au rendez-vous tant cet archipel caribéen a intégré son héritage américain. Pourtant chaque île possède une identité qui lui est propre: le passé colonial danois transparaît dans les édifices aux tons pastel des ports de St. Croix, de Frederiksted et de Christiansted; St. John attire surtout les amateurs de plein air, grâce à son parc national qui occupe près des deux tiers de l'île; quant à St. Thomas, c'est un peu la Mecque du magasinage dans les Caraïbes: la zone commerciale détaxée de son ravissant port, Charlotte Amalie, fait en général le tour des conversations des croisiéristes avant même qu'ils n'y fassent escale.

Aperçu géographique

Cet archipel des Petites Antilles, situé à l'est de Puerto Rico, est constitué d'une cinquantaine d'îlots, pour la plupart inhabités, et de trois grandes îles: St. John, St. Thomas et St. Croix. Les îles dans leur ensemble offrent un climat de type tropical. La plus grande, St. Croix, atteint une superficie de 344 km^2. St. John possède quant à elle la particularité d'abriter sur les deux tiers de son territoire le Virgin Islands National Park et ses magnifiques récifs coralliens.

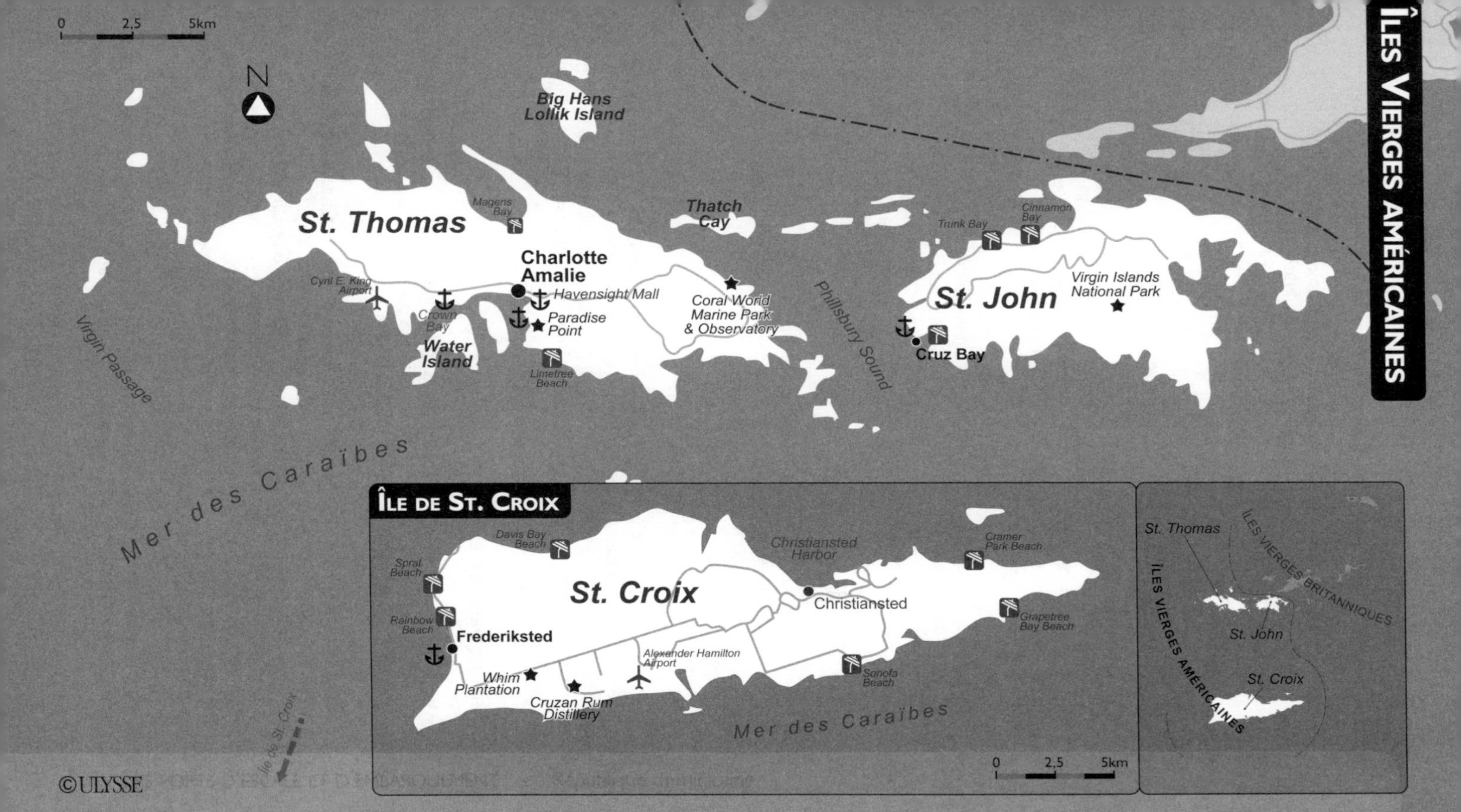

Îles Vierges américaines

0 2,5 5km
N
Big Hans Lollik Island
St. Thomas
Magens Bay
Thatch Cay
Charlotte Amalie
Havensight Mall
Cyril E. King Airport
Crown Bay
Paradise Point
Water Island
Limetree Beach
Coral World Marine Park & Observatory
Virgin Passage
Phillsbury Sound
Trunk Bay
Cinnamon Bay
St. John
Virgin Islands National Park
Cruz Bay
Mer des Caraïbes

Île de St. Croix

Davis Bay Beach
Sprat Beach
Rainbow Beach
Frederiksted
St. Croix
Whim Plantation
Cruzan Rum Distillery
Alexander Hamilton Airport
Christiansted Harbor
Christiansted
Sonofa Beach
Cramer Park Beach
Grapetree Bay Beach
Mer des Caraïbes
0 2,5 5km

St. Thomas
Îles Vierges britanniques
St. John
St. Croix
Îles Vierges américaines

Île de St. Croix

Le saviez-vous?

La famille américaine des Rockefeller, détentrice de vastes propriétés sur l'île de St. John, fit don d'une partie de ses terres au National Park Service en 1956 afin qu'elles soient rattachées au Virgin Islands National Park, qui vise à protéger les ressources naturelles de l'île.

Aperçu historique

Découvertes par Christophe Colomb en 1493, Las Virgenes (Les Vierges) furent tour à tour hollandaises, espagnoles, britanniques, maltaises, françaises et danoises, avant d'être rachetées par les États-Unis en 1917.

St. Thomas abrite la capitale des îles Vierges américaines et l'un des ports les plus importants des Caraïbes: Charlotte Amalie. Baptisé ainsi par les Danois au XVIIe siècle, en l'honneur de la reine du Danemark, ce port devint rapidement un important marché aux esclaves. Les propriétaires terriens et les marchands hollandais y développèrent d'importants chantiers navals, dont certains sont en encore en activité aujourd'hui.

St. Croix est la plus grande des îles Vierges américaines. Les sucreries et les nombreuses «Great Houses», ces propriétés destinées à accueillir les maîtres des plantations de canne à sucre implantées dans l'île aux XVIIe et XVIIIe siècles, témoignent de l'héritage colonial de St. Croix, avant qu'elle ne tombe dans le giron des États-Unis et ne devienne une destination hautement touristique.

L'histoire de St. John, la plus petite des îles Vierges américaines, tout comme celle de ses jumelles St. Thomas et St. Croix, fut marquée par le développement de l'industrie sucrière dès le XVIIIe siècle. Cela n'empêcha pas cette île de devenir rapidement la réserve naturelle de l'archipel avec le superbe Virgin Islands National Park.

Débarquement et embarquement

Cruz Bay est le principal port d'escale de **St. John**. Des transbordeurs le relient aux paquebots de croisière. Plusieurs traversiers font régulièrement la liaison entre Cruz Bay et Charlotte Amalie, sur l'île de St. Thomas.

À **St. Thomas**, les paquebots jettent l'ancre dans le port de **Charlotte Amalie**, accessible par transbordeurs, ou le long du quai de **Crown Bay**, à quelques kilomètres de là, près des restaurants et boutiques du **Crown Bay Carnival Center**. Il est préférable de prendre un taxi pour se rendre dans le centre de la capitale. Cette recommandation vaut également pour le troisième port d'escale, le **West Indian Company Dock**, près du **Havensight Mall**, où un grand nombre de boutiques hors taxes accueillent les visiteurs.

Frederiksted, sur l'île de **St. Croix**, accueille quelques paquebots, mais il reste beaucoup moins fréquenté que les ports de St. John et de St. Thomas.

Quoi faire? Quoi voir?

St. John

St. John est en train de devenir le fief de l'écotourisme dans l'archipel grâce au **Virgin Islands National Park**. Ce dernier couvre les deux tiers du territoire de l'île et vise la conservation de ses richesses naturelles.

On trouve encore quelques plantations de canne à sucre dans l'île, mais l'attrait principal reste le parc lui-même, ses récifs coralliens et ses plages de sable fin, dont les plus populaires sont **Trunk Bay** et **Cinnamon Bay**. Si vous cherchez un peu d'animation, dirigez-vous vers **Cruz Bay**, qui regroupe les restaurants, les bars et les boutiques de l'île.

St. Thomas

St. Thomas vit au rythme des arrivées et départs des paquebots de croisière et autres voiliers qui accostent dans le port de **Charlotte Amalie**. La ville attire d'abord l'œil des flâneurs grâce à ses petites maisons colorées au toit de tuiles rouges. Ce port demeure avant tout une escale incontournable des croisiéristes dans les Caraïbes. La capitale des îles Vierges américaines est en effet réputée pour ses innombrables boutiques qui se succèdent le long de **Main Street** ainsi que dans le **Havensight Mall**. Attendez-vous à faire de très bonnes affaires puisque les autorités américaines doublent la quantité autorisée de produits détaxés.

Le **Fort Christian** est le plus ancien édifice des îles Vierges américaines. Site historique national, cette forteresse fut construite en 1672 pour protéger l'île des pirates et des armadas européennes. Il servit par la suite d'édifice gouvernemental, d'église, puis de centre communautaire.

Au détour des ruelles de la capitale, on remarquera la **Synagogue of Beracha Veshalom Vegmiluth Hasidim**, la plus vieille synagogue encore en activité aux États-Unis, et la **Government House**, construite par les Hollandais en 1867, qui abrite des bureaux gouvernementaux. C'est aussi là que l'on pourra admirer quelques toiles de Camille Pissarro.

La villa du **Seven Arches Museum**, qui date du XVIIIe siècle, a été entièrement restaurée. Cuisine, quartiers des esclaves, salons décorés de meubles d'époque, le tout rappelle le passé colonial de l'île, lorsque St. Thomas était encore sous occupation hollandaise.

En grimpant les «99 marches» (*99 steps*) qui relient le port aux hauteurs de **Government Hill**, on atteint le **Blackbeard's Castle**, une tour fortifiée datant du XVIIe siècle, qui abrite aujourd'hui un hôtel et un restaurant très populaires. Il s'agit de l'un des plus anciens édifices historiques des îles Vierges américaines.

Paradise Point offre une façon originale de découvrir la capitale des îles Vierges américaines: pourquoi en effet ne pas la survoler… en téléphérique? Entre Havensight et Paradise Point, vous aurez le temps de vous offrir une vue spectaculaire sur la ville et l'île tout entière.

À Coki Point, sur la côte nord-est de St. Thomas, le **Coral World Marine Park & Observatory** est un endroit idéal pour découvrir la vie marine des Caraïbes. On y trouve entre autres une tour d'observation sous-marine fascinante où l'on voit évoluer les poissons dans leur milieu naturel; un bassin spécialement réservé aux prédateurs; un gigantesque aquarium circulaire, véritable reconstitution d'un récif de corail; et enfin le Sea Trek, un sentier qui permet de découvrir la flore et la faune de l'île.

Le **St. Peter Greathouse Estate** propose une balade dans un jardin luxuriant où l'on découvre plus de 200 espèces d'arbres et de plantes tropicales.

Magens Bay est la plage incontournable de l'île pour les vacanciers en quête de soleil. On y pratique une foule de sports nautiques, de la plongée au kayak de mer.

St. Croix

Suivre le **St. Croix's Heritage Trail** donne l'occasion de découvrir les principaux attraits de St. Croix tout en personnalisant sa découverte de l'île. Citons, parmi les incontournables de ce circuit: la **Whim Plantation**; la **Cruzan Rum Distillery**, producteur d'une dizaine de rhums différents, et ce, depuis 1776; et **Fredriksted** et **Christiansted**, les deux principales villes de l'île, dont l'architecture est empreinte du passé colonial de St. Croix. Le St. Croix's Heritage Trail passe également par une petite forêt tropicale et dévoile de superbes paysages du côté de la Carambola Valley, plus isolée, sur la côte nord.

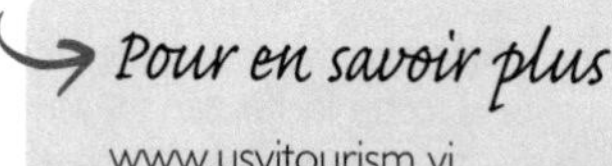

www.usvitourism.vi

Îles Vierges britanniques

Jost Van Dyke  Virgin Gorda Tortola

Devise locale: *Le pays, le peuple, la lumière*
Chef-lieu: *Road Town (Tortola)*
Population: *24 000 habitants*
Langue officielle: *anglais*
Système politique: *territoire rattaché au Royaume-Uni*
Monnaie: *dollar américain*

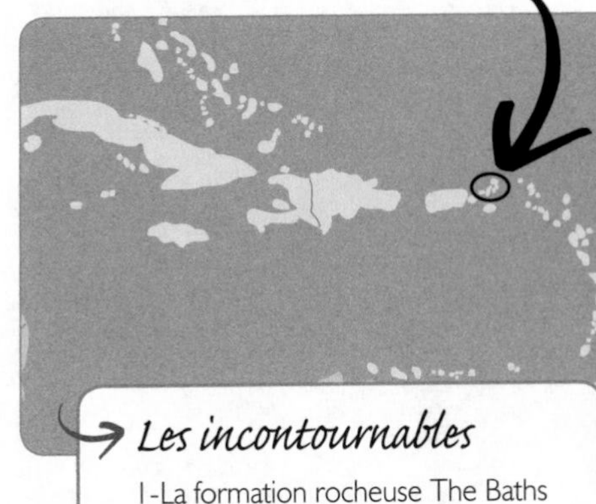

Les incontournables

1-La formation rocheuse The Baths
2-Les sports de voile
3-Le rhum Pusser's

Le paradis de la voile dans les Petites Antilles

Les îles Vierges britanniques, ce sont d'abord de très belles plages de sable blanc parsemées de quelques paillotes pointant à l'ombre des cocotiers, et qui sont encore relativement vierges des foules qui envahissent habituellement les îles Vierges américaines voisines. Ce sont également des épaves de bateau gisant à plusieurs mètres de profondeur et constituant des sites de plongée sous-marine rêvés pour tout amateur. C'est enfin un lieu unique pour la pratique des sports de voile.

Les paquebots de croisière convergent en priorité vers les îles de Virgin Gorda et de Tortola, la plus grande de l'archipel, là où se trouve le chef-lieu de ce territoire rattaché au Royaume-Uni, Road Town. De là, les visiteurs pourront explorer deux autres îles réputées pour leurs paysages de carte postale, Anegada et Jost Van Dyke.

Îles Vierges britanniques

Anegada
Loblolly Bay Beach
Cow Wreck Beach
Îles Vierges britanniques
Tortola
Virgin Gorda
Îles Vierges américaines
Océan Atlantique
Scrub Island
Great Camanoe Island
Guana Island
Gorda Peak National Park
Virgin Gorda
Devil's Bay National Park
St. Thomas Bay
Spanish Town
Little Fort National Park
The Baths
Ginger Island
Cooper Island
Beef Island
Salt Island
Épave du RMS Rhône
Road Town
Tortola
Peter Island
Norman Island
Sage Mountain National Park
Cane Garden Bay
Long Bay
Apple Bay
Smuggler's Cove
Jost Van Dyke
Great Harbour
0
5
10km
N

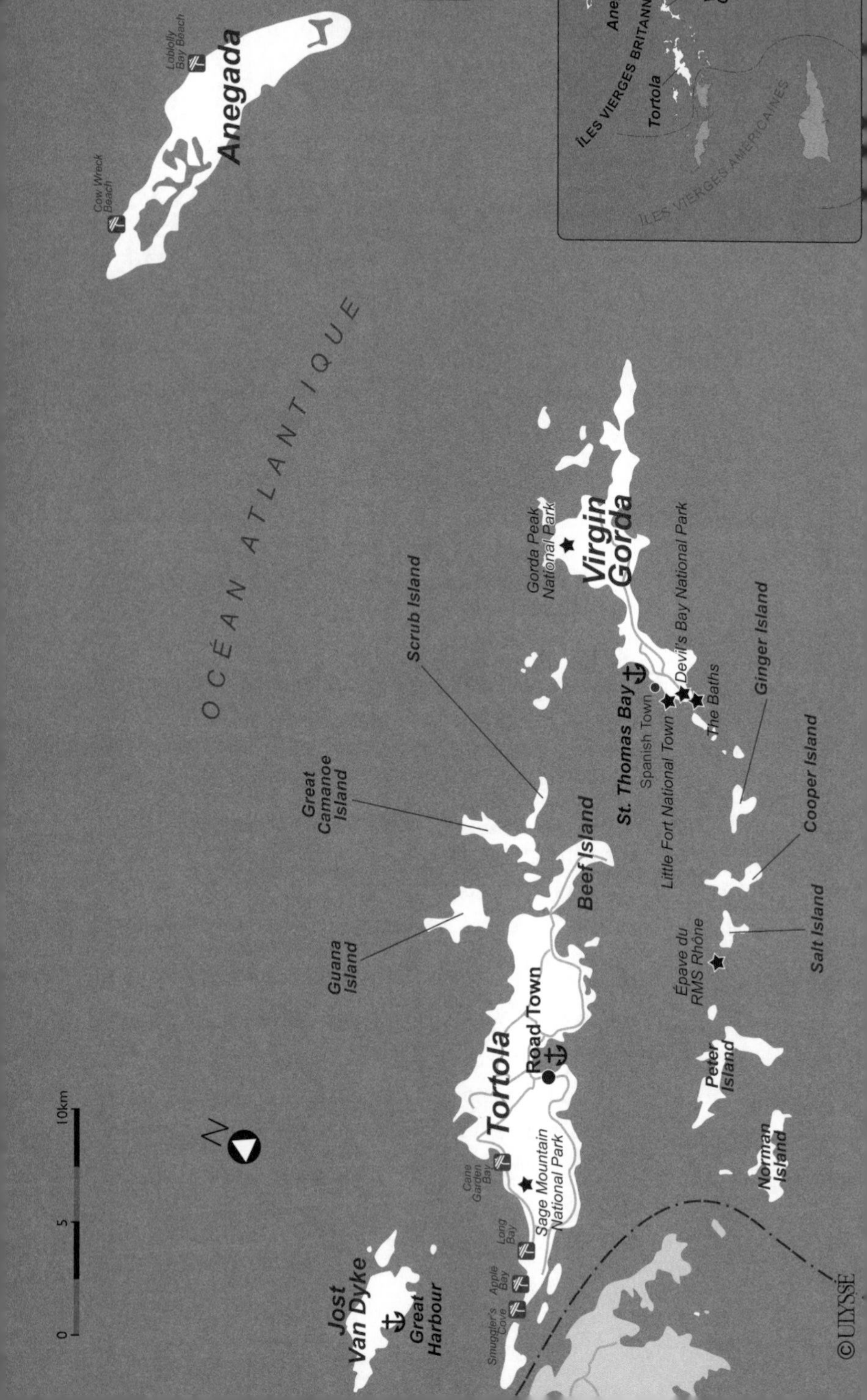

Aperçu géographique

Cette possession britannique est située à l'est de Puerto Rico. Constituée d'un chapelet d'une cinquantaine d'îles formant, avec les îles Vierges américaines, la pointe nord des Petites Antilles, elle est baignée par l'océan Atlantique au nord et par la mer des Caraïbes au sud.

Aperçu historique

Peuplées à l'origine par les Arawaks, les îles Vierges britanniques sont découvertes par Christophe Colomb en 1493. Repaire des pirates les plus célèbres des Caraïbes, dont certains laissèrent leur nom aux îles (Norman, Jost Van Dyke et Great and Little Thatch, alias Blackbeard), l'archipel devient une colonie hollandaise en 1648, avant d'être annexé par les Britanniques en 1672. Ces derniers y développent les premières plantations de canne à sucre, une production qui constitue au XVIIIe siècle le principal bien d'exportation de la colonie.

Dotées d'une nouvelle Constitution en 1966, les îles Vierges britanniques ont conservé depuis leur statut de territoire dépendant du Royaume-Uni.

Débarquement et embarquement

En fonction de leur taille, les paquebots accostent dans le port de **Road Town** (**Wickham's Cay**) ou restent au large. Des navires transbordeurs débarquent alors les passagers sur l'île de Tortola. Les taxis sont nombreux sur le quai de débarquement et dans le centre de Road Town.

Sur l'île de **Virgin Gorda**, les bateaux mouillent à **St. Thomas Bay**, près de Spanish Town, et transportent leurs passagers à bord de plus petites embarcations sur l'île. Taxis et excursions organisées en mer permettent de faire le tour des principaux attraits de l'île.

Le dernier port, le **Great Harbour** de l'île de **Jost Van Dyke**, peut accueillir quelques paquebots. Ces derniers jettent l'ancre au large, mais l'île demeure beaucoup moins fréquentée que celles de Tortola ou de Virgin Gorda.

Quoi faire? Quoi voir?

Tortola

La capitale des îles Vierges britanniques, **Road Town**, offre aux visiteurs d'excellents restaurants, des marchés publics hauts en couleur et de nombreux magasins qui s'alignent tous le long de **Main Street**. On pourra déambuler dans les sentiers du **J.R. O'Neal Botanic Gardens**, où pousse une impressionnante variété de plantes tropicales, ou encore pique-niquer dans le **Queen Elizabeth II Park**, un agréable espace vert en plein cœur de la ville, où l'on retrouve les fameux cèdres blancs, arbre national des îles Vierges britanniques.

Au centre du **Sage Mountain National Park**, situé à l'ouest de Road Town, s'élève le mont Sage, le plus haut sommet de l'île (521 m). Il s'agit de l'un des 20 parcs nationaux que compte l'archipel. Plusieurs sentiers pédestres permettent aux promeneurs de découvrir une végétation tropicale luxuriante.

Les plus belles plages de Tortola se trouvent sur la côte nord de l'île: **Cane Garden Bay** et **Apple Bay**, réputées pour la pratique du surf et à proximité desquelles se trouvent plusieurs restaurants et bars; **Long Bay**, ceinte de palmiers, et **Smuggler's Cove** sont quant à elles situées sur la pointe ouest de l'île et offrent une eau turquoise calme, idéale pour la baignade ou la plongée-tuba.

Salt Island

Depuis 1867, l'épave du RMS *Rhone* gît à proximité de la pointe ouest de Salt Island, une petite île située au sud de Tortola. L'épave est bien conservée, et les plongeurs peuvent encore apercevoir le ponton et même une partie du gréement. Il s'agit d'une expérience de plongée sous-marine inoubliable, d'autant plus que le site et les récifs alentours sont protégés par une réserve marine.

Virgin Gorda

The Baths, formation rocheuse vieille de plusieurs millions d'années, demeure un site complètement surréaliste et l'une des attractions phares de l'archipel des îles Vierges britanniques. De gigantesques rochers de granit créent de mystérieuses crevasses et des bassins naturels aux eaux turquoise. À proximité du site, il ne faut pas manquer le **Devil's Bay National Park**, qui compte quelques sentiers pédestres ainsi qu'une plage de coraux pulvérisés.

Le **Gorda Peak National Park** abrite le sommet le plus élevé de Virgin Gorda. Situé en plein centre de l'île, il abrite des plantations d'acajou ainsi qu'une tour d'observation offrant une vue imprenable sur la baie.

Parmi les autres attraits incontournables de Virgin Gorda, citons **Little Fort National Town**, site d'une ancienne forteresse espagnole, et **Spanish Town**, plus communément appelée ***The Valley***, la principale ville de l'île, en réalité grande comme un mouchoir de poche, mais où l'on pourra déjeuner, prendre un verre sur une terrasse ou faire quelques emplettes.

Anegada

Entourée d'une barrière de corail, cette perle des Petites Antilles est moins connue que Virgin Gorda ou Tortola. Plus isolée que ces dernières, car accessible uniquement par avion ou bateau privé, elle recèle pourtant

Le saviez-vous?

Observez l'architecture des villages côtiers de Tortola ou de Virgin Gorda: vous remarquerez sans doute la petite taille des bâtiments. Aucune construction ne peut en effet dépasser la taille d'un cocotier sur l'archipel!

C'est dans une des îles Vierges britanniques, celle de Jost Van Dyke, qu'est né William Thornton, l'architecte du Capitole des États-Unis à Washington, D.C.

de véritables paysages de carte postale: sable fin, courants chauds et eaux turquoise… tout y est! Ses fonds marins sont tapissés d'épaves, idéales pour la plongée. Quant à la faune de l'île, elle réserve quelques agréables surprises comme cette colonie de flamants roses que l'on peut observer dans les étangs salés situés près de Nutmeg Point, sur la côte sud de l'île.

Loblolly Bay Beach? Une petite plage paradisiaque, tout simplement. Elle est située au nord-est de l'île et forme, avec **Cow Wreck Beach** et **Flash of Beauty**, un collier de plages parmi les plus belles de l'archipel.

Jost Van Dyke

Reliée à Tortola par traversier, l'île de Jost Van Dyke doit son nom à l'un des mercenaires légendaires qui ont trouvé refuge dans l'archipel. Elle abrite de très belles plages, parmi lesquelles figurent **Sandy Cay**, minuscule îlot situé entre Jost Van Dyke et Tortola, point de départ d'expéditions de plongée sous-marine, et **White Bay**, réputée être une des plus belles plages des Caraïbes.

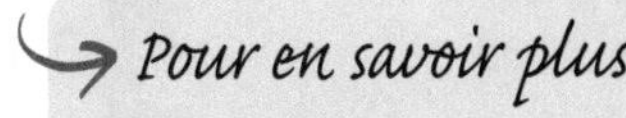

www.britishvirginislands.com
www.bvitourism.com

JAMAÏQUE

Montego Bay  Ocho Rios Port Antonio

Devise nationale: *L'unité dans la diversité*

Capitale: *Kingston*

Population: *2 804 000 Jamaïquains*

Langue officielle: *anglais*

Système politique: *régime parlementaire / membre du Commonwealth*

Monnaie: *dollar jamaïquain*

Devise acceptée: *dollar américain*

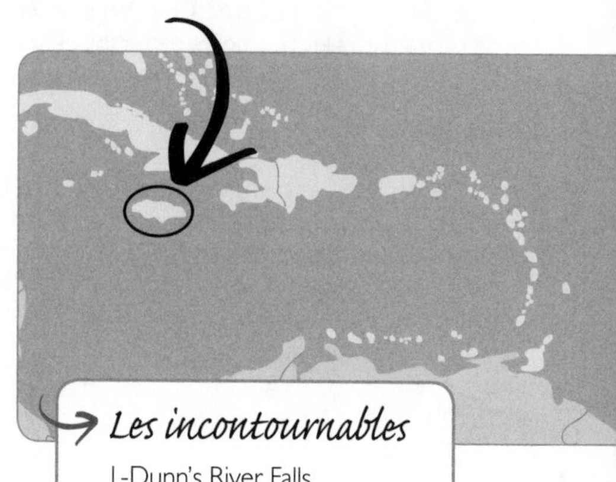

Les incontournables

1-Dunn's River Falls
2-Le café Blue Mountain
3-Le rhum jamaïquain

UNE VOCATION TOURISTIQUE EN PLEIN ESSOR

La Jamaïque est une destination touristique de plus en plus prisée dans les Caraïbes. Elle est reconnue pour son charme colonial, ses plantations de café et de canne à sucre dominées par d'imposantes propriétés, ses belles plages de sable blanc qui s'étirent sur la côte nord et ses paysages montagneux révélant une nature encore sauvage... Sans oublier le son du reggae qui ne quittera pas un instant le visiteur aussitôt le pied posé sur l'île.

APERÇU GÉOGRAPHIQUE

La Jamaïque est la troisième île en importance des Caraïbes. Située au sud des côtes cubaines, elle atteint une superficie totale de 11 425 km^2. Son relief est varié: très montagneuse dans les terres, notamment à l'est où s'élèvent les Blue Mountains, qui culminent à 2 256 m, l'île est bordée par une plaine côtière où s'étendent de vastes plantations de canne à sucre et de superbes plages. Le climat, de type tropical, offre des températures annuelles moyennes de 27°C.

JAMAÏQUE

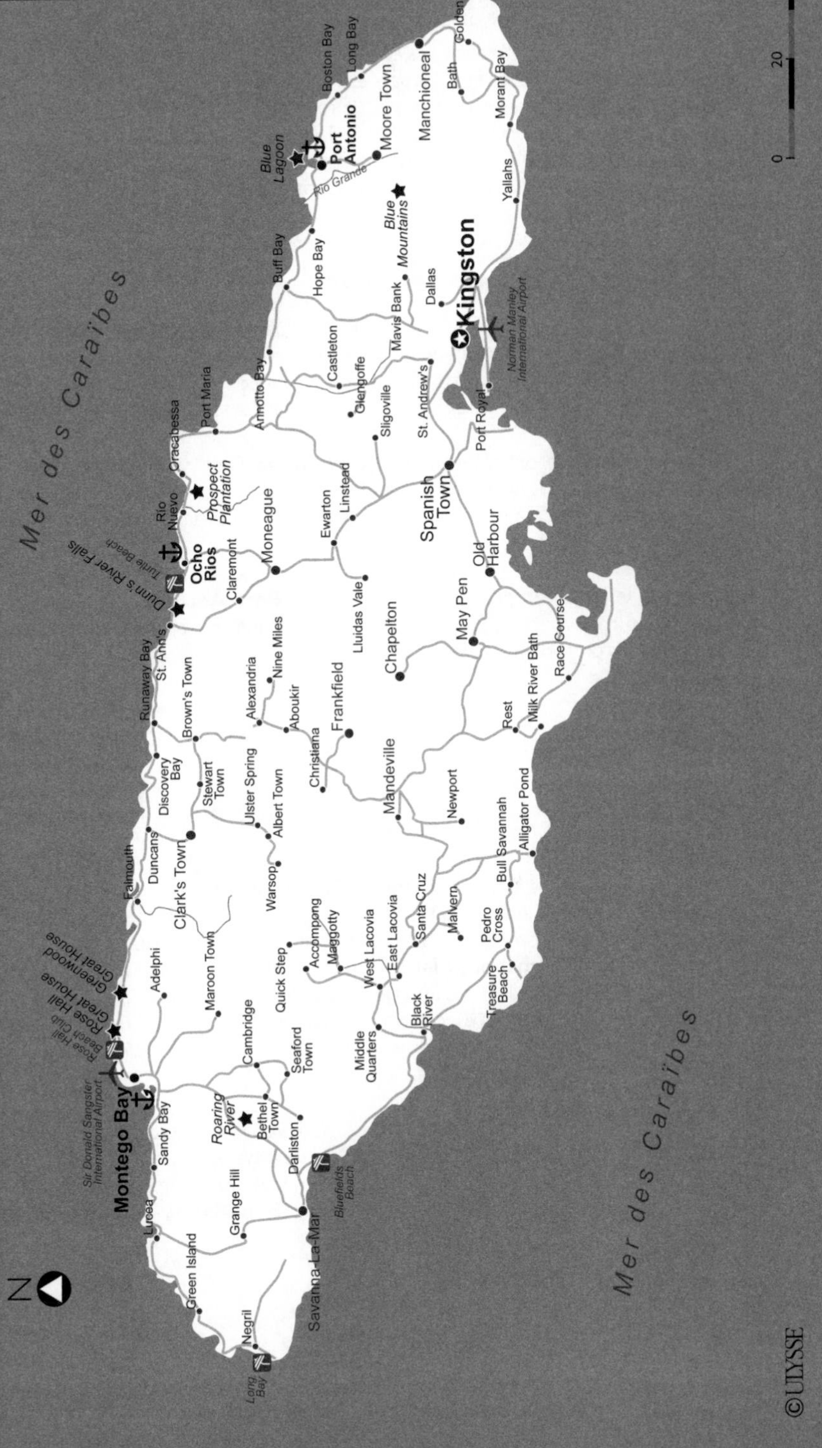

Mer des Caraïbes

Montego Bay
Sir Donald Sangster International Airport
Rose Hall Beach Club
Rose Hall Great House
Greenwood Great House
Sandy Bay
Lucea
Green Island
Negril
Long Bay
Savanna-La-Mar
Bluefields Beach
Grange Hill
Darliston
Roaring River
Bethel Town
Seaford Town
Cambridge
Maroon Town
Adelphi
Falmouth
Clark's Town
Duncans
Discovery Bay
Stewart Town
Brown's Town
Runaway Bay
St. Ann's
Dunn's River Falls
Turtle Beach
Ocho Rios
Rio Nuevo
Prospect Plantation
Oracabessa
Port Maria
Annotto Bay
Buff Bay
Hope Bay
Blue Lagoon
Port Antonio
Rio Grande
Boston Bay
Long Bay
Moore Town
Manchioneal
Golden Grove
Bath
Morant Bay
Yallahs
Blue Mountains
Kingston
Norman Manley International Airport
Dallas
Mavis Bank
Castleton
Glengoffe
Sligoville
St. Andrew's
Port Royal
Spanish Town
Linstead
Ewarton
Moneague
Claremont
Lluidas Vale
Old Harbour
May Pen
Chapelton
Race Course
Milk River Bath
Rest
Nine Miles
Alexandria
Aboukir
Frankfield
Christiana
Ulster Spring
Albert Town
Warsop
Mandeville
Newport
Alligator Pond
Bull Savannah
Santa Cruz
Malvern
Pedro Cross
Treasure Beach
Accompong
Maggotty
Quick Step
West Lacovia
East Lacovia
Black River
Middle Quarters

Mer des Caraïbes

0 20 40km

N

Aperçu historique

L'île de la Jamaïque, terre peuplée d'Arawaks, fut découverte par Christophe Colomb en 1494. Au milieu du XVIIe siècle, les Anglais conquièrent ce territoire qui deviendra une colonie britannique en 1866. Le pays est alors l'un des plus grands exportateurs de sucre de la région, mais aussi une plaque tournante du commerce des esclaves dans les Caraïbes. L'abolition de l'esclavage en 1834 n'empêchera pas la rébellion des affranchis contre les planteurs blancs qui dominent l'économie. La Jamaïque obtient son indépendance en 1962 dans le cadre du Commonwealth.

Débarquement et embarquement

La majorité des paquebots de croisière font escale dans le port d'**Ocho Rios**, près des **Dunn's River Falls**, l'attraction phare de la Jamaïque. Le complexe commercial d'**Island Village**, situé à deux pas du quai de débarquement, comprend plusieurs boutiques hors taxes et donne également accès à une petite plage.

Quelques paquebots font halte au port de **Montego Bay**, cette baie bordée de quelques-unes des plus belles plages de l'île. Si les excursions en ville ne vous sont pas proposées à bord, le meilleur moyen de visiter les attraits environnants est de prendre un taxi dans le port.

Sans doute le plus beau port d'escale jamaïquain, **Port Antonio** est le point de départ d'excursions vers les Blue Mountains. Il est néanmoins beaucoup moins fréquenté que les ports d'Ocho Rios et de Montego Bay.

Quoi faire? Quoi voir?

Ocho Rios

Capitale touristique de la côte nord, Ocho Rios regroupe un grand nombre de restaurants et de bars. Les fameuses **Dunn's River Falls**, cette chute qui tombe sur plusieurs dizaines de mètres avant d'atteindre la mer des Caraïbes, se trouvent à seulement quelques kilomètres de la ville. Les excursions à travers les grandes plantations de la région (**Prospect Plantation**), la plongée sous-marine, le farniente sur de jolies plages de sable blanc (**Turtle Beach**) et les visites des «Great Houses» (**Firefly**, **Good Hope Estate**), ces grandes maisons coloniales qui dominaient les vastes plantations d'antan, font également partie des activités auxquelles s'adonnent nombre de visiteurs.

L'intérieur de la côte nord révèle un autre visage d'Ocho Rios: de petites routes mal entretenues zigzaguent entre les collines de l'arrière-pays. Ici la vie coule au rythme des récoltes, et c'est le magnifique paysage qui en constitue l'attrait principal. C'est également cette région qui a vu naître Bob Marley (**Bob Marley Mausoleum**), le Jamaïquain le plus connu dans le monde.

 *Le saviez-vous?*

La Jamaïque est la terre de la philosophie rasta, ce mouvement spirituel, politique, voire religieux, auquel adhèrent nombre de Jamaïquains. Les rastafaris prônent un retour aux racines africaines du peuple ainsi qu'un plus grand respect de la nature. Hailé Sélassié Ier, ancien empereur éthiopien, est considéré comme le prophète de ce mouvement.

Montego Bay

Montego Bay est la deuxième ville en importance de la Jamaïque et le principal centre industriel de la côte nord. L'industrie touristique assure la croissance de cette région. La ville, communément appelée *MoBay* par ses habitants, possède en effet sa zone hôtelière, bordée de restaurants et de bars. On vient surtout dans la région pour se prélasser sur les nombreuses plages idylliques qui parsèment la côte, particulièrement à l'est de la ville (**Rose Hall Beach Club**).

Outre ses plages de sable fin, Montego Bay séduit également les visiteurs par son cachet historique. Les grandes plantations de canne à sucre développées par les Anglais au XVIIe siècle ont souvent conservé leurs fastueuses demeures de maîtres. Quelques-unes de ces propriétés (**Rose Hall Great House**, **Hampden Estate** et **Greenwood Great House**) peuvent être visitées, notamment autour de Montego Bay.

Negril

Populaire station balnéaire à l'extrême ouest de la Jamaïque, Negril est connue pour sa longue plage qui attire des milliers de touristes chaque année. **Long Bay** est en effet devenue l'emblème de cette petite station, un atout qui lui permet de concurrencer Montego Bay, située à environ 80 km.

Les environs de Negril permettent aux visiteurs d'échapper à la zone touristique et de découvrir une Jamaïque plus authentique: **Lucea**, ses bâtiments d'architecture georgienne et son joli marché; **Blenheim**, ce minuscule village qui a vu naître le leader jamaïquain Sir Alexander Bustamante; la source de **Roaring River** et sa végétation luxuriante; **Whitehouse**, un petit village de pêcheurs qui fourmille d'activités; ou encore **Bluefields**, l'une des magnifiques plages que compte la côte sud de la Jamaïque.

Kingston

Fondée en 1692 pour accueillir les habitants de Port Royal, chassés de leur ville par un tremblement de terre, la capitale de la Jamaïque est aussi le cœur économique et culturel du pays. Touristiquement, elle jouit d'une mauvaise réputation, et pourtant c'est l'une des villes qui permet de prendre le pouls de l'île, celle qui donne peut-être l'image la plus authentique de la Jamaïque, loin des plages de sable blanc et des cocotiers. Promenez-vous sur le front de mer, explorez le vieux Kingston, puis visitez la **National Gallery** et l'incontournable **Bob Marley Museum**, dans le quartier animé de **New Kingston**.

Kingston peut aussi être le point de départ d'excursions vers **Spanish Town** et **Port Royal**, deux villes dont l'architecture témoigne de la période coloniale. Ainsi Spanish Town, l'ancienne capitale de la Jamaïque de 1534 à 1872, devenue aujourd'hui le troisième centre urbain de l'île, a conservé quelques beaux exemples d'architecture georgienne.

Blue Mountains

Résolument hors des sentiers battus, les Blue Mountains attirent de plus en plus d'amateurs de plein air venus admirer ses paysages à couper le souffle. Marche dans la forêt tropicale, baignade dans les bassins naturels alimentés par de superbes cascades ou encore visite des plantations de café qui s'étendent à perte de vue...Les randonnées organisées sur place, à pied ou à vélo, vous feront découvrir l'incroyable biodiversité de la flore jamaïquaine.

Port Antonio

Port Antonio mérite sans aucun doute le titre incontesté du plus beau port de la Jamaïque. Ce havre caribéen jumelle en fait deux ports, respectivement à l'est et à l'ouest d'une péninsule centrale, au pied des verdoyantes Blue Mountains. Délaissé au profit de Montego Bay et d'Ocho Rios, Port Antonio offre pourtant nombre d'excursions dans la nature sauvage de l'île. Les aventuriers descendront le **Rio Grande** en radeau de bambou, tandis que les amateurs de farniente profiteront du superbe **Blue Lagoon**.

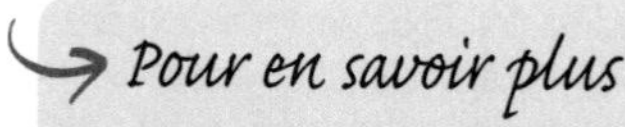

www.visitjamaica.com
www.cruisejamaica.com

Louisiane (É.-U.)

La Nouvelle-Orléans

Devise locale: *Union, justice et confiance*
Capitale de la Louisiane: *Bâton-Rouge*
Population: *4 300 000 Louisianais*
Langue officielle: *anglais*
Système politique: *État fédéral américain*
Monnaie: *dollar américain*

Les incontournables

1-Le Vieux Carré Français
2-Les boîtes de jazz
3-Le French Market

Au confluent des cultures

Le contraste est frappant: cette ville est à la fois le centre d'attraction louisianais, avec son Mardi Gras, son festival de jazz et son rhum qui coule à flots, mais c'est aussi celle qui jouit de la plus mauvaise réputation en termes de criminalité, de racisme et de pauvreté dans la région.

Un héritage français, un peuplement antillais, le tout dans un bassin culturel nord-américain, ont façonné La Nouvelle-Orléans au fil des siècles et en ont fait un lieu de métissage surprenant.

Il y a encore quelques années, elle vous aurait semblé parée de ses plus beaux atours: architecture coloniale sur fond de jazz, soleil et tradition cajun séculaire. On vous aurait probablement prévenu: La Nouvelle-Orléans envoûte tout le monde, et pas seulement les jazzmen! Seulement voilà, *Katrina* est passée par là en 2005, et la ville porte encore aujourd'hui les marques de ce que l'on considère comme l'une des pires catastrophes naturelles qu'aient connues les États-Unis.

La Nouvelle-Orléans
Faubourg Marigny
Mid-City
Vieux Carré Français
Quartier des Affaires et Quartier des Entrepôts
Basse-Cité-Jardin
Parc Louis-Armstrong
Washington Park
French Market
Presbytery
Jackson Square
Cabildo
Historic New Orleans Collection
New Orleans Pharmacy Museum
National D-Day Museum
Riverfront Park
Lafayette Square
Superdôme de la Louisiane
Mississippi
Julia Street Cruise Terminal
Moisant International Airport
Crescent City Connection
N
0 200 400m
©ULYSSE

Aperçu géographique

L'État de Louisiane est bordé par le Texas à l'ouest, l'Arkansas au nord et le Mississippi à l'est. La Nouvelle-Orléans constitue son agglomération la plus importante; elle s'étend le long des rives du Mississippi sur environ 900 km². Ses terres marécageuses étant situées au-dessous du niveau de la mer, son développement s'est fait par l'ajout de digues successives. Leur résistance est régulièrement mise à mal par de violents ouragans qui provoquent d'importantes inondations, voire de véritables catastrophes naturelles entraînant l'évacuation de toute la population, comme ce fut le cas lors du passage de *Katrina*.

Aperçu historique

L'an 1682 marque la date fondatrice de la Louisiane, baptisée ainsi en l'honneur de Louis XIV par les colons français menés par Cavelier de La Salle. Alors peuplées de moins de 10 000 habitants, ces terres marécageuses du Sud américain seront brièvement transférées aux Espagnols à la fin du XVIIIe siècle, avant d'être vendues par la France aux États-Unis en 1803. Les Américains divisent le territoire louisianais en différents États et y développent massivement la culture du coton. Esclavagiste, la Louisiane participera à la guerre de Sécession en 1861. Les questions raciales ne cesseront par la suite de secouer cette terre de métissage.

> *Le saviez-vous?*
>
> La Louisiane abrite une importante population cajun. Les Cajuns descendent des Acadiens qui furent forcés par les soldats britanniques d'abandonner précipitamment leurs terres de la Nouvelle-Écosse en 1755, lors du «Grand Dérangement», car ils refusaient de prêter allégeance à la Couronne britannique.

Débarquement et embarquement

Le **Julia Street Cruise Terminal** (*www.portno.com*) peut accueillir plusieurs paquebots. Les navires en partance se trouvent à quelques minutes seulement du complexe commercial **RiverWalk Shopping Mall** et du **Vieux Carré Français**, où sont concentrés les principaux attraits. Situé à 45 min de route du Louis Armstrong International Airport, il est desservi par de nombreux taxis (comptez 28$US pour deux passagers pour effectuer le trajet entre l'aéroport et le terminal de croisières) et navettes (13$US).

Quoi faire? Quoi voir?

Le **Vieux Carré Français** est le quartier incontournable de La Nouvelle-Orléans. Quartier historique s'il en est, il permet de s'imprégner du patrimoine culturel de la capitale louisianaise. Restaurants, bars, boîtes de jazz, spectacles de rue, bref, la fête bat toujours son plein dans le plus vieux quartier de la ville. Pour avoir un aperçu de la foule bigarrée qui compose l'âme du quartier, arpentez la célèbre **Bourbon Street**. Ne manquez pas non plus la **cathédrale Saint-Louis-Roi-de-France**, la plus ancienne cathédrale du pays, qui date de 1849.

Le **Presbytery** et le **Cabildo** sont tous deux situés sur **Jackson Square**, la place la plus animée du Vieux Carré Français. Le premier retrace l'histoire des célébrations de la fête du Mardi gras tandis que le second, construit entre 1795 et 1799, servit de siège au gouvernement espagnol; c'est aussi dans ce bâtiment historique qu'eut lieu le Louisiana Purchase Transfer en 1803.

Le fascinant **New Orleans Pharmacy Museum** *(www.pharmacymuseum.org)*, situé également dans le Vieux Carré Français, a ouvert ses portes en 1950 dans l'ancien magasin du premier apothicaire licencié des États-Unis. On y retrouve une multitude d'objets médicaux datant du XIXe siècle. L'une des expositions permanentes décrit les différentes épidémies auxquelles ont été confrontées les populations louisianaises au cours des siècles.

Enfin, si vous êtes un mordu d'histoire américaine, vous irez voir l'**Historic New Orleans Collection** ou vous vous rendrez au **National D-Day Museum** *(www.ddaymuseum.org)*, qui a ouvert ses portes en 2000 et qui retrace l'histoire des combattants américains au cours de la Seconde Guerre mondiale, depuis le débarquement allié de Normandie jusqu'aux combats menés sur le front Pacifique.

Pour un avant-goût des mets créoles que vous goûterez dans la région, faites un saut au **French Market** *(www.frenchmarket.org)*, un célèbre marché à ciel ouvert du Vieux Carré Français. On y trouve des fruits et des légumes frais, des épices créoles, mais aussi des antiquités et des produits artisanaux, bref, un peu de tout! Et pour compléter votre «escapade magasinage» à La Nouvelle-Orléans, faites un détour par **Magazine Street**.

Enfin, un autre incontournable de La Nouvelle-Orléans est l'événement qui célèbre aujourd'hui l'héritage musical de la région, le **New Orleans Jazz & Heritage Festival** *(www.nojazzfest.com)* – *Jazz Fest* pour les intimes. Entre les mois d'avril et de mai, les racines musicales de la ville se réveillent: africaine, latino-américaine, antillaise ou cajun, le tout mixé de blues, de jazz et de folk! On n'oublie pas bien sûr le **Mardi Gras** *(www.mardigrasneworleans.com)* et ses spectaculaires parades aux chars colorés qui animent la ville en février ou mars.

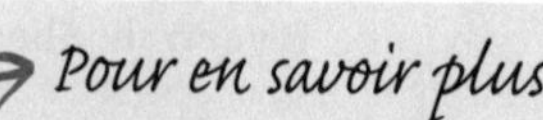

www.neworleansonline.com
www.cityofno.com
www.louisianatravel.com

Martinique

Fort-de-France

Devise nationale de la France: *Liberté, Égalité, Fraternité*

Chef-lieu de la Martinique: *Fort-de-France*

Population: *436 000 Martiniquais*

Langue officielle: *français*

Système politique: *département français d'outre-mer / région monodépartementale*

Monnaie: *euro*

Les incontournables

1-La Place de la Savane
2-La route de la Trace
3-La gastronomie martiniquaise

L'île aux fleurs

«Île aux fleurs» à l'époque des Indiens caraïbes, «île aux femmes» selon la légende, la Martinique d'aujourd'hui a été jadis couronnée des plus beaux titres. C'est que cette île baignée de lumière, bercée de musique, bordée de plages sublimes et couverte d'une forêt luxuriante est source d'inspiration pour quiconque se donne la peine d'en faire la connaissance.

Aperçu géographique

Située dans l'archipel des Petites Antilles, la Martinique est bordée à l'ouest par la mer des Caraïbes et à l'est par l'océan Atlantique. Les îles les plus proches sont celles de la Dominique, au nord, et de Sainte-Lucie, au sud.

D'une superficie de 1 128 km², c'est l'un des plus petits départements français. Le relief de la Martinique est constitué d'un massif montagneux au nord, dominé par les pitons du Carbet (1 207 m) et la montagne Pelée (1 397 m). Cette dernière est un volcan toujours en activité, qui figure parmi les volcans les plus surveillés au monde. Dans le reste de l'île, une succession de reliefs moyens, les mornes, peuvent atteindre jusqu'à 505 m d'altitude (montagne du Vauclin). Une seule plaine se dégage de cet ensemble accidenté, celle du Lamentin, au centre, où se trouve l'aéroport international. Fort-de-France est le chef-lieu administratif de la Martinique. La ville compte

MARTINIQUE

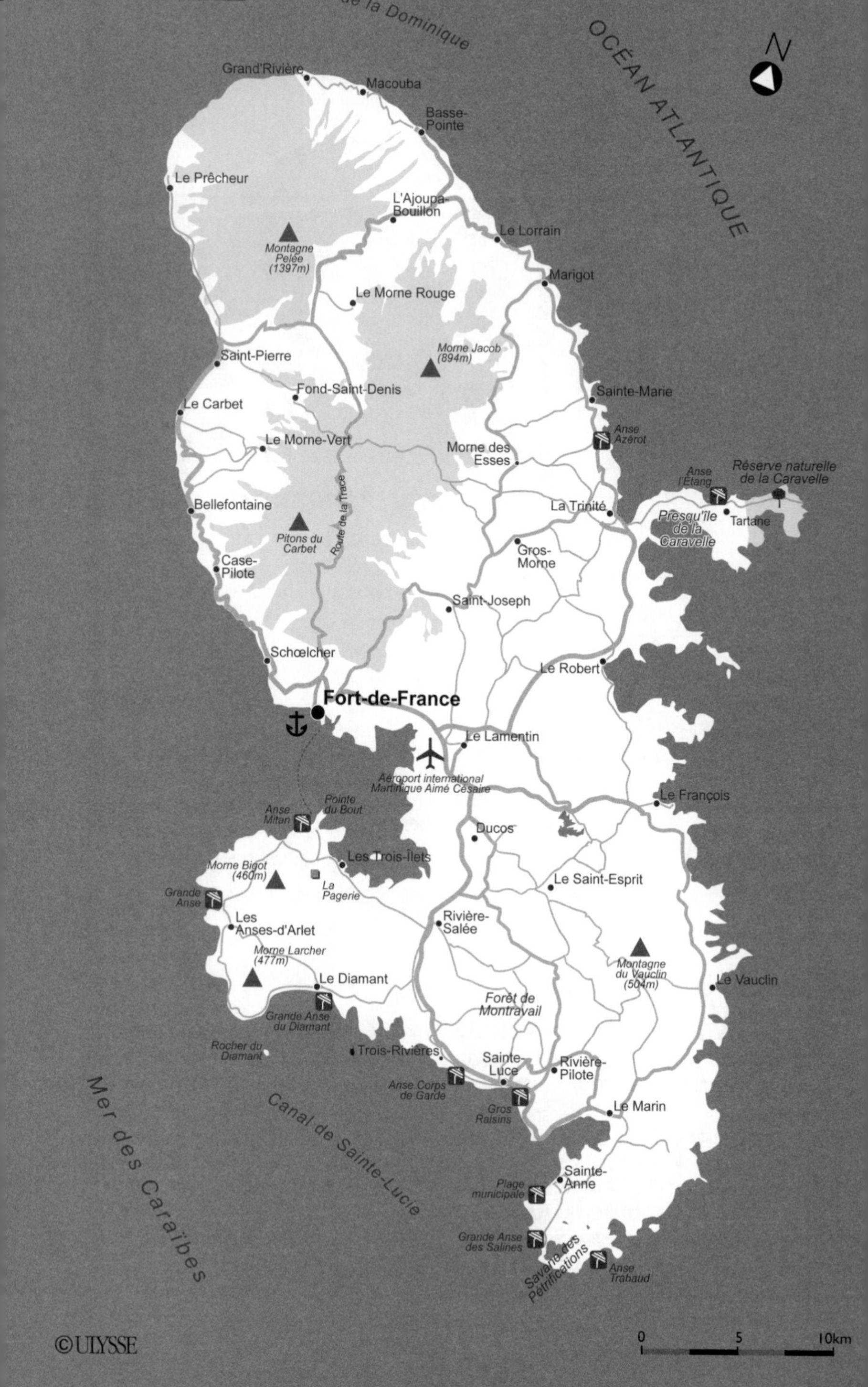

Canal de la Dominique
OCÉAN ATLANTIQUE
N
Grand'Rivière
Macouba
Basse-Pointe
Le Prêcheur
L'Ajoupa-Bouillon
Le Lorrain
Montagne Pelée (1397m)
Marigot
Le Morne Rouge
Morne Jacob (894m)
Saint-Pierre
Fond-Saint-Denis
Sainte-Marie
Le Carbet
Anse Azérot
Le Morne-Vert
Morne des Esses
Anse l'Étang
Réserve naturelle de la Caravelle
Route de la Trace
Bellefontaine
La Trinité
Tartane
Presqu'île de la Caravelle
Pitons du Carbet
Gros-Morne
Case-Pilote
Saint-Joseph
Schœlcher
Le Robert
Fort-de-France
Le Lamentin
Aéroport international Martinique Aimé Césaire
Le François
Anse Mitan
Pointe du Bout
Ducos
Les Trois-Îlets
Morne Bigot (460m)
La Pagerie
Le Saint-Esprit
Grande Anse
Les Anses-d'Arlet
Rivière-Salée
Morne Larcher (477m)
Montagne du Vauclin (504m)
Le Diamant
Le Vauclin
Forêt de Montravail
Grande Anse du Diamant
Rocher du Diamant
Trois-Rivières
Sainte-Luce
Rivière-Pilote
Anse Corps de Garde
Gros Raisins
Le Marin
Mer des Caraïbes
Canal de Sainte-Lucie
Sainte-Anne
Plage municipale
Grande Anse des Salines
Savane des Pétrifications
Anse Trabaud

0 5 10km

quelque 100 000 habitants et possède le principal port de l'île.

> *Le saviez-vous?*
>
> Paul Gauguin a séjourné brièvement en Martinique, de juin à novembre 1887, et certains historiens de l'art prétendent que ce séjour fut déterminant dans la carrière du peintre. C'est ici que Gauguin a réalisé ses premières fresques tropicales, avant même son importante période de Tahiti. Le Musée Gauguin, à l'Anse Turin, sur la côte Nord-Caraïbe, rend compte de cette étape de la vie du peintre.

Aperçu historique

C'est en 1502, lors de son quatrième voyage au Nouveau Monde, que Christophe Colomb débarque sur la côte Caraïbe, au Carbet, et prend possession de l'île au nom de l'Espagne. Les Espagnols ne donneront toutefois pas suite à cet événement, et la Martinique deviendra française en 1635 à l'arrivée de Pierre Belain d'Esnambuc, qui fondera la ville de Saint-Pierre. Au cours des décennies suivantes, l'exploitation des esclaves africains déportés aux Antilles constituera le fondement du système économique qui présidera au développement de la colonie. L'esclavage ne sera en fait officiellement aboli en Martinique, comme en Guadeloupe, qu'en 1848. Au début du XXe siècle, une éruption particulièrement cruelle de la montagne Pelée, survenue le 8 mai 1902, détruit entièrement la ville de Saint-Pierre et coûte la vie à ses 30 000 habitants. La loi du 19 mars 1946 établit la Martinique comme un département français d'outre-mer.

Débarquement et embarquement

La majorité des paquebots de croisière accostent au terminal de la **Pointe Simon**, qui possède deux immenses quais pour les gros navires. Le centre de **Fort-de-France** ne se trouve alors qu'à moins de 10 min à pied. Cependant, en raison de la popularité de la Martinique, il peut arriver que le bateau accoste plus à l'est, au terminal des passagers de la zone cargo. De ce point de débarquement, la course en taxi jusqu'au centre-ville coûte entre 8 et 10 euros.

Quoi faire? Quoi voir?

Fort-de-France

C'est en arrivant par la mer qu'on apprécie le plus la vue d'ensemble de Fort-de-France. On découvre alors avec ravissement le spectacle saisissant d'une petite ville grouillante, cachée tout au fond de la magnifique baie des Flamands et encerclée de collines. La ville s'étend de part et d'autre d'un espace vert de 5 ha agrémenté d'allées fleuries et de beaux grands palmiers royaux: la fameuse **Place de la Savane**. On y voit en plus, au nord de la place, la **statue de l'impératrice Joséphine**, qui était originaire de la Martinique. Non loin de là, vous ne pourrez rester indifférent au charme de la **bibliothèque Schœlcher**, symbole de la ville.

FORT-DE-FRANCE
Place José Martí
Place Clemenceau
Vieux Chemin
boulevard du Général de Gaulle
Séminaire-Collège
Gendarmerie
N
route de la Folie
rue Louis-Blanc
rue Victor Sévère
rue Perrinon
Espace Perrinon (en construction)
rue Moreau de Jonnes
rue Général Galliéni
rue Félix Éboué
rue Lamartine
rue Antoine Siger
rue de Blénac
rue Isambert
rue Victor Hugo
rue François Arago
boulevard Adhémar Modock
Rivière Madame
boulevard Allègre
L'Atrium
rue Redoute de Matouba
rue Jacques Cazotte
rue Lazare Carnot
Bibliothèque Schœlcher
rue de la République
avenue des Caraïbes
rue Bouillé
Statue de l'impératrice Joséphine
rue Garnier Pagès
rue Schœlcher
Place Mgr-Romero
rue Joseph-Compère
rue des Gabarres
pont de l'Abattoir
rue Ernest Deproge
rue de la Liberté
Place de la Savane
boulevard Alfassa
Terminal des taxis collectifs
rue de la Pointe Simon
boulevard Chevalier de Sainte-Marthe
Bassin Radoub
rue de l'Abattoir
rue du Commerce
Baie des Flamands
Baie du Carénage
Pointe Simon
©ULYSSE
Quai
0
50
100m

La Pointe du Bout et l'Anse Mitan

La Pointe du Bout constitue le haut lieu du tourisme martiniquais. Là, vous découvrirez la plus importante concentration d'établissements à vocation touristique, de même qu'une jolie marina. Tout près, la plage de l'Anse Mitan accueille les familles voyageuses autant que locales. Une foule d'établissements plus modestes y sont regroupés, et l'eau y est magnifiquement limpide et le décor, avec les nombreux petits voiliers qui mouillent au large, des plus sympathiques. De fréquentes navettes maritimes relient Fort-de-France à la Pointe du Bout en quelque 20 min.

Sainte-Anne et Les Salines

La plage de Sainte-Anne est magnifique! Sable blanc, cocotiers, mer calme, limpide et peu profonde, proximité d'un gentil village, voilà les ingrédients qui en font l'une des plus belles de la Martinique. Plus au sud, vous atteindrez ce que d'aucuns qualifient de «plus belle plage des Caraïbes». Sable blanc et fin, eau turquoise, tiède et peu profonde, rangée de cocotiers qui penchent vers la mer: une plage parfaite qui s'étend sur 1 km... Voilà la Grande Anse des Salines.

Saint-Pierre

La presque totalité de la population de Saint-Pierre (30 000 habitants) périt lors de l'éruption du volcan de la montagne Pelée le 8 mai 1902. Avant cette terrible catastrophe, Saint-Pierre était le «petit Paris des Antilles» avec ses théâtres, ses beaux édifices, ses grandes demeures. Aujourd'hui, Saint-Pierre ne compte guère plus de 5 000 habitants. Sur le plan touristique, son intérêt demeure indéniable. Parmi les vestiges qu'il ne faut pas manquer de voir, mentionnons les ruines du Théâtre, construit sur le modèle du Théâtre de Bordeaux, et le fameux cachot de Cyparis, nom de celui que la légende a retenu comme seul survivant de l'apocalypse.

La route de la Trace et la montagne Pelée

Quiconque prétend connaître la Martinique se doit d'avoir emprunté la célèbre route de la Trace à travers la végétation spectaculaire et démesurée de la forêt tropicale humide. Elle contourne la montagne Pelée à laquelle Morne Rouge donne directement accès.

La gastronomie

Les poissons et les crustacés sont les grandes vedettes de la cuisine traditionnelle créole, un mélange d'influences provenant d'Afrique, d'Inde, de France et des Caraïbes. De l'entrée (accras de morue, soupe z'habitants) au dessert (blanc-manger, glace coco), en passant par les plats principaux (colombos, court-bouillon, blaffs), cette cuisine s'avère variée et tout à fait délectable. La saveur de plusieurs mets est rehaussée par l'utilisation de nombreuses épices (piment, cannelle, muscade) et l'accompagnement de fruits et légumes tropicaux. Côté boissons, les rhums martiniquais comptent parmi les plus réputés du monde.

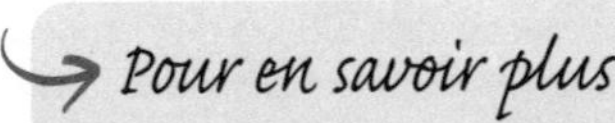

Guide de voyage Ulysse *Martinique*
www.touristmartinique.com
www.martiniquetourisme.com

Mexique

San Miguel (Cozumel) — Costa Maya (Riviera Maya) — Playa del Carmen (Riviera Maya) — Progreso (Yucatán)

Devise nationale: *Plus haut et plus loin*
Capitale du Mexique: México
Population: 109 900 000 Mexicains
Langue officielle: espagnol
Système politique: république fédérale et présidentielle
Monnaie: peso mexicain
Devise acceptée: dollar américain

Les incontournables

1-Museo de la Isla de Cozumel
2-Les sites de Palancar et de Chankanaab pour la plongée sous-marine
3-Playa San Francisco

La porte d'entrée du monde maya

Les croisières dans les Antilles occidentales font habituellement escale dans la péninsule du Yucatán, au sud-est du Mexique. Cette région combine les ingrédients parfaits pour des vacances réussies: plages de sable blanc, eaux turquoise des Caraïbes, récifs coralliens et sites archéologiques mayas. On ne compte plus les vestiges de l'époque préhispanique qui figurent aujourd'hui sur la Liste du patrimoine mondial de l'UNESCO; ils sont si nombreux dans la région qu'on la surnomme désormais la «porte d'entrée du monde maya».

Aperçu géographique

Le Yucatán est cette péninsule mexicaine bordée par la mer des Caraïbes et le golfe du Mexique (Bahía de Campeche) au sud-est du pays. La province est constituée de trois États: Campeche, à l'ouest, qui échappe encore au tourisme de masse; Yucatán au nord, qui s'avance dans la Bahía de Campeche et abrite la ville coloniale de Mérida, la «cité blanche», ainsi que les deux sites archéologiques les plus visités de la région, Chichén Itzá et Uxmal; et enfin Quintana Roo, qui s'étire à l'est le long du littoral et concentre les attraits les plus fréquemment visités par les croisiéristes, parmi lesquels on retrouve l'île de Cozumel, premier port d'escale de la région et site de plongée réputé, ainsi que la populaire station balnéaire de Playa del Carmen.

Le Yucatán

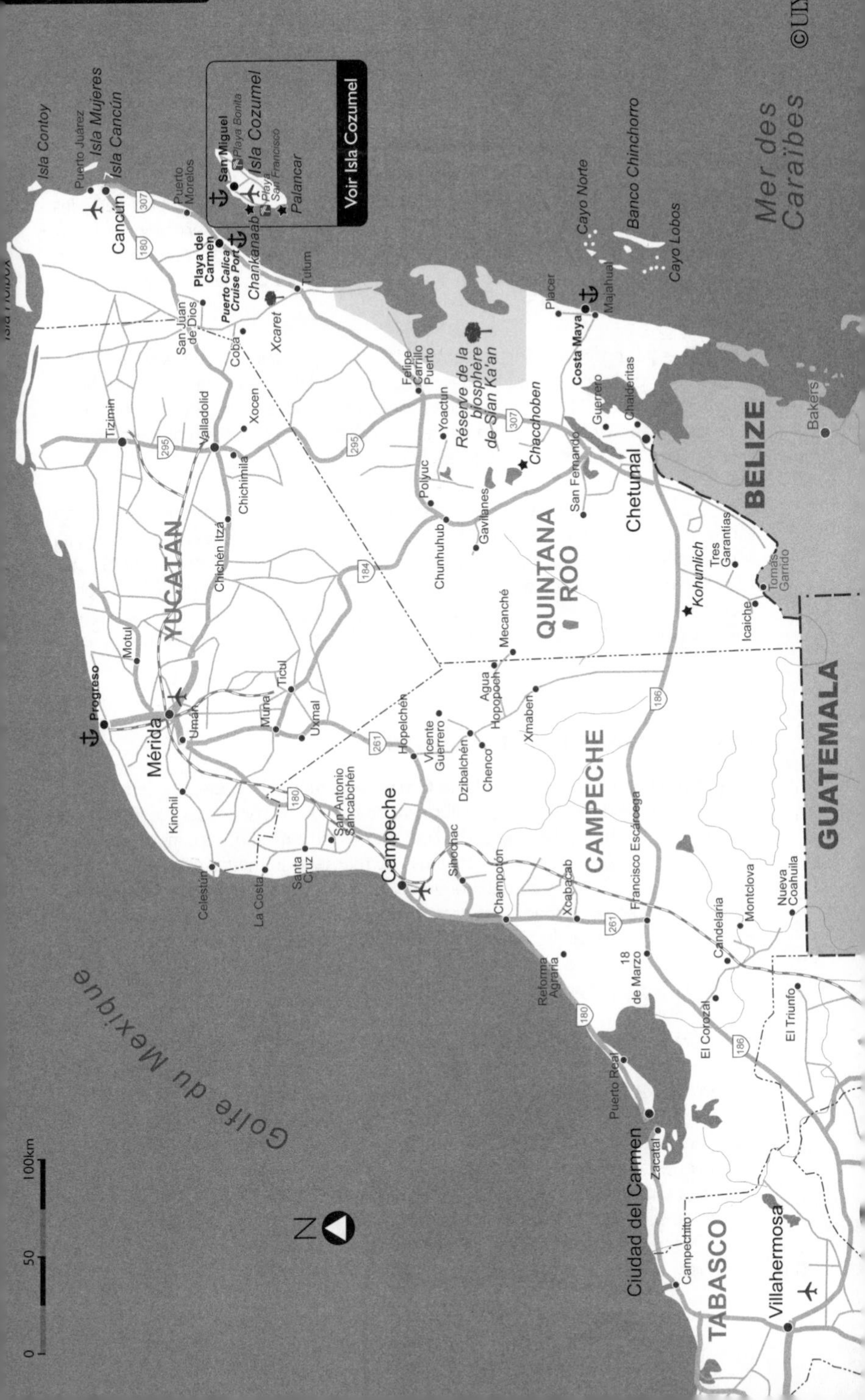

Isla Contoy
Puerto Juárez
Isla Mujeres
Isla Cancún
Cancún
Puerto Morelos
Playa del Carmen
Puerto Calica Cruise Port
Chankanaab
San Miguel
Playa Bonita
Isla Cozumel
Playa San Francisco
Palancar
Voir Isla Cozumel
Tulum
Xcaret
Cobá
San Juan de Dios
Tizimín
Valladolid
Xocen
Chichimila
Chichén Itzá
YUCATÁN
Motul
Progreso
Mérida
Umán
Muna
Ticul
Uxmal
Kinchil
Celestún
La Costa
Santa Cruz
San Antonio Sahcabchén
Campeche
Hopelchén
Vicente Guerrero
Dzibalchén
Chenco
Agua Hopopoch
Xmaben
Mecanché
Chunhuhub
Polyuc
Yoactun
Gavilanes
Felipe Carrillo Puerto
Réserve de la biosphère de Sian Ka'an
Chacchoben
QUINTANA ROO
San Fernando
Chetumal
Guerrero
Chalderitas
Costa Maya
Placer
Majahual
Cayo Norte
Banco Chinchorro
Cayo Lobos
Mer des Caraïbes
Kohunlich
Tres Garantías
Tomás Garrido
Icaiche
BELIZE
Bakers
GUATEMALA
CAMPECHE
Sihochac
Champotón
Xcabacab
Francisco Escárcega
Reforma Agraria
18 de Marzo
Candelaria
Montclova
Nueva Coahuila
El Corozal
El Triunfo
Puerto Real
Ciudad del Carmen
Zacatal
Campechito
TABASCO
Villahermosa
Golfe du Mexique
180
307
295
184
261
186
N
0
50
100km

Aperçu historique

Ce territoire, terre d'émergence de nombreuses civilisations précolombiennes, est conquis par les Espagnols au début du XVIe siècle. Hernán Cortés, qui explore la côte du golfe du Mexique en 1519, devient gouverneur de la Nouvelle-Espagne, après avoir rasé l'Empire aztèque. La colonisation espagnole s'accompagne de campagnes d'évangélisation massives – l'histoire retiendra le nom du missionnaire Bartolomé de Las Casas, qui œuvra à la défense des peuples indigènes.

L'indépendance du Mexique est finalement proclamée en 1821, mais le pays perd des pans entiers de son territoire au cours du XIXe siècle: le Texas fait sécession en 1836, et les territoires de l'actuelle Californie, du Nouveau-Mexique et de l'Arizona tombent dans le giron américain à la suite de la guerre qui oppose les États-Unis au Mexique entre 1846 et 1848.

Les soubresauts politiques sont fréquents au Mexique au début du XXe siècle; révolution et contre-révolution secouent le pays entre 1914 et 1917 – on retient aujourd'hui la figure emblématique du révolutionnaire Zapata. La découverte de réserves pétrolières dans les années 1970 relance en partie l'économie du pays, mais commence alors l'exode de milliers de Mexicains vers les États-Unis.

Les années 1990 trahissent les contradictions économiques du Mexique: l'Accord de libre-échange nord-américain (ALENA) entre en vigueur en 1994, mais il est conjoint au soulèvement des paysans autochtones du Chiapas, menés par le commandant Marcos. L'élection de Vicente Fox à la présidence de la République mexicaine en 2000 redonne espoir aux réformateurs, car cette victoire met fin à la domination du Parti révolutionnaire institutionnel (PRI), au pouvoir pendant près de 70 ans. Le conservateur Felipe Calderón lui a succédé en 2006.

Débarquement et embarquement

San Miguel, principale ville de l'île de **Cozumel**, située sur la côte ouest, est le port le plus fréquenté de la péninsule du Yucatán; de nombreux paquebots y jettent l'ancre chaque jour en haute saison. En 2005, l'ouragan *Wilma* a néanmoins considérablement réduit les activités portuaires de l'île. Ainsi, au moment de mettre sous presse, deux des trois principaux quais de débarquement de San Miguel – la **Punta Langosta**, à quelques minutes à pied des restaurants et boutiques de la ville, et l'**International Pier** –, sont en service. Le **Puerto Maya Pier**, situé à quelques kilomètres au sud de la ville, est quant à lui toujours en reconstruction et devrait être en mesure d'accueillir à nouveau des paquebots en novembre 2008.

Des traversiers effectuent la liaison entre San Miguel et **Playa del Carmen** sur la côte, et accueillent notamment les passagers ayant réservé des visites guidées de sites archéologiques mayas sur le continent. À l'inverse, certaines compagnies de croisières font d'abord escale au large de Playa del Carmen avant de mouiller à San Miguel; les passagers restés à Playa del Carmen effectuent la traversée en sens inverse après leur découverte de la région. La solution de rechange pour les paquebots qui fuient les engorgements dans ces deux endroits est le **Puerto Calica Cruise Port**, situé à une dizaine de kilomètres au sud de Playa del Carmen, un port très bien desservi par les taxis. Des traversiers effectuent également la liaison entre l'île de Cozumel et le port de Calica.

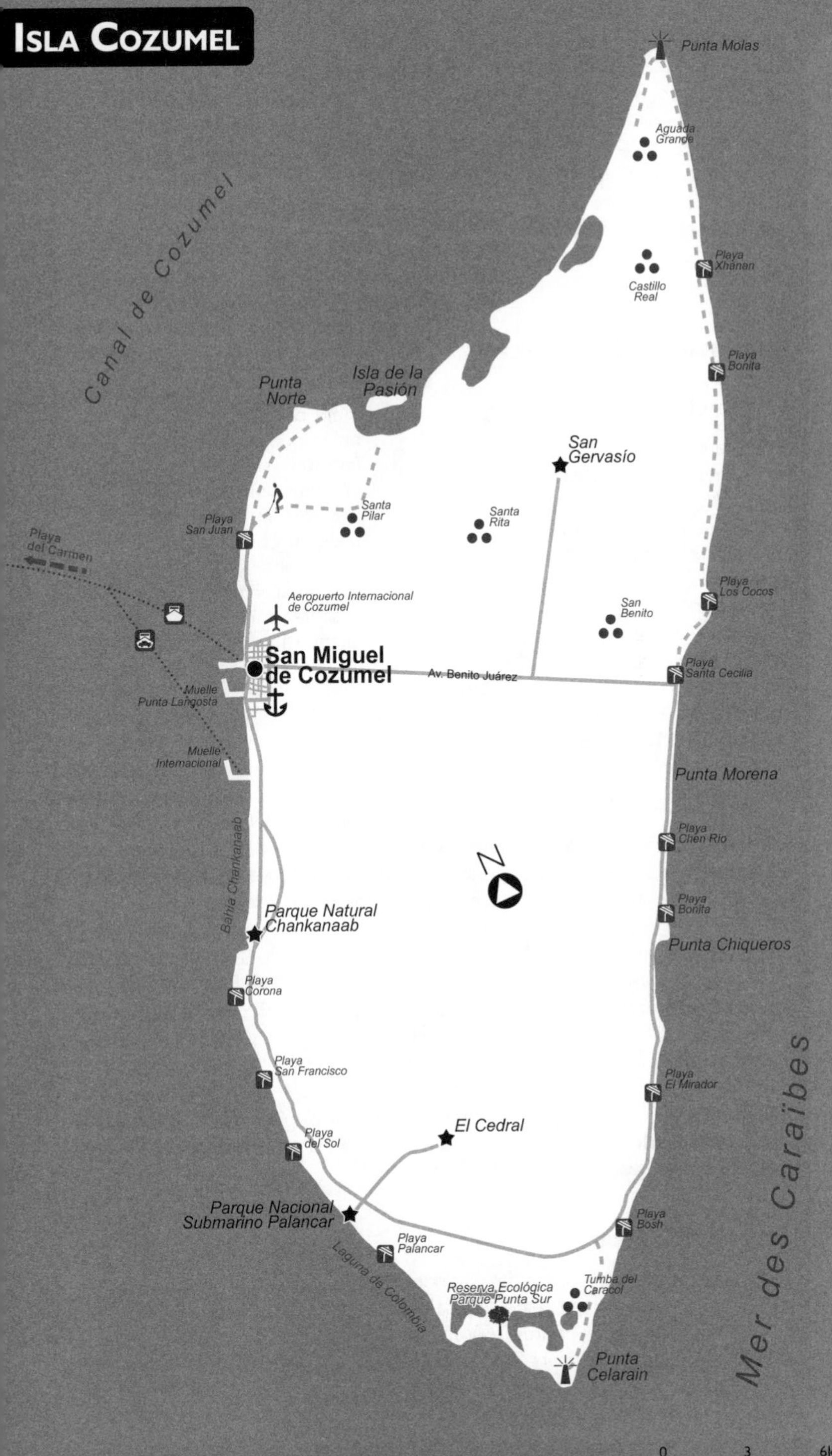

Isla Cozumel
Punta Molas
Aguada Grande
Castillo Real
Playa Xhanan
Playa Bonita
Canal de Cozumel
Punta Norte
Isla de la Pasión
San Gervasío
Santa Pilar
Santa Rita
Playa San Juan
Playa del Carmen
Aeropuerto Internacional de Cozumel
Playa Los Cocos
San Benito
San Miguel de Cozumel
Av. Benito Juárez
Playa Santa Cecilia
Muelle Punta Langosta
Muelle Internacional
Punta Morena
Bahía Chankanaab
Playa Chen Río
N
Playa Bonita
Parque Natural Chankanaab
Punta Chiqueros
Playa Corona
Playa San Francisco
Playa El Mirador
Mer des Caraïbes
El Cedral
Playa del Sol
Parque Nacional Submarino Palancar
Playa Bosh
Playa Palancar
Laguna de Colombia
Tumba del Caracol
Reserva Ecológica Parque Punta Sur
Punta Celarain
0
3
6km
©ULYSSE

Deux autres ports se sont développés au cours des dernières années sur les côtes de la péninsule du Yucatán. Le premier, **Costa Maya**, est situé à environ 160 km au sud de Playa del Carmen, près du village de pêcheurs de Majahual et de la frontière avec le Belize. Fortement touchées par l'ouragan *Dean* en 2007, plusieurs infrastructures de Costa Maya ont été détruites, ce qui oblige les compagnies de croisières à mouiller au large de Playa del Carmen jusqu'en septembre 2008. Le tout devrait être entièrement reconstruit au début de l'année 2009. Le second port, **Progreso**, est situé dans l'État de Yucatán, sur la côte bordant la Bahía de Campeche, non loin de Mérida et du populaire site maya de Chichén Itzá.

Quoi faire? Quoi voir?

Cozumel

Cozumel est pour plusieurs le paradis du magasinage dans les Antilles occidentales. Les boutiques pullulent, à l'image des complexes hôteliers de la côte Caraïbe. Les amateurs de bijoux et d'artisanat local trouveront sans doute quelques très jolis souvenirs à rapporter dans leurs bagages. Mais Cozumel, c'est aussi un petit paradis pour les plongeurs, grâce aux récifs coralliens ceinturant l'île – **Palancar** et **Chankanaab** sont les plus réputés auprès des plongeurs expérimentés. Depuis le documentaire réalisé par l'explorateur et océanographe Jacques-Yves Cousteau en 1961, l'île est en effet devenue un lieu de prédilection visité par des dizaines de milliers de plongeurs chaque année. Et comme vous aurez sans doute vite fait le tour de **San Miguel**, minuscule – et principale – ville de l'île, de son avenue marchande (**Avenida Melgar**), de ses restaurants à la mode (comme le **Carlos & Charlie's**) et de son petit musée (**Museo de la Isla de Cozumel**), vous explorerez avec plaisir le reste de l'île en mobylette, armé de votre tuba et de vos palmes pour quelques pauses plongée dans des eaux paradisiaques.

Le saviez-vous?

Le site précolombien de Chichén Itzá est non seulement célèbre pour son intérêt historique mais aussi pour son fameux «serpent à plumes». Les jeux d'ombre et de lumière projetés sur la pyramide centrale au cours des équinoxes créent en effet un phénomène naturel étonnant qui attire à lui seul des milliers de touristes chaque année.

Playa San Francisco est la plage la plus courue de Cozumel. Elle est située au sud de l'île, à une quinzaine de kilomètres de San Miguel, et elle s'étire sur 5 km. Ses eaux calmes et son sable blanc en font l'une des plus agréables plages de l'île. **Playa Bonita**, sur la côte est, est plus difficile d'accès, mais possède une charmante crique. Elle est en outre beaucoup moins fréquentée que les autres carrés de sable idylliques de Cozumel.

L'île abrite également quelques sites archéologiques – les plus connus sont **San Gervasio** et **El Cedral** – ainsi que des sites naturels remarquables (**Parque Nacional Chankanaab**, **Reserva Ecológica Punta Sur**).

Playa del Carmen

Cette station balnéaire est l'une des plus populaires de la **Riviera Maya**, nom donné à ce littoral de sable blanc qui s'étire entre la célèbre station balnéaire de Cancún et le site archéologique de Tulum, environ 160 km plus au sud. On ne retrouve pas grand-chose de l'ancien village de pêcheurs, mais la ville a réussi à se préserver du «tout béton» qui a défiguré sa concurrente du nord de la péninsule, Cancún. Le centre a un petit air de Miami, avec ses restaurants en bord de plage et ses boutiques de souvenirs, mais une fois passé le quartier touristique – une balade sur l'**Avenida 5** donne l'occasion de boire un verre, de grignoter sur le pouce ou de faire du lèche-vitrine –, on découvre de jolies maisons anciennes, plus authentiques que les complexes touristiques qui fleurissent habituellement sur les côtes mexicaines.

La petite station balnéaire offre en outre l'avantage de se trouver à proximité de nombreux sites historiques et de quelques réserves naturelles. Citons entre autres le parc de **Xcaret**, situé à moins de 10 km de Playa del Carmen et où l'on peut se transformer en apprenti Indiana Jones pour explorer ses rivières souterraines, et le site archéologique de **Tulum**, situé à environ 60 km au sud de Playa del Carmen. Bien qu'il ne soit pas aussi impressionnant que les ruines de Chichén Itzá, Tulum reste à ce jour le site maya le plus visité de la péninsule du Yucatán, en raison bien sûr de son intérêt historique mais aussi de la proximité des ports d'escale des paquebots de croisière. Cette ancienne cité maya est la seule à avoir été construite sur la côte. Elle offre une vue panoramique sur la mer des Caraïbes.

Playa del Carmen est aussi le point de départ d'excursions vers **Cancún**, située à environ 70 km au nord. Les deux principaux attraits de cette station bétonnée, aujourd'hui entièrement tournée vers le tourisme de masse, sont les plages et… le magasinage! Avant que le gouvernement mexicain n'arrête son choix sur une bande de sable habitée par une centaine de pêcheurs mayas pour développer un site touristique majeur, Cancún était un paradis calme et isolé. En un peu plus de 25 ans, le site a vu grandir une ville champignon de 450 000 habitants et s'établir une impressionnante quantité d'hôtels pouvant loger jusqu'à 3 millions de touristes tout au long de l'année.

Cancún est formée de la Ciudad de Cancún (la ville même de Cancún) et de la *zona hotelera*, longue de 22,5 km et bordée de complexes hôteliers gigantesques. Les voyageurs qui recherchent un peu plus d'authenticité iront à l'**Isla Mujeres** (île des Femmes), une petite île entourée d'eau turquoise, située à proximité de la côte.

Costa Maya

Hormis le village de pêcheurs de **Majahual** et le complexe touristique aux faux airs de village mexicain qui accueille les croisiéristes, Costa Maya vaut surtout le coup d'œil pour les vestiges mayas et les sites de plongée environnants. Deux sites précolombiens sont en effet incontournables dans la région: **Kohunlich** et **Chacchoben**. Vous pourrez également partir en excursion dans la réserve de la biosphère de **Sian Ka'an**. Cette gigantesque réserve écologique est située à une cinquantaine de kilomètres au sud-ouest de Tulum. Elle figure sur la Liste du patrimoine mondial de l'UNESCO.

Progreso

Ce port de la Bahía de Campeche, qui abrite des boutiques, des restaurants et quelques jolies plages, est le point d'ancrage idéal pour visiter les célèbres ruines mayas de **Chichén Itzá**. À 120 km de la ville de Mérida, cette zone située dans l'est de l'État de Yucatán, est un trésor de la civilisation préhispanique. Les visiteurs sont surtout attirés par la **pyramide de Kukulcán** qui surplombe l'ancienne cité et par le *cenote*, un grand puits naturel de 60 m de diamètre, au fond duquel les archéologues découvrirent quelques très rares objets mayas. Le site fait aujourd'hui partie du Patrimoine mondial de l'UNESCO.

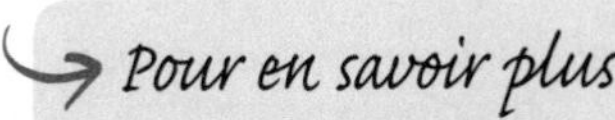

Guide de voyage Ulysse
Cancún et la Riviera Maya
www.visitmexico.com
www.puertocostamaya.com
www.mayayucatan.com

NEW YORK (É.-U.)

Bayonne (New Jersey) Brooklyn

Manhattan

Devise locale: *Plus haut*
Capitale de New York: *Albany*
Population: *19 000 000 New-Yorkais*
Langue officielle: *anglais*
Système politique: *État fédéral américain*
Monnaie: *dollar américain*

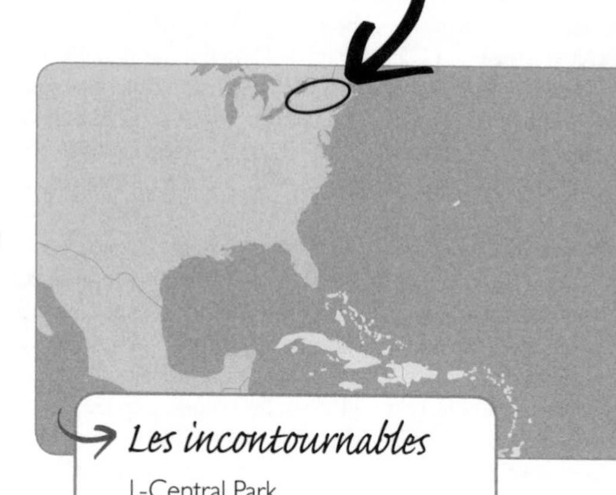

Les incontournables

1-Central Park
2-Times Square
3-Metropolitan Museum of Art

BIG APPLE... TOUJOURS AUSSI *BIG*!

New York constitue toujours «la» cité nord-américaine incontournable. Les cicatrices du 11 septembre 2001 sont encore visibles, mais la «Grosse Pomme» est toujours aussi fascinante. Elle est américaine mais ne ressemble à aucune autre ville des États-Unis. Ville de création artistique, de métissage culturel, haut lieu de la finance mondial, mais aussi lieu des extrêmes et du surdimensionné, elle symbolise une Amérique puissante, créative, mais surtout contrastée. C'est ici que bat le pouls du pays, dit-on. Vous avez de la chance: vous vous embarquerez pour les Antilles à l'un de ses ports!

APERÇU GÉOGRAPHIQUE

La plus grande ville américaine est située sur la côte est des États-Unis, dans l'État de New York. On confond souvent New York et Manhattan; en réalité, l'île de Manhattan ne constitue qu'un des cinq *boroughs* qui forment New York, avec le Bronx au nord, sur le continent, Brooklyn et le Queens à l'est, situés sur l'île de Long Island, et enfin Staten Island au sud; leur superficie totale atteint 787 km^2.

New York
BRONX
UNION PORT
SOUND VIEW
MOTT HAVEN
BAYSIDE
HARLEM
Manhattan Cruise Terminal
Central Park
LONG ISLAND CITY
JACKSON HEIGHTS
JAMAICA
QUEENS
MIDTOWN
MANHATTAN
LOWER MANHATTAN
WILLIAMSBURG
JERSEY CITY
Hoboken
Union City
West New York
North Bergen
Cliffside Park
Fort Lee
Governors Island
Ellis Island
Statue de la Liberté
Liberty Island (N.Y.)
Brooklyn Cruise Terminal
Upper Bay
Cape Liberty Cruise Port
Bayonne
KENSINGTON
CANARSIE
BERGEN BEACH
BROOKLYN
BOROUGH PARK
MANHATTAN BEACH
BENSONHURST
BAY RIDGE
CONEY ISLAND
STATEN ISLAND
ST. GEORGE
CLIFTON
PORT RICHMOND
The Narrows
Lower Bay
OCÉAN ATLANTIQUE
Rockaway Inlet
LaGuardia Airport
JFK International Airport
Newark Liberty International Airport
East River
Hudson River
Cross Bronx Expwy.
Cross I. Pkwy.
Clearview Expwy.
Northern Blvd.
Astoria Blvd.
Roosevelt Ave.
L.I. Expwy.
Metropolitan Ave.
Interborough Pkwy.
Myrtle Ave.
Atlantic Ave.
Broadway
Lafayette Ave.
Fulton St.
Eastern Pkwy.
Flatbush Ave.
Linden Blvd.
Shore Pkwy.
Queens Expwy.
Ocean Pkwy.
McDonald Ave.
Avenue U
Avenue X
86th St.
Stillwell Ave.
Surf Ave.
Verrazzano Narrows Br.
Kill-Van-Kull
Richmond Terr.
Victory Blvd.
Richmond Rd.
Hylan Blvd.
Bayonne Bridge
Grand Concourse
Webster Ave.
Boston Rd.
Westchester Ave.
E. 149th St.
G. Washington Bridge
Henry Hudson Pkwy.
Queensboro Bridge
Lincoln Tunnel
Holland Tunnel
Williamsburg Bridge
Manhattan Bridge
Brooklyn Bridge
Brooklyn Tunnel
Throgs Neck Bridge
Bronx Whitestone Bridge
0 2 4km
0 1 2mi
©ULYSSE

Aperçu historique

Giovanni da Verrazano explore la baie de New York en 1524. L'Anglais Henry Hudson fait de même en 1609 pour le compte de la Compagnie hollandaise des Indes orientales. La première colonie hollandaise, baptisée la «Nouvelle-Amsterdam», prend forme en 1624 sur la pointe sud de l'île de Manhattan. Elle passe aux mains des Britanniques en 1664 et est rebaptisée «New York», en l'honneur du duc d'York, frère du roi d'Angleterre, Charles II. La Déclaration d'indépendance américaine est proclamée en 1776, mais New York reste dans le giron anglais jusqu'en 1783, année de signature du traité de Versailles, qui consacre l'indépendance des États-Unis. La population ne cesse dès lors de croître, faisant de New York la plus grande ville américaine, et ce, dès 1820.

Entre 1865 et 1929, année du fameux krach de Wall Street, c'est l'«âge d'or» de New York: la ville entame sa course aux superlatifs, faisant ériger d'immenses gratte-ciel et établissant son empire financier. C'est également au cours de cette période charnière que furent inaugurés les institutions culturelles, parcs et autres monuments, devenus au fil des ans des symboles de la cité américaine: citons entre autres le Metropolitan Museum of Art (1870), Central Park (1878) et la statue de la Liberté (1886). Ces années sont également marquées par d'importantes vagues d'immigration, en provenance d'Europe notamment. La population atteint déjà sept millions d'habitants en 1930.

L'après-guerre de 1939-1945 sera un nouveau tremplin pour New York, à la fois politique et économique. La ville accueille le siège de l'Organisation des Nations Unies au sortir de la guerre. Mais les années 1960 et 1970 seront celles du déclin: exode des populations aisées vers les banlieues, hausse de la criminalité, tensions raciales, etc. David Dinkins, premier maire noir, est élu en 1990. Le républicain Rudolph Giuliani lui succède en 1993 pour deux mandats successifs. Ce dernier mène une politique offensive en termes de lutte contre la criminalité; il sera également témoin des attentats du World Trade Center, le 11 septembre 2001. Son successeur, Michael Bloomberg, est entré en fonction en 2002.

Débarquement et embarquement

À l'exception de Royal Caribbean, dont les paquebots accostent dans le port de Cape Liberty (New Jersey), la plupart des paquebots de croisière mouillent dans l'Hudson River, sur la côte ouest de **Manhattan**. Le **Manhattan Cruise Terminal** *(www.nycruise.com)* est considéré aujourd'hui comme le sixième port de croisières américain en termes de fréquentation. Les quais sont situés de l'autre côté de 12th Avenue et s'étirent sur plusieurs blocs, de part et d'autre de 50th Street. L'accès en voiture se fait à l'intersection de 55th Street et de 12th Avenue. Si le terminal est aujourd'hui critiqué pour ses fréquents engorgements et la vétusté de ses installations, il offre l'avantage d'être au cœur de la *Big Apple*, à quelques blocs seulement de Times Square.

Des trois aéroports qui desservent New York, le La Guardia Airport et le Newark International Airport sont les plus proches du port (45 min). Il faut compter une trentaine de minutes supplémentaires pour effectuer le trajet du troisième aéroport, le John F. Kennedy International Airport.

Le **Brooklyn Cruise Terminal** *(www.nycruise.com)* est situé au sud de **Brooklyn**, dans le quartier de Red Hook. Il est facilement accessible en taxi depuis les trois grands aéroports desservant New York. Les paquebots mouillent en face de Governors Island, au sud de Battery Tunnel. Nous vous suggérons vivement de prendre un taxi, non pour visiter Red Hook, un quartier encore très industriel, mais pour vous rendre au centre de Brooklyn (comptez environ 10$US).

Situé à une quinzaine de minutes seulement du Newark International Airport, le **Cape Liberty Cruise Port** *(www.cruiseliberty.com)* est l'autre solution de rechange trouvée par les compagnies de croisières pour contourner le port de Manhattan. Situé de l'autre côté de l'Hudson River, à **Bayonne (New Jersey)**, Cape Liberty – qui correspond à l'ancien Military Ocean Terminal – accueille aujourd'hui les navires de la flotte de Royal Caribbean. Bayonne n'est pas un attrait en soi, mais le site reste proche de Manhattan et est assez bien desservi par les taxis.

Quoi faire? Quoi voir?

Par où commencer?! Évidemment lorsqu'on visite New York, on a toujours l'impression d'entamer une véritable course contre la montre tant cette ville regorge d'attraits. Si vous vous embarquez pour les Antilles à l'un de ces ports et que vous n'avez qu'une seule journée pour découvrir l'une des plus sensationnelles villes du monde, le pari sera difficilement tenu. Mais vous aurez tout de même pu avoir un avant-goût de Manhattan, dont nous vous présentons ici les attraits incontournables les plus facilement accessibles depuis les ports d'embarquement.

Central Park et l'Upper East Side

Central Park *(www.centralparknyc.org)*. Le poumon vert new-yorkais, dessiné par Frederick Law Olmsted, soit le même architecte paysagiste que le parc du Mont-Royal à Montréal, et bordé par la très chic **Fifth Avenue**, est sorti tout droit d'un terrain vague de 340 ha au XIXe siècle. Rien ne prédisait alors qu'il deviendrait le refuge de millions de New-Yorkais, désireux de rompre avec la frénésie de leur ville. Ils s'allongent sur ses pelouses, font du jogging dans ses sentiers ou profitent de ses pistes cyclables en été et font quelques tours de piste sur sa patinoire en hiver – un *must* pour les croisiéristes qui visitent la ville en décembre et s'apprêtent à monter à bord d'un paquebot à destination des Grandes Antilles!

Le saviez-vous?

Le surnom de *Big Apple* **donné à la métropole américaine remonte aux années 1920, lorsqu'un journaliste sportif entendit des garçons d'écurie de La Nouvelle-Orléans parler de «Big Apple» pour désigner les champs de course de New York. Il intitula alors la colonne qu'il publiait dans le** *Morning Telegraph* **«Around the Big Apple». Dix ans plus tard, les jazzmen de La Nouvelle-Orléans reprirent le terme pour désigner Harlem, capitale du jazz:** *Beaucoup de pommes poussent sur l'arbre du succès, disaient-ils, mais celle de New York est la plus grosse de toutes.*

Metropolitan Museum of Art *(www.metmuseum.org)*. *The Met*, pour les intimes, est un attrait incontournable, à l'image du British Museum ou du Louvre. Il possède l'une des plus riches collections d'œuvres d'art au monde.

Midtown

Les adeptes d'art moderne visiteront le maître en la matière, le **Museum of Modern Art** ou **MoMA** *(www.moma.org)*, au cœur de Manhattan, sur 53rd Street, entre Fifth et Sixth Avenue.

Le **siège de l'Organisation des Nations Unis** (ONU), en bordure de l'East River, est ouvert aux visiteurs *(www.un.org/french/aboutun/tours)*. Le site, don de John D. Rockefeller en 1946, servit à ériger le temple de la coopération internationale entre 1947 et 1952. Vous aurez l'impression de pénétrer le secret des dieux en découvrant l'auditorium où ont lieu les réunions de l'Assemblée générale.

À la tombée du jour, vous filerez vers **Times Square** *(www.timessquarenyc.org)*. Piège à touristes? Attrait factice? Certains ont la dent dure envers Times Square. D'autres vous diront que c'est là que l'on sent mieux battre le pouls de New York avec ces piétons qui accélèrent le pas, ces taxis jaunes qui vous frôlent en klaxonnant et ces panneaux d'affichage géants qui promeuvent avec leurs diodes électroluminescentes la dernière boisson à la mode. À voir en tout cas, ne serait-ce que pour en avoir une idée. Les rues avoisinant Times Square forment le quartier de **Broadway**, avec ses mille et un théâtres affichant en lettres détachées les dernières comédies musicales à la mode.

L'**Empire State Building** *(www.esbnyc.com)* est bien connu pour son observatoire: les touristes y affluent pour observer la grouillante Manhattan du haut du 102e étage. L'histoire de ce géant de pierres, l'un des plus célèbres gratte-ciel new-yorkais, est le reflet d'une Amérique combattante. Il a en effet été construit en 1930 en un temps record, alors que le pays était plongé dans la Grande Dépression.

Si d'aventure vous disposez d'un peu plus de temps pour visiter New York et que vous avez déjà écumé les «incontournables» de la ville, gratte-ciel, musées et autres attraits symboles de la ville, nous vous suggérons de vous promener à pied, au sud de Midtown, dans les quartiers les plus typés de la «Grosse Pomme»: **Chinatown** et **Little Italy**, pour leurs échoppes et leurs innombrables restaurants; **Tribeca**, terre incontestée de la «branchitude» new-yorkaise; **Greenwich Village**, qui fait davantage dans l'esprit bohème; et enfin **SoHo**, dont les lofts industriels ont été reconvertis en galeries d'art huppées.

Financial District/Lower Manhattan

En vous promenant dans le quartier de **Wall Street**, dans le sud de Manhattan, vous découvrirez une autre facette de New York. Symboles de la puissance économique américaine, ses attraits sont aussi le reflet d'une Amérique fragile, touchée en plein cœur lors des attentats du 11 septembre 2001. De part et d'autre de Broadway, vous apercevrez le **City Hall**, qui abrite les bureaux du maire de New York, les imposants édifices de la **New York Stock Exchange**, cœur de la haute finance américaine, et la **Federal Reserve Bank**, qui abrite la plus importante réserve d'or du monde.

MANHATTAN
0
0,75
1,5km
0
0,5
1mi
N
UPPER WEST SIDE
Rose Center for Earth and Space
American Museum of Natural History
Great Lawn
Solomon R. Guggenheim Museum
Neue Galerie
Metropolitan Museum of Art
Central Park
Whitney Museum of American Art
Frick Collection
UPPER EAST SIDE
Central Park Zoo
The Pond
Carnegie Hall
Fifth Avenue Presbyterian Church
Trump Tower
Museum of Modern Art
Rockefeller Center
St. Patrick's Cathedral
Villard Houses
The Lipstick
Diamond Row
THEATER DISTRICT
Times Square
Port Authority Bus Terminal
Jacob K. Javits Convention Center
MIDTOWN
Bryant Park
N.Y. Public Library
Ancien Pan Am Building
Grand Central Terminal
Chrysler Building
GARMENT DISTRICT
Empire State Building
United Nations Headquarters
Roosevelt Island
Queensboro Bridge
MURRAY HILL
Queens-Midtown Tunnel
Lincoln Tunnel
Hudson River
NEW JERSEY
NEW YORK
CHELSEA
Madison Square Park
Flatiron Building
Gramercy Park
GRAMERCY
Union Square
GREENWICH VILLAGE
Grace Church
Washington Square Park
Newton Creek
East River
Tompkins Square Park
EAST VILLAGE
SOHO
Holland Tunnel
LITTLE ITALY
TRIBECA
East River Park
Franklin D. Roosevelt Drive
CHINATOWN
LOWER EAST SIDE
Williamsburg Bridge
City Hall
Woolworth Building
Ground Zero
St. Paul's Chapel
Trinity Church
Federal Hall National Memorial
New York Stock Exchange
South Street Seaport Museum
Pier 17 Pavilion
Brooklyn Bridge
Manhattan Bridge
National Museum of the American Indian
Battery Park
Staten Island Ferry
BROOKLYN
Île de Manhattan (sud)
©ULYSSE

Les gratte-ciel du Financial District cachent deux des plus célèbres lieux de culte new-yorkais, la **Trinity Church** et la **St. Paul's Chapel**. Mais le site qui attire les foules est **Ground Zero**. Les tours du World Trade Center s'y dressaient encore il y a quelques années; on y construira bientôt la très controversée Freedom Tower.

Liberty Island et Ellis Island

La **statue de la Liberté** *(www.nps.gov/stli)* est un autre symbole de la *Big Apple*. *Lady Liberty*, comme la surnomment les New-Yorkais, est un cadeau de la France pour commémorer, en 1876, le centenaire de la Déclaration d'indépendance américaine. Le «cadeau» a eu 10 ans de retard, mais l'œuvre de Bartholdi constitue encore aujourd'hui un attrait incontournable de la ville. On aime tout particulièrement le trajet en bateau jusqu'à Liberty Island. Il offre une superbe vue sur les gratte-ciel de Manhattan. Votre bateau s'arrêtera sans doute en chemin à **Ellis Island**. Cette île fut la porte d'entrée en Amérique de plus de 12 millions d'immigrants au tournant du XXe siècle. Expositions, photographies et films permettent de retracer l'histoire de ceux qui transitèrent par ce centre d'accueil entre 1892 et 1954, avant de tenter leur chance sur le continent.

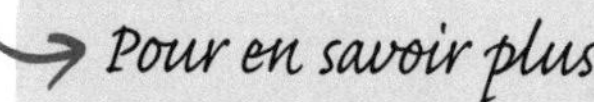

Guide de voyage Ulysse *New York*
www.nycvisit.com
www.nyc.gov

Panamá

Colón  Cristóbal

Devise nationale: *Pour le plus grand bien du monde entier*
Capitale: *Ciudad de Panamá*
Population: *3 292 000 Panaméens*
Langue officielle: *espagnol*
Système politique: *république présidentielle*
Monnaie: *balboa*
Devise acceptée: *dollar américain*

Les incontournables

1-Le musée des écluses
2-Iglesia Catedral
3-Le fort de San Jerónimo

Le point de jonction entre les deux Amériques

Le tourisme de masse épargne encore ce pays d'Amérique centrale. Les attraits culturels et naturels y sont pourtant légion; parmi les plus courus, citons l'archipel des îles San Blas, pour le sable blanc et l'eau turquoise de la mer des Caraïbes; la Ciudad de Panamá, où flotte encore un parfum de l'ancienne ville coloniale; et bien sûr le fameux canal de Panamá, objet de luttes d'influence entre les anciennes puissances coloniales au XIXe siècle, puis symbole du bras de fer opposant le pays aux multinationales américaines.

Aperçu géographique

Ce pays d'Amérique centrale, qui s'étire tout en longueur entre la Colombie et le Costa Rica, est bordé par la mer des Caraïbes et l'océan Pacifique. Il symbolise un pont terrestre entre les deux Amériques. Traversé d'est en ouest par une chaîne de montagnes – le volcan Barú y culmine à 3 475 m –, le territoire compte près de 2 500 km de côtes bordées par de nombreux chapelets d'îles. Le creusement du canal de Panamá a en outre provoqué l'apparition de nombreuses îles artificielles, créées de toutes pièces par l'immersion de montagnes.

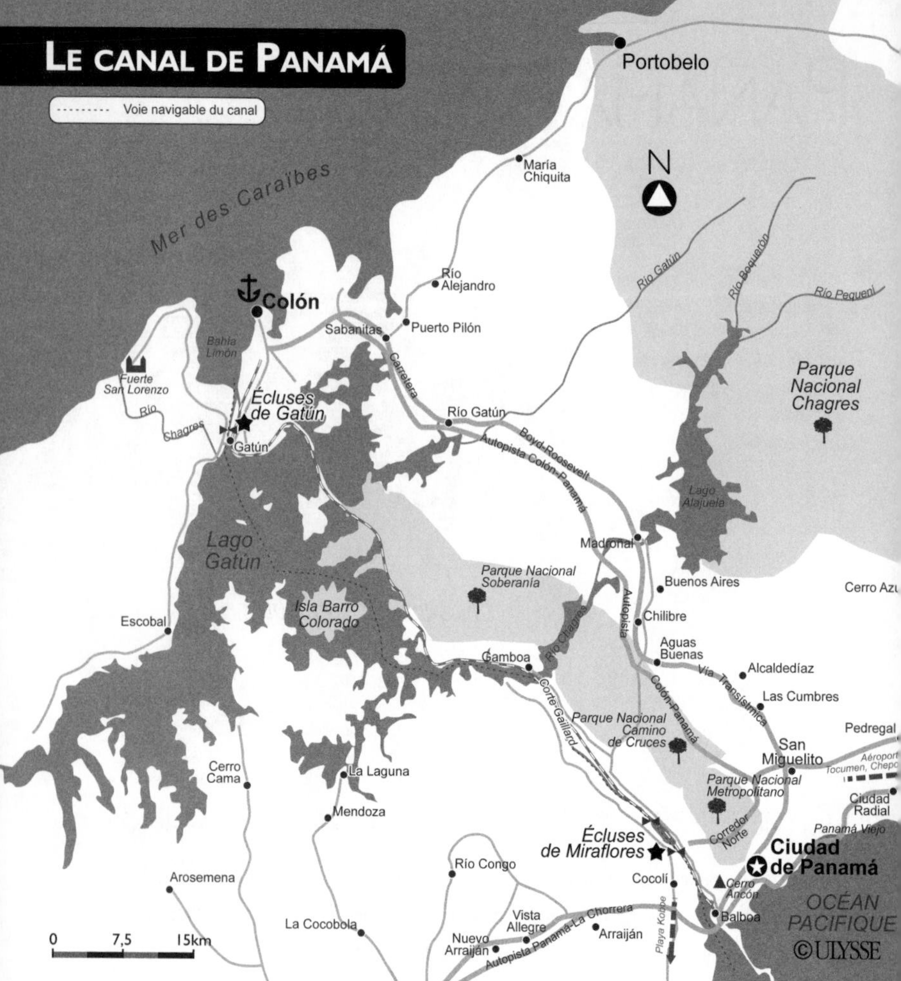

Aperçu historique

Ce territoire est colonisé par l'Espagne au début du XVIe siècle. Le pays sera rattaché en 1739 à la vice-royauté de Nouvelle-Grenade (composée à l'époque de la Colombie, du Venezuela et de l'Équateur). À la fin du XIXe siècle, Ferdinand de Lesseps entreprend de percer une voie navigable interocéanique de part et d'autre de l'isthme de Panamá, exploit d'ingénierie qui deviendra plus tard le célèbre canal de Panamá. Le pays, qui acquiert son indépendance de la Colombie en 1903, possède en effet une voie maritime stratégique permettant de relier l'océan Atlantique et l'océan Pacifique. L'établissement d'une concession américaine dans la zone du canal après l'indépendance panaméenne et la mainmise progressive des États-Unis sur les activités économiques liées à l'exploitation de cette voie navigable provoqueront de violentes émeutes au cours des années 1960. Le général Noriega, qui s'impose comme l'homme fort du régime dès 1983, sera renversé en 1989 par une intervention militaire américaine. La zone du canal sera finalement restituée au gouvernement panaméen en 1999.

Débarquement et embarquement

Colón est la porte d'entrée du canal de Panamá. La plupart des paquebots de croisière faisant route vers les Antilles occidentales y font escale. Un complexe portuaire ultramoderne attend les croisiéristes: «Colón 2000», avec ses restaurants, ses boutiques d'artisanat, ses cafés Internet et son gigantesque centre commercial *duty-free*. La ville en elle-même ne présentant pas un grand intérêt, nous vous recommandons de réserver à bord une excursion organisée: kayak dans le canal de Panamá pour les plus sportifs, excursion à Portobelo pour les amateurs d'histoire et bien sûr exploration des fameuses écluses du canal de Panamá après un crochet par la capitale.

Certains paquebots de croisière font également escale au terminal de **Cristóbal**, non loin. Moins fréquenté que le terminal qu'est Colón 2000, il est néanmoins équipé d'un petit complexe touristique.

Quoi faire? Quoi voir?

Colón

Vous passerez votre chemin rapidement à Colón, une ville encore très industrielle – elle abrite la seconde zone franche au monde – et dépourvue d'attraits touristiques majeurs, hormis peut-être la **cathédrale** et le très beau bâtiment du **New Washington Hotel**, dont la façade, peinte en rose et blanc, attire l'œil des promeneurs. Vous pourrez prendre un verre sur la terrasse de l'hôtel et admirer l'incessant va-et-vient des navires transitant par le canal.

Le saviez-vous?

Entre 13 000 et 14 000 navires transitent par le canal de Panamá chaque année. On estime à plus de 943 000 le nombre total de navires ayant emprunté cette voie navigable depuis son ouverture en 1914.

Portobelo

Dès le XVIe siècle, Portobelo s'affirme comme un important port de commerce. Métaux précieux et autres marchandises à destination de l'Espagne transitent par ce port qui devient rapidement l'objet de convoitise de pirates célèbres. Malgré l'édification de nombreuses forteresses dans la région, les actes de piraterie se multiplient: Francis Drake sévit dans le village de Nombre de Dios en 1596, Henry Morgan s'attaque au Castillo San Felipe en 1668, et Edward Vernon occupe Portobelo en 1739. Les pillages orchestrés par ces célèbres flibustiers laissent aujourd'hui aux visiteurs de nombreuses ruines chargées d'histoire, dont certaines figurent même sur la Liste du patrimoine mondial de l'UNESCO.

Le fort de **San Jerónimo** est un attrait incontournable. Le visiteur pourra pénétrer à l'intérieur de ces fortifications érigées en 1659 pour jouir d'une vue imprenable sur la baie. L'autre attrait couru de Portobelo est l'**Iglesia San Felipe** et son fameux ***Cristo Negro***, une statue de bois représentant un Christ noir, auteur de nombreux miracles.

Le canal de Panamá

Inauguré en 1914, le canal de Panamá est le premier attrait du pays, ou en tout cas le plus connu. Les offices de tourisme ont beau insister pour dire que le Panamá ne se réduit pas à son canal, il n'en reste pas moins qu'il constitue une prouesse d'ingénierie. Mesurant 80 km de long, il comporte plusieurs séries d'écluses. Celles de **Miraflores** et de Gatún sont les plus visitées. Les premières, plus proches de la côte Pacifique, sont aussi les plus élevées, en raison des variations importantes des marées. La terrasse d'observation du Centro de Visitantes de Miraflores permet de surveiller le passage continu des bateaux.

Une autre possibilité s'offre aux visiteurs pour découvrir le canal: le voyage en train entre Colón et Corozal, au nord-ouest de la capitale. Le train traverse l'isthme en longeant le canal et offre quelques vues intéressantes sur le trafic maritime panaméen, avec pour toile de fond une végétation tropicale luxuriante.

Ciudad de Panamá

La première capitale de l'isthme, Nuestra Señora de la Asunción de Panamá, est fondée en 1519 par Pedrarias Dávila – c'est à cet endroit que vous visiterez les fameuses ruines de **Panamá Viejo**, véritable musée en plein air. La ville est laissée exsangue après le passage du pirate Henry Morgan en 1671. En 1673, une nouvelle capitale a donc été édifiée plus loin à l'ouest: on la nomme aujourd'hui la «Ciudad de Panamá».

La capitale du Panamá est située à environ 2h de route de Colón. Le secteur de San Felipe, dénommé **Casco Viejo**, est le quartier qui concentre la plupart des attraits historiques de la ville, témoignage de l'époque coloniale. Si vous souhaitez vous mêler à la foule des Panaméens et vous inspirer davantage des couleurs locales, empruntez l'**Avenida Central**, une artère commerciale très animée. Faites également un détour par l'**Iglesia Catedral**, construite entre 1688 et 1796 avec les pierres de l'ancienne église du couvent de la Merced, à Panamá Viejo.

Si l'histoire panaméenne vous intrigue, allez au **Museo de Historia de Panamá**, aménagé dans le Palacio Municipal, ou, mieux encore, au **Museo del Canal Interoceánico de Panamá**, qui retrace la chronologie de la construction du célèbre canal.

San Blas

Certains petits navires des flottes de croisière de luxe mouillent parfois au large des îles San Blas. Cet archipel, formé de plus de 350 îles pour la plupart inhabitées, s'étire le long de la côte au nord-est du Panamá; il fait partie intégrante de la Comarca de San Blas, seule province panaméenne à être administrée de façon autonome par une population autochtone, les Kunas. Cet archipel corallien est tout simplement l'une des perles naturelles du Panamá, un petit bout du monde encore relativement bien préservé.

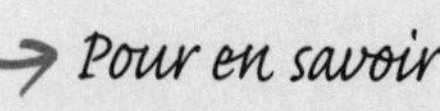

Guide de voyage Ulysse *Panamá*
www.visitpanama.com
www.pancanal.com
www.panamaviejo.org
www.panamainfo.com

Puerto Rico

San Juan

Devise locale: *Jean est son nom*
Capitale: *San Juan*
Population: *3 958 000 Portoricains*
Langues officielles: *anglais et espagnol*
Système politique: *État libre associé aux États-Unis*
Monnaie: *dollar américain*

Les incontournables

1-Fuerte San Felipe del Morro
2-Río Camuy Cave Park
3-Le magasinage

La porte d'entrée antillaise des paquebots

¡Puerto Rico lo hace mejor! C'est le slogan touristique de l'île: «Ici, on le fait mieux qu'ailleurs!» Et c'est vrai! Puerto Rico est un condensé de vacances à l'état pur. San Juan, en particulier, comble toutes les attentes des vacanciers: les mordus d'histoire arpenteront les vieilles rues de la capitale, les amateurs de farniente étaleront leur serviette sur le sable chaud des plages du littoral, et tous auront accès à une infrastructure hôtelière moderne pour profiter au mieux de cette île devenue au fil des ans la porte d'entrée des paquebots de croisière vers les Petites Antilles.

Aperçu géographique

Puerto Rico est la plus petite île des Grandes Antilles. De forme presque rectangulaire, elle s'étire sur 180 km de long et 65 km de large entre la République dominicaine et les îles Vierges. Ses 500 kilomètres de côtes sont bordées par l'océan Atlantique et la mer des Caraïbes, et l'île couvre au total 8 897 km^2.

PUERTO RICO

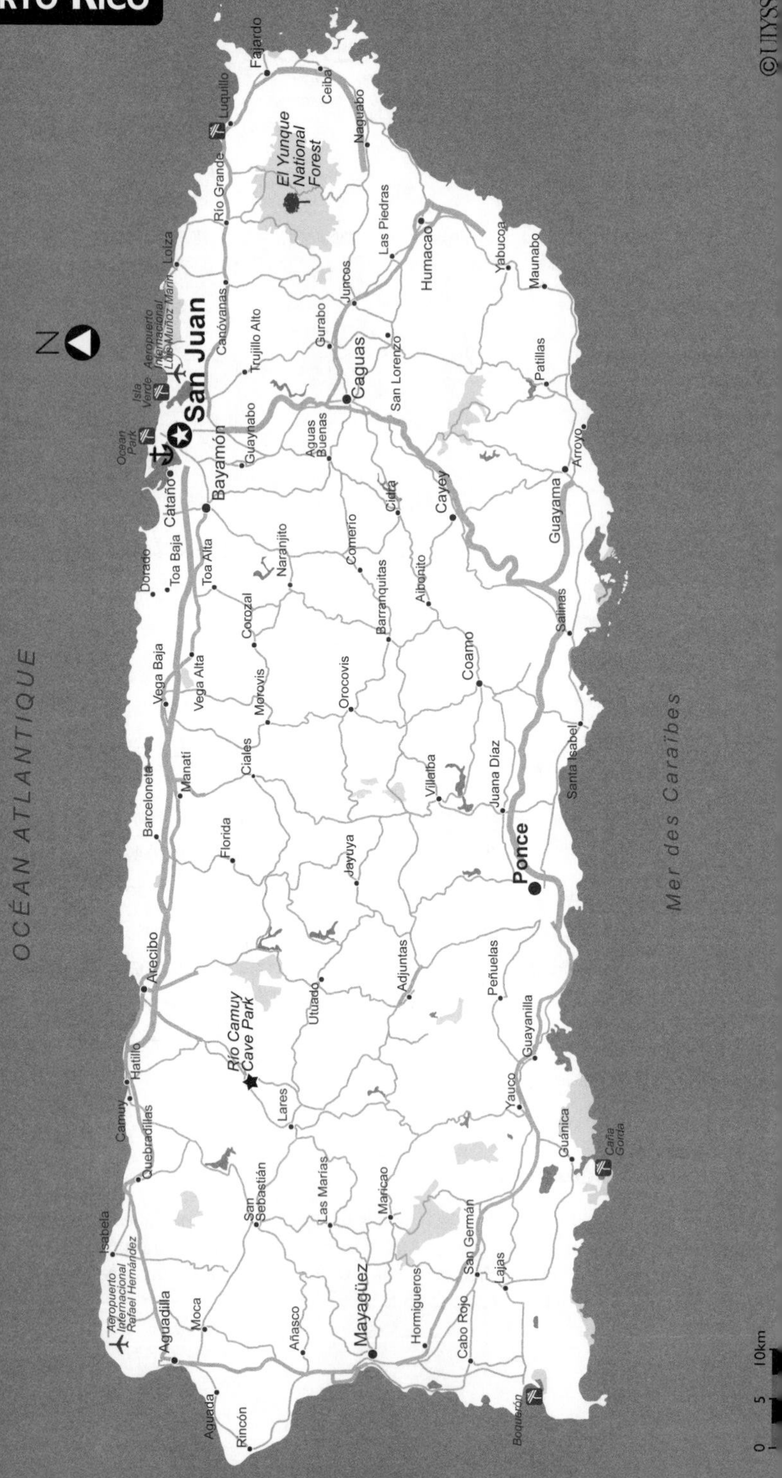

OCÉAN ATLANTIQUE

Mer des Caraïbes

N

San Juan
Isla Verde
Aeropuerto Internacional Luis Muñoz Marín
Ocean Park
Cataño
Bayamón
Guaynabo
Loíza
Canóvanas
Río Grande
Luquillo
Fajardo
Ceiba
Naguabo
El Yunque National Forest
Las Piedras
Humacao
Yabucoa
Maunabo
Juncos
Gurabo
Trujillo Alto
Caguas
San Lorenzo
Patillas
Arroyo
Guayama
Aguas Buenas
Cidra
Cayey
Comerío
Naranjito
Toa Alta
Toa Baja
Dorado
Aibonito
Barranquitas
Corozal
Salinas
Vega Baja
Vega Alta
Morovis
Orocovis
Coamo
Santa Isabel
Juana Díaz
Villalba
Ciales
Manatí
Barceloneta
Florida
Jayuya
Ponce
Arecibo
Utuado
Adjuntas
Peñuelas
Guayanilla
Río Camuy Cave Park
Hatillo
Camuy
Lares
Yauco
Guánica
Caña Gorda
Quebradillas
San Sebastián
Las Marías
Maricao
San Germán
Isabela
Aeropuerto Internacional Rafael Hernández
Aguadilla
Moca
Añasco
Mayagüez
Hormigueros
Lajas
Cabo Rojo
Boquerón
Aguada
Rincón

0 5 10km

Son relief est montagneux à l'intérieur des terres, la Cordillera Central traversant l'île d'est en ouest. Son point culminant est le Cerro La Punta (1 338 m). Le relief plat du littoral contraste avec celui plus accidenté du nord de l'île, également appelé «karst» et caractéristique des régions calcaires. Le climat n'offre que peu de disparité de températures: il y fait entre 27°C et 30°C toute l'année.

Aperçu historique

L'île est découverte en 1493 par Christophe Colomb et baptisée «San Juan Bautista» (Saint-Jean-Baptiste). En 1508, Ponce de León fonde la première colonie espagnole à Caparra, transférée quelques années plus tard dans la baie dite de Puerto Rico (qui signifie «port riche»): l'île prendra ce nom par la suite tandis que la capitale sera baptisée «San Juan».

L'Espagne cède ses terres aux États-Unis en 1898. La signature du Jones Act en 1917 permet aux Portoricains d'acquérir la nationalité américaine, et en 1952 Puerto Rico est reconnu comme un État libre associé aux États-Unis. Plusieurs tentatives ont eu lieu depuis, par référendum, pour modifier le statut politique de l'île. Les habitants restent toutefois majoritairement attachés à ce statut d'État associé, même si l'on sait aujourd'hui que l'immigration portoricaine vers le continent américain progresse d'année en année.

Débarquement et embarquement

San Juan, capitale de Puerto Rico, est l'un des ports les plus fréquentés des Caraïbes. Port d'escale mais aussi port d'embarquement des paquebots de croisière à destination des Petites Antilles, il accueille plus d'un million de passagers chaque année.

La plupart des paquebots de croisière accostent directement dans le vieux San Juan. Les pics de fréquentation forcent néanmoins certains navires à jeter l'ancre plus loin, près de l'un des terminaux réservés aux cargos. Les passagers devront alors prendre un taxi pour se rendre au centre de San Juan. Ceux qui arrivent au Luis Muñoz Marín International Airport, situé sur la côte est, à environ une demi-heure du port, pourront également effectuer le trajet en taxi jusqu'aux quais d'embarquement (comptez une vingtaine de dollars).

Quoi faire? Quoi voir?

San Juan

Europe, Afrique, Amérique, bref, les racines de Puerto Rico sont multiples. Espagnole par le peuplement colonial de l'île, africaine par le biais du commerce des esclaves au XIXe siècle et enfin américaine pour la plus récente phase de l'histoire du pays, la culture portoricaine plonge ses racines dans un riche métissage; en témoigne encore aujourd'hui l'architecture de la vieille ville.

Le vieux San Juan, qui figure sur la Liste du patrimoine mondial de l'UNESCO, est en effet une petite vitrine du Puerto Rico espagnol. Les anciens bâtiments coloniaux y ont été conservés, et le visiteur aura l'impression de feuilleter un livre d'histoire à ciel ouvert. Il pourra en outre compléter la découverte de ce quartier historique par la visite de quelques musées.

La **Plaza de la Dársena** est habituellement le point de départ des visites de la capitale. La place offre une très belle vue sur la **baie de San Juan**. En poursuivant vers l'ouest, vous apercevrez **La Muralla**, une enceinte défensive érigée aux XVIe et XVIIe siècles et derrière laquelle se dresse **La Fortaleza**. La résidence du gouverneur de l'île, une demeure fortifiée, a été érigée en 1540.

Si vous êtes un mordu d'ouvrages défensifs, allez au **Fuerte San Felipe del Morro**, familièrement appelé *El Morro*. Construites entre 1540 et 1783, ces fortifications militaires, qui dominent l'extrémité de la péninsule, sont probablement les plus surprenantes de San Juan. Elles sont d'ailleurs inscrites sur la Liste du patrimoine mondial de l'UNESCO avec le **Fuerte San Cristóbal**, érigé quelques années plus tard. Vous vous perdrez dans ses tunnels, donjons et autres survivances de l'époque médiévale.

En revenant sur vos pas, dans le cœur du vieux San Juan, vous ferez peut-être une halte au **El Convento** *(www.elconvento.com)*, un ancien couvent carmélite restauré qui accueille aujourd'hui l'un des plus ravissants hôtels de la capitale. Tout près se dresse la **Catedral de San Juan**, refuge du tombeau du premier gouverneur de l'île, Ponce de León.

Le **Museo Pablo Casals**, dans la Calle San Sebastián, est consacré au célèbre violoncelliste qui vécut de nombreuses années à San Juan. Quant au **Museo de Arte de Puerto Rico** *(www.mapr.org)*, il complètera votre découverte de l'histoire de l'art portoricain.

N'oublions pas le magasinage. Les boutiques de San Juan feraient presque concurrence à celles des îles Vierges américaines. Produits de marques internationales ou produits artisanaux tenteront les visiteurs le long de la **Calle Cristo** et de la **Calle San Francisco**. Notez les fameux *santos*, ces personnages religieux sculptés dans le bois, typiques de Puerto Rico.

Si une escapade hors de San Juan vous tente, nous vous suggérons de visiter **Ponce**. Située sur la côte sud, Ponce est un véritable trésor national en raison de sa concentration de bâtiments datant du XVIIe siècle, remarquablement préservés.

Le saviez-vous?

Mona? Monito? Ces noms ne vous disent peut-être rien et c'est normal. Ces deux petites îles sont coincées entre Puerto Rico et la République dominicaine. On les surnomme les «Galápagos des Caraïbes» en raison de la diversité biologique qui les caractérise, étonnante pour d'aussi petites îles. Elles sont aujourd'hui partie intégrante d'une réserve naturelle.

Le vieux San Juan

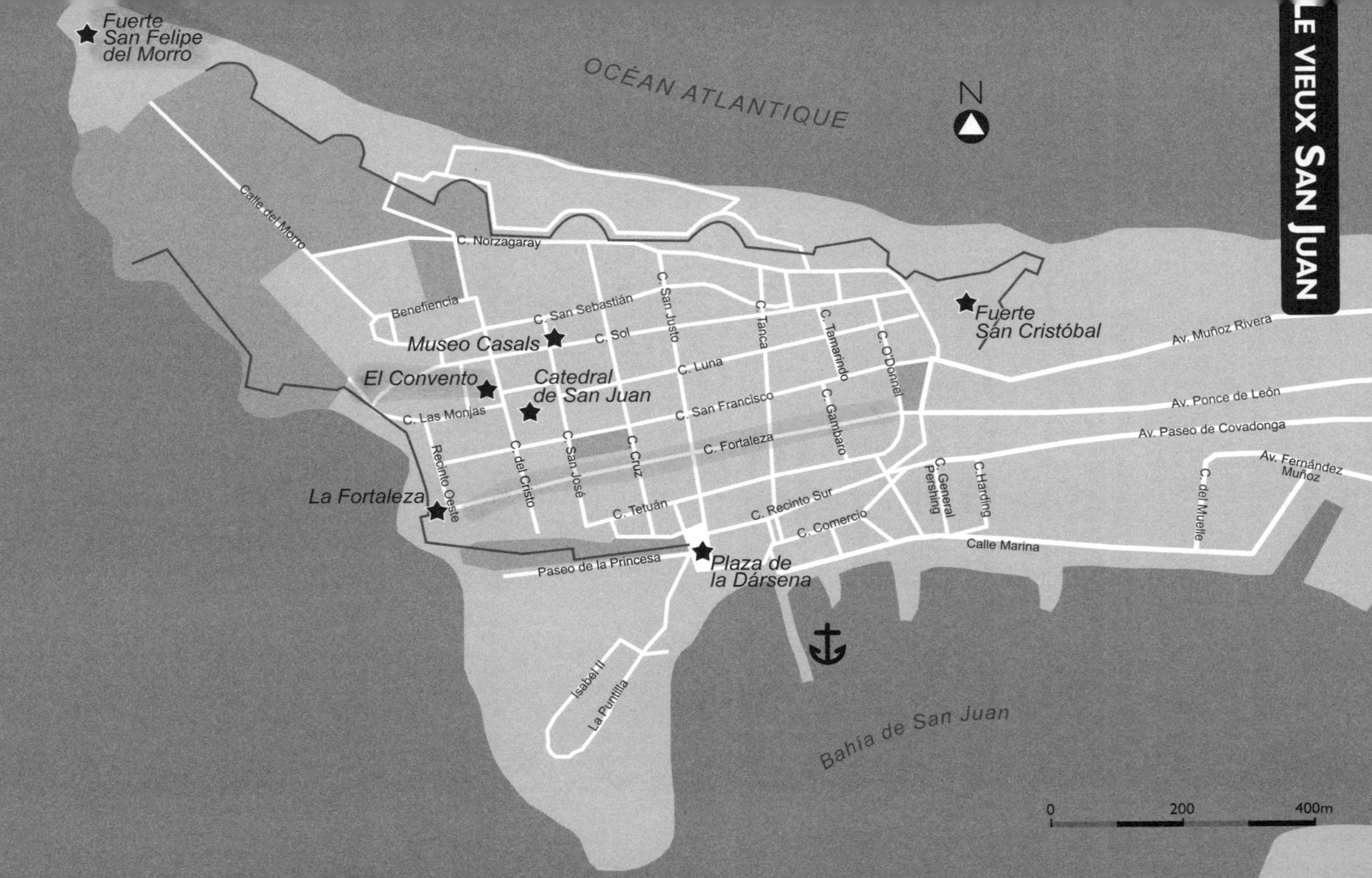

Quant aux escapades sur le thème du farniente, vous aurez l'embarras du choix: les plages de sable ne manquent pas à Puerto Rico. Les plus connues sont, sur la côte nord, **Isla Verde**, véritable terrain de jeu des habitants de San Juan; **Ocean Park**, longue étendue blanche, l'une des plus tranquilles de toute la région métropolitaine de la capitale; et **Luquillo**, bordée de cocotiers avec, en toile de fond, la végétation luxuriante de la forêt tropicale d'El Yunque.

Caña Gorda est sans doute la plus agréable plage publique de la côte sud, située entre Ponce et Mayagüez. De nombreux insulaires y ont leur villa de vacances. Mentionnons enfin, sur la côte ouest, à 3h de route de San Juan, la très belle baie de **Boquerón**.

La forêt d'**El Yunque** et les grottes de **Camuy** sont deux des attraits naturels incontournables de l'île. La première est sans aucun doute le site naturel le plus visité de Puerto Rico. Si vous souhaitez plonger au cœur de la jungle portoricaine et arpenter des sentiers ombragés ceinturés de lianes et bordés de cascades, c'est à El Yunque qu'il faut vous rendre. Fierté des Portoricains, cette forêt tropicale humide a été déclarée réserve de la biosphère par l'UNESCO.

Le second attrait naturel le plus populaire de l'île est le **Río Camuy Cave Park**, situé au nord-ouest de Puerto Rico. Ce réseau de grottes spectaculaires est le paradis des spéléologues. Deux d'entre elles sont ouvertes au public et permettent une exploration de la végétation tropicale et des formations rocheuses souterraines.

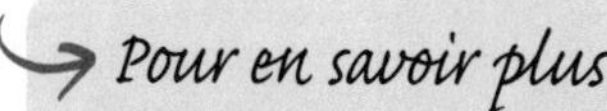

http://welcome.topuertorico.org
www.gotopuertorico.com

République dominicaine

Isla Catalina — La Romana — Puerto Plata — Samaná — Santo Domingo

Devise nationale: *Dieu, patrie, liberté*

Capitale: *Santo Domingo*

Population: *9 300 000 Dominicains*

Langue officielle: *espagnol*

Système politique: *république présidentielle*

Monnaie: *peso dominicain*

Devise acceptée: *dollar américain*

Les incontournables

1-La Côte des cocotiers
2-Zona Colonial
3-Le rhum

La Mecque du tourisme balnéaire

Les plages paradisiaques de la République dominicaine ont fait la réputation de cette destination caribéenne désormais incontournable. Les complexes hôteliers de luxe ont fleuri sur ses côtes, érigeant l'île en spécialiste du tourisme balnéaire du «tout-inclus» dans les Caraïbes. Boca Chica, La Romana, Punta Cana ou encore Puerto Plata attendent les visiteurs en mal de soleil et de farniente. Ceux qui souhaitent un peu plus de dépaysement se dirigent vers l'intérieur des terres et les routes sinueuses grimpant vers la Cordillera Central, bordée de villages pittoresques.

Aperçu géographique

La République dominicaine partage avec Haïti l'île d'Hispaniola, deuxième île en importance des Caraïbes après Cuba. Occupant les deux tiers du territoire, soit une superficie de 48 730 km^2, elle possède un relief varié, montagneux en son centre, dominé par la Cordillera Central, dont le point le plus haut, le Pico Duarte, culmine à 3 175 m, tandis que la côte, bordée de plaines et de collines, abrite quelques-unes des plus belles plages des Caraïbes.

RÉPUBLIQUE DOMINICAINE
OCÉAN ATLANTIQUE
N
Luperón
La Isabela
Punta Rucia
Monte Cristi
Puerto Plata
Sosúa
Cabarete
Playa Grande
Río San Juan
Mao
Dajabón
Sabaneta
Santiago
Santiago de la Cruz
San José de las Matas
Moca
Nagua
Las Terrenas
Las Galeras
San Francisco
La Vega
Sánchez
Samaná
Bahía de Samaná
HAÏTI
Pico Duarte
Jarabacoa
Sabana de la Mar
Banica
Cotuí
Comendador
Constanza
Piedra Blanca
San Juan
Lago Enquirillo
Hato Mayor
El Seibo
La Descubierta
Postrer Río
San José de Ocoa
Santo Domingo
Altos de Chavón
Boca Chica
San Pedro de Macorís
Higüey
Punta Cana
Port-au-Prince
Jimaní
Azua
Aeropuerto Internacional Los Americas
La Romana
San Rafael del Yuma
Neiba
Duvergé
Mella
San Cristóbal
Casa de Campo
Juan Dolio
Boca del Yuma
Baní
Isla Catalina
Bayahibe
Parque Nacional del Este
Barahona
Las Salinas
Isla Saona
Pedernales
Enriquillo
Mer des Caraïbes
0
20
40km
©ULYSSE

Aperçu historique

Christophe Colomb explore l'actuelle République dominicaine en 1492. Baptisée «La Española», l'île est partagée entre la France (Haïti) et l'Espagne en 1697. À la suite de la signature du traité de Bâle (1795), qui voit la colonie espagnole cédée aux Français, Hispaniola connaît plusieurs soulèvements populaires contre la domination haïtienne. La République dominicaine est proclamée en 1844, mais le pays n'accède réellement à l'indépendance qu'en 1865. La première moitié du XXe siècle sera marquée par une série de coups d'État, que suivront l'occupation militaire des États-Unis et l'instauration d'une dictature, de 1930 à 1961.

Débarquement et embarquement

Nul besoin de transbordeurs à **La Romana**, principal port d'escale en République dominicaine. Les paquebots de croisière possèdent leur quai de débarquement, permettant ainsi aux passagers d'entreprendre au plus vite la découverte de l'île.

Le port de Samaná, du nom de la péninsule située au nord-est de l'île, devrait voir son affluence augmenter dans les prochaines années. À la suite de l'ouverture d'un aéroport international, des infrastructures touristiques ont été développées et certaines compagnies de croisières ont déjà intégré cette région toujours préservée de la masse touristique à leurs itinéraires.

Parmi les autres ports d'escale du pays, citons l'**Isla Catalina**, située au sud de La Romana, dont les plages privées accueillent certains paquebots de croisière, **Santo Domingo** ou encore **Puerto Plata**, l'une des plus populaires stations balnéaires de l'île.

Quoi faire? Quoi voir?

La Côte des cocotiers

Au programme? Des plages, des plages et encore des plages! Les amateurs de la bronzette ne seront pas déçus: en arrivant dans le port de La Romana, ils pourront emprunter la fameuse Côte des cocotiers, qui s'étend sur une soixantaine de kilomètres au sud-est du pays et qui est bordée des plus belles plages et stations balnéaires de l'île. Certains complexes hôteliers ont été construits au centre de zones auparavant inhabitées en bordure de mer; c'est le cas de Juan Dolio et de Casa de Campo, à La Romana. D'autres ont plutôt été érigés au centre de typiques villages dominicains, les modestes cases créoles en bois y côtoyant de superbes hôtels modernes tout confort, comme c'est le cas à Boca Chica et à Bayahibe.

La Romana / Casa de Campo

Bien que les noms de **La Romana** et de **Casa de Campo** soient alternativement employés par les compagnies de croisières, les passagers débarquent en réalité dans le même port. En effet, les attraits étant plutôt limités à La Romana, les paquebots utilisent désormais le nom de «Casa de Campo», cette jolie station balnéaire située à proximité, pour désigner leur port d'escale sur la côte sud de l'île.

Les plages de l'**Isla Catalina**, cette île située au sud de La Romana, attirent elles aussi leur lot de passagers en quête de soleil.

Bayahibe

Petit village de pêcheurs sur les bords du **Parque Nacional del Este**, Bayahibe est réputé pour la plongée car on trouve à proximité un grand nombre de récifs coralliens. Les petits bungalows au bord de l'eau laissent progressivement la place aux complexes hôteliers, attirés par le potentiel touristique du site, mais Bayahibe échappe encore au tourisme de masse.

À l'ouest de Bayahibe se trouve le charmant village d'**Altos de Chavón**. On peut y visiter un musée d'archéologie rassemblant quelques très belles pièces d'art précolombien, déambuler dans ses rues bordées de galeries d'art ou encore faire un tour du côté de son amphithéâtre grec.

Isla Saona

Assaillie par les touristes qui viennent y plonger pour observer ses coraux ou tout simplement bronzer sur ses plages de sable blanc, l'Isla Saona n'en reste pas moins une petite île idyllique que l'on ne manquera pas de visiter si l'on passe par Bayahibe. C'est de ce village, situé sur la côte, que partent de nombreuses excursions vers l'île, qui fait aujourd'hui partie d'un parc national.

Parmi les autres paysages de carte postale de la Côte des cocotiers, citons **Juan Dolio**, situé à une quarantaine de kilomètres de Santo Domingo, et **Boca Chica**, une superbe station balnéaire qui s'ouvre sur un lagon d'eau limpide. Ici on avance dans la mer sur des dizaines de mètres en ne sentant que du sable blanc sous ses pieds. On trouve par ailleurs à Boca Chica des restaurants pour tous les budgets.

Santo Domingo

À la fois la métropole et la capitale de la République dominicaine, Santo Domingo porte aujourd'hui le titre envieux de la plus ancienne ville fondée par les Européens au Nouveau Monde (1496). Aussi l'un des ports les plus fréquentés de l'île, Santo Domingo se prête bien à la promenade, particulièrement le long des rues pavées de la **Zona Colonial**, où sont concentrés les bâtiments érigés au XVIe siècle. La découverte de la vieille ville se termine par une promenade sur le **Malecón**, qui longe le bord de mer sur plusieurs kilomètres.

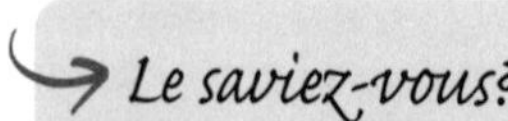

Le mausolée de Christophe Colomb se trouve à Santo Domingo.

Puerto Plata et Bahía Samaná

De Puerto Plata à la péninsule de Samaná, le front de mer s'étire sur près de 150 km. Cette région, située au nord-ouest de la République dominicaine, est connue pour ses longues étendues de sable blanc et l'accueil chaleureux de ses habitants.

L'industrie touristique s'y est considérablement développée au cours des 25 dernières années, transformant les villages côtiers en d'impressionnants complexes balnéaires. Après **Puerto Plata**, la plus populaire des stations dominicaines, **Sosúa**, puis **Cabarete**, réputée pour la pratique de la planche à voile, la mise en valeur des superbes plages de la côte Atlantique s'étend maintenant plus à l'est, jusqu'à la région de **Río San Juan** et de **Playa Grande**. La **baie de Samaná** est quant à elle toujours l'un des sites favoris d'observation des baleines chaque hiver dans la région.

La Cordillère centrale

Cette chaîne de montagnes qui domine l'ouest du pays est le paradis des randonneurs. Elle révèle une autre image de la République dominicaine, plus sauvage et beaucoup moins touristique que le reste de l'île. Si donc l'envie vous prend de fuir les foules des plages de la plaine côtière et de retrouver des paysages superbes épargnés par le tourisme de masse, faites une petite randonnée dans la Cordillère centrale et entreprenez dans l'ascension du sommet le plus élevé de l'île, le **Pico Duarte** (3 175 m).

Non loin de la Cordillère centrale, au sud-ouest du pays, découvrez un autre attrait incontournable de la région, le **Lago Enriquillo**, l'un des plus grands lacs salés des Caraïbes, refuge des iguanes et des alligators.

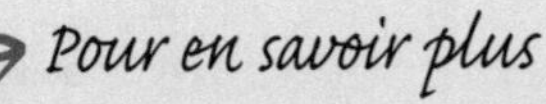

Guide de voyage Ulysse *République dominicaine*
www.larepubliquedominicaine.com
www.dominicana.com.do
www.casadecampo.cc

Saint-Barthélemy

Gustavia

Devise nationale de la France: *Liberté, Égalité, Fraternité*

Chef-lieu de Saint-Barthélemy: *Gustavia*

Population: *7 492 Saint-Barths*

Langue officielle: *français*

Système politique: *commune du département français de la Guadeloupe*

Monnaie: *euro*

Devise acceptée: *dollar américain*

Les incontournables

1 - La gastronomie
2 - L'Anse de Grande Saline
3 - La plongée sous-marine à l'Anse du Grand Cul-de-Sac

Saint-Barth, le rendez-vous de la jet-set dans les Caraïbes

Les 21 kilomètres carrés de ce petit îlot de terre volcanique ont acquis au fil du temps la réputation de rocher balnéaire très «sélect» dans les Caraïbes. Sa végétation aride, son relief montagneux et son isolement auraient pu constituer un obstacle au développement de l'industrie touristique, et pourtant Saint-Barth su ériger ses plages de sable blanc en un petit paradis pour milliardaires croisiéristes.

Ses côtes protégées du tourisme de masse ne sont ponctuées que de quelques villas luxueuses, ses plages sont encore vierges des foules de touristes qui prennent habituellement d'assaut les îles caribéennes, et ses jolies bourgades, bordées de coquettes cases créoles, offrent aux visiteurs leurs multiples boutiques et restaurants. Saint-Barth n'a donc finalement rien à envier à ses voisines.

Saint-Barthélemy

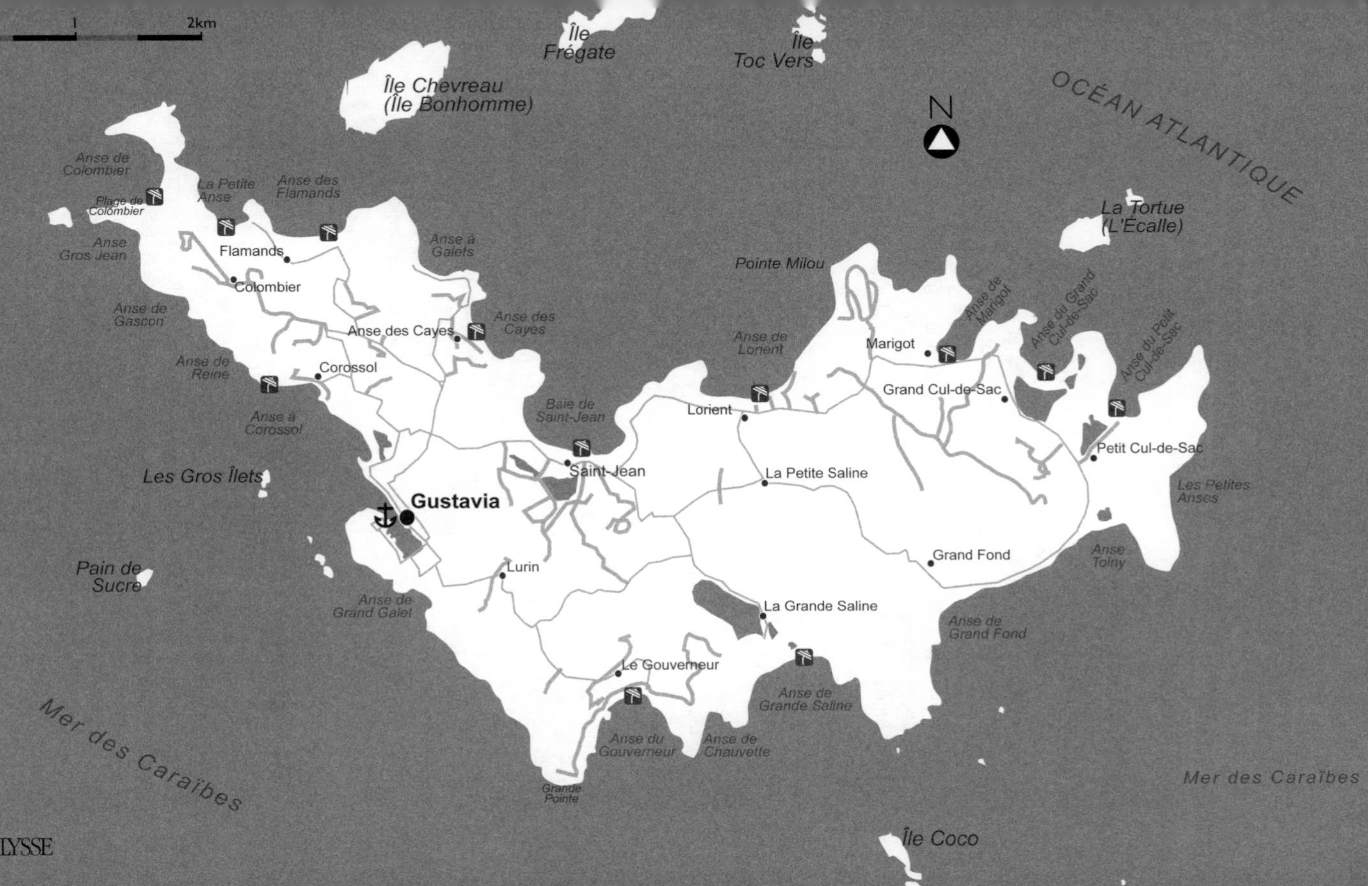

Aperçu géographique

Située à environ 200 km au nord de la Guadeloupe, Saint-Barthélemy forme, avec Saint-Martin, les îles du Nord, dans l'archipel des Petites Antilles. Terre montagneuse au sol aride, sa végétation pauvre fait place à quelques étangs d'eau salée et à de longues plages de sable. Dotée d'un climat de type tropical tempéré, comme le reste de l'archipel guadeloupéen, l'île affiche de faibles écarts de température: les moyennes oscillent entre 22°C et 30°C selon les saisons.

Aperçu historique

Découverte par Christophe Colomb en 1493, l'île est conquise par les Français dès le milieu du XVIIe siècle, puis vendue à la Suède à la fin du XVIIIe siècle. Sous domination suédoise, les Saint-Barths sont exonérés d'impôts, et le port de l'île, rebaptisé «Gustavia» en l'honneur du roi de Suède Gustave III, obtient le statut de port franc.

Le sol, pauvre en ressources naturelles et impropre à l'agriculture, ne permet pas le développement de l'industrie sucrière comme dans les autres îles de l'archipel des Petites Antilles. La colonie suédoise se tourne donc vers l'activité portuaire pour développer son économie. D'abord florissante, elle périclite progressivement, à la faveur d'autres îles caribéennes. La Suède finit par rétrocéder Saint-Barthélemy à la France à la fin du XIXe siècle, mais l'île conserve ses acquis fiscaux, une situation qui perdure encore aujourd'hui.

Réintégrée dans le giron colonial français, l'île est administrativement rattachée à la Guadeloupe, qui obtient le statut de Département français d'outre-mer en 1946. L'industrie touristique prend le relais de l'industrie portuaire et constitue la première activité économique de l'île. Depuis le 15 juillet 2007, Saint-Barthélemy a le statut de collectivité territoriale d'outre-mer.

Le saviez-vous?

Saint-Barth est un petit paradis fiscal, attirant de nombreux estivants fortunés, américains et européens. Sécurité, exonération fiscale et plages de sable blanc sont les trois atouts d'une île qui en 1957, avec l'achat d'une vaste propriété par David Rockefeller, passa du statut de simple îlot aux terres arides, perdu dans l'arc des Antilles, à celui de destination de vacances haut de gamme dans les Caraïbes.

Débarquement et embarquement

Gustavia est le principal port d'escale de l'île. Il ne peut accueillir que des navires de petite taille. Les paquebots mouillent donc au large et transportent leurs passagers par navette. Vous arriverez directement dans le port, qui s'explore facilement à pied et où se trouve l'office de tourisme de Saint-Barthélemy. Restaurants, boutiques, bâtiments historiques, bref, nul besoin de prendre un taxi pour arpenter les rues de Gustavia. Le taxi sera par contre utile pour visiter le reste de l'île, à moins que vous ne préfériez louer une voiture ou un scooter, une solution de rechange plus exotique pour faire le tour des plus belles plages de Saint-Barthélemy.

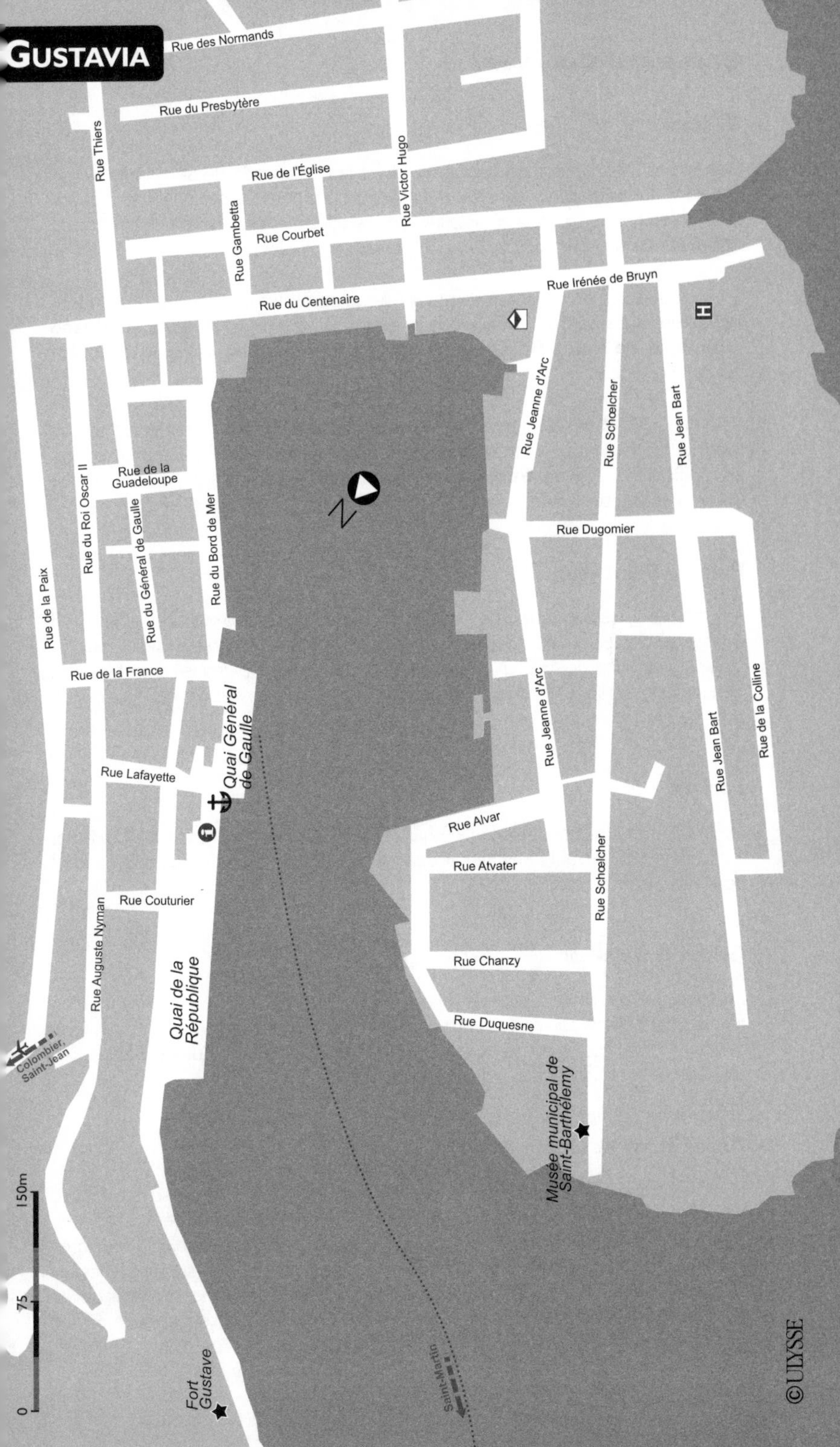
GUSTAVIA
Rue des Normands
Rue du Presbytère
Rue Thiers
Rue de l'Église
Rue Victor Hugo
Rue Gambetta
Rue Courbet
Rue du Centenaire
Rue Irénée de Bruyn
Rue Jeanne d'Arc
Rue Schœlcher
Rue Jean Bart
Rue de la Guadeloupe
Rue du Roi Oscar II
Rue du Général de Gaulle
Rue du Bord de Mer
Rue Dugomier
Rue de la Paix
Rue de la France
Quai Général de Gaulle
Rue Lafayette
Rue de la Colline
Rue Alvar
Rue Atvater
Rue Couturier
Rue Auguste Nyman
Quai de la République
Rue Chanzy
Rue Duquesne
Colombier, Saint-Jean
Musée municipal de Saint-Barthélemy
0
75
150m
Fort Gustave
Saint-Martin
N
©ULYSSE

Quoi faire? Quoi voir?

Gustavia

Gustavia est l'agglomération la plus grande et la plus animée de Saint-Barthélemy. Prenez le temps de flâner dans ses rues charmantes, bordées de coquettes maisonnettes blanches au toit orangé. Profitez de ses cafés et de ses bons restaurants, ou laissez-vous tenter par l'une de ses nombreuses boutiques.

Si vous souhaitez en connaître davantage sur le passé, les traditions et la vie quotidienne des Saint-Barths, rendez-vous au bout de la pointe de Gustavia, au **Musée municipal de Saint-Barthélemy**. On y présente différents objets évoquant l'époque coloniale.

À la fin du XVIIIe siècle et au début du XIXe siècle, trois forts furent construits au sommet des collines qui entourent la ville, pour protéger la colonie suédoise. Seules les fortifications du **Fort Gustave** ont été conservées, et l'on a de sa terrasse une vue imprenable sur la ville.

Baie de Saint-Jean

Au bord de la très belle baie de Saint-Jean s'étend un long croissant de sable blond caressé par les eaux turquoise de la mer des Caraïbes. Véritable paradis pour les amateurs de bains de soleil et de baignade, la baie compte parmi les plages les plus fréquentées de l'île. On y trouve également quelques bons restaurants, installés en bord de mer.

Lorient

Lorient est une mignonne bourgade qui s'allonge au bord de l'**Anse de Lorient**. Cette plage est souvent fouettée par de fortes vagues, ce qui en fait un endroit idéal pour la pratique du surf.

Grand Cul-de-Sac

L'extrémité est de l'île fait partie de la «côte au vent». Elle est ponctuée de lagons d'un bleu intense, blottis au creux d'abruptes falaises et bien abrités du vent et des forts courants. Parmi ces lagons se trouve la belle **Anse du Grand Cul-de-Sac**, le lieu privilégié des véliplanchistes et des nageurs.

Anses Toiny et Grand Fond

Plus vous avancerez vers le sud, plus vous remarquerez que le paysage se transforme, les belles plages de sable fin faisant peu à peu place aux falaises escarpées. D'ailleurs, dans le sud-est de l'île, on ne rencontre plus de longs croissants de sable fin, les Anses Toiny et Grand Fond étant plutôt bordées de murailles abruptes sur lesquelles les flots agités viennent se fracasser. Si vous aimez les paysages tourmentés, vous devez prendre le temps de vous promener sur cette côte sauvage. Ce sont aussi deux sites très courus des surfeurs.

Anse de Grande Saline

Autrefois, on exploitait le sel de ce marais qui est à l'origine du nom de la plage située non loin, l'Anse de Grande Saline. Cette plage est réputée pour sa beauté sauvage, les collines verdoyantes qui l'entourent, son sable fin et ses eaux cristallines. Un lieu incontournable à Saint-Barth!

Anse du Gouverneur

Cette anse, située à l'est de Gustavia et encore épargnée par les commerces et les propriétés luxueuses, abrite une plage qui a tout du petit paradis antillais oublié.

Corossol

Corossol s'est développé à flanc de colline, au bord de l'**Anse de Corossol**, à quelques kilomètres au nord-ouest de Gustavia. Ici encore, les coquettes maisons au toit orangé égaient le paysage plutôt morne. Le charme de Corossol tient sans doute également à ses airs d'antan, car cette bourgade modeste est demeurée un village de pêcheurs, et les barques colorées de ses habitants flottent encore au large.

Colombier

Le hameau de Colombier est perché dans les collines de l'ouest de l'île. Au terme d'une balade d'une quinzaine de minutes à travers une multitude de broussailles et d'arbustes, vous atteindrez la **plage de Colombier**, la plus isolée de Saint-Barth. Quelques plaisanciers font escale dans cette anse reculée, dont les fonds se prêtent bien à la plongée.

Pour en savoir plus

Guide de voyage Ulysse *Saint-Martin, Saint-Barthélemy*
www.gotostbarths.com
www.st-barths.com
www.alacase.com

Sainte-Lucie

Castries

Devise nationale: *La terre, le peuple, la lumière*
Capitale: *Castries*
Population: *172 800 Saint-Luciens*
Langues officielles: *anglais et créole*
Système politique: *démocratie parlementaire / membre du Commonwealth*
Monnaie: *dollar des Caraïbes orientales*
Devise acceptée: *dollar américain*

Les incontournables

1-Le lambi, les accras et les christophines
2-Pigeon Island National Landmark
3-Gros Piton

Une île chaleureuse et invitante

Des exotiques savanes côtières balayées par les vents jusqu'aux sommets montagneux, en passant par la luxuriante forêt tropicale humide, Sainte-Lucie a beaucoup plus à offrir aux voyageurs que des plages de sable blanc. Au pied des magnifiques pitons se succèdent des récifs de corail, des parcs marins, des réserves naturelles, des sources thermales, des chutes et des douzaines d'anses isolées. Il s'avère tout à fait approprié d'entrer par la mer à Castries, la capitale de Sainte-Lucie. Dès les premiers jours de la présence européenne dans l'île, Castries fut reconnue comme un des plus beaux ports des Caraïbes.

Aperçu géographique

Sainte-Lucie trône au cœur même des Petites Antilles, cette portion des Caraïbes qui s'étend à l'est de Puerto Rico en direction des côtes septentrionales du Venezuela. Elle fait partie d'un mince chapelet insulaire connu sous le nom d'îles du Vent, bravant les rigueurs de l'Atlantique pour former l'arc des Petites Antilles.

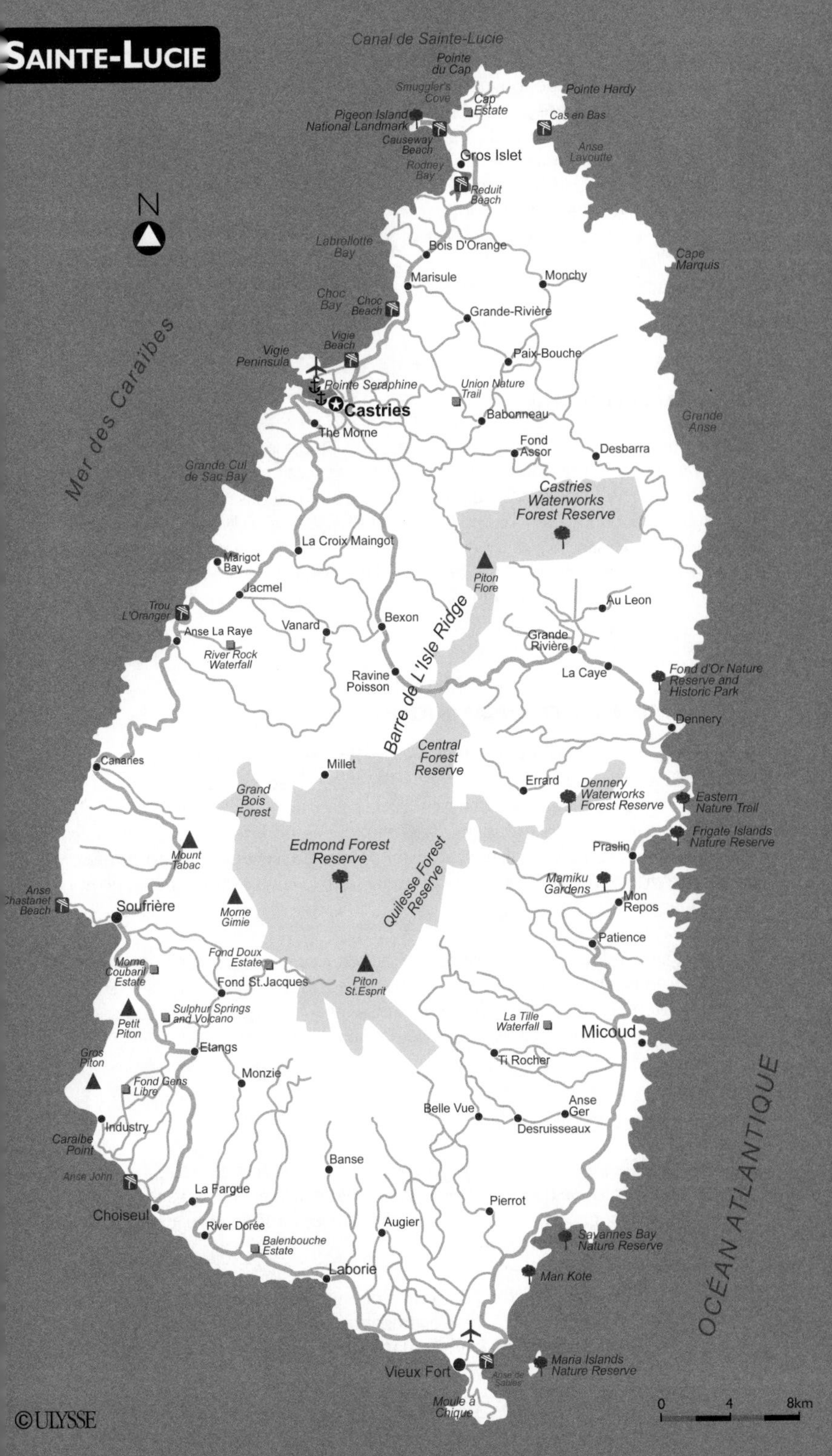
Sainte-Lucie
Canal de Sainte-Lucie
Pointe du Cap
Smuggler's Cove
Cap Estate
Pointe Hardy
Pigeon Island National Landmark
Cas en Bas
Causeway Beach
Gros Islet
Anse Lavoutte
Rodney Bay
Reduit Beach
N
Labrollotte Bay
Bois D'Orange
Cape Marquis
Marisule
Monchy
Choc Bay
Choc Beach
Grande-Rivière
Vigie Beach
Vigie Peninsula
Paix-Bouche
Mer des Caraïbes
Pointe Seraphine
Union Nature Trail
Castries
Babonneau
Grande Anse
The Morne
Fond Assor
Desbarra
Grande Cul de Sac Bay
Castries Waterworks Forest Reserve
La Croix Maingot
Marigot Bay
Piton Flore
Jacmel
Au Leon
Trou L'Oranger
Bexon
Vanard
Anse La Raye
Grande Rivière
Barre de L'Isle Ridge
River Rock Waterfall
La Caye
Fond d'Or Nature Reserve and Historic Park
Ravine Poisson
Dennery
Central Forest Reserve
Canaries
Millet
Errard
Dennery Waterworks Forest Reserve
Grand Bois Forest
Eastern Nature Trail
Frigate Islands Nature Reserve
Edmond Forest Reserve
Praslin
Mount Tabac
Quilesse Forest Reserve
Mamiku Gardens
Anse Chastanet Beach
Mon Repos
Soufrière
Morne Gimie
Patience
Fond Doux Estate
Morne Coubaril Estate
Fond St.Jacques
Piton St.Esprit
Sulphur Springs and Volcano
Petit Piton
La Tille Waterfall
Micoud
Etangs
Ti Rocher
Gros Piton
Monzie
Fond Gens Libre
Anse Ger
Belle Vue
Industry
Desruisseaux
Caraïbe Point
Banse
Anse John
Océan Atlantique
La Fargue
Pierrot
Choiseul
Augier
River Dorée
Savannes Bay Nature Reserve
Balenbouche Estate
Laborie
Man Kote
Maria Islands Nature Reserve
Vieux Fort
Anse de Sables
Moule à Chique
0
4
8km
©ULYSSE

Bien que l'île tout entière ne fasse que 616 km², soit 43 km de longueur et 23 km de largeur entre ses pointes, elle bénéficie d'une riche diversité géographique. Les contrastes qu'on peut observer entre le sud tropical et le nord aride de l'île sont dus au fait que la formation de Sainte-Lucie s'est déroulée lors de deux périodes distinctes d'activité volcanique dans les Antilles orientales.

Le saviez-vous?

Prix Nobel de littérature en 1992, Derek Walcott est un poète et dramaturge saint-lucien de renom. Garth St-Omer est pour sa part un romancier qui a enseigné la littérature aux États-Unis et au Ghana.

Aperçu historique

La légende raconte que Christophe Colomb aurait foulé le sol de l'île de Sainte-Lucie le 13 décembre 1492, mais la découverte de l'île serait plutôt attribuable à l'un de ses compagnons, Juan de la Cosa. Après quelques infructueuses tentatives de colonisation britannique jusqu'en 1639, la France et l'Angleterre se livrèrent pendant deux siècles une lutte sans merci pour la possession de Sainte-Lucie. De sa découverte jusqu'à 1814, l'île changea 14 fois de mains. En 1814, le traité de Paris finit par céder la colonie de Sainte-Lucie aux Britanniques. L'île deviendra indépendante le 22 février 1979.

Débarquement et embarquement

La majorité des bateaux accostent au port de **Pointe Seraphine**, à faible distance en taxi du centre-ville de Castries, sur la côte nord-ouest de l'île. Ce terminal renferme une grande variété de boutiques (parfums, cristal, bijoux et artisanat local) et un bureau d'information touristique. Advenant que le port de Pointe Seraphine soit trop achalandé, les paquebots vont accoster à **Port Castries**, à distance de marche du centre-ville. Un grand centre commercial se trouve aux abords de ce point de débarquement.

L'île peut se visiter en taxi, les chauffeurs étant de très bons guides. On peut même louer les services d'un taxi pour trois ou quatre heures. Bien que les tarifs soient fixés par le gouvernement, mieux vaut demander au chauffeur le prix de la course et s'il accepte les dollars américains ou ceux des Caraïbes orientales.

Quoi faire? Quoi voir?

L'île de Sainte-Lucie, grâce à sa côte découpée et à son relief diversifié, ne manque certes pas d'attraits. Ses plages invitent à la détente et à la baignade. La mer accueille volontiers les plongeurs (avec tuba ou bouteille) et les férus de voile, de ski nautique ou de pêche sportive en haute mer.

Castries a été ravagée au cours de son histoire par les ouragans et les incendies, si bien qu'il ne reste guère de grands monuments à visiter. Cependant, on ne peut pas manquer la **Cathedral of the Immaculate Conception**, construite en 1897, et,

Castries
Centre-Ville
Castries Harbour
La Place Carenage Duty Free
N
Fort
Vers Gros Islet
Darling Rd.
Trinity Church Rd.
J. Compton Highway
Vers Soufrière
Jeremie St.
Victoria St.
St. Louis St.
Vers The Morne
High St.
Morne Doudon St.
William Peter Blvd.
Laborie St.
Peynier St.
Westall Ave.
Cathedral of the Immaculate Conception
Micoud St.
Church Ave.
Brogile St.
Coral St.
Chisel St.
Chaussée Rd.
Rosehill St.
Manoel St.
Mongiraud St.
Bridge St.
Bourbon St.
Derek Walcott Square
Brazil St.
La Toc Rd.
Castries River
Mary Ann St.
Riverside Rd.
Grass St.
Leslie Land Rd.
0
50
100m
©ULYSSE

en face de la tour de l'horloge, le **Derek Walcott Square**, où un énorme «saman» (arbre à pluie), vieux de 400 ans, protège les promeneurs de son ombre.

Au nord de l'île, le **Pigeon Island National Landmark** plonge les visiteurs dans la longue histoire militaire de Sainte-Lucie. Un point d'observation permet d'admirer la côte jusqu'aux Pitons et même, par temps clair, d'apercevoir la Martinique.

Près de la pittoresque ville de **Soufrière**, il est possible d'explorer la forêt tropicale, de visiter des plantations de bananiers et de canne à sucre, et même d'escalader un volcan (en partie en voiture et en partie à pied). Aux **Mineral Baths and Waterfall**, les visiteurs peuvent se baigner dans des bains minéraux alimentés par une source souterraine qui jaillit du volcan Qualibou. L'expérience procure une détente sans pareille, renforcée par le bruit de la chute (Diamond Waterfall) qui coule non loin. Voisins des bains minéraux, les **Diamond Botanical Gardens** renferment une merveilleuse collection de plantes et de fleurs locales.

Les plages

Comme la côte est très découpée, les plages sont diverses et magnifiques. Au nord de Castries, sable fin et charme riment avec **Vigie Beach** et **Choc Beach**. Près de Rodney Bay, **Reduit Beach** est assez longue pour qu'on s'y sente seul, et la location d'équipement de plongée-tuba est possible. Au sud, près de Soufrière, le sable noir volcanique couvre les plages. À **Anse Chastanet Beach**, bien que la baignade soit fantastique, la proximité du récif privilégie la plongée.

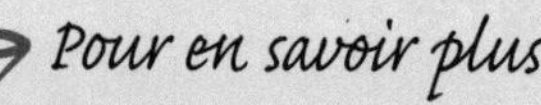

Guide de voyage Ulysse *Sainte-Lucie*
www.stlucia.org
www.scubastlucia.com

Saint-Martin / Sint Maarten

Marigot (Saint-Martin) Philipsburg (Sint Maarten)

Chefs-lieux: *Marigot (Saint-Martin); Philipsburg (Sint Maarten)*

Population: *40 000 Saint-Martinois; 45 000 Sint Maarteners*

Langues officielles: *français; néerlandais*

Système politique: *Saint-Martin: commune de la Guadeloupe / département français d'outre-mer; Sint Maarten: municipalité des Antilles néerlandaises / territoire du Royaume des Pays-Bas*

Monnaies: *euro; florin des Antilles néerlandaises*

Devises acceptées partout dans l'île: *dollar américain et euro*

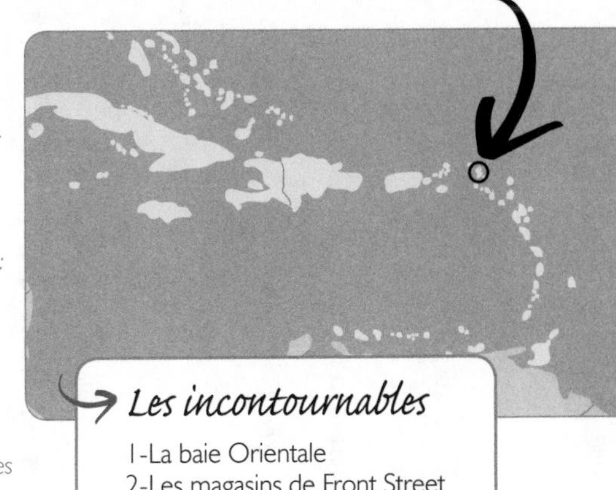

Les incontournables

1-La baie Orientale
2-Les magasins de Front Street
3-Le musée de Saint-Martin

Saint-Martin ou Sint Maarten?

«La belle créole», située au nord de l'arc des Petites Antilles possède une double identité, française et néerlandaise.

Saint-Martin est une véritable «petite France» au cœur des Antilles. Elle séduit par cet étrange contraste entre exotisme et modernité, avec ses boutiques au cachet parisien et ses côtes tropicales, ponctuées de longues plages paradisiaques. Elle a réussi à conserver quelques bourgs authentiques, tel Grand-Case, qui allie vie créole et ambiance de vacances, mais a su également tirer partie du développement du tourisme, comme en témoignent les terrasses animées en bordure de mer et les luxueuses boutiques de Marigot.

Le sud de l'île fait partie des Antilles néerlandaises. Plus peuplée que sa voisine française, Sint Maarten s'est développée autour de Philipsburg, principale agglomération et cœur de l'activité économique du territoire. Mais les vacanciers sont davantage attirés par Oyster Pond et Mullet Bay, des villages touristiques qui ont été bâtis au bord de superbes plages de sable blanc.

Saint-Martin / Sint Maarten

Île Tintamarre
Océan Atlantique
Grandes Cayes
Baie de Cul-de-Sac
Baie Orientale
Baie de l'Embouchure
Baie Lucas
Oyster Pond
Dawn Beach
Guana Bay
Guana Bay Point
Baie de Petites Cayes
Anse Marcel
Cul-de-Sac
Aéroport de L'Espérance
Salt Pond
Étang aux Poissons
Orléans
Saint-Martin
Sint Maarten
Pic Paradis
Grand Case
Colombier
Rambaud
Saint-Louis
Happy Bay
Madame Estate
Philipsburg
Bobby's Marina
Pointe Blanche Hill
Marais salant
Great Bay
Fort Amsterdam
Little Bay
Saint-Peter
Saunders
Dutch-Cul-De-Sac
Cole Bay
Marigot
Fort de Marigot
Musée de Saint-Martin
Saint-James
Baie des Pères (Friar's Bay)
Baie de la Potence
Fort Saint-Louis
Baie Nettlé
Sandy Ground
Grand Étang de Simsonbaai
Aéroport international Princess Juliana
Mer des Caraïbes
Baie Rouge
Terres Basses
Low Lands
Maho Bay
Cupecoy Beach
Mullet Bay
Long Bay
Mer des Caraïbes
N
0
1
2km

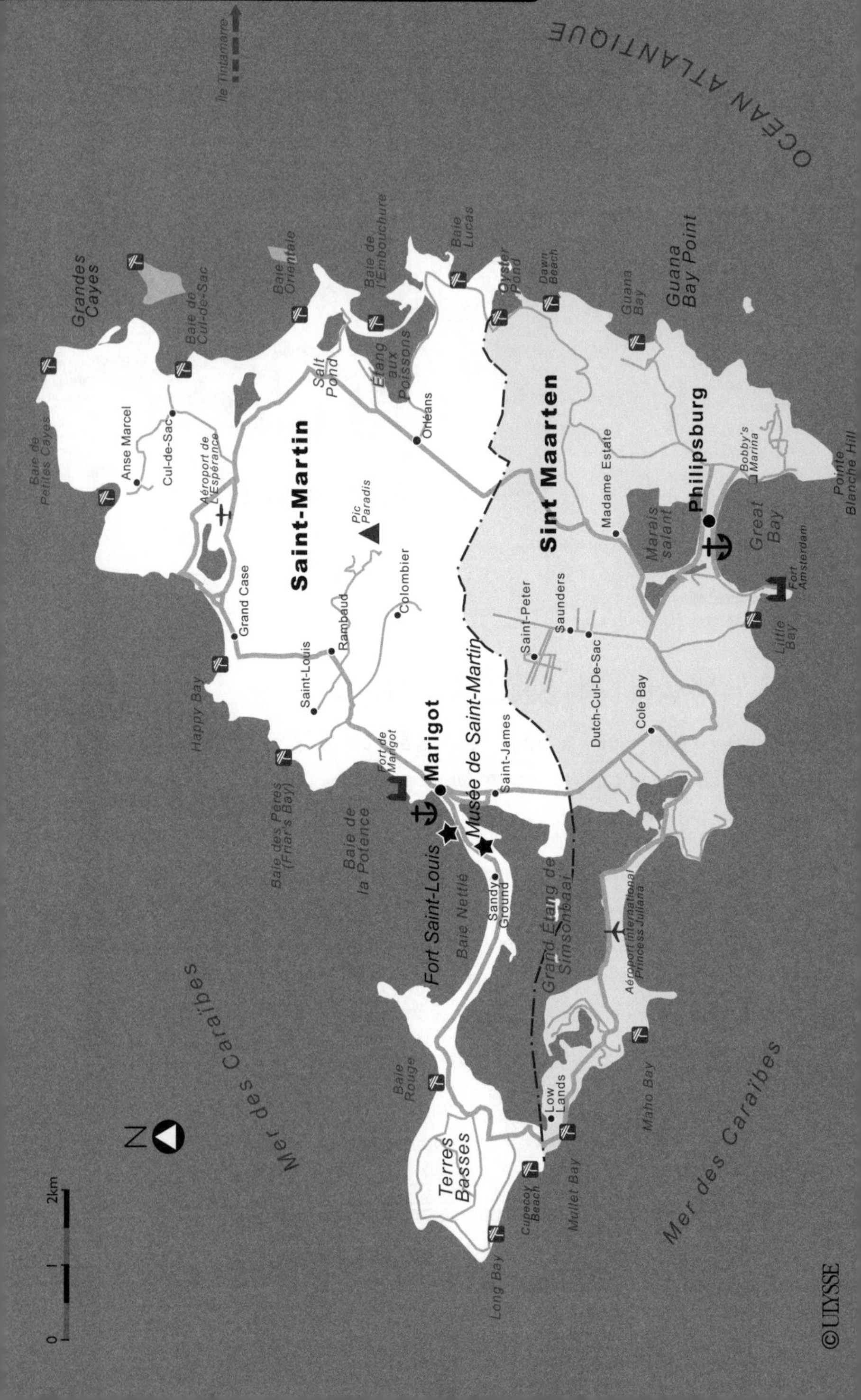

Aperçu géographique

L'île de Saint-Martin est située à l'extrémité nord de l'archipel des Petites Antilles, à 250 km de la Guadeloupe. Les versants des collines qui se dressent en son centre sont couverts d'une végétation clairsemée, avec arbustes et cactus. L'île est divisée en deux parties, une française (Saint-Martin, 53 km^2) et l'autre néerlandaise (Sint Maarten, 34 km^2). La plupart des villages sont établis le long des côtes. Au centre de l'île, le pic du Paradis culmine à 424 m et offre une vue panoramique sur de nombreuses plages de sable blanc qui bordent la côte.

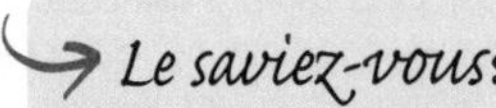

Saint-Martin est la plus petite île au monde partagée entre deux pays.

Aperçu historique

En 1493, Christophe Colomb découvre les Petites Antilles, mais ce n'est qu'à partir du début du XVIIe siècle que des troupes espagnoles s'installent à Saint-Martin. L'île n'offrant qu'un intérêt stratégique limité, ils la quittent en 1648 et laissent la place à une poignée de Français et de Hollandais qui s'entendent par traité sur le partage du territoire. Le sud est alors occupé par les Hollandais, sur les terres couvertes de marais salants qui deviendront plus tard Philipsburg, principale agglomération de Sint Maarten; les Français s'installent au nord de l'île, sur un territoire qui deviendra en 1963 une commune de la Guadeloupe. Depuis le 15 juillet 2007, Saint-Martin a le statut de collectivité d'outre-mer.

Débarquement et embarquement

Les paquebots accostent au port **A.C. Wathey** à **Philisburg**, principale ville de Sint Maarten. Ce port fut inauguré officiellement en janvier 2001, permettant l'accostage de quatre paquebots de croisière sur sa jetée de 280 m de long. On y trouve un kiosque d'information touristique et un stationnement où taxis et autobus attendent les croisiéristes. Notez que certains petits navires peuvent accoster au port de **Marigot**, à Saint-Martin.

Quoi faire? Quoi voir?

Saint-Martin

Marigot, chef-lieu de Saint-Martin, est situé au nord-ouest de l'île. Le centre-ville concentre de nombreux restaurants branchés, des boutiques et des cafés-terrasses. Une balade à travers les rues de la ville vous conduira au bord de la baie, au pied du **Fort Saint-Louis**, où se tient le marché public. Ce dernier fut érigé en 1767 par les colons français. Conquis par les troupes anglaises en 1794, le fort restera en leur possession jusqu'à la libération de l'île, quelques années plus tard. Aujourd'hui, ses ruines dominent toujours la ville, et l'on peut s'y rendre pour profiter de la superbe vue.

Le **musée de Saint-Martin**, près de la marina de Port-la-Royale, retrace l'histoire des premiers habitants de l'île, les Arawaks. Plusieurs pièces y sont exposées, notamment des outils de coquillage, des pièces de céramique et des bijoux de nacre, retrouvés lors des fouilles archéologiques effectuées dans l'île.

À l'ouest de Marigot s'allonge **Terres Basses**. Sur cette portion de terre qui comprend une rive donnant sur la mer des Caraïbes et une autre sur le Grand Étang de Simsonbaai, plusieurs complexes touristiques ont été construits, notamment autour de la **baie Nettlé**, aux abords de fort belles plages. C'est ici que se trouvent quelques-uns des plus beaux complexes hôteliers de Saint-Martin.

Grand-Case est sans doute le plus pittoresque des villages de l'île. Il s'allonge en bordure de mer et compte plusieurs coquettes cases créoles. Il abrite également quelques-unes des meilleures tables de l'île.

Hameau de quelques maisonnettes modestes éparpillées çà et là, **Colombier** a su garder son authenticité; lorsqu'on s'y promène, on se sent dépaysé, loin des villages touristiques. Un petit chemin qui part du village mène à la **route des Crêtes**; le sentier se rend au **pic Paradis**, dont on peut faire l'ascension (424 m).

Du côté des plages, Saint-Martin n'est pas en reste. La première que l'on croise après avoir traversé la région de la baie Nettlé est celle de **Baie Rouge**. Cette belle plage de sable fin est bordée de falaises abruptes au sommet desquelles se cachent quelques-unes des riches demeures saint-martinoises.

La plage de **Baie Longue** s'allonge sur Terres Basses. La partie la plus à l'ouest a un aspect sauvage. L'autre portion se termine au pied de falaises sur lesquelles furent érigés les superbes bâtiments de l'hôtel La Samanna. Enfin, les eaux de la **baie Orientale** caressent un long ruban de sable fin qui se déroule à perte de vue. Cette plage, sans conteste la plus belle de l'île, est perpétuellement envahie par les visiteurs venus s'adonner à des sports nautiques ou tout simplement aux plaisirs de la baignade.

Sint Maarten

À **Philipsburg**, principale ville de le partie néerlandaise de l'île, l'action est essentiellement concentrée le long de **Front Street**. En vous promenant dans les rues de Philipsburg, vous passerez peut-être devant la **Courthouse**, un bâtiment dont la construction fut entamée en 1792 et qui est devenu le symbole de l'île. Il a servi successivement de caserne de pompiers, de prison et finalement de bureau de poste. Les amateurs d'histoire se dirigeront vers le **Sint Maarten Museum**, consacré à la culture arawak. Il renferme notamment quelques objets qui ont été découverts lors de fouilles archéologiques dans la région de Mullet Bay, ainsi que des pièces hollandaises et espagnoles datant des débuts de la colonisation.

À l'ouest de Philipsburg s'est développé le village touristique de **Mullet Bay**, composé d'une succession d'hôtels, de restaurants, de casinos, de discothèques et de boutiques. Les visiteurs s'y rendent nombreux pour profiter de longues plages de sable (**Maho Beach**, **Mullet Bay** et **Cupecoy Beach**). À proximité du port s'étend également la populaire **Great Bay Beach** et, à l'est de Philipsburg, **Dawn Beach** attire les adeptes de la plongée-tuba.

Le **Fort Amsterdam** se trouve entre Great Bay et Little Bay. Historiquement parlant, il s'agit de la fortification la plus importante de l'île. Il fut construit en 1631 par les Hollandais, ce qui en fait le tout premier fort néerlandais des Caraïbes.

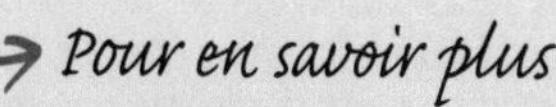

Guide de voyage Ulysse
Saint-Martin, Saint-Barthélemy
www.st-martin.org
www.saint-martin-online.com
www.frenchcaribbean.com

Saint-Kitts-et-Nevis

 *Basseterre*

Devise nationale: *La patrie au-dessus de soi*

Capitale: *Basseterre*

Population: *39 000 Kittitiens et Néviciens*

Langue officielle: *anglais*

Système politique: *monarchie constitutionnelle / membre du Commonwealth*

Monnaie: *dollar des Caraïbes orientales*

Devise acceptée: *dollar américain*

Les incontournables

1-Romney Gardens
2-Le cocktail Killer Bee à Nevis
3-Botanical Gardens of Nevis

Deux perles au vent

Ces deux petits paradis des îles du Vent ont su préserver le charme unique des Caraïbes. Si les îles de Saint-Kitts et de Nevis semblent être deux sœurs, elles réservent aux visiteurs de belles surprises qui leur permettent de se distinguer l'une de l'autre. Saint-Kitts s'enorgueillit d'une variété de paysages, ce qui en fait une destination de plein air on ne peut mieux choisie. Il suffit de songer à l'ascension exigeante du mont Liamuiga, un volcan éteint de 1 155 m, à l'exploration sous-marine d'épaves ou des grottes du récif de corail qui borde la côte, ou aux bains de mer et de soleil qu'offrent les plages idylliques de l'île. Sans compter qu'ici aucune tour en béton n'est visible, la loi interdisant toute construction plus élevée qu'un palmier. Nevis est quant à elle moins développée et de dimensions plus limitées, mais on y remarque de belles plages de sable blanc ou noir et de nombreuses anciennes maisons de plantation aujourd'hui reconverties en auberges.

Saint-Kitts-et-Nevis

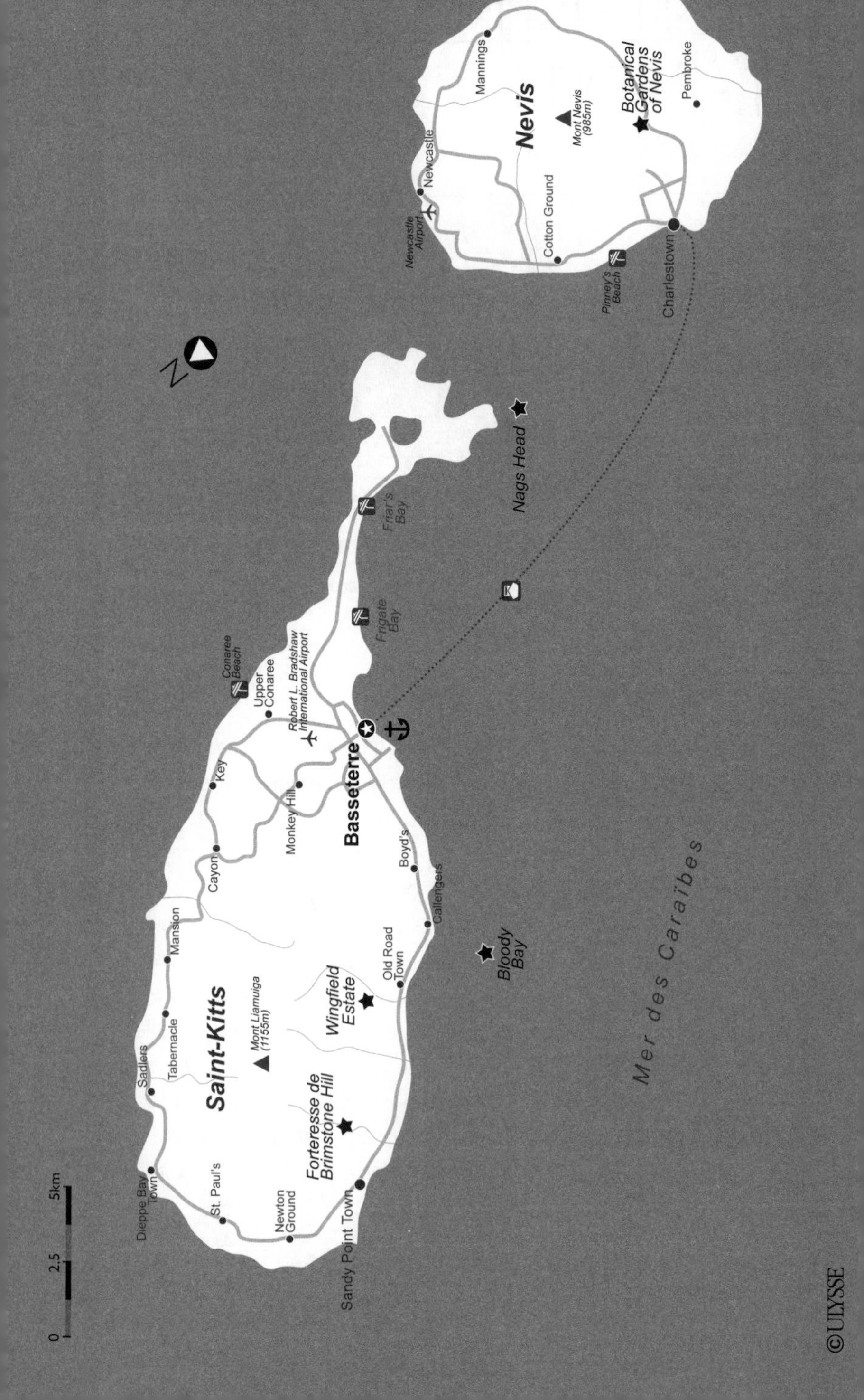

Nevis
Mannings
Mont Nevis (985m)
Botanical Gardens of Nevis
Pembroke
Newcastle
Newcastle Airport
Cotton Ground
Pinney's Beach
Charlestown
Nags Head
Friar's Bay
Frigate Bay
Conaree Beach
Upper Conaree
Robert L. Bradshaw International Airport
Key
Basseterre
Monkey Hill
Cayon
Boyd's
Callengers
Mansion
Bloody Bay
Old Road Town
Wingfield Estate
Saint-Kitts
Mont Liamuiga (1155m)
Tabernacle
Sadlers
Forteresse de Brimstone Hill
St. Paul's
Dieppe Bay Town
Newton Ground
Sandy Point Town
Mer des Caraïbes
0 2,5 5km

Aperçu géographique

Les îles de Saint-Kitts et de Nevis font partie des îles du Vent, dans les Antilles orientales, et se trouvent à environ 320 km au sud-est de Puerto Rico. Elles sont entourées par Antigua-et-Barbuda à l'est, Montserrat au sud et Saint-Eustache (Antilles néerlandaises) au nord-ouest.

Saint-Kitts est la plus grande de ces deux îles qui, ensemble, forment un État indépendant qui porte le nom officiel de «Federation of Saint Kitts and Nevis». Elle couvre 176 km^2, alors que Nevis, à 3,2 km vers le sud-est, a une superficie de 93 km^2.

Aperçu historique

Le 12 novembre 1493, lors de son second voyage au Nouveau Monde, Christophe Colomb repère les deux îles. Elles sont baptisées San Cristóbal et Santa María de las Nieves (Sainte-Marie-des-Neiges). La Grande-Bretagne prendra possession de ces îles en 1783 par le traité de Versailles, après qu'elles eurent successivement été espagnoles, anglaises et françaises. À compter de 1816, Saint-Kitts, Nevis, Anguilla et les îles Vierges britanniques sont administrées comme une seule colonie anglaise. Le 19 septembre 1983, Saint-Kitts et Nevis accèdent ensemble à l'indépendance dans le cadre du Commonwealth britannique.

Débarquement et embarquement

Victime d'ouragans successifs, le port de **Zante**, à **Basseterre**, a été entièrement réaménagé il y quelques années. Aujourd'hui, les paquebots accostent directement aux quais, et les passagers accèdent aux boutiques hors taxes, aux restaurants et à un centre d'information touristique dans des bâtiments neufs. Depuis le lieu de débarquement, on peut explorer la ville de Basseterre à pied. Pour visiter les autres parties de l'île, le taxi, bien qu'assez cher, constitue la meilleure option. À titre d'exemple, il faut compter près de 35$ pour une course jusqu'à la forteresse de Brimstone Hill.

Ceux qui souhaitent aller explorer l'île de Nevis peuvent utiliser le traversier qui relie Basseterre à Charlestown. La traversée dure environ 45 min, et le billet aller-retour coûte environ 15$. Il faut toutefois se méfier des horaires variables du service et s'assurer d'avoir suffisamment de temps devant soi avant de partir à l'aventure…

Quoi faire? Quoi voir?

Saint-Kitts

Le nom de **Basseterre** évoque bien l'héritage français de l'île, mais, ici comme ailleurs dans l'île de Saint-Kitts, l'influence britannique demeure prédominante. Capitale et port de mer du pays, Basseterre a été fondée en 1727. Un incendie l'ayant ravagée en 1867, son architecture révèle aujourd'hui un mélange hétéroclite de styles plus ou moins récents, dont certains bâtiments georgiens tout à fait *British*.

La **St. George's Anglican Church**, située rue Cayon, s'appelait à l'origine l'église «Notre-Dame». Bâtie par les Français en 1670, elle fut incendiée par les Anglais en 1706, puis reconstruite quatre ans plus tard.

L'**Independence Square**, originellement baptisé «Pall Mall Square», fut aménagé en 1790 au cœur de la ville. Il joua longtemps le rôle de centre de vente aux enchères des esclaves.

Imposante forteresse britannique surnommée le «Gibraltar des Antilles», **Brimstone Hill** est à ne pas manquer, et ce, même pour qui n'est pas particulièrement féru d'histoire. Érigée en 1690 à près de 245 m au-dessus du niveau de la mer, elle s'étend sur 15 ha et offre des panoramas à couper le souffle. Malgré ses murailles de roche volcanique noire épaisses de 2 m, cette place forte est tombée aux mains des Français en 1782. Les Anglais sont toutefois redevenus les maîtres de l'île dès l'année suivante et ont alors entrepris l'agrandissement de la forteresse. Le site de Brimstone Hill est devenu un parc national en 1965 et est aujourd'hui inscrit sur la Liste du patrimoine mondial de l'UNESCO.

Wingfield Estate (Romney Gardens)

Ancienne plantation de canne à sucre, le Wingfield Estate (Romney Gardens) révèle aujourd'hui de magnifiques jardins. En bordure de la propriété se trouve par ailleurs un amas de rochers marqués de pétroglyphes laissés par les Caraïbes, les premiers habitants de l'île. La propriété abrite en outre les ateliers de **Caribelle Batik**, où l'on peut observer le travail des artisans produisant des tissus imprimés très colorés.

Nevis

Le traversier venant de Basseterre laisse ses passagers à **Charlestown**, ville principale de Nevis. On y remarque notamment de jolies maisons coloniales en bois et de nombreux bougainvilliers.

Situés hors de Charlestown, les **Botanical Gardens of Nevis**, magnifiquement aménagés au pied du mont Nevis, sont à signaler.

Le saviez-vous?

Sur les 170 000 visiteurs qu'accueille Saint-Kitts-et-Nevis chaque année, quelque 83 000 sont des passagers de paquebots de croisière.

Les îles de Saint-Kitts et de Nevis expriment leur rivalité lors d'un match annuel de cricket, événement chaque fois très attendu.

Les plages

Frigate Bay, sur la péninsule sud-est de Saint-Kitts, regroupe une bonne partie des hôtels de l'île. Relativement isolée jusqu'à tout récemment, cette péninsule compte de magnifiques plages de sable blanc et offre des vues pour le moins remarquables. **Conaree Beach**, à 4,8 km de Basseterre, constitue aux yeux de plusieurs la meilleure plage pour la baignade.

Les amateurs de plongée-tuba aimeront particulièrement pour leur part les plages de **Friar's Bay** et de **South Frigate Bay**. Ceux qui s'adonnent à la plongée sous-marine opteront pour les sites réputés de **Bloody Bay**, au nord de Basseterre, et de **Nags Head**, à l'extrême sud de l'île.

Sur l'île de Nevis, la plage la plus appréciée est **Pinney's Beach**, située à environ 5 km au nord de Charlestown.

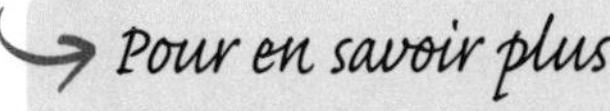

www.stkitts-tourism.com

TEXAS (É.-U.)

Galveston

Devise locale: *Amitié*
Capitale du Texas: *Austin*
Population: *23 900 000 Texans*
Langue officielle: *anglais*
Système politique: *État fédéral américain*
Monnaie: *dollar américain*

Les incontournables

1-Moody Gardens
2-Le quartier historique The Strand
3-Texas Seaport Museum

LA STATION BALNÉAIRE TEXANE

Galveston était promise à un bel avenir. Celle que l'on surnommait la *Wall Street of the Southwest* perdit en grandeur lors du terrible ouragan qui frappa ses côtes en 1900. La petite cité balnéaire s'est depuis relevée et affiche aujourd'hui une belle popularité. Les habitants de Houston la courtisent pour ses plages de sable et ses propriétés victoriennes. C'est en outre l'un des ports favoris des compagnies de croisières desservant les Grandes Antilles et l'Amérique centrale.

APERÇU GÉOGRAPHIQUE

L'île-barrière de Galveston, qui abrite la ville du même nom, s'étire sur 540 km^2 près des côtes texanes, à environ 40 min de Houston. Bordée par les eaux du golfe du Mexique, elle est située dans le couloir de passage des tempêtes tropicales et ouragans qui se forment régulièrement au large des côtes méridionales des États-Unis.

GALVESTON
Lindale Park
4th St.
5th St.
University Blvd.
Stewart Beach
Broadway St.
Seawall Blvd.
©ULYSSE
John Sealy Hospital
St. Mary's Blvd.
9th St.
Bertolino's Vw.
Christopher
Columbus Blvd.
15th St.
16th St.
Bishop's Palace
The Strand
Grand 1894 Opera
18th St.
Avenue M 1/2
Avenue N 1/2
Golfe du Mexique
Texas Seaport Museum
Ball St.
Sealy St.
20th St.
The Strand
Mechanic St.
Avenue D
Post Office St.
Church St.
Winnie St.
Ashton Villa
Texas Cruise Ship Terminal
Rosenberg St.
27th St.
Moody Mansion
30th St. St.
33rd St.
Avenue O 1/2
Avenue P 1/2
Avenue Q
Avenue Q 1/2
Avenue R
Avenue R 1/2
Port Industrial Rd.
Harborside Dr.
Mechanic St.
Avenue K
Avenue L
Avenue M
Avenue N
Bernardo de Galvez Ave.
37th St.
Avenue J
Avenue O
Avenue S
Avenue S 1/2
Avenue T
41st St.
43rd St.
Church St.
Winnie St.
45th St.
Pelican Island Cswy
Avenue E.
48th St.
49th St.
50th St.
51st St.
Sherman Blvd.
Avenue U
53rd St.
57th St.
57th St.
Saladia St.
Bayou Shore Dr.
59th St.
61st St.
West Bay
Central City Blvd.
Stewart Rd.
Avenue P 1/2
45
Harborside Dr.
69th St.
73rd St.
Moody Gardens
Jones Dr.
0
375
750m

Aperçu historique

Terre espagnole puis mexicaine, le Texas accède à l'indépendance en 1836 et devient en 1845 le 28e État de l'Union.

Galveston connut sa période de gloire au XIXe siècle. Elle était à l'époque l'une des plus importantes cités texanes et le troisième port du pays en termes de fréquentation. Le terrible ouragan qui sévit dans la région en 1900 porta un coup d'arrêt à la cité dorée. Celle-ci érigea un gigantesque mur le long de la côte et tenta de relever le niveau de construction de ses habitations. C'est aujourd'hui une station balnéaire active, faisant régulièrement le plein de vacanciers et de croisiéristes.

Débarquement et embarquement

Fréquenté par plusieurs compagnies de croisières, notamment Princess, Royal Caribbean et Carnival, le **Texas Cruise Ship Terminal** *(www.portofgalveston.com)* est situé sur Harborside Drive, dans le port de Galveston. Il est accessible en voiture par l'Interstate 45. Renseignez-vous auprès de la compagnie de croisières pour le service de navette entre le George Bush Intercontinental Airport, l'aéroport international de Houston, situé à environ 1h30 au nord de Galveston, et le port. Autrement, il existe plusieurs compagnies de taxis qui effectuent le trajet (comptez 120$US); la compagnie Galveston Limousine *(www.galvestonlimousineservice.com)* propose quant à elle un tarif à 45$US dans des minibus. Vous pourrez aisément rejoindre le quartier du Strand à pied, là où sont concentrés les principaux attraits. Des navettes relient par ailleurs gratuitement les quais de débarquement aux aires de stationnement, et des comptoirs de location de voitures sont présents au terminal n° 1.

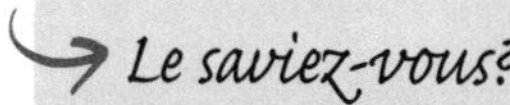

Environ 30 min suffisent aux paquebots de croisière pour atteindre le «grand large» au départ de Galveston. C'est l'un des atouts de ce port américain face aux géants que sont Miami et Fort Lauderdale, beaucoup plus encombrés. Vous apercevrez donc bien plus vite les eaux cristallines des Caraïbes!

Quoi faire? Quoi voir?

Les plages sont bien sûr des attraits incontournables à Galveston. Les Texans s'y ruent pour les vacances, et l'on vous recommande notamment **Stewart Beach**. Mais après une semaine passée à se faire dorer la pilule sur les plages de sable blanc des Grandes Antilles, on préférera explorer à pied le quartier historique de Galveston, surnommé **The Strand**. Il comprend nombre de boutiques, restaurants, galeries d'art, musées et attraits historiques.

Quelques très belles villas restaurées, reconverties en musées, donnent un aperçu du style de vie des riches propriétaires texans établis ici au XIXe siècle: **Ashton Villa**, tout de briques rouges, le château victorien de **Bishop's Palace** et l'imposant **Moody Mansion**, racheté après l'ouragan dévastateur de 1900 par W.L. Moody, reconnu à l'époque par *Time Magazine* comme l'un des hommes les plus riches des États-Unis.

On vous suggère également de faire un détour par Postoffice Street et la **Grand 1894 Opera House** *(www.thegrand.com)*, l'une des rares salles de spectacle texanes de cet âge d'or. Les familles profiteront des **Moody Gardens** *(www.moodygardens.com)*, un complexe récréatif dont les bâtiments s'apparentent à des pyramides de verre: ambiance tropicale pour la Rainforest Pyramid, futuriste pour la Discovery Pyramid et marine pour l'Aquarium Pyramid. Ajoutez à ces installations un cinéma IMAX dont les animations vous feront décoller de votre siège, et vous séduirez à coup sûr les enfants qui vous accompagnent.

Enfin, pour découvrir l'histoire du port de Galveston, apercevoir le trois-mâts *Elissa*, figure emblématique du commerce maritime dans la région, ou retracer le parcours des milliers d'immigrants qui débarquèrent sur les côtes texanes au XIXe siècle (on surnomme aussi Galveston *The Ellis Island of the West*), allez au **Texas Seaport Museum** *(www.tsm-elissa.org)*.

Pour en savoir plus

www.galveston.com

Venezuela

Caracas (La Guaira) Isla Margarita

Devise nationale: *Dieu et Fédération*

Capitale: *Caracas*

Population: *26 400 000 Vénézuéliens*

Langue officielle: *espagnol*

Système politique: *république présidentielle*

Monnaie: *bolivar*

Devise acceptée: *dollar américain*

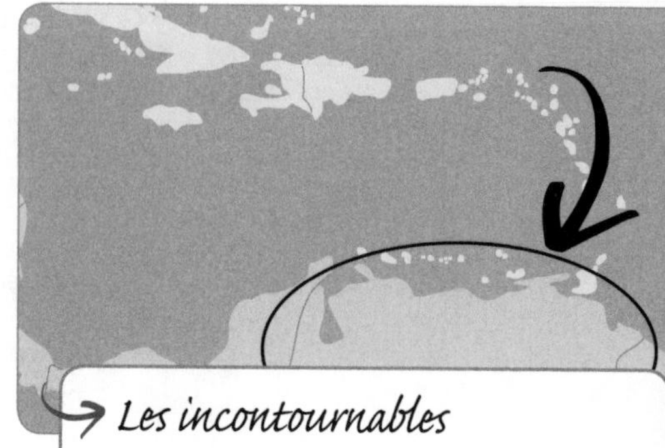

Les incontournables

1-Les chutes Ángel
2-Parque Nacional Archipiélago Los Roques
3-La «perle des Caraïbes»: Isla Margarita

Terre de contrastes

Boom pétrolier, crises monétaires, coups d'État... le Venezuela fait souvent la une de l'actualité politique et économique sur le continent sud-américain. Le taux élevé de criminalité dans ses principales agglomérations dissuade nombre de touristes de partir à la découverte de ce pays pourtant si riche en attraits naturels. Les contrastes sont frappants entre les sommets de la cordillère andine de Mérida et les plages de sable blanc du littoral. Près de 3 000 km de côtes idylliques attendent les croisiéristes en mal de soleil qui débarquent à l'Isla Margarita ou à La Guaira.

Aperçu géographique

Vaste territoire de 912 050 km^2 situé au nord-est du continent sud-américain, le Venezuela partage ses frontières avec la Colombie, le Brésil et le Guyana. Son relief est varié, aussi peut-on identifier quatre zones distinctes: le littoral, où sont concentrées les plus importantes agglomérations vénézuéliennes dont Caracas et Maracaibo, «la» ville du pétrole vénézuélien – ces 2 800 km de côtes bordent la mer des Caraïbes et l'océan Atlantique avec au large, un chapelet d'environ 70 îles –; la région montagneuse séparant le littoral des plaines centrales et dont le sommet le plus connu est

VENEZUELA
0
150
300km
ARUBA
CURAÇAO
BONAIRE
Mer des Caraïbes
GRENADE
TRINITÉ-ET-TOBAGO
OCÉAN ATLANTIQUE
Isla Margarita
Pueblo Nuevo
Puerta Cardón
Puerto Cumarebo
Coro
Pedregal
San Luis
Maracaibo
Mene de Mauroa
Santa Rita
Rosario
Ciudad Ojeda
Machiques
Lago de Maracaibo
Valencia
Maracay
La Guaira
Caracas
Barquisimeto
Caucagua
Altagracia
San Juan
San Carlos
Barbacoas
Chaguaramas
Trujillo
Encontrados
Calabozo
El Socorro
Cumaná
El Pilar
Güiria
Barcelona
Pedernales
San Mateo
Maturín
Cantaura
El Tigre
Tucupita
Delta del Orinoco
Curiapo
Ciudad Guayana
Ciudad Bolívar
Mérida
Barinas
Arismendi
La Fría
San Fernando de Apure
Río Orinoco
Upata
La Horqueta
San Cristóbal
Santa Bárbara
Mantecal
El Yaqual
Maripa
Ciudad Piar
El Callao
Guasdualito
San José
El Dorado
Río Caura
Caraboba
Puerto Carreño
Chutes Ángel
N
Puerto Ayacucho
COLOMBIE
GUYANA
SURINAM
Río Ventuari
Santa Elena de Uairén
San Fernando de Atabapo
BRÉSIL
©ULYSSE

celui de la cordillère de Mérida, le Pico Bolívar, qui culmine à plus de 5 000 m d'altitude; les Llanos, ces terres planes qui représentent plus du tiers du sol vénézuélien et qui sont irriguées par le fleuve Orinoco; et enfin les plateaux et montagnes de la Guyane vénézuélienne, au sud du pays, une région très peu peuplée.

Aperçu historique

Christophe Colomb découvre l'actuel territoire du Venezuela en 1498. La culture du café et du cacao devient la première source de richesse de cette colonie espagnole dès le XVIIIe siècle. Au début du XIXe siècle, Simón Bolívar contribue à l'établissement de la Grande-Colombie (correspondant à l'actuel Venezuela, à la Colombie et à l'Équateur). Le Venezuela fera sécession quelques années plus tard, mais le pays plongera dans la guerre civile aussitôt l'indépendance acquise. Le début du XXe siècle sera marqué par une succession de dictatures s'appuyant sur l'essor de l'industrie pétrolière. Des régimes plus démocratiques se succèdent à partir de 1959.

Nationalisée dans les années 1970, l'industrie pétrolière deviendra au fil des ans la première richesse du pays. Élu chef de l'État vénézuélien en 1999, Hugo Chávez, leader d'une certaine réforme «bolivarienne», est régulièrement fragilisé dans l'exercice de son pouvoir, comme l'ont démontré les nombreuses manifestations populaires, la tentative de coup d'État qui a eu lieu en 2002 et l'échec de sa réforme constitutionnelle en 2007.

Débarquement et embarquement

L'**Isla Margarita**, une île située au large des côtes vénézuéliennes, et **La Guaira**, une ville qui se trouve à quelques kilomètres de la capitale du pays, Caracas, constituent les deux principaux ports d'escale des paquebots de croisière.

Le premier (Isla Margarita) permet de découvrir le Venezuela des plages de sable blanc et du farniente; des traversiers assurent régulièrement la liaison entre l'île (Punta de Piedras, située à 30 km à l'ouest de Porlamar) et le continent (Puerto La Cruz, Cumaná et Carúpano). On peut facilement circuler sur l'île en minibus et en taxi. Le second (La Guaira) est le point de départ idéal d'une excursion vers Caracas.

Quoi faire? Quoi voir?

Isla Margarita

La plus grande île vénézuélienne est située au nord-est de Caracas, à environ une quarantaine de kilomètres des côtes. On la surnomme la «perle des Caraïbes»: pas de désinformation touristique cette fois – au dire des brochures touristiques locales, nombre d'îlots caribéens sont des «perles» des Antilles – car ce surnom lui vient de la culture d'huîtres perlières.

L'Isla Margarita est composée de deux presqu'îles réunies par une mince bande de terre (La Restinga). C'est à l'est surtout que s'est développée l'industrie touristique et que vivent la majorité des *Margariteños*. Vous pourrez déambuler dans les rues de **Porlamar**, port franc et principale ville de l'île, et pratiquer farniente, sports nautiques et magasinage. Nous vous suggérons également de visiter le **Museo de Arte Contemporáneo Francisco Narváez**, qui expose de nombreuses œuvres d'artistes vénézuéliens, dont celles du peintre et sculpteur insulaire Francisco Narváez, né à Porlamar en 1905.

Le saviez-vous?

L'économie vénézuélienne est fortement dépendante de son secteur pétrolier. Membre de l'OPEP, le Venezuela est le cinquième exportateur de pétrole au monde. L'industrie pétrolière représente près de 90% de ses recettes à l'exportation, les États-Unis étant l'un des premiers consommateurs du pétrole vénézuélien.

Une fois les boutiques et carrés de sable de Porlamar passés en revue, nous vous suggérons d'explorer l'île plus en détail. Pénétrez dans l'**église** du village d'El Valle del Espíritu Santo, à quelques kilomètres au nord de Porlamar; elle abrite une représentation de la sainte patronne de Margarita, **La Virgen del Valle**, célébrée au cours d'importantes processions dans l'île chaque année.

La Asunción est la deuxième ville en importance de l'Isla Margarita. Située au nord d'El Valle, elle abrite la **cathédrale Nuestra Señora de la Asunción**, un bel exemple d'architecture coloniale, ainsi que le **Castillo Santa Rosa**, un fort construit en 1682, qui offre, du haut de ses tourelles, une très belle vue sur la région.

Plus pittoresque et moins fréquentée, la ville de **Juangriego**, sur la côte septentrionale de l'île, peut faire l'objet d'une excursion en fin de soirée, pour contempler un joli coucher de soleil sur la baie. **Pampatar**, qui se trouve au sud de La Asunción, est quant à elle l'une des plus anciennes villes de l'île. Fondée en 1535, elle conserve encore quelques vestiges historiques, notamment le **Castillo de San Carlos Borromeo**, qui fut reconstruit au XVIIe siècle après avoir été saccagé par des pirates hollandais. Les amoureux de nature vierge pousseront leur escapade jusqu'au populaire **Parque Nacional La Restingua**, le plus grand parc national de l'île, et se rendront au **Cerro El Copey,** dont le point culminant, El Cierrón Grande (950 m), peut faire l'objet d'une belle randonnée.

Côté plages, nous vous recommandons **Playa Parguito** pour le surf, **Playa Manzanillo** pour le farniente et enfin **Playa El Agua**, la plus courue de l'île, pour ses boutiques et ses restaurants qui s'alignent sous les cocotiers sur environ 3 km.

Caracas

Les avis divergent quant à l'intérêt que représente la capitale vénézuélienne d'un point de vue touristique. Elle affiche fièrement le profil d'une vraie métropole sud-américaine. Mélange architectural des deux Amériques, elle a presque effacé les traces de son passé colonial. Les quartiers ultramodernes du centre-ville se développent indépendamment des bidonvilles de banlieue; quant au taux de criminalité à Caracas, c'est l'un des plus élevés du pays. Bref, le contraste est le maître mot des paysages vénézuéliens, à l'image de la capitale!

La **Plaza Bolívar** constitue le centre de la vieille ville. Au cours des siècles, elle servit tour à tour de place d'armes, de marché public et même d'arène. La **cathédrale de Caracas** s'élève aux abords de la Plaza.

La dépouille du *Libertador*, comme celles des plus célèbres personnalités vénézuéliennes, repose au **Panteón Nacional**. Simón Bolívar est considéré comme l'un des pères fondateurs du Venezuela. Héros de l'indépendance, bâtisseur de la Grande-Colombie, il mourut en 1830. Son corps sera rapatrié de Colombie quelques années plus tard. Il n'est pas de place, de rue ou de ruelle qui ne porte le nom de cette légende vénézuélienne. Si donc on vous indique une «place Bolívar» où se trouverait le meilleur restaurant en ville, demandez quelques précisions! Pour en apprendre davantage sur Bolívar, rendez-vous à la **Casa Natal** et au **Mueso Bolivariano**. L'**église de San Francisco** fait aussi partie des symboles de l'indépendance du pays. C'est dans cette église que Simón Bolívar fut proclamé *Libertador*; c'est aussi là qu'eurent lieu ses funérailles en 1842.

Les tours bétonnées entourant le **Parque Central** présentent la façade la plus moderne du pays. Érigées entre 1970 et 1986, elles offrent un contraste frappant avec les *ranchitos* (huttes) des collines alentour. Le quartier renferme deux des plus importants musées de la capitale, le **Museo de los Niños** et le **Museo de Arte Contemporáneo**. Botero, Picasso, Léger, Calder... les artistes dont les œuvres sont exposées dans ce musée en font l'une des meilleures haltes culturelles de la capitale.

Los Roques

Le **Parque Nacional Archipiélago Los Roques**, formé d'une cinquantaine d'îles bordées de récifs coralliens, a été constitué en parc national en 1972. Situé à environ 160 km au nord de La Guaira, il est parfois desservi par les petits navires des compagnies de croisières de luxe. Au départ de Gran Roque, l'île principale de l'archipel, vous trouverez des embarcations de pêcheurs pour vous conduire jusqu'aux îles désertes environnantes; certaines sont le refuge de riches villégiateurs, comme Madrizquí; d'autres n'abritent que quelques hameaux de pêcheurs comme Crasquí.

État de Bolívar

Les plateaux guyanais de l'État de Bolívar cumulent les records vénézuéliens. D'ailleurs, le **fleuve Orinoco**, qui borde le nord de l'État, est le troisième plus long fleuve d'Amérique du Sud. Les **chutes Ángel** sont quant à elles les plus hautes du monde; elles sont situées à l'intérieur du **parc national de Canaima**.

Ciudad Bolívar, point de départ d'une excursion vers les chutes Ángel, se trouve à 600 km de Caracas et à environ 450 km de la côte Atlantique. Historiquement reconnue comme le plus important port de l'Orinoco, la ville est située sur la rive sud du fleuve. Les bâtiments historiques se concentrent autour de la Plaza Bolívar (encore une!). Prospecteurs d'or et de diamants ont également pignon sur rue dans le centre de la ville.

www.venezuelatuya.com

Références

© Seabourn Cruise Line

Index

Les numéros de page en **gras** renvoient aux cartes.

Lexique français-anglais-espagnol

■ Présentations

Salut!	*Hi!*	*¡Hola!*
Comment ça va?	*How are you?*	*¿Cómo esta usted?*
Ça va bien	*I'm fine*	*Estoy bien*
Bonjour	*Hello*	*Hola* (forme familière), *Buenos días* (le matin)
Bonsoir	*Good evening/night*	*Buenas tardes*
Bonne nuit	*Good night*	*Buenas noches*
Bonjour, au revoir, à la prochaine	*Goodbye, See you later*	*Adiós, hasta luego*
Oui	*Yes*	*Sí*
Non	*No*	*No*
Peut-être	*Maybe*	*Puede ser*
S'il vous plaît	*Please*	*Por favor*
Merci	*Thank you*	*Gracias*
De rien, bienvenue	*You're welcome*	*De nada*
Excusez-moi	*Excuse me*	*Perdone/a*
Je suis touriste	*I am a tourist*	*Soy turista*
Je suis Canadien(ne)	*I am Canadian*	*Soy canadiense*
Je suis Belge	*I am Belgian*	*Soy belga*
Je suis Français(e)	*I am French*	*Soy francés/a*
Je suis Suisse	*I am Swiss*	*Soy suizo*
Je suis désolé(e),	*I am sorry,*	*Lo siento,*
je ne parle pas l'anglais	*I don't speak English*	*no hablo inglés*
je ne parle pas l'espagnol	*I don't speak Spanish*	*no hablo español*
Parlez-vous le français?	*Do you speak French?*	*¿Habla usted francés?*
Plus lentement, s'il vous plaît	*Slower, please*	*Más despacio, por favor.*
Comment vous appelez-vous?	*What is your name?*	*¿Cómo se llama usted?*
Je m'appelle...	*My name is...*	*Mi nombre es...*
époux(se)	*spouse*	*esposo/a*
frère, sœur	*brother, sister*	*hermano/a*
ami(e)	*friend*	*amigo/a*
garçon	*son, boy*	*niño*
fille	*daughter, girl*	*niña*
père	*father*	*padre*
mère	*mother*	*madre*
célibataire	*single*	*soltero/a*
marié(e)	*married*	*casado/a*
divorcé(e)	*divorced*	*divorciado /a*
veuf(ve)	*widower/widow*	*viudo/a*

■ Directions

Il n'y a pas de...	*There is no...*	*No hay...*
Où est le/la ...?	*Where is...?*	*¿Dónde está...?*
à côté de	*beside*	*al lado de*
à l'extérieur	*outside*	*fuera*
à l'intérieur	*into, inside, in*	*dentro*
derrière	*behind*	*detrás*
devant	*in front of*	*delante*
entre	*between*	*entre*
ici	*here*	*aquí*
là, là-bas	*there, over there*	*allí*
loin de	*far from*	*lejos de*
près de	*near*	*cerca de*
sur la droite	*to the right*	*a la derecha*
sur la gauche	*to the left*	*a la izquierda*
tout droit	*straight ahead*	*todo recto*

■ Pour s'y retrouver sans mal

aéroport	*airport*	*aeropuerto*
à l'heure	*on time*	*a la hora*
annulé	*cancelled*	*annular*
arrêt d'autobus	*bus stop*	*una parada de autobús*
arrivée	*arrival*	*llegada*
autobus	*bus*	*bus*
autoroute	*highway*	*autopista*
avenue	*avenue*	*avenida*

avion	*plane*	*avión*
bagages	*baggages*	*equipajes*
bateau	*boat*	*barco*
bicyclette	*bicycle*	*bicicleta*
coin	*corner*	*esquina*
départ	*departure*	*salida*
est	*east*	*este*
gare	*train station*	*estación*
horaire	*schedule*	*horario*
immeuble	*building*	*edificio*
nord	*north*	*norte*
ouest	*west*	*oeste*
place	*square*	*plaza*
pont	*bridge*	*puente*
rapide	*fast*	*rápido*
en retard	*late*	*más tarde*
retour	*return*	*regreso*
route, chemin	*road*	*carretera*
rue	*street*	*calle*
sécuritaire	*safe*	*seguro/a*
sud	*south*	*sur*
train	*train*	*tren*
vélo	*bicycle*	*bicicleta*
voiture	*car*	*coche, carro*

■ L'argent

argent	*money*	*dinero/plata*
banque	*bank*	*banco*
carte de crédit	*credit card*	*tarjeta de crédito*
change	*exchange*	*cambio*
chèques de voyage	*traveller's cheques*	*cheque de viaje*
Je n'ai pas d'argent	*I don't have any money*	*No tengo dinero*
L'addition, s'il vous plaît	*The bill please*	*La cuenta, por favor*
reçu	*receipt*	*recibo*

■ L'hébergement

ascenseur	*elevator*	*ascensor*
basse saison	*off season*	*temporada baja*
chambre	*bedroom*	*habitación*
climatisation	*air conditioning*	*aire acondicionado*
déjeuner	*breakfast*	*desayuno*
eau chaude	*hot water*	*agua caliente*
étage	*floor (first, second...)*	*piso*
hébergement	*dwelling*	*alojamiento*
lit	*bed*	*cama*
piscine	*pool*	*piscina*
rez-de-chaussée	*main floor*	*planta baja*
salle de bain	*bathroom*	*baño*
toilettes	*restroom*	*baños*
ventilateur	*fan*	*ventilador*

■ Le magasinage

acheter	*to buy*	*comprar*
appareil photo	*camera*	*cámara*
argent	*silver*	*plata*
artisanat local	*local crafts*	*artesanía típica*
bijoux	*jewellery*	*joyeros*
blouse	*blouse*	*blusa*
blouson	*jacket*	*chaquetón*
cadeaux	*gifts*	*regalos*
cassettes	*cassettes*	*casetas*
chapeau	*hat*	*sombrero*
chaussures	*shoes*	*zapatos*
C'est combien?	*How much is this?*	*¿Cuánto es?*
chemise	*shirt*	*camisa*
le/la client(e)	*the customer*	*el/la cliente*
cosmétiques	*cosmetics*	*cosméticos*
coton	*cotton*	*algodón*
crème solaire	*sunscreen*	*crema para el sol*

cuir	*leather*	*cuero/piel*
disques	*records*	*discos*
fermé(e)	*closed*	*cerrado/a*
Je voudrais...	*I would like...*	*Quisiera...*
jeans	*jeans*	*tejanos/vaqueros/jeans*
journaux	*newspapers*	*periódicos/diarios*
jupe	*skirt*	*falda/pollera*
laine	*wool*	*lana*
lunettes	*eyeglasses*	*gafas*
magasin	*store*	*tienda*
magasin à rayons	*department store*	*centro comercial*
magazines	*magazines*	*revistas*
marché	*market*	*mercado*
montre	*watch*	*reloj(es)*
or	*gold*	*oro*
ouvert(e)	*open*	*abierto/a*
pantalon	*pants*	*pantalones*
parfum	*perfume*	*perfumes*
pierres précieuses	*precious stones*	*piedras preciosas*
piles	*batteries*	*pilas*
revues	*magazines*	*revistas*
sac	*handbag*	*bolsa de mano*
sandales	*sandals*	*sandalias*
tissu	*fabric*	*telas*
t-shirt	*T-shirt*	*camiseta*
vendeur(se)	*salesperson*	*dependiente, vendedor/a*
vendre	*to sell*	*vender*

■ Divers

bas(se)	*low*	*baja*
beau	*beautiful*	*hermoso*
beaucoup	*a lot*	*mucho*
bon	*good*	*bueno*
chaud	*hot*	*caliente*
cher	*expensive*	*caro*
clair	*light*	*claro*
court(e)	*short*	*corto, bajo* (pour une personne petite)
étroit(e)	*narrow*	*estrecho*
foncé	*dark*	*oscuro*
froid	*cold*	*frío*
grand(e)	*big, tall*	*grande*
gros(se)	*fat*	*gordo*
J'ai faim	*I am hungry*	*Tengo hambre*
J'ai soif	*I am thirsty*	*Tengo sed*
Je suis malade	*I am ill*	*Estoy enfermo/a*
joli	*pretty*	*bonito*
laid(e)	*ugly*	*feo*
large	*wide*	*ancho*
lentement	*slowly*	*despacio*
mauvais	*bad*	*malo*
mince	*slim, skinny*	*delgado*
moins	*less*	*menos*
ne pas toucher	*do not touch*	*no tocar*
nouveau	*new*	*nuevo*
Où?	*Where?*	*¿Dónde?*
pas cher	*inexpensive*	*barato*
petit(e)	*small, short*	*pequeño/a*
peu	*a little*	*poco*
pharmacie	*pharmacy, drugstore*	*farmacia*
plus	*more*	*más*
quelque chose	*something*	*algo*
Qu'est-ce que c'est?	*What is this?*	*¿Qué es esto?*
rien	*nothing*	*nada*
vieux	*old*	*viejo*
vite	*quickly*	*rápidamente*

La température

Il fait chaud	*It is hot out*	*Hace calor*
Il fait froid	*It is cold out*	*Hace frío*
nuages	*clouds*	*nubes*
pluie	*rain*	*lluvia*
soleil	*sun*	*sol*

Le temps

année	*year*	*año*
après-midi	*afternoon*	*tarde*
aujourd'hui	*today*	*hoy*
demain	*tomorrow*	*mañana*
heure	*hour*	*hora*
hier	*yesterday*	*ayer*
jamais	*never*	*jamás, nunca*
jour	*day*	*día*
maintenant	*now*	*ahora*
matin	*morning*	*mañana*
minute	*minute*	*minuto*
mois	*month*	*mes*
janvier	*January*	*enero*
février	*February*	*febrero*
mars	*March*	*marzo*
avril	*April*	*abril*
mai	*May*	*mayo*
juin	*June*	*junio*
juillet	*July*	*julio*
août	*August*	*agosto*
septembre	*September*	*septiembre*
octobre	*October*	*octubre*
novembre	*November*	*noviembre*
décembre	*December*	*diciembre*
nuit	*night*	*noche*
Quand?	*When?*	*¿Cuando?*
Quelle heure est-il?	*What time is it?*	*¿Qué hora es?*
semaine	*week*	*semana*
dimanche	*Sunday*	*domingo*
lundi	*Monday*	*lunes*
mardi	*Tuesday*	*martes*
mercredi	*Wednesday*	*miércoles*
jeudi	*Thursday*	*jueves*
vendredi	*Friday*	*viernes*
samedi	*Saturday*	*sábado*
soir	*evening*	*tarde*

Les communications

appel à frais virés (PCV)	*collect call*	*llamada por cobrar*
attendre la tonalité	*wait for the tone*	*esperar la señal*
bottin téléphonique	*telephone book*	*un botín de teléfonos*
bureau de poste	*post office*	*la oficina de correos*
composer l'indicatif régional	*dial the area code*	*marcar el prefijo*
enveloppe	*envelope*	*sobre*
interurbain	*long distance call*	*larga distancia*
par avion	*air mail*	*correo aéreo*
tarif	*rate*	*tarifa*
télécopieur (fax)	*fax*	*telecopia*
télégramme	*telegram*	*telegrama*
timbres	*stamps*	*estampillas/sellos*

Les activités

baignade	*swimming*	*nadar*
cinéma	*cinema, movies*	*cine*
équitation	*horseback riding*	*equitación*
musée	*museum*	*museo*
pêche	*fishing*	*pesca*
plage	*beach*	*playa*
planche à voile	*windsurfing*	*plancha de vela*
plongée sous-marine	*scuba diving*	*buceo*

plongée-tuba	*snorkelling*	*snorkel*
se promener	*to stroll*	*caminata*
randonnée pédestre	*biking*	*marcha*
vélo	*bicycle*	*bicicleta*
vélo tout-terrain (VTT)	*mountain bike*	*bicicleta de montaña*

■ Tourisme

cathédrale	*cathedral*	*catedral*
centre historique	*historic centre*	*centro histórico*
chute	*waterfall*	*salto de agua*
église	*church*	*iglesia*
fontaine	*fountain*	*fuente*
fort	*fort*	*fuerte*
forteresse	*fortress*	*fortaleza*
hôtel de ville	*town hall, city hall*	*ayuntamiento*
lac	*lake*	*lago*
lagune	*lagoon*	*laguna*
maison	*house*	*casa*
manoir	*manor*	*villa, casona*
marché	*market*	*mercado*
marina	*marina*	*marina*
mer	*sea*	*mar*
musée	*museum*	*museo*
palais de justice	*courthouse*	*palacio de justicia*
parc	*park*	*parque*
péninsule	*peninsula*	*península*
piscine	*pool*	*piscina*
plage	*beach*	*playa*
pont	*bridge*	*puente*
port	*port*	*puerto*
presqu'île	*peninsula*	*península*
rivière	*river*	*río*
ruines	*ruins*	*ruinas*
site archéologique	*archaeological site*	*centro arqueológico*

■ Gastronomie

agneau	*lamb*	*cordero*
beurre	*butter*	*mantequilla*
bœuf	*beef*	*res, vaca*
calmar	*squid*	*calamar*
chou	*cabbage*	*col, repollo*
crabe	*crab*	*cangrejo*
crevette	*shrimp*	*camarones, gambas*
dinde	*turkey*	*guanajo, pavo*
eau	*water*	*agua*
fromage	*cheese*	*queso*
fruits	*fruits*	*frutas*
fruits de mer	*seafood*	*mariscos*
homard	*lobster*	*langosta grande, cobrajo*
huître	*oyster*	*ostras*
jambon	*ham*	*jamón*
lait	*milk*	*leche*
langouste	*scampi*	*langosta*
légumes	*vegetables*	*verduras*
maïs	*corn*	*maíz*
noix	*nut*	*nueces*
œuf	*egg*	*huevos*
pain	*bread*	*pan*
palourde	*clam*	*cobo, caracol*
pétoncle	*scallop*	*pechina*
poisson	*fish*	*pescados*
pomme	*apple*	*manzana*
pomme de terre	*potato*	*papas*
poulet	*chicken*	*pollo*
viande	*meat*	*carne*

Les nombres

0	*zero*	*cero*
1	*one*	*uno, una*
2	*two*	*dos*
3	*three*	*tres*
4	*four*	*cuatro*
5	*five*	*cinco*
6	*six*	*seis*
7	*seven*	*siete*
8	*eight*	*ocho*
9	*nine*	*nueve*
10	*ten*	*diez*
11	*eleven*	*once*
12	*twelve*	*doce*
13	*thirteen*	*trece*
14	*fourteen*	*catorce*
15	*fifteen*	*quince*
16	*sixteen*	*dieciséis*
17	*seventeen*	*diecisiete*
18	*eighteen*	*dieciocho*
19	*nineteen*	*diecinueve*
20	*twenty*	*veinte*
21	*twenty-one*	*veintiuno*
22	*twenty-two*	*veintidos*
23	*twenty-three*	*veintitrés*
24	*twenty-four*	*veinticuatro*
25	*twenty-five*	*veinticinco*
26	*twenty-six*	*veintiséis*
27	*twenty-seven*	*veintisiete*
28	*twenty-eight*	*veintiocho*
29	*twenty-nine*	*veintinueve*
30	*thirty*	*treinta*
31	*thirty-one*	*treinta y uno*
32	*thiry-two*	*treinta y dos*
40	*fourty*	*cuarenta*
50	*fifty*	*cincuenta*
60	*sixty*	*sesenta*
70	*seventy*	*setenta*
80	*eighty*	*ochenta*
90	*ninety*	*noventa*
100	*one hundred*	*cien, ciento*
200	*two hundred*	*doscientos, doscientas*
500	*five hundred*	*quinientos, quinientas*
1 000	*one thousand*	*mil*
10 000	*ten thousand*	*diez mil*
1 000 000	*one million*	*un millón*

Nos coordonnées

Nos bureaux

Canada: Guides de voyage Ulysse, 4176, rue Saint-Denis, Montréal (Québec) H2W 2M5, ☎514-843-9447, fax: 514-843-9448, info@ulysse.ca, www.guidesulysse.com
Europe: Guides de voyage Ulysse sarl, 127, rue Amelot, 75011 Paris, France, ☎01 43 38 89 50, voyage@ulysse.ca, www.guidesulysse.com

Nos distributeurs

Canada: Guides de voyage Ulysse, 4176, rue Saint-Denis, Montréal (Québec) H2W 2M5, ☎514-843-9882, poste 2232, fax: 514-843-9448, info@ulysse.ca, www.guidesulysse.com
Belgique: Interforum Benelux, Fond Jean-Pâques, 6, 1348 Louvain-la-Neuve, ☎010 42 03 30, fax: 010 42 03 52
France: Interforum, 3, allée de la Seine, 94854 Ivry-sur-Seine Cedex, ☎01 49 59 10 10, fax: 01 49 59 10 72
Suisse: Interforum Suisse, ☎(26) 460 80 60, fax: (26) 460 80 68

Pour tout autre pays, contactez les Guides de voyage Ulysse (Montréal).

Légende des cartes

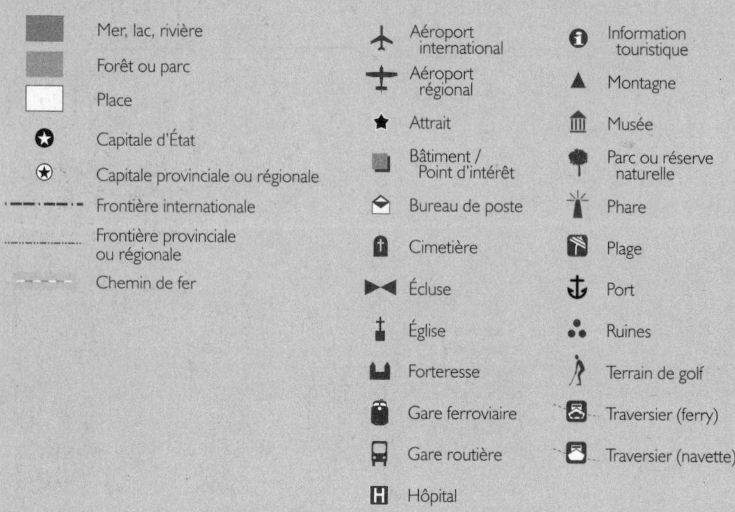

Symboles utilisés dans ce guide

 Port d'escale

 Port d'embarquement

Écrivez-nous

Tous les moyens possibles ont été pris pour que les renseignements contenus dans ce guide soient exacts au moment de mettre sous presse. Toutefois, des erreurs peuvent toujours se glisser, des omissions sont toujours possibles, des adresses peuvent disparaître, etc.; la responsabilité de l'éditeur ou des auteurs ne pourrait s'engager en cas de perte ou de dommage qui serait causé par une erreur ou une omission.

Nous apprécions au plus haut point vos commentaires, précisions et suggestions, qui permettent l'amélioration constante de nos publications. Il nous fera plaisir d'offrir un de nos guides aux auteurs des meilleures contributions. Écrivez-nous à l'une des adresses suivantes, et indiquez le titre qu'il vous plairait de recevoir.

Guides de voyage Ulysse
4176, rue Saint-Denis
Montréal (Québec)
Canada H2W 2M5
www.guidesulysse.com
texte@ulysse.ca

Les Guides de voyage Ulysse, sarl
127, rue Amelot
75011 Paris
France
www.guidesulysse.com
voyage@ulysse.ca